孫楷第文集

戲曲小説書録解題

中華書局

圖書在版編目(CIP)數據

戲曲小説書録解題/孫楷第著. —北京:中華書局,2021. 9
(孫楷第文集)
ISBN 978-7-101-15331-6

Ⅰ. 戲…　Ⅱ. 孫…　Ⅲ. ①古典小説-内容提要-中國②古代
戲曲-内容提要-中國　Ⅳ. Z88;121

中國版本圖書館 CIP 數據核字(2021)第 173446 號

書　名	戲曲小説書録解題
著　者	孫楷第
叢 書 名	孫楷第文集
責任編輯	郭惠靈　李碧玉
出版發行	中華書局
	(北京市豐臺區太平橋西里 38 號　100073)
	http://www.zhbc.com.cn
	E-mail:zhbc@zhbc.com.cn
印　刷	北京瑞古冠中印刷廠
版　次	2021 年 9 月北京第 1 版
	2021 年 9 月北京第 1 次印刷
規　格	開本/850×1168 毫米　1/32
	印張 16　插頁 3　字數 300 千字
印　數	1-1500 册
國際書號	ISBN 978-7-101-15331-6
定　價	78.00 元

孫楷第先生

孫楷第文集出版緣起

孫楷第(1898—1986)，字子書，河北滄縣人。1922 年考入北平高等師範(即今北京師範大學)國文系，期間，師從楊樹達、黃侃、黎錦熙等學者，深受乾嘉學派的影響。1928 年畢業後留校任教，兼中國大辭典編纂處編輯。後任北平圖書館(即今中國國家圖書館)編輯，並先後兼北京師範大學、輔仁大學、北京大學等校講師。抗戰勝利後，任北京大學、燕京大學教授。1953 年，由北京大學調入新成立的中國科學院文學研究所(即今中國社會科學院文學研究所)任研究員，工作直到去世。

孫楷第先生是中國現代小説戲曲研究的開創者和奠基人。從二十世紀三四十年代起，他就着力研究中國通俗小説和戲曲，先後出版了日本東京所見中國小説書目(1932)、大連圖書館所見中國小説書目(1932)、中國通俗小説書目(1933)、也是園古今雜劇考(原名述也是園舊藏古今雜劇，1940)等著作，其深厚的樸學功力和開創性的學術成就，得到學術界的公認。建國後，孫楷第先生仍潛心學術，先後出版了元曲家考略(1952)、滄州集(1965)、滄州後集(1985)。這些著作蜚聲學界，其資料多爲學者所稱引，其見解早爲學界所熟知，已經成爲文學研究的經典性作品。但是，多年以來，這些著作散見各處，搜羅不易；有的斷版已久，難以尋覓。因此，爲孫楷第先生編訂文集，彙編其所有著作，已成爲學術界的迫切需要。

　　孫楷第先生一生以"讀書""寫書"爲志業,心無旁騖,一意向學。即使在抗戰時期和"文化大革命"時期,其學術工作多受干擾,仍不改初衷,專注學術。在勤於著述的同時,孫楷第先生還注重修訂充實舊作,精益求精。如元曲家考略始撰於二十世紀四十年代,1949 年開始陸續發表,結集初版於 1952 年,增訂再版於 1981 年;直到去世,他仍然在做補充修改。也是園古今雜劇考,1940 年初版問世之後,孫楷第先生在至少六個本子上做過精心細緻的修改,並先後寫過三個跋語,還專請余嘉錫先生作序。滄州集,初版於 1965 年,直到去世前,孫楷第先生在多個本子上反復校訂。"文化大革命"期間,孫楷第先生的上萬册藏書和文稿損失殆盡,其中包括反復校訂修改的著作原本。之後雖多方努力,苦苦追求,仍未能尋回,成爲孫楷第先生的終生憾事。藏書散失後,孫先生更下決心,要盡餘生之殘力,將畢生著述出版一份定本,以反映自己一生苦心孤詣的學術探索。可以説,出版文集,是孫楷第先生的心願。

　　從 1982 年開始,中國社會科學院文學研究所的楊鐮先生即在孫楷第先生的指導下,着手協助其收集散佚的藏書、整理數百萬字的著述。戲曲小説書錄解題、小説旁證兩部著作在孫先生身後的 1990 年和 2000 年得以出版問世。整理孫先生文稿的工作,得到文學研究所歷屆領導的重視,特別是在 2006 年——孫先生去世二十周年之際,文學研究所學術委員會通過決議,爲研究孫楷第先生的學術思想,整理孫楷第先生的文集,成立了專門的課題組,由楊鐮先生主持。同時,由於得到孫先生哲嗣孫泰來的通力合作,社會各界熱心人士的協助,孫先生在"文化大革命"中散佚的文稿和有其批校的書籍,幾乎全部神奇地被重新找到,爲整理工作奠定了基礎。此次整理出版的孫楷第文集,所有著述都是依據孫先生手訂批校本和生前留下的手稿重新校訂而成,可以完整、準確地體現孫楷第先生畢生的學術成就。新發現的孫先生所著數十萬字學術回憶録與日記,將另編入孫楷第治學録一書。

當此孫楷第文集出版之際,我們對中國社會科學院文學研究所各屆領導的關心支持、對楊鐮等各位先生的辛勤工作,表示衷心的感謝。

中華書局編輯部

2008 年 12 月

附筆:計劃出版的孫楷第文集,包括滄州集、滄州後集、中國通俗小説書目、日本東京所見小説書目、大連圖書館所見小説書目、小説旁證、也是園古今雜劇考、元曲家考略、戲曲小説書録解題、曲録新編、孫楷第治學録等十餘種。這些著作,囊括了孫楷第先生畢生的治學成果。尤爲重要的是,鑒於孫楷第先生生前一直對已出版作品作出修訂校改,以期不斷完善,本文集皆以孫先生手訂本爲底本,參以各項增補資料,使之可稱爲孫楷第先生畢生著述的定本,以實現孫先生晚年心願。但也正因如此,極大地增加了孫楷第文集的整理出版難度。孫楷第文集於 2008 年始已陸續推出數種,由於底本情況複雜,進度緩慢,兼以 2016 年 3 月楊鐮先生不幸因車禍於新疆驟然離世,文集的後續整理出版工作一度陷入停滯。2018 年是孫先生誕辰的一百二十周年,我們謹以新排本孫楷第文集的出版,作爲對孫先生的誠摯紀念,及對楊鐮先生的深切緬懷。

中華書局編輯部

2018 年 8 月

整理説明

　　戲曲小説書録解題係孫楷第先生一九三四至一九三八年間應續修四庫全書總目所徵撰稿，後經人民文學出版社整理，於一九九〇年出版。此次由本局重加校訂，收入本局孫楷第文集。本書底稿爲據先生手稿録入之打字複印本，因底稿序次未分，參以人民文學出版社版調整分卷。本書所收書目部分爲珍本、善本，原本已不易得，編校過程中可覓得同本者，以同本校之；無法覓得者，以相近版本核之。於文字顯誤影響閱讀者，俱據同本或參核本改正，不出説明；其餘校正或不便修改者，以"編按"注明於頁下。底稿與人民文學出版社版文字差別較大者，當係曾經改訂，亦以"編按"注出，以存其跡。並附録人民文學出版社版戴鴻森先生校次綴言一文，以見本書成稿始末。本書依孫楷第文集體例，由編輯部補標專名綫，書末並附本書所收書目"筆畫索引"，以便檢索。

中華書局編輯部

二〇二一年八月

目　録

卷二　小説：白話

卷一　小説：文言

山海經存九卷

光緒二十一年撫立雪齋本

　　婺源汪紱撰。紱初名烜，字燦人，號雙池。家貧困，傭於江西景德鎮，爲畫碗之役。後之閩中，館楓嶺、浦城間，從游者甚衆。乾隆中以諸生終。其學博綜儒經，以宋五子爲歸，因陸隴其著讀禮志疑，乃作參讀禮志疑，多得經意。又著周易尚書四書詮義，春秋集傳，禮記章句，樂經律吕通解，理學逢源，儒先晤語等二十餘種。此山海經存者，亦其遺書之一也。考山海經一書，語多荒誕，前人已言其非。四庫提要更譏其侈談神怪，百無一真，是直小説之祖，入之史部地理類未爲允當，因移之子部小説家類。世人多遵行之。然爲之注者，晉郭璞外，當推吳任臣之山海經廣注、郝懿行之山海經箋疏爲最著，而雙池是書，亦足與之頡頏。按雙池釋是書時，郝懿行箋疏猶未刊行，世之學者咸尊吳注。吳注於名物訓詁，山川道里，皆有所訂正，可補郭注之未備，然引據過繁，考證未當。雙池因更爲之拾遺補闕，上溯經史，下逮百家，凡有涉於山海經者，莫不蒐采徵引，重爲釐定，而於荒誕之説，尤嚴於辨正。書中如正“大荒北經夸父不量力，欲追日影，逮之於禺谷，將飲河而不足也，將走大澤，未至，死於此；應龍已殺蚩尤，又殺夸父，乃去南方處之，故南方多雨”云：“既曰追日，曰飲河，則渴死也。而又曰應龍殺之，豈應龍不興雨澤，以致夸父之渴，則是以爲是應龍殺之歟？考此書所屢言夸父，大氐不量力之人，意者欲窮日出入之所，而不能至，遂道困而死，如穆王之欲周行天下者耳。又或且作亂，而爲應龍氏所誅，則蚩尤黨也。南方多雨，以山澤多而土薄，日近水氣，易蒸而上，故多雨，非以龍在焉故也。"云云。語至平允，可正山海經之失。其餘諸説，亦有與郝疏合者，或爲郝疏所未及者，要皆可傳之作，足與吳注、郝疏並行不悖也。至於書中圖釋，尤見審慎，凡奇怪險異之説，皆屏而弗取，但取其有合於事理之常者，而後圖之，與前人所繪山海經圖，皆有不同，是亦可資考訂名物者助焉。

列仙傳校正本二卷讚一卷

清嘉慶刊本

　　清王照圓撰。照圓字瑞玉，一字婉佺，福山人，棲霞郝懿行之妻。照圓博涉經史，聰慧過人，與夫懿行互爲師友，當時著書家有"高郵王父子，棲霞郝夫婦"之稱。所著有列女傳補注、詩説等，與懿行書俱於光緒間進呈，奉旨留覽。此列仙傳校正乃照圓校列女傳兼涉及此，既用道藏本校今本，復旁搜唐以來類書及注家所引，核其異同，從而是正之。其讚叙隋書經籍志作郭元祖撰者，則別爲一卷附於後。搜尋既博，讎校亦勤，在行世諸本中最稱善本。四庫全書總目提要稱列仙傳今本上卷四十人，下卷三十人，内江妃二女應作二人，與葛洪神仙傳序稱七十一人合。據照圓此本，則上卷應補羨門一人，下卷應補劉安一人，合爲七十二人，其江妃二女當視作一人。蓋庫本所據爲通行本，不知書有缺遺，故爲此揣測之辭，則照圓此本益覺可貴。唯類書引列仙傳，除初學記、太平御覽等書外，太平廣記所引亦有數條，如卷四引琴高、王子喬，卷五十九引江妃二女、毛女、女几、鉤翼夫人，以校照圓此本，仍多異文。其江妃二女條，較今本多二十餘字。照圓爲此書時，未檢廣記，故不及補入，是亦千慮之失矣。又列仙傳四庫總目入道家類，與葛洪神仙傳、杜光庭神仙感遇傳等雜厠。然此等書既異玄經，又非史傳，論其著作之體，實與小說爲近，太平廣記神仙、女仙二類盡取此等，蓋已以稗官目之。今附之小說，與搜神記等視同一例，庶猶得其實焉。

北里志一卷

古今說海本

唐孫棨撰。是編舊唐書經籍志、新唐書藝文志皆不載，唯郡齋讀書志卷十三、直齋書錄解題卷十一均錄其書。讀書志載棨爲大中進士，直齋書錄解題則稱"唐學士孫棨撰"，此本卷首載棨自序，題"唐翰林學士孫棨撰"，蓋舊題也。其書記大中以來長安曲中諸妓事，凡十三條，又附錄尚書胡證等事五條，卷末自記又附載王金吾、令狐滈事二條，於當時妓院情形記載極詳，文亦斐亹可觀。唐以來專言妓女事者，莫先於是書。四庫提要以其敘猥褻之事，屏而不錄。然觀其自序在中和甲辰，蓋黃巢平後，車駕返京，追憶往時承平之盛感而爲此，故曰"泥蟠未伸，俄逢喪亂，靜思陳事，追念無因，聊以編次爲太平遺事"。是亦東京夢華之意，不得遽目爲導慾之書。且其後序曲中毒惡之事著之明文，以爲危橋峻谷不測之地，原其用心亦未嘗不思以垂戒後來，與崔令欽教坊記實同一例，乃館臣於教坊記則錄其書，於棨此編則擯而不收，此胸有成見，未見其爲至公。又其書記一時公卿子弟皆直書其名，無所隱避，所附小注，著諸人始末亦詳，頗有裨於掌故,故清徐松撰登科記考,亦嘗引之。斯其書雖非如摭言等之專記故實,而未嘗不可以作徵故實之用。凡古人著書,非祇一端,後人讀古人書,宜知所持擇,略其短而取其長,亦不必因噎廢食也。孫光憲北夢瑣言卷四引是書云:"孫棨舍人著北里志,叙朝賢子弟平康狎游之事。其旨似言盧相攜之室女失身於外甥鄭氏子,遂以妻之,殺家人而滅口。"今按棨是書實以記冶游事爲主,不含他意,以爲有所諷刺,殊未必然,光憲之言亦揣測之詞,未爲確論也。明天台陶宗儀説郛卷十二曾收是書,注云一卷,與讀書志同,然删去大半,只存六事,且此六事文字亦不全。此本爲明陸楫所編古今説海本,首尾完足,核其文字尚出舊本,今據以著録焉。

鬼董五卷
鮑氏知不足齋刊本

不著撰人名氏。是本末載泰定丙寅臨安錢孚跋,云鈔本得之毘陵楊道芳家。後有小序,零落不能詳,其可考者,云"太學生沈",又云"孝光時人,而關解元之所傳也。喜其叙事整比,雖涉怪而有據,故録置巾笥中以貽同好云"。所記祇此,餘無可考。明蔣一葵堯山堂外紀以爲關漢卿撰。清黃虞稷千頃堂目卷十二、盧文弨補遼金元藝文志均載關漢卿鬼董五卷,卷數與此本亦同。所記皆鬼怪之事,以宋事爲多。其第四卷"都門質庫樊生"條以爲紹興末年事,近始聞之者,京本通俗小説西山一窟鬼篇全本之。其叙事詼詭,有足稱者。然多抄襲前人書,不盡出自記,如卷一"洛陽人牟穎"一條,見太平廣記三百五十二引瀟湘録;"章仇"一條,見太平廣記三百五十六引尚書故實;"吳生江南人"

一條,見太平廣記卷三百五十六引宣室志;"韋自東"一條,見太平廣記三百五十六引傳奇;"新昌令"一條,見太平廣記三百三十五引廣異記,唯改廣異記"新繁"爲"新昌";卷五"建康常夷"一條,亦見太平廣記三百三十六引廣異記;"唐晅"一條,見太平廣記三百三十二引通幽記;"田達誠"一條,見太平廣記三百五十四引稽神錄,雖此本皆不注出處,猶可一一考見。又書名鬼董,而所採如韋自東、章仇、江南吳生諸條,並是太平廣記夜叉類之文,與鬼無涉,亦不免踳駁不純。蓋隨意鈔綴,亦非有一定體例也。鮑廷博跋是書,因其第四卷有"嘉定戊寅予在都"之語,謂其人寧宗時尚存,然觀第三卷記"寶慶丁亥七月十一夜四更大風"云云,則逮理宗時矣,廷博所言亦未的也。

青樓集一卷
長沙葉氏刊本

題"雪蓑漁隱記"。首郗經序。經字仲誼,仁和人,元末曾舉進士,有玩齋稿,見朱彝尊靜志居詩話。是編爲長沙葉德輝刊本,收入雙楳景闇叢書,不言刻此書始末。考德輝著郎園讀書志卷六有"青樓集一卷,鈔本",題解云:"從湘潭袁氏臥雪廬過録。"知所據即此鈔本。又云:"作者以別號自稱,題雪蓑漁隱。浙江瞿氏清吟閣書目載是書,云夏伯和撰,不知所據云何。然朱序明稱作者姓黄不姓夏,則瞿目似不足憑"云。按江陰繆荃蓀輯蕘圃藏書題識卷六亦有青樓集校鈔本,云"借陳鱣藏鈔本傳録",又云:"檢向藏舊鈔本手校一過,多所異。想有兩本,不得據彼改此,各存之可也。"亦不言作者何人。唯天一閣藏鈔本録鬼簿續編夏伯和下注云:"號雪蓑釣按:此字下疑脱一字。松江人。喬木故家，一生黃金買笑，風流蘊藉，文章妍麗，樂府、隱語極多，有青樓集行於世。楊廉夫先生，其西賓也。世以孔北海、陳孟公擬之"。此錄鬼簿續編附鍾嗣成錄鬼簿之後，雖不知何人撰，而察其所記，必出明初人手，則作者必爲夏伯和無疑。伯和名庭芝，葉昌熾藏書紀事詩卷二載學津討源刻封氏聞見記後有庭芝跋云："予素有藏書之癖，凡親友見借者，暇日多手鈔之。此書乃十五年前所鈔者。至正丙申歲，不幸遭時艱，烽火四起，煨燼之餘，尚存殘書數百卷。今僻居深村，賴以自適，亦不負愛書之癖矣。至正辛丑上元日重觀於泗北。"署"疑夢軒雲間夏庭芝伯和父謹誌"。則不唯風流照耀，亦耽典籍之士矣。今以此本按之，所記元代名妓自梁園秀以下，凡七十四人。自名公暢詠題贈，以及各妓伎藝軼聞瑣事，記叙爲詳。蓋喪亂之餘，追憶當時之盛，俛仰感慨而爲此編，非如後世記倡優之書，品題花容月貌，流蕩不返，貽導欲誨淫之譏也。又所記當時優伶名色，可以考元代戲曲脚色，其"小春宴"一條云："勾欄作場，常寫其名目，貼於四周遭梁上，任看官選揀。"可以見歌場之俗。"龍樓景丹墀秀"一條云："專工南戲。"知元時南北曲自有專門。"趙真真楊玉娥"一條，記其謳張五牛、商正叔所編雙漸、小卿諸宮調。"樊事真"一條，記其抽金篦刺左目以報周仲宏，好事者爲編樊事真金篦刺目雜劇，可補鍾嗣成錄鬼簿所不載。"王玉梅"一條，記其善唱慢詞，知詞調在元時猶能歌，後人謂北曲行而詞之音失傳者，亦不盡然。"順時秀"一條，記其病思馬板腸，王元鼎殺所騎駿馬啗之，可以正後來俗說以殺馬事屬之鄭元和、李亞仙之失。皆有裨考證。至諸伎與勝流酬贈往復，多錄其詞，亦可以徵藝文，清徐釚作詞苑叢談往往採之，則沾漑者眾，又不徒以叙事簡潔見長也。"順時秀"條云："順時秀姓郭氏，字順卿。"考之明高啟聽教坊舊伎郭芳卿弟子陳氏歌詩，則名芳卿。疑高詩所記爲是，此本順卿，蓋涉順時秀而誤寫。

順時秀有弟子陳氏，青樓集亦不載，蓋偶未詳耳。葉德輝讀書志謂："集中諸女伶與諸名公巨卿詩歌酬答，而見於諸人集者百無一二，惟李楚儀屢見喬夢符小令，疑諸伎未必真有傾國傾城之姿。"不知順時秀供奉文皇，其姿容歌舞爲高啟所豔稱，張昱輦下曲云："教坊女樂順時秀，豈獨歌傳天下名。意態由來看不足，揭簾半面已傾城。"即爲順時秀而作，言當不虛。自來美人名士雖相得益彰，然謂美人非經士夫品題即其美不可信，則未免過重士大夫。且庭芝之作本以志盛衰之感，與東京夢華同一用意，德輝於其記事無所述稱，獨措意於女子之顏色，抑又何心耶？庭芝是編，自來鈔本相傳，久未見刊本，錢大昕補元史藝文志出喬吉青樓集，以爲喬吉作，不知何據，或另爲一書，或傳聞之誤，今均不可知，姑以存疑可矣。

剪燈新話四卷
武進董氏刊本

明瞿佑撰。佑有四時宜忌、歸田詩話、樂府遺音，四庫全書總目已著録。是編記元以來遺聞，每卷五事，凡二十事，末附秋香亭記一篇。每篇各立標題，乃傳奇之體。其書侈言靈怪豔情，所記唱答詩詞動盈篇幅，頗爲猥雜，非傳奇正格。其叙事明淨有餘，藻繪不足，亦無唐人之風華。唯在明時頗盛行於市井，稗官家亦往往採其事，如金鳳釵記，凌濛初拍案驚奇一集取之；其聯芳樓、翠翠傳，教坊亦演爲戲曲；清徐釚詞苑叢談外編亦採其聚景園、渭塘奇遇、愛卿傳三事，豈非以所記情節有資於談助，而佑在明初本以才調稱，其聲歌吟詠偶寄之小說者，亦有不可磨滅者歟？明田汝成西湖游覽志餘卷十二，稱佑嘗著剪燈新話，粉飾閨情，假託冥報。雖屬情妖麗，游戲翰墨之間，而勸百諷一，間有可採。或謂秋香亭記乃宗吉事，_{按：宗吉，佑字。}使其果然，亦元微之會真意也。又載桂衡讀此書，作歌一篇，語涉諷刺。_{按：衡詩，志餘及錢謙益列朝詩集乙集五均録其全文。}是所記亦以自寓，不盡爲紀聞游戲之作。都穆聽雨紀談則引周鼎語，謂佑爲富氏養壻，楊廉夫_{按：維楨，字廉夫。}在杭，嘗主富氏，戲爲此書。佑得其稿，後遂掩爲己有，唯秋香亭記一篇乃其自筆。復謂新話之文不類廉夫，以鼎言爲可疑。今觀其書，前後屬文一致，秋香亭記與他作體格實同，則穆引周鼎説爲虛誕之詞矣。佑所爲小説，明史藝文志録其香臺集三卷，不著此書。黄虞稷千頃堂目卷十二子部録其存齋類稿、香臺集二書，注云：“佑又有剪燈餘話。”_{按：餘話當作新話。}正統七年癸酉，李時勉請禁燬其書，故與李楨餘話皆不録，則故削此書，並非失載。又高儒百川書志六亦載此書，云四卷，附録一卷，與此本同；唯云共記十一段，似非完本。此本爲武進董康據日本慶長活字本刊本，前後完足，蓋猶依明本之舊，今據以著録焉。

剪燈餘話五卷
武進董氏刊本

　　明李楨撰。楨有運甓漫稿，四庫全書總目集部已著録。_{按：題要云昌祺名楨，以字行。}是編繼瞿佑新話而作，所記凡五卷二十一事。其四卷秋千會記後附録至正妓人行詩一首，五卷只録賈雲華還魂記一篇，蓋篇幅甚長，因自爲一帙也。楨本工詩，在明代爲一作手，故所爲小説各篇中著詩亦多，甚者駢列多至二十首，較之瞿佑新話尤爲繁冗。考唐人傳奇如東陽夜怪録等，固多以詩入文，然牛馬橐駝諸詩自相切合，實爲詠物之體，且亦一時游戯之作，不爲正格。禎乃於紀事之中贅附篇什，意以自炫，不免喧賓奪主，殊乖體例。其流波所被，以至邱濬鍾情麗集、梅鼎祚雙雙傳，皆沿此格，庸濫已甚。禎與佑實爲厲階，不可爲訓。唯勝流著書，其記叙終有可觀，故其書爲後世引用，亦沾漑靡窮。如芙蓉屏記、秋千會記，凌濛初均本之爲小説，而戲曲亦有瓊奴傳、芙蓉屏、洒雪堂。按：洒雪堂，梅孝已撰，演賈雲華還魂事。清徐釚撰詞苑叢談，號爲博洽，於卷八紀事類引其菩薩蠻詞，按：見秋千會記。卷十二外編引其念奴嬌詞、按：見秋夕訪琵琶亭記。踏莎行詞。按：見賈雲華還魂記。錢謙益列朝詩集乙集卷五引安磐語，謂"餘話紀事可觀，集句如'不將脂粉涴顏色，惟恨緇塵染素衣'，'漢朝冠蓋皆陵墓，魏國山河半夕陽'，對偶天然可取"云。按：摘句並見夜月彈琴記。則清辭麗句，爲世傳誦，亦薛用弱良常山新宮銘之比。都穆聽雨紀談載昌祺爲人清謹。景泰間韓雍巡撫江西，以廬陵鄉賢祀學宮，昌祺獨以作餘話不得入。引爲著書者戒。錢謙益列朝詩集亦稱禎生平剛嚴方直，服食清約，居官所至有風裁，作餘話一編。其歿也，議祀於社，鄉人以此短之，乃罷。白璧微瑕，惟在閑情一賦，以爲未然。是祺爲此書頗爲世病，更累及身後之名。然道學家褊狹之見，不唯不足以論藝，亦不足以論人。必盡去綺語而後可以祀鄉賢，則歐公六一之詞亦宜摒棄矣。禎立身服官有足取，其事蹟載在史書，令名不因是而減；其著書短長，後世自有公論，文名亦不能因是而增也。

覓燈因話二卷
坊刊巾箱本

明邵景詹撰。景詹號自好子，明萬曆時人。始末未詳。此本卷首署"遙青閣纂錄"，則其齋名也。黃虞稷千頃堂目卷十二錄覓燈因話二卷，與此本同，亦不言其里貫。前載小引謂："與客閱剪燈新話，客因爲道耳目觀聞古今奇秘之事，與客擇而錄之，凡二卷，各以己意附贊於末。客謂可續新話矣，命之曰覓燈因話。蓋燈已滅而復舉，閱新話云。"則亦效瞿佑著書。書記元明遺聞瑣事，凡九篇，視新話篇幅爲狹，然文筆頗流暢，究非腐庸之作可比。其桂遷夢感錄一篇，楊瑀山居新話載其事，亦爲實錄，馮夢龍警世通言本之爲桂員外懺悔小説，李玉本之爲人獸關傳奇。其臥法師入定錄，凌濛初亦本之爲喬兑換小説。其翠娥語錄一篇，記淮揚妓李氏爲女冠，居洞真觀，請揚州總管陸宅之造疏，載陸疏全文。元夏伯和青樓集載爲妓女連枝秀事，云姓孫，與此不同。青樓集摘陸疏中語"不比尋常鉤子，曾經老大鉗槌。百鍊不回，萬夫難敵"句，亦不見此本。蓋姓名傳聞偶歧，其疏語或經剪裁，故無青樓集所舉句，似當爲一事也。

新刻鍾情麗集四卷
日本成簣堂文庫藏明弘治刊本

題"玉峰主人編輯"，"南轅通州門中人校正"。此本首載二序，一爲成化丙午序，後署"南通州樂菴中人書"，已殘缺不完；一爲成化丁未序，署"簡菴居士"。末卷木記題"金臺晏氏校正新刊"。蓋北京刊本也。簡菴居士序稱："余友玉峰生抱穎敏之資。初鋭志詞章之學，博而求之，諸子百家莫不究極。及潛心科第之業，約而會之，六經四書莫不融貫。暇出所作鍾情麗集以示余，余因反覆觀之，不能釋手。噫，髫俊之中，弱冠之士，有如是之才華，有如是之筆力，其可量乎！"按鍾情麗集，自明以來相傳爲邱濬撰，云幼時求婚於黎氏。黎不許，目濬曰:此是俊兒邪？濬遂作此集譏之。黎即構金來請燬板，而書已通行。呂天成曲品"五倫記"條云:"或謂文莊此記以蓋鍾情麗集之慾。"似爲濬作無疑。其文鋪陳閨閣綺靡，失之繁冗，未足名家。後來小説雜書如國色天香等皆録之，其孤行本絶不可見。此猶當時刊本，亦不可多得之秘書矣。

湖海奇聞集六卷

大連滿鐵圖書館藏弘治九年丙辰刊本

　　明周禮撰。禮字德恭，餘杭人。是編現藏大連滿鐵圖書館，編首後有序，末署"弘治癸丑閏五月下□，前京闈鄉貢士，知福建福寧州事，邑人柏昂廷顒書"。據其序云:"幽冥怪異，雖非儒者所宜談。原本作淡，疑爲談之誤。而□情翰墨，寔乃君子之高致。矧操觚執翰，以著述爲任者，人之所難能也。余宦游閩中，適會鄉人持周生所著湖海奇聞一帙，且丐余爲序。余閲之喜而不寐，亹亹忘倦。蓋周生予之表姪也，謙恭孝悌，博學聰明，自幼著述甚多，而續綱目發明爲尤，斯集乃翰墨之游戲耳。"是其書蓋弘治間周氏之所作。其書都凡六卷，前五卷爲正文，末一卷爲附録。是本第一卷及第二卷之前三頁已殘缺。每半頁十三行，行二十有七字。第三卷末有木記云"雙桂堂刊行"，第六卷末有木記云"弘治丙辰季春雙桂書堂新刊"，後序末有木記云"余氏雙桂繡梓刊行"，知是本蓋明弘治丙辰雙桂堂余氏書肆刊行，蓋閩刻本也。其書彙集異聞，大抵皆分類載記，惜其已非完帙，故其門類，已不可知。今就其所存五卷考之，第二卷存十有一則，其門類已不可知，詳其内容，則大抵皆記人事;第三卷爲禽獸靈怪，凡一十有四

則;第四卷木石靈怪;第五卷爲器皿靈怪,凡一十有五則;第六卷
爲<u>伏氏靈應傳</u>、<u>碧玉簪記</u>,大旨在記靈怪之實有,明因果之顯效,
以震聾世俗,而警愚頑;凡草木鳥獸之異,靡不舉載,可謂極鬼神
事物之變矣。按自<u>宋元</u>以來,雖云崇儒,實並容釋道,而信仰本
根,夙在巫鬼,<u>明</u>季因之,其風益盛,故特多變怪讖應之談。是編
薈萃諸詭幻事物以爲一編,大都偏重事狀,少所鋪叙,與<u>宋代</u>志
怪之書合而觀之,亦足以見其變遷之跡矣。

磯園稗史三卷
涵芬樓秘笈第九集本

　　明<u>孫繼芳</u>撰。<u>繼芳</u>字<u>世其</u>,<u>湖廣華容</u>人,<u>正德</u>辛未進士,授
刑部主事。<u>東廠</u>獲人誣爲盜,下刑部論法,<u>繼芳</u>白其冤,改兵部
員外。<u>武宗</u>將南巡,<u>繼芳</u>率諸部寺屬百餘人力諫,捕繫廷杖。終
<u>雲南</u>提學副使。是編記朝野雜事,其中唯卷二"<u>沐英</u>世傳爲高皇
子"條、"<u>姚少師廣孝</u>"條,爲<u>明</u>初之事,餘皆<u>正統</u>以來事,而<u>正嘉</u>
兩朝所記尤詳。如卷一記<u>宸濠</u>謀叛始末,及<u>李士實</u>、<u>劉養正</u>事
蹟,皆足以佐史談。記<u>錢寧</u>籍没物數,亦資異聞。唯喜言讖異,
如載<u>陸震葵雪軒</u>詩,以爲杖死之兆;記<u>正德</u>七年黃河清,以爲<u>世
宗</u>入繼之兆,此等皆不必爲之説。至<u>嘉靖</u>六年<u>河南靈寶縣</u>黃河
清五日事,越十年迄無應驗,乃以<u>靈寶</u>人<u>許贊</u>擢吏部尚書當之,
尤爲附會。又<u>正德</u>時<u>廖鵬</u>貪戀禄位,使其妾通於<u>錢寧</u>。其事雖
實,然其人則無恥,其事則穢褻,記此一端,已污筆墨,乃詳細登
載,摹繪口吻,幾如傳奇小説,殊嫌猥濫,不免爲文字之累。然其
書三卷,除委巷瑣事外,<u>正嘉</u>間遺聞掌故往往而有,亦未嘗不可
爲考訂之資也。

涉異志一卷

大連滿鐵圖書館藏日本鈔本

　　明閔文振撰。文振字道充，浮梁人，著有異物彙苑十四卷，四庫已著録。是編現藏大連滿鐵圖書館，與祝允明志怪録合訂一册，蓋同爲一人之所鈔也。其書用日本白紙鈔寫，不加欄界，每半頁十一行，行二十有一字。全書都凡一卷，不分類，但有所聞見，輒分條載記之，而別標篇目於其前。總計全書所録，都凡四十則，其目曰："石真妃"、"張太子"、"戚侍郎"、"黄鰯道"、"關山隸"、"木自動"、"禱雨文"、"鳥引屍"、"死作城隍"、"方景明"、"鷹神"、"霍童古墓"、"錢清事發"、"兗州城隍"、"林中丞"、"林氏女夢"、"方合浦"、"天妃拯疫"、"南斗星君"、"晏公廟"、"東山廟"、"前妻陰憤"、"盧太守"、"何烈女"、"台州三寶"、"瓊二女"、"興善廟"、"小羊訴冤"、"舉場旗"、"紅蛇"、"陶詹廟"、"浮來山"、"張勝夙報"、"題棟詩"、"豸九夢訴"、"蛇啐乳"、"龍母"、"老君殿"、"徐貢魁入陰"、"翁氏徙居"。核其所紀，多永樂、宣德、景泰、天順、成化、嘉靖間事，至嘉靖十六年丁酉而止，知其書之作，當已在明隆、萬間矣。按自有明中葉，朝廷崇奉道教，羽流之士多以方技而居顯貴，於是異説雜記往往而出，是編掇拾當時里巷傳聞，彙輯成編，大旨在記怪異之實有，明應驗之顯效，以勸懲世俗。雖其所載鬼神變異之事，齊諧志怪之談，類皆荒誕無實，不出道家窠臼，然文筆流利，既足資欣賞，其於里巷傳説，亦多所保存，是則亦有其所長矣。

豔異編四十卷

明刊本

　　題“王世貞編”，“湯顯祖評”。前載顯祖序，文中有云“戊午天孫渡河後三日”，蓋萬曆四十六年所刊也。其書雜採古今説部，分類編次，凡十七門，曰星部、神部、水神部、龍神部、仙部、宮掖部、戚里部、幽期部、冥感部、夢游部、義俠部、徂異部、幻術部、妓女部、男寵部、妖怪部、鬼部，分類頗嫌瑣碎無序。其文録太平廣記者甚多，佔全書十分之七。宋人小説如廉布清尊録、洪邁夷堅志，元人如夏伯和青樓集，明人如瞿佑剪燈新話等，亦往往採録。其卷四“金廢帝海陵諸嬖”條，則自金史嬖倖傳録入，在馮夢龍情史之前，知馮夢龍輯書時曾參考此本。綜其所摭，亦屬繁富，唯輾轉稗販，出處不明。其書僅十七門，而宮掖一門已占十卷，可謂毫無持擇。世貞在有明一代，號爲博學，何至爲此等書，此必書肆所託，即湯顯祖序評之語亦屬僞造，無是事也。

續豔異編十九卷

明刊本

　　題“玉茗堂批評”，與豔異編同時刊行，亦不知編者何人。其書分二十二門，曰神部、龍神部、仙部、鴻象部、宮掖部、幽期部、情感部、妓女部、夢游部、義俠部、鱗介部、器具部、珍奇部、禽部、昆蟲部、獸部、鬼部、徂異部、定數部、冥跡部、冤報部、草木部，標目與前編或同或不同。其採太平廣記、夷堅志、剪燈新話等，與前編亦略同，唯收明人小説較多耳。考明萬曆間吳大震曾撰廣豔異編三十五卷，此書標目半同吳書，所載大士誅邪記等，吳書亦有之。此書或即依傍大震廣豔異編，稍稍變通爲之，亦未可知也。

廣豔異編三十五卷
日本內閣文庫藏明本

明吳大震編。大震字東宇，號長孺，又自號市隱生，休寧人。呂天成曲品載大震所著傳奇爲練囊記、龍劍記二種。龍劍記演平寧夏哱拜事，成於萬曆三十三年。此編不記年月，度亦當在萬曆時矣。書分二十五類，曰神，曰儽，曰鴻象，曰夢游，曰義俠，曰幻術倏詭，曰徂異，曰定數，曰冥跡，曰冤報，曰珍異，曰器具，曰草木，曰鱗介，曰禽、昆蟲，曰獸，曰妖怪，曰鬼、夜叉①。所收唐宋元明人小説頗至豐富，凌濛初撰拍案驚奇多採其事，唯皆没其出處，不脱當時著書氣習。斯編黃虞稷千頃堂目及明史藝文志均不著錄，中國亦久鮮傳本，唯劉仲達鴻書中曾引斯書。今著其目於錄，庶於徵文考獻不無裨補焉。

古豔異編不分卷
大連滿鐵圖書館藏明刊本

不著纂輯者姓名。是編現藏大連滿鐵圖書館，封面中央大

---

①編按：廣豔異編按部分類，“鴻象”下尚有“宮掖”、“幽期”、“情感”、“伎女”四部（類）。又，“珍異”當作“珍奇”。

書“古豔異編”，右上方題“讀書坊新刻”。編首有序，末署“息庵居士書”，不紀年月。按其序云：“是編成，客或謂居士方持三大部，破無明網，乃忍爲是兒戲哉！”則其書作者實息庵居士，蓋崇奉佛屠者流也。其書不分卷，釐爲十有一部，其目曰“仙真部”，録女仙傳、龍女傳、稽神録等三篇；曰“宫掖部”，録漢武内傳、飛燕外傳、趙后遺事、漢宫故事、漢雜事秘辛、西京雜記、大業拾遺記、南部烟花記、煬帝迷樓記、煬帝海山記、煬帝開河記、魏帝鄴中記、開元天寶遺事、梅妃傳、太真外傳、遼后焚椒録、元氏掖庭記等十有七篇；曰“寵倖部”，録寵倖傳、高力士傳、侍兒小名録、釵小志、比紅兒詩等五篇；曰“豪俠部”，録女俠傳、劍俠傳等三篇；曰“妓女部”，録義妓傳、名姬傳、北里志、青樓集、教坊記等五篇；曰“情事部”，録會真記、冥感記、冥音録、長恨歌傳、本事詩等五篇；曰“夢魂部”，録夢游録、離魂記等二篇；曰“再生部”，録再生記一篇；曰“幻異部”，録幻異志、博異志、集異志等三篇；曰“鬼怪部”，録才鬼記、靈鬼志、物怪録等三篇；曰“妝飾部”，録妝樓記、錦裙記、女紅餘志等三篇。大抵據歷代史傳及稗官家言，分類排比，彙集成書。今考其書，採摭古今豔異，於欣賞之中，寓勸戒之意，體例繁瑣，不無涉於誕幻，然遺文秘籍，錯出其中，亦足資校勘，故論者雖病其龐雜，亦不廢其書焉。

涇林續記不分卷
涵芬樓秘笈第八集本

明周玄暐撰。玄暐字叔戀，一字緘吾，崑山人，萬曆丙戌進士，官至雲南道御史。按玄暐之祖復俊，曾著小説曰“涇林雜記”，玄暐此書以續記爲名，示其不忘先德也。其書記弘正以來

見聞雜事，皆隨筆記録，不加文飾，然記述反近自然。其稱一代
之事，時可爲多識之助，如世宗時嚴氏父子弄權，薰灼一時，忠臣
如楊繼盛、沈鍊等受其荼毒者不知凡幾。然世宗非庸主，政由自
出。嵩之得以竊柄，實緣善於揣摩上意。其誅戮忠臣，皆設法激
怒帝，由帝自行之。故累經言官彈劾，而寵迄不衰。明史雖開此
意，而史書簡要，未暇一一著其事例。此則謂嵩一切施爲，皆世
蕃爲之謀，並詳言其致寵之由，可爲史書疏證。其記張居正之
死，由於嬖揚州妾，縱慾過甚，實斃於婦人之手，亦資異聞。唯居
正在相位，綜核名實，一時政治幾於清明，特任情自專，忌之者
衆，致不免驂乘之禍。玄曄乃極斥之，謂其包藏禍心，染指神器，
實明人門户爭軋之習，不可爲訓也。

表異録二十卷

清康熙戊子海昌陳世修刊本

　　明王志堅編。志堅字弱生，更字淑士，亦字聞修，崑山人，萬
曆庚戌進士，官至湖廣提學僉事。所著讀史商語四卷，四庫總目
録入史評類存目。是編採集古事，分二十門，曰：天文、地理、人
物、宫室、器用、音樂、軍旅、植物、動物、人事、國制、職官、刑法、
錢幣、藝文、仙趣、佛乘、棲逸、技術、通用。每門之中又分子目，
其無子目者則標總載，乃筆録前人著作，摘其奇文奥句，供採摭
之用者。然輾轉稗販，體例不明，諸門所録各條，或於正文出其
書名，或於文末注其出處，而無出處者實居多數，明人著書往往
若是。此本爲康熙間海昌陳世修刊本。世修以康熙間刊陶穀清
異録，並及此書，意以相配。清異録標舉奇文異名，雖近餖飣，然
所録多唐五代之事，據當時見聞書之，極有裨考據。若志堅此

編,實不得相提並論也。此本前載志堅弟志慶序云:"先生學術極有原本。其綜核史氏,貫通千載,若置身當時,不止諷解文義。此豈循文逐句、漫事涉獵而能然者。是編徵奇集異,人有同好。然吾恐以是編求先生,先生隱矣。"所言如此,似隱爲志堅地者,蓋亦心知其不可矣。

捧腹編十卷

大連滿鐵圖書館藏萬曆四十七年己未刊本

　　明許自昌輯,馬起城校。自昌字玄祐,茂苑(吴縣)人,工樂府,著有水滸記等傳奇行於世。起城字貳師,甫里人。是編現藏大連滿鐵圖書館,編首有序,末署"萬曆己未長至日甫里許自昌書";下有二印,一爲"自昌"陰文小方印,一爲"玄祐父"陽文小方印。其序云:"夫稗官野史,盛於開元、天寶間,或據寔紀異,或架空綴説,口繡筆綵,用以資清塵、消雄心。而宋元諸公,皆稱述朝家耳目之事,略涉諧部,有關風教。迨我明興,寥寥無幾,獨楊用修、祝希哲、王元美數公,富有纂著,丹鉛所歷,纍纍充笈。其他藏書之家,籤軸相望,多埋之蟊窟,毁之鼠鄉,落東家之醯瓿,作爨婦之襯材,傳於時者,不數數見。予匿跡甫里,性有書癖,家不能貯二酉之藏,聞有異書名籍,不惜釋仲産易之,自謂樂而忘老。每端居晏坐,從六經九家子史中,塗乙命甲,有關正局,輒用校行。其他解頤捧腹之事,恍忽詭異之語,可以滌塵襟、醒睡目者,不以無益而不存,舌録掌記,投積敝篋。恒自嘲曰:經史子部,譬猶膏粱,一飽即置,而山蔬野蕨,覺齒頰間多未經之味,更堪咀嚼耳。今歲園居消夏,略取敝篋中什一,命童子筆出,不暇倫次,不計妍媸,分爲十卷,署曰捧腹編。"是其書蓋萬曆四十七年己未,自昌消夏甫里園中時之所纂輯也。其書都凡十卷。每半頁九行，行二十字。每卷各選歷代諸公諧著若干篇，大抵以書爲次，不復分類。卷一選艾子十二則、問答録八則、玉照新志二則、筆談二則、東齋遺事一則、聞見雜録四則、隱窟雜志一則、東皋雜録三則、軒渠録四則、倦游雜録三則、鷄肋篇一則、春渚紀聞一則、曲洧舊聞七則、夷堅志二十則、夷堅續志二則、平江記事一則、稗史三則、山房隨筆三則、皇明雜録二則、唐缺文一則、皮日休文集一則、賈氏談録一則；卷二選皇明十七事二則、中朝故事一則、續世説四則、朝野僉載六十四則、原化記一則、稽神録一則、御史台記十五則、玉堂閒話十三則、盧氏雜説六則、善謔集二則、幽閒鼓吹五則、乾𦠆子三則、南楚新聞三則、抒情詩四則、紀聞紀四則、奇聞録二則；卷三選國史補八則、開天傳信記三則、談賓録一則、東軒筆録二十一則、青箱雜記七則、橫浦心傳録一則、紫微雜記一則、拊掌録十一則、文會叢談一則、湘山野録一則、高齋漫録二則、三朝野史一則、朝野記遺一則、宣室雜録一則、遯齋閒覽七則、姑蘇筆記一則、明道雜志三則、文昌雜録一則、該聞録一則、古杭雜記一則、耕餘博覽一則、澠水燕談録一則、冷齋夜話四則、老學庵筆記十五則、雲麓漫鈔一則、蒙齋筆談一則、石林燕語二則、清波雜志三則、墨客揮犀四則、續墨客揮犀二則、鶴林玉露一則、侯鯖録四則、癸辛雜識六則、江鄰幾雜志一則、南唐書四則、南唐故事一則、南唐近事七則、蜀檮杌一則、五代史補三則、西清詩話一則、五國故事一則；卷四選千文虎序一則、談淵一則、閒談録一則、江表志一則、陳留志一則、江南野録三則、清異録三則、避暑録六則、清夜録二則、避戎夜話一則、閒燕常談五則、聖宋拾遺一則、劉攽詩話五則、白獺髓四則、翰墨志一則、道山清話七則、貽謀録一則、後山居士詩話二則、文會叢談一則、靈鬼志一則、鐵圍山叢談一則、邵氏聞見録一則、金華子一則、翰林志一

則、瀟湘録一則、揮麈録二則、梁溪漫志二則、儒林公議二則、世
說十二則、晉陽秋一則、續晉陽秋一則、搜神記二則、續搜神記一
則、録異記一則、述異記一則、洛陽伽藍記一則、妬記三則、十六
國春秋一則、沈約野史一則、談藪五則、南唐記一則、劉賓客嘉話
録六則、三水小牘一則、會稽録一則、中興間氣集一則、嶺表録異
一則、妝樓記一則、玉塵記一則、鉅野志一則、襄陽記一則、封氏
聞見記四則、唐詩紀事一則、逸史一則、葦航紀録一則、傳載一
則、紀異録四則、會要一則、今是堂手鈔一則、松窗雜録一則、太
平廣記二則、投荒録一則、景龍文館記一則、廣異記二則、兩京記
一則、盈盈傳一則；卷五選群居解頤十四則、拾遺録一則、楊太真
傳一則、因話録八則、玉泉子十一則、尚書故實三則、桂苑叢談一
則、本事詩三則、集異記一則、酉陽雜爼八則、摭言八則、桯史六
則、隨隱漫録二則、聞見録二則、談苑十四則、後山叢談二則、可
談一則、東坡志林五則、絕倒録二則、步里客談一則、錢氏私志二
則、北窗炙輠一則、古今詩話一則、蕙畝拾英集二則、韋居聽輿一
則、中吳紀聞一則、悦生堂隨鈔三則、過庭録二則、画墁録一則、
游宦記聞一則、墨莊漫録四則、嬾真子四則、歸田録五則、樂善録
三則；卷六選啟顔録十五則、笑林七則、幽怪録二則、妖亂志一
則、唐語林五則、大唐新語十三則、國朝傳記一則、宋史二十二
則、元史五則、遼史四則、金史四則、列子十二則、晏子春秋四則、
史記十七則；卷七選晉書七十三則、載記七則、漢書六則、後漢書
十則、魏志一則、蜀志五則、魏略一則、典略一則、漢晉春秋一則、
吳書二則、吳録二則、江表傳一則、諸葛恪別傳二則、西京雜記一
則、漢武故事一則；卷八選東方朔別傳一則、三輔決録一則、拾遺
記一則、魯國先賢傳一則、王隱晉書一則、世說三則、雲溪友議四
則、獨異志一則、異苑一則、北夢瑣言十九則、定命録一則、劇談
録一則、唐實録一則、南部新書九則、舊唐書三十二則、唐書十八

則；卷九選五代史二十七則、北史三十八則、宋書九則、南齊書一則、梁書七則、魏書四則、北齊書十四則、隋書三則；卷十選韓非子五則、呂覽六則、尹文子一則、淮南子二則、説苑一則、新書一則、韓詩外傳一則、風俗通四則、孔叢子二則、抱朴子三則、顏氏家訓五則、南史一百零八則。大旨在掇拾歷代子史稗官中解頤捧腹之事，可喜可笑之辭，彙爲一編，以滌塵襟，而抒胸臆。核其所錄，上起先秦，下迄元明，搜採頗稱詳該，雖不按時代，不分類別，體例頗傷龐雜，又於各書任意割裂，亦不免明人著書之通病，然元明以前子史雜記，今多散佚，是編援引所及乃不下數十百種，不惟足資校勘，亦可爲徵文考獻之一助焉。

續劍俠傳五卷
明刊本

明周詩雅撰。詩雅字廷吹，武進人，萬曆己未進士。所著南北史鈔，四庫全書總目著錄，入附存目。斯書裒集古今書傳所載俠行，上起春秋，下逮於元，凡一百一十九事。然徵引諸書，皆不注其出處，所採亦泛濫無歸，如：齊姜醉遣公子重耳，乃婦人之有志節者，與劍俠無涉；王陵母、趙苞母、徐庶母，雖蹈義輕生，亦不得徑目以俠。又如：典韋、任城王彰等均以勇猛見收，則凡古今猛將皆可謂之劍俠矣；臧洪慷慨爲友，申屠氏報夫之仇，並以入書，則凡烈士烈女亦可謂之劍俠矣。他如許遜、呂岩世所謂神仙，亦一并闌入；施宜生背國降金，但取其南聘時以虜謀告館者一節，亦目爲俠，可謂漫無體例。此本前載萬曆壬子詩雅自序，稱“庚戌曾刻劍俠，今再續之”。其卷四“異僧”條附注，稱“此俠已載前集”。是其書先有前集。今通行有劍俠傳一書，不署名，不知即詩雅所撰前集否。然據詩雅此本序，謂“集凡五卷，如前刻”，是前集亦五卷。今通行本止二卷，不同，則詩雅所撰前集，當另爲一書矣。

閒情野史八卷

明萬曆四十八年刊本

按：是編書衣題籤已失，不知其書的名。其前載三序，曰：陳繼儒序，顧廷寵序，韓敬序。繼儒序稱“客座所述閒情野史風流十傳”，廷寵序稱“陳仲醇按：仲醇，繼儒字。所删八傳，其筆陣風采不讓漢唐”。曰十傳，曰八傳，所述不同，而是書實爲八卷，所載凡八事，或繼儒序中十字乃八字之誤，或書本十傳，已遺其二，書坊因改廷寵序中之十字爲八，而繼儒序偶存其舊，未及更改，均不可知。至其書總名亦不見於卷中標題，今姑取繼儒序中語實之。其書是否即繼儒所編，亦未易斷定。當萬曆之季，繼儒名滿天下，以處士與公卿抗衡，書肆假借名號，所刻小説雜書，往往書“陳繼儒先生批評”，或偽製繼儒序冠于卷首，真偽混淆，不一而足，今日既無從審核，可以置而不論。且書之善否，視其本書如何，不在乎序評之人，似此戔戔小節無足輕重，亦不必置論也。此本所收爲小説八種：曰鍾情麗集，曰雙雙傳，曰三妙傳，曰天緣奇遇，曰嬌紅傳，曰三奇傳，曰融春集，一名懷春雅集。曰五金魚傳。凡此皆分別見於明人所編類書中，如國色天香、萬錦情林等，皆有其文，清初余公仁所刊燕居筆記且盡録之，無奇篇異文可以動人聽聞者。然諸本刊皆不精，此本開板廣濶，字亦疏朗悦目，以視他本特爲工整。又所附跋語，多疏本末，亦時裨異聞。如卷四天緣奇遇記明初祁羽狄事，跋云：“一説我朝毛生甚有奇遇，因託

言祁羽狄以誌其事，蓋謂‘祁毛羽狄’，百家姓之成句耳。”此已爲
他書所不載。至其卷二雙雙傳記高氏兄弟妻秦氏姊妹事，末亦
有跋云：“此汝南姬邦命識之，江都梅禹金撰之。”按梅鼎祚字禹
金，宣城人，此云江都人，誤；或另爲一人，未必即爲梅鼎祚。然
猥雜小説作者既不自顯名姓，談者亦不道其人，此獨言之鑿鑿，
決非杜撰。即此一端，已可徵其書編者習當代文學掌故，見聞頗
周，非書賈不知本末輾轉鈔録者比。雖僅疏名姓，未能加詳，亦
不可謂之無用矣。

開卷一笑上下二集十四卷
大連滿鐵圖書館藏梅墅石渠閣刊本

　　舊題“卓吾先生編次”，“笑笑先生增訂”，“哈哈道人較閲”。
卓吾者，李贄之字也。贄，晉江人，萬曆中爲姚安知府，士大夫好
禪者多從之游。嘗自去其髮，冠服坐堂皇，上官勒命解任。居黃
安，日引士人講學，雜以婦女。其學專崇釋氏，而侮孔孟。晚年
北游通州，爲給事中張問達所劾，逮死獄中。笑笑先生及哈哈道
人，則均不詳其姓氏。是編現藏大連滿鐵圖書館，書爲大型，封
面版心中央大書“開卷一笑”，右上方題“屠赤水先生參閲”，左下
方題“梅墅石渠閣梓行”，版心上方題“賞心快筆”四字。其曰屠
赤水先生參閲者，屠赤水疑即笑笑先生也。編首有序，不紀年
月，末署“三台山人題於欲靜樓”。據其序云：“春光明媚，偶游句
曲，遇咲咲先生於茅山之陽，班荆道故，因出一編，蓋李卓吾先生
所輯開卷一笑，删其陳腐，補其清新，凡宇宙間可喜可笑之事，齊
諧游戲之文，無不備載，顔曰‘山中一夕話’。”是其書蓋李氏之所
輯，而笑笑先生（屠赤水）爲之增訂者也。又考序中謂其書“顔曰

‘山中一夕話’”，而是編各卷首行所題書名亦曰“山中一夕話”，
惟封面及各頁魚尾上並題“開卷一笑”，似山中一夕話爲叢刻總
名，彙集同類之書若干種，開卷一笑殆其中之一種也。其書都凡
上下二集，每集各七卷，總計全書，都凡十有四卷。每卷各録古
今笑話若干則，計上集第一卷自䶊齦賦至蹄脚賦，凡十有五則；
第二卷自懼内經至禁男風曉喻，凡十有六則；第三卷自山人詞至
夜兒傳，凡十有一則；第四卷自麴蘖生傳至送窮祭文，凡十有四
則；第五卷自十二姬傳至湯婆子竹夫人判，凡九則；第六卷自狁
説至送疥文，凡十有五則；第七卷自田家樂賦至學呆歌，凡十則；
下集第一卷自蘇守判和尚犯姦至劉蘇嘲語，凡六十有一則；第二
卷自楚娘秒姿色悔嫁至老人十拗，凡六十有一則；第三卷自少延
清歡至解大紳書影，凡五十則；第四卷自李文正公隱謔至髑髏受
虧，凡五十則；第五卷自揚州司馬哭姊至劉將軍不識鳳毛，凡四
十九則；第六卷自微諷關雎至元發戲答廣淵，凡五十有一則；第
七卷自僧哥至瞿癡，凡四十有九則。總計全書所録，都凡四百六
十有六則。大旨在藉詆誚幽默之辭，以抒其胸中之鬱結，故掇拾
子史雜記中可喜可笑之事，及齊諧游戲之文，彙爲一編，使人讀
之解頤微笑，意若有會。按笑譚之作，其源實古，乃縉紳者流多
視爲小道，遂散佚而不傳。是編搜羅排比，既極詳該，又凡所徵
引，皆一一注其出處，不惟滑稽解頤，足資欣賞，於治民俗學者亦
未嘗無裨焉。

獪園雜志十六卷

知不足齋刊本

明錢希言撰。是編分十類，自卷一至卷四爲仙幻，卷五、卷

六爲釋異,卷七爲影響,卷八爲報緣,卷九爲冥跡,卷十、卷十一爲靈祇,卷十二爲淫祀,卷十三爲奇鬼,卷十四、卷十五爲妖孽,卷十六爲瓊聞,皆有明一代奇聞雜事。四庫全書總目收之附存目中,入小説類。明人喜撰雜書,而記事無文,往往庸沓瑣碎。希言此編雖涉神怪者多,然叙事整比可觀。其釋異一類尤文采斐然,有慧皎、道宣諸僧傳之風。其他軼聞瑣事可取者亦復不少。如卷七、卷八記張枚佚事,又卷七記徐渭殺僧冤報事,引四明余寅説,皆涉文人事蹟,可資多識。又李福達在世宗時曾興大獄,明史雖分載其案,而於福達本人不詳,此則記其幻變諸跡甚備,足徵其爲妖人。至宋人詞話紫羅蓋頭,其本久佚,此書卷十二乃指其演二郎神事,亦諸書所未載。四庫提要摘其記陳與郊子祖皋陷冤獄事,一在影響類中,謂祖皋妻死爲厲;一在神祇類中,謂與郊爲厲,兩卷之中姓名事蹟自相矛盾,記所見如是,記所聞可知云云。然其神祇類所載與郊事,本據金三枝傳説;其祖皋婦死爲崇事在影響類,乃先據王穉登所爲傳,是其傳聞不同,不免有出入。又卷七影響類尚載廉察劉庚事,爲定祖皋罪案之人,其事聞之嘉定何秀才,亦涉冤報,是所記乃有三條。蓋祖皋一案本當時冤獄,傳之者多,而其事既非目覩,據所聞分別書之,亦事之常,古人著書原有並存二説之例,亦不必以此責希言也。唯其中記事亦不免因襲重沓,不能核實者,如卷七"焦典史沈僧報冤"一條,乃覓燈因話所載丁縣丞事。其用字亦間有疵累,如用"社鼠城狐"爲"城社",用"瀊先朝露"爲"瀊先"之類,皆乖文理。然核其全書,文筆條暢清麗,在明人小説中實饒有文采者,即其自序一首亦尚有奇氣,異於當時之文或矜異而失之纖佻,或摹古而陷於生澀。四庫提要所摘,僅就記事一端而言,殊不足以蓋其全書也。

桐薪三卷
舊鈔本

明錢希言撰。希言所撰有劍筴、戲瑕、獪園等書,四庫全書總目皆附存目。是編前載萬曆癸丑希言自序,稱"新野馬司農仲良譏關吳會,得斯篇而嗜之,捐羨餘鋟行。"按仲良爲馬之駿字,則本之駿所刊也。其書每卷有目,諸條各立標題,而繫其説於後,雜考古今諸事,以及草木蟲魚,珍奇玩好,非只一端。其徵引亦甚繁博,唯襞積故實而不詳其本末,有時近乎通行類書,非根柢之學,其記事亦不免有誤。然如卷二"燈花婆婆"條,謂其事出於唐人小説劉績中事,頗能推見本原;卷三"公赤"條載宋人詞話燈花婆婆第一回文中之語,知希言曾見其本,頗有裨於文獻。至其他述名物方言,亦有可採者。雖卷帙無多,録之以備一代藝文,實無不可,黃虞稷千頃堂目小説類載希言是編及戲瑕、獪園、聽濫志共四種。四庫存目録戲瑕於雜家,獪園於小説,餘二種不録,知未見其本。今桐薪猶有傳本,聽濫志則希見矣。

殘本花當閣叢談八卷
借月山房彙鈔本

明徐復祚撰。復祚擅詞章樂府,所著有一文錢、紅梨記等曲,已別著録。斯編一名邨老委談,乃劄記之書。其書三十六卷,未經刊布,久而散佚,康熙間只存六卷,王應奎及裔孫述曾所記皆同。嘉慶間黃廷鑑復得鈔本二册在傳本之外,以付張海鵬刻之,即此八卷本是。據廷鑑跋,復祚此書諸家所藏皆自"嚴中丞”起至“倭寇始末”止，共六卷。今此本“嚴中丞”條在第三卷，其第八卷自“葉臺山日本論”至“黃質山叙劉將軍淮上戰功”凡十條，皆涉倭寇事。然則此本第三卷至第八卷即廷鑑所謂六卷殘本，其第一、第二兩卷乃廷鑑所得殘本二册歟？今此本所録，唯卷一諸條多涉掌故，卷二以下則皆記雜事，自勝流達官以至閭巷瑣録，無所不載。其中亦間録他人之作，不盡爲自著。每條之後又有附録。其附録文字有數倍於本條者，頗嫌駁雜。然復祚見聞博洽，書中所述諸事，其大者往往與正史相出入，至記文人逸事亦資異聞。又復祚本曲家，其附録各條涉及戲曲者，可取者亦多。雖殘編斷帙，視原書不及四之一，以爲考證之資，亦未嘗不可也。

笑府十三卷

大連滿鐵圖書館藏日本刊本

　　不著撰人姓氏。是本現藏大連滿鐵圖書館，編首有序，末署“墨憨齋主人題”。序云：“古今來莫非話也，話莫非笑也。兩儀之混沌開闢，列聖之揖讓征誅，見者其誰耶？夫亦話之而已耳。後之話今，亦猶今之話昔。話之而疑之，可笑也。話之而信之，尤可笑也。經書子史，鬼話也，而爭傳焉；詩賦文章，淡話也，而爭工焉；褒譏伸抑，亂話也，而爭趨避焉。或笑人，或笑於人。笑人者亦復笑於人，笑於人者亦復笑人。人之相笑，寧有已時。笑府集笑話也，十三篇猶曰薄乎云爾。或閱之而喜，請勿喜；或閱之而嗔，請勿嗔。古今世界一大笑府，我與若皆在其中，供人話柄。不話不成人，不笑不成話，不笑、不話不成世界，布袋和尚吾師乎，吾師乎！”詳其語氣，則其書殆即出於墨憨齋主人之手。又考書中各部小引，皆題"墨憨子曰"，則其書之爲墨憨子作，尤無可疑。其書都凡十有三卷，卷爲一部，首古豔部，次腐流部，次世諱部，次方術部，次廣萃部，次殊稟部，次細娯部，次刺俗部，次閨風部，次形體部，次謬誤部，次日用部，次閨語部，每類各録古今笑話數十百則不等。正文之外，間附短論，亦多風趣。按笑話之作，導源綦古，義取幽默，辭多詆誚，使人解頤微笑，意若有會。惟往昔之世，縉紳先生多不齒之，僅散見子史類書之中，鮮有專集。是編網羅載籍，彙輯成編，藉詆誚幽默之辭，以抒胸臆，搜集之功，誠有足多。雖笑談之作，意取幽默，每一道破，意趣便無，必爲之論説，未免蛇足。然論中亦時多當時笑談，互相比較，不惟滑稽解頤，足資欣賞，且亦民俗學研究之一助也。

删補文苑楂橘二卷

日本成簣堂文庫藏高麗活字本

不著撰人名氏。書無序跋，不知其始末。唯曰删補，似尚有舊本。所收小説二十篇，唐人傳奇居十分之七八。其卷一負情儂傳，記萬曆間杜十娘事。馮夢龍情史卷十四"杜十娘"條云："浙人作負情儂傳。"似即此文。又考王士禛池北偶談卷二十二云："明宋幼清有九籥集，如稗官家劉東山、杜十娘等事，皆集中所載。"幼清名懋澄，雲間人，舉人。吳偉業誌其墓，稱其落拓有壯節，詩文豪宕自喜。按：文見梅邨家藏稿卷四十七。所著九籥集今鮮傳本，兹所録負情儂傳蓋即集中之一篇。然幼清雲間人，不得云浙，豈負情儂傳自爲浙人所作，抑夢龍一時誤記，偶以文屬之浙人邪？韋十一娘篇記程德瑜事。顧起元客座贅語載以爲胡汝嘉作，稱"汝嘉著小説數種，多奇豔，女俠韋十一娘傳記程德瑜云云,託以詬當事者。其紅綫雜劇大勝梁辰魚"云。汝嘉字懋禮,號秋宇,嘉靖己丑進士,金陵人。斯編所選唐人小説,皆摭自廣記,無足異者,獨存此二篇,則亦有裨藝文,不可遽廢矣。

海外弈心一卷
清順治刊本

清喬鉢、聞性道合撰。鉢字文衣,直隸内丘人。性道字天遒,浙江寧波人。其書録劄記七十條,或泛言名理,或記風土瑣事,或録詩詞,不名一格。正文每一條後皆附性道之説,故書名"蕊泉庵讀海外弈心"。蕊泉庵者,性道自號也。其曰"海外弈心"者,鉢自序云:"余居海外,魂傷心沮。生平不好爲弈,亦且無與弈者。兀坐殘島,唯愁是對,唯死是懼,無可奈何,乃以楮爲枰,以研爲友,隨所意起,或所目觸,細而人情物性,小而烟水蟲魚,以及褻鄙紕漏之語,信手不過數行,消磨一日,與髯蘇説鬼之意同。用弈道,故曰弈心云。"是其飄零困危之際,隨意爲之以自遣者,故鮮條理。然往往搬弄話頭,浮而不實,甚至以一句爲一條,如"知及之"條云"只此是内外雙修"。此染明末講學以禪入儒之習,猶有可説。至云"少年之精出自氣,其美暢;中年之精出自血,其美酣;老年之精出自骨,其美酷。"此真褻鄙之語,竟以之入書,亦可謂猖狂無忌者矣。

東山談苑八卷

民國二十三年襄社影印本

　　清余懷撰。懷字澹心，莆田人，所著有板橋雜記，四庫存目已著錄。是編爲懷晚年所作，長洲徐晟序其書，以不署年月，故不知爲何年所作。卷一正文前有懷自撰小序二則，稱“往時年少不羈，喜爲豪華之事，愛讀奇僻之書，究竟豪華奇僻爲害頗深。亂離之後，閉戶深思，遇古人佳言懿行，隨筆輒記，裒然成編。暇豫展觀，固勝於吹竹彈絲云”。又稱“余讀二十一史及稗官野乘，著有古今精華義抉錄，大約彈擊古人，鏡無遁照。而此編則專言古人之長，理歸忠厚”。所言如此，蓋亂後屛居所作。其云“東山”者，則莆田城中有烏石山，因以名其書云。書中所記皆漢以來古人軼事，尤以宋事爲多，而明人事亦雜出其間，如楊慎簪花髻、康海拒楊廷儀、寧獻王權橐雲諸條，皆見於明人記載，無特異之處。至稱引前朝事皆不注出處，所舉諸人亦多不冠以明名，實隨筆鈔綴而成，於考證無甚裨益。然懷入清朝，此編終書不及清初一事，則實以明人自居，亦未嘗不以寄慨矣。是本爲懷稿本，乃其孫兆蛟舉以贈人者。末有兆蛟跋，稱其人爲“豫齋主人”；有楚黃龍湖主人跋，又稱“燕山豫齋主人”，知爲北京人。其道光丙戌郭尚先跋，又稱“歸我笛生同年”，蓋輾轉易數主而僅存者。書中校注之處，如卷四“本朝狀元”去“本朝”二字；卷八“唐賈直言妻”條，有注云：“先子傳奇四種，有封髮記、賓碩記。”似即其後裔所注。懷，明季遺民，有文名，斯編世無別本，今著其目於錄，蓋不惟其書，亦重其人焉。

閒情偶寄十六卷

金陵翼聖堂刊本

　　清李漁撰。漁有一家言及十種曲已著録。是編爲漁所著雜品，凡分八部①：一曰詞曲部，其目六：曰結構，曰詞采，曰音律，曰賓白，曰科諢，曰格局，皆論撰曲之事；二曰演習部，其目五：曰選劇，曰變調，曰授曲，曰教白，曰脱套，皆論演曲之事。三曰聲容部，其目四：曰選姿，曰修容，曰治服，曰習技，皆論婦女伎飾。四曰居室部，其目五：曰房舍，曰牕欄，曰牆壁，曰聯匾，曰山石。五曰器玩部，其目二：曰制度，曰位置。六曰飲饌部，其目三：曰蔬食，曰穀食，曰肉食。七曰種植部，其目五：曰木本，曰藤本，曰草本，曰衆卉，曰竹木。八曰頤養部，其目六：曰行樂，曰止憂，曰調飲啜，曰節色慾，曰卻病，曰療病。所論八端皆切近人生，標曰閒情，蓋自以爲閒情逸致，杜濬序引陶潛賦閒情爲解，殆未必然也。漁天性敏悟，凡諸篇所論，俱能自出新意，不襲陳言。其述治生調養之術，不事侈張，亦不爲高論，釐然有當于事理。至於詞曲，尤多精論。其居室、器玩二部，論制度方式，文所不能詳者，爲圖以表明之，亦具有深思，有裨于宫室營造之學。雖其聲容部選姿、修容諸條，刻畫之詞往往貽世人口實。然昔時風俗、社會與今不同，漁所言亦當時人議論之一斑，雖語意微傷纖佻，要其大旨固論修容之術，不害其著書之體也。自明季以來，東南士夫崇奢競麗，山人墨客翕然和之，動以幽賞相尚。然觀其品題名物，所以陳一己之好者，不過浮詞淺見，率鮮實學。獨漁以精

---

① 編按：底稿原作“凡分六部”，而後列七部細目，自爲矛盾；且與閒情偶寄實分八部不符。今爲閲讀方便計，據原本改補各部細目並調整相應序號，其他錯字徑改。

巧之思，幽美之趣，從容談寫，皆平生經歷所得，卓然爲一家之言。觀其條理井井，嫻事理，備體用，雖古之哲匠無以過之。此求之四部書中尚不多見，世之人顧猶有目爲小道而輕之者，抑何隘耶！

虞初新志二十卷
清康熙刊本

清張潮輯。潮字山來，號心齋，新安人。是編選當代傳記之文，目爲虞初新志，以繼明湯顯祖續虞初志之後。然所錄諸文多有不應屬之小説而强登者，如南懷仁七奇圖説，在小説中宜居何等，妄以入書，實爲不倫不類；吳偉業柳敬亭傳、張南垣傳，其文實效韓柳之體，與傳奇迥異，今一概目以小説，亦嫌廣泛不辨體例。又所收諸文多在集中，目錄則但著作者之名而不注其書名；其總諸條爲一編而每條不立標題者，如皇華紀聞、客窗涉筆、聞見卮言等，則又載其書名於目，致著錄各家之文自爲參差。又如人觚、燕觚等乃觚賸之一篇，本非書名；且同一選觚賸之文也，其人觚、事觚、物觚在此書十七卷中，隔一卷而出“燕”、“豫”、“秦”、“吳”四觚，亦不名其義例所在。蓋書坊選輯之本，本不同於著書，而世人唯取苟便，通行頗廣。今時學校教師選授國文，仍多據此編而不檢原書，亦國人偷惰之一徵矣。

虞初續志十卷

通行本

　　清鄭澍若撰。澍若字醒愚，始末未詳。是編成於嘉慶中，前載澍若嘉慶七年壬戌自序，謂以續張潮虞初新志之後。其書採輯亦全倣潮書，如汪琬、侯方域、魏禧、徐乾學、毛奇齡、方苞集中所作諸傳，悉以闌入，與蒲松齡聊齋志異中所録林四娘、崔猛、王成、寄生諸文雜厠，遂至汪琬之傳江天一，方苞之書左光斗，所以補史傳之不備者，悉同於小説傳奇，黄葦白茅，不辨體例。以此推之，則正史列傳之有文采者，亦無一而非小説，有是理乎？又邊大綬虎口餘生記，乃孤行之書，亦行選入。如是則載事之書亦將侵入小説範圍，是小説將盡包史家傳記之文，史書與稗官家言將何所剖判乎？是本所録只十卷，他本尚載珠泉居士續板橋雜記一卷、雪樵居士秦淮聞見録一卷。疑其書原爲十二卷，此以二書皆記猥褻之事，恐違禁例，因而削去之也。

廣虞初新志四十卷

清嘉慶癸亥原刊本

　　清黄承增撰。承增字心盦，歙縣人。是編前載承增癸亥自序，其書以邑人張潮所輯新志，僅就同時諸家手授鈔本，蒐羅未廣，百餘年來，前人全集既多刊行，後起作家亦復林立，因補收博采，廣爲此書。其摘録各家文集雜書，全沿張潮之例，與鄭澍若輯虞初續志同時梓行，而承增所收爲特博。目録原文題目下，間亦注出處，唯不能徧注，僅顧景星白茅堂集、陳維崧迦陵集等十

餘種。又朱彝尊集名曝書亭集，此本卷一録崔子忠、陳洪綬傳，
注云竹垞集，似亦未檢原書。蓋亦輾轉稗販而成，非能徧覽諸家
文集，從而摘録其文也。唯捃摭既廣，頗便觀覽，以之爲初學行
文之助，亦無不可。至其文章體例不明，私家傳記概目以小説，
則沿張潮之誤，不自承增始，可無庸深論焉。

聊齋志異十六卷
清乾隆三十一年萊陽趙氏刊本

　　清蒲松齡撰。松齡字留仙，一字劍臣，號柳泉，康熙辛卯歲
貢，山東淄川人。生於明崇禎十三年庚辰，清康熙五十四年乙未
卒，年七十六。所著有聊齋文集、詩集、省身録、懷刑録、農桑經、
曆字文、日用俗字等書，又有禳妬咒、幸雲曲等俗劇，與聊齋志異
生前皆未刊行。其聊齋志異以康熙十八年己未成書，世人競相
傳鈔，至乾隆三十一年丙戌，萊陽趙起杲官嚴州太守，始屬余集、
鮑以文等分任校讎更正之事，爲刊行問世，是爲聊齋初印本，即
此本也。松齡負才卓異，弱冠應童子試，受知於施閏章，文名藉
甚。既屢躓棘闈，乃決然捨去，肆力於古文，與同邑李希梅、張歷
友結郢中詩社，以風雅道義相劘切。殁後，張元爲撰墓表，稱其
樸厚，篤交游，重名義，而孤介峭直，不能與時俯仰。又稱其文穎
發苕豎，絶去町畦。新城王士禎素奇其才，屢寓書將致之門下，
謝病不往。淄川縣志亦引士禎語，謂非尋常流輩所及。蓋抱瑰
偉之質而不得志於時，負一時盛名而恥事干謁，困頓著書以老，
不唯文字足稱，亦北方之强，可謂孤介獨立之士矣。是編爲趙起
杲所訂，以韓文"沈浸穠郁，含英咀華，作爲文章，其書滿家"爲卷
目，凡十六卷。據卷首趙起杲序，謂宦閩中時晤鄭荔薌之子，以

荔裳曾宦山東，得聊齋稿本於松齡家中，因求得其書，録副藏之。後審爲原稿，遂付梓云。是所據爲松齡稿本。起杲凡例又謂初擬選其尤雅者，釐爲十二卷。刊既竣，愛莫能捨，復續刻之。卷目一如其舊，所删僅單章隻句、意味平淺者四十八條，從張此亭聊齋雜志本補入二條，是於原稿幾全收。後世乃有拾遺等書，殆掇拾糟粕，且其真僞亦不可知。聊齋志異刊本以此本爲最早，當亦以此本爲最備矣。傳奇之體莫盛於唐，宋元人擬作已乏文采，至明乃纖佻鄙俚，汙濫彌甚。松齡生於後世，獨能希蹤前哲，蔚然爲一代藝文之首。其紀事恢譎變化，出奇靡窮，蓋兼有白行簡、李公佐之長。其行文裁製，雖效唐人之體，而典雅純熟，醞釀經史。其風調高古，有時欲駕唐人而上之。唯刻畫古人，語多矜鍊，亦稍遜唐傳奇之自然，是其所短。又爲文喜用事，篇中襞積典故，有時非注解不明，殊乖修辭欲誠之義，亦爲疵纇。博麗實爲近代小説之冠，雖有微眚，終無傷於大體也。盛時彥跋紀昀姑妄聽之，引昀語，謂“聊齋志異乃才子之筆，非著書者之筆。古書之可見完帙者，如劉敬叔異苑、陶潛續搜神記，小説類也；飛燕外傳、會真記，傳記類也。太平廣記事以類聚，故可並收。今一書而兼二體，所未解云”。昀之意蓋以異苑、搜神後記所録皆短文，爲六朝人雜傳記之體；太真外傳、會真記則摹繪加詳，邊幅甚廣，乃唐人傳奇之體。聊齋既多傳奇之文，又録雜事，則編次爲不倫。所言未嘗無見。然昀所修四庫全書總目，搜神後記、異苑，實與唐人集異記、宣室志併入小説異聞類，豈非以二者雖面目不同，然同爲記事傳載之體，其性質有相近者歟？六朝人雜傳與唐人傳奇，雖文體有別，然不過長短繁簡之異，其命意實同，皆以搜奇志異爲主，雜傳記可進而爲傳奇，作傳奇之人同時亦未嘗不爲雜傳記。唐人著作如范攄雲溪友議、皇甫枚三水小牘，今觀其所録，固未嘗不包此二體而爲書；宋洪邁夷堅志中亦有傳奇之文，則前人多有其例，不自松齡始。昀自負著作名師，以文人目松齡，故所言如此，然所論實失之拘滯，未爲通論也。易宗夔新世說卷六又載松齡作此書時，每晨攜茗具坐路旁，伺行人過，必强與語，使説異事，歸而潤色成書。蓋里巷相傳有此説。然松齡本名士，嘗往來南北，又多接勝流，見聞本博，故所記以他書核之，往往有據。如卷三林四娘一條、王者一條，卷五小獵犬一條，卷十四妾擊賊一條、五羖大夫一條、齙石一條、又山市一條，卷十五邵士梅一條，王士禛池北偶談卷二十、卷二十一、卷二十三、卷二十四、卷二十六談異類中並載之。卷十六蔣太史一條，見池北偶談卷八。卷四金和尚一條，王士禛分甘餘話卷四所載甚詳，可補聊齋所不及。卷十三司札吏附牛首山僧鐵漢一條，池北偶談卷二十一、分甘餘話卷四亦均載其人，所謂牛山四十詩者，揚州石成金曾選刻三十首，今閲其詩，亦寒山、拾得之比。又卷五大力將軍一條，見鈕琇觚賸，大力將軍即吳六奇，清國史館貳臣傳有傳。卷十顔氏一條，俞樾春在堂隨筆卷十引方頤瀋夢園叢説，以爲直隸進士楊爾銘事。是所記多可徵，且遺聞瑣事亦賴以稽考，非全爲憑虛不實者。後來曲家採用，亦取挹不窮，如梅喜緣、青梅記之本青梅，負薪記之本張誠，錯姻緣之本姊妹易嫁，胭脂烏、胭脂獄之本胭脂，脊令原之本曾友于，情中幻、點金丹之本辛十四娘，洞庭緣之本織成，神仙引之本粉蝶，鶴相知之本葉生，倚聲纍演不下十餘本。蓋亦如唐人長恨、無雙、李娃、柳毅、南柯諸傳，事奇文勝，自金元樂府以至明清傳奇，遞相敷演，應用靡窮也。是編四庫書目不録，唯别集二十六精華録提要有云："下至委巷小説，如聊齋志異之類，士禛偶批數語於行間，亦大書'王阮亭先生鑒定'一行，弁於卷首，刊諸棗梨以爲榮。"考是本每卷皆題"新城王士正貽上評"，與松齡題並列，四庫所指殆即此本，當時所以不録，蓋鄙爲委巷小説爾。然張謂宣室志、牛僧孺玄怪録既著於録，顧以志異爲小說而棄之，亦不出貴耳賤目之習。易宗夔新世説卷二乃謂書中羅剎海市一則有譏諷滿人、非刺時政之意，故四庫全書不收，亦揣測之詞，不足爲典據。是本凡例又云：“先生是書初成，就正於漁洋。漁洋欲以百千市其稿，先生堅不與，因加評隲而還之。今刻以問世，並附漁洋評語”云。不知士禛名滿天下，初不必以小説爲重，其爲學喜博涉，趣味與小説不甚相遠，於松齡書示獎許，偶評數語則有之，若云欲市其書，萬無是理。且以説部論，士禛自著池北偶談，其談異一門，多至五六卷。讀其文沖淡閒遠，綽有晉唐風度。蓋其徜徉自喜者在此，豈肯自貶抑，反羨聊齋之文，欲市其書以求名乎？此言者欲張松齡之書，引士禛爲重，不知松齡文章自有不可磨滅者，其聲價斷不因是而增也。

別本聊齋志異六卷
清乾隆刊本

　　題“淄川蒲留仙先生著”，“古鄲小芝山樵選”。前載乾隆甲寅自序，稱“弱冠後饑軀浪跡，如泛梗漾萍。客歲出長安，滯跡珠溪書齋，得聊齋一部，於草檄啣杯之餘，擇其精之尤精、雅之尤雅者，選付剞劂”。似爲蓮幕中人，唯不著名姓，不審爲何人。其書節選蒲松齡聊齋志異五十八條，釐爲六卷，雖僅得原書三之一，而挹英擷華，似無遺憾，知其人於文事鑑別甚精，非漫無持擇者。按萊陽趙氏刻聊齋志異，大致悉收原稿，刊落者甚少。然松齡此書未嘗自定，短條長篇雜厠於各卷中，體本不純，故紀昀譏松齡，以爲兼傳記、小説之體，所未嘗聞。其言雖未盡是，要不謂無見。是編之刻與趙氏刻聊齋全書並時，而盡去短章，一以傳奇體爲主，殊便覽觀，以與趙本並行，一見其全，一攬其萃，實無不可也。

漁洋説部精華十二卷

原刊本

清劉堅撰。堅，錫山人，始末未詳。前載自序，謂"漁洋山人詩文海內心折，所撰説部游歷記志而外，石帆亭紀談、居易録諸書多編年日記，各爲部帙，間有重複，不無詞異而意同，因摘菁英，用門類，區別爲十二卷"云。核其書所分八類，曰"評隲"，皆品評詩文之語；曰"考核"，皆考訂之文；曰"載籍"，皆題跋及記古籍之文；曰"典故"，皆記典章禮樂之文；曰"談謔"，皆記嘲詼之詞；曰"詩話"，皆説詩及標舉之語；曰"清韻"，則涉清賞；曰"奇異"，皆涉異聞。其間"詩話"與"評隲"多相出入。"典故"與"考核"，一考典章制度，一雜考名物，稍有分別。所列門類大致尚清簡得要，不至如帶經堂詩話之瑣碎。然所録諸文均不注原書，難以覆檢，其體例實不如帶經堂詩話之善也。

遣愁集十四卷

清康熙刊本

清張貴勝撰。貴勝字晉侯，蘇州人。是編集古今事，凡分五十四門，每門皆有小序。分類瑣屑，每條亦不注出處，其標題如"鬚眉婦"、"巾幗雄"、"莫須有"、"豈偶然"等，皆近於纖佻。每條間附評語，亦浮誕無實，不出明末佻儇之習。諸條雖採自古書，然亦録近事，即己作亦往往附入，如卷一"韻談"末"櫢螽"一文即爲自作。其書似仿馮夢龍談概之體，然夢龍有文才，其書記明季逸事尚可資異聞，此則雜鈔成書，即門類隸屬亦多未合者，雖所鈔積至十餘卷之多，亦何裨藝文乎。

人海記二卷

正覺樓叢書本

清查慎行撰。慎行字悔餘，初名嗣璉，字夏重，浙江海寧人。康熙乙卯以皇太后忌辰觀長生殿劇，除諸生名。後改名應試，康熙癸酉舉順天鄉試，四十二年特賜進士，選庶吉士，授編修，雍正六年卒，年七十八。所著周易玩辭集解、補注東坡編年詩、敬業堂集，四庫全書總目已分別著録。是編記有明一代及清初事，多涉掌故，然亦屬入叢雜瑣語，不免爲小説家言。其明事録前人書亦標出處，如張江陵雜著、長安客話、楊士聰玉堂薈記、馮夢禎快雪堂漫録、王世貞觚不觚録等。然大抵因仍舊聞，無所是正。如卷上記香山弘光寺爲永樂間太監鄭和所建，云和朝鮮人，四使本國，寺中有佛閣，形圓而八觚，云東國之制。考明史宦官傳，鄭和雲南人，先後七奉使通西洋，無使朝鮮之事。蓋傳者偶誤，因而載之於書，不能訂正。且諸條迻録舊文，全無剪裁，律以著書之體，實未完善。唯慎行久直禁中，又常隨聖祖駕西巡，見聞頗廣，故所記雖雜，可取者亦多。如記塞外行程，記清初宮殿門名，則有裨考證；記宋獻策爲旗人豢養至康熙初始死，記西洋順風耳之制，以及遺聞瑣事，皆可廣異聞。雖未及王士禛之叙述有法，究可供學者多識之資，亦談清初事者所不能廢也。

秋燈叢話十八卷

清乾隆四十三年原刊本

　　清王椷撰。椷字凝齋，山東福山人，乾隆元年丙辰恩科舉人，歷官湖北當陽、天門知縣。前載乾隆四十二年仁和胡高望序，按：民國十年湖北通志載高望字豫堂，是時提督湖北學政。稱椷以名孝廉宰大邑，循聲著江漢間。據椷書中卷三自記，稱乾隆甲午調任天門。甲午爲乾隆三十九年，下距胡高望作序不過四年，似其書成刊印即在椷任天門知縣時。而卷首載乾隆二十三年戊寅平原董元度序，稱椷早登桂籍，未遂鵬圖。則在椷出仕之前。蓋其書積歲月而成，觀書中記天門、當陽事，皆其在官時所記，知書成決不在二十年前。其友人爲撰序先成者，刻書時未便割棄，悉數收入，遂至年月參差耳。其書多記鄉里見聞，以及楚浙嶺南游蹤所及，耳目所接便爲傳録，多屬瑣碎雜事，不涉掌故，亦不侈言藝文，視並時人紀昀所撰小説頗遜其博洽。然記事有法，其文清淡簡雅，體格甚爲不俗。且其記風土，證古蹟，亦有可採者，如杜甫懷古詩云：“群山萬壑赴荆門，生長明妃尚有村。”自來注家多不詳，或云荆門即後之荆門州。椷則謂荆門州去秭歸三百里，於義未合。指歸州東北四十里有山名荆門，群峰聳峙，唯此山低下，山下有村名香溪，即明妃產地。以今證古，甚有理解。惜書中此類不多見，蓋爲學力所限，印證殊少耳。然小説稗官不當專以學繩其高低，其文去僞去浮，實涵養深至，在當時亦不可多得也。

柳南隨筆六卷

清乾隆庚申刊本

　　清王應奎撰。應奎字東漵，昭文人。是編記明季以來朝野見聞，於當代文人事蹟，遺聞瑣事，記述爲詳，頗有裨於掌故。尤以常昭文獻，身居其地，見聞較切，書中所録，足以補志乘之闕、訂記載之陋者，甚爲不少。至於考證名物，評論詩文，徵引亦詳。如王士禎漁洋詩話賞明程松圓“瓜步江空微有樹，秣陵天遠不宜秋”句，應奎考爲戴叔倫句，但以“天遠”易“凋敝”二字，按見卷五。爲士禎所未詳。蓋應奎本績學之士，文章亦有根柢，故叙述淵雅，不同於稗販鈔綴。同里顧士榮序其書，謂爲“談苑之質的，藝文之標準。以古人著書擬之，亦容齋洪氏之遺意”。雖稱許不免稍過，要在清人説部書中固爲近雅者也。唯所述亦間有疏舛者，如卷二釋韓愈元和聖德詩“駕龍十二，魚魚雅雅”，謂取娖隊之義，言馬之行如魚貫，如雅陣。不知魚魚雅雅本聯綿詞，以狀整比，不得以文義求之。又虬髯客傳乃蜀人杜光庭作，誤以屬之張説，皆不免小失。然書中如此類尚少，亦不足爲全書病也。

女才子集十二卷

清乾隆十八年刊本

　　清徐震撰。震字秋濤，號煙水散人，嘉興人。其書記女子凡十二人，曰：小青、楊碧秋、張小蓮、崔淑、張畹香、陳霞如、盧雲卿、郝湘娥、王琰、謝彩、鄭玉姬、宋琬，人各爲傳，以一傳爲

一卷，每卷有引，每傳後復附評論。震潦倒文士，以筆墨謀生
涯，所編小說雜書，如合浦珠、賽花鈴、珍珠舶等，皆淺鄙無文。
斯編所記皆萬曆以來近事，演以文言，乃較爲條暢流利，視所
爲通俗小說實遠過之。唯其託格甚卑，不脱平話窠臼，議論叙
事亦頗傷纖佻。如卷三張小蓮傳入話，記吳江女子張麗貞誤
奔匪人事，引其自叙文中"反經爲權"之語而稱之，以爲有卓
識，謂"蔡文姬初適衛仲道，中辱於沙漠，歸嫁董祀，而范蔚宗
傳列女，津津稱之，亦惜其才而悲其遇"云。按宋以前婦女不
以再醮爲失節，所舉文姬事未嘗不是。然文姬改適，非淫奔可
比，以此爲例，甚爲不倫。是其立言倡論，不啻爲蕩檢踰閒者
張目，亦可謂無忌憚者矣。

南北史捃華八卷
通行本

　　清周嘉猷撰。嘉猷字兩塍，錢塘人。是編成於乾隆中，倣劉
義慶世説新語之例，採輯南北史，分三十五門，徵引出處，則以
"以上南史"、"以上北史"别之。前載自序，稱"魏晉人風調音吐，
自宋逮陳，相沿未沫。北土遷洛以降，復雅有此風。何元朗汎濫
及於宋元，而南北朝僅寥寥數則，採摭不廣，且其紕漏更多，如
徐廣揮淚在義熙之末，乃屬之桓靈。余輯斯編，未必非元朗之諍
臣"云。所論未嘗不是。然義慶原書簡潔淡遠，藴蓄無窮；何良
俊所續，亦醞釀翦裁，饒有風調。嘉猷斯編不過分門鈔綴，僅同
類書，不足以成一家之言。如卷七記宋武帝事，同在"儉嗇門"，
分作二條，第一條起云"宋武帝節儉過人"，第二條起云"宋武帝
大明中壞武帝所居陰室"；卷八記羊侃事，同在"汰侈門"，亦分作

二條，第一條起云"羊侃善音律"，第二條起云"羊侃初赴衡州"，此直條錄舊文，非著作之事矣。且大明乃宋孝武帝年號，誤書武帝，未免太疏。又書中各條人名上或標朝代，或但標人名，時代混淆不清。義慶著書記近代之事，名字爵封彰彰衆口，人所習知，自不足爲病，今以後世之人記八代之事，不加分別，閱者非熟讀南北史何從知之？又總諸條而云以上某史，不明卷帙，亦難以覆查，斯雖鈔錄，亦未能盡得法也。

燕蘭小譜五卷　海漚小譜一卷

乾隆刊巾箱本

　　燕蘭小譜題"西湖安樂山樵吟"。其書記京師優伶，起乾隆甲午，迄於乙巳，凡十餘年間所閱名優，皆一一爲之題詠，稍疏其事。其卷一錄畫蘭詩五十四首，詞三首，皆爲伶人王湘雲而作；卷二所詠爲陳銀官等十八人，詩四十六首；卷三爲白二等二十六人，詩四十八首，皆花部；卷四爲吳大保等二十人，詩四十四首，皆雅部；其軼事新聞，又爲雜詠，凡雜事十八則，詩二十八首，錄入第五卷，附諸卷之末。雖以題詠爲主，而人各有傳，遺聞瑣事雜出其間，亦小説傳記之體。考清禮親王昭槤嘯亭雜錄卷八"煙蘭小譜"條云："自魏長生以秦腔首唱于京都，其繼之者如雲。有王湘雲者，湖北沔陽人，善秦腔，貌疏秀，爲士大夫所賞識。有宗臣某嘗析其園中樓閣，爲其償逋債。湘雲性幽藹，善繪墨蘭，頗多風趣。余太史集爲之作煙蘭小譜，以紀一時花月之盛，以湘雲爲魁選"云。所云當即是書，然記標題爲"煙蘭"，不作"燕蘭"。譚獻光緒四年復堂日記稱其友"寄洲以燕蘭小譜見示，二三十年未見之書，作者題西湖安樂山樵，蓋仁和余秋室先生集所撰。惜在都時未與王小鐵輩論及此"云。亦稱仁和余集撰，與嘯亭雜録同。而楊懋建夢華瑣簿則稱吳太初司馬撰燕蘭小譜，頗以譜中所載無杭州人爲憾，後乃得張柯亭一人。又稱杭州吳氏撰燕蘭小譜，天津張氏撰秋坪新語，皆在乾隆庚戌、辛亥間，備載魏長生、陳渼碧盛時事。獨以爲吳太初作。考太初乃仁和吳長元字，是本前載作者自序，署"安樂山樵太初自識"，則書爲長元作無疑。其稱余集者，蓋集與長元同爲仁和人，伶人王湘雲畫蘭，集亦有題詠，因誤爲集作矣。

是本附刻趙執信海漚小譜一卷，前載趙起杲序及余集序。起杲序謂命集手鈔刻之，此本已用扁字，非寫刻，蓋據其本重刊者。執信少年登第，以國忌觀劇小過，與洪昇等同遭罷斥，困頓風塵，時論惜之。此書乃執信康熙甲申客天津時所作，記狎游之事，多率意而出，而文特悽豔。所附題贈諸詩，亦駘宕逸麗，饒有風調。其頹然自放，借風情以寫其悒怏，蓋亦北里志、板橋雜記之比也。袁枚隨園詩話補遺卷三載安樂山樵燕蘭小譜，引其詠張柯亭等四詩，以爲在南部煙花録、北里志之外別創一格。又載趙秋谷海漚小譜，稱其贈仙姬絶句最佳。蓋當時傳播，故枚均見其書云。

閲微草堂筆記二十四卷
清嘉慶庚申北平盛時彥重刊本

清紀昀撰。昀字曉嵐，直隸獻縣人，乾隆十九年進士，歷官禮部尚書、左都御史，嘉慶間官至大學士。昀學問淹通，乾隆間修四庫全書，昀爲總纂官，專司其事，凡十餘年，成四庫提要二百卷，典贍詳覈，至今天下人重視其書。是編爲昀所撰小説，曰灤陽消夏録六卷,乃乾隆五十四年己酉以編排秘籍于役熱河時所作;曰如是我聞四卷,以乾隆五十六年辛亥成書;曰槐西雜志四卷,乃官都御史時所作,以乾隆五十七年壬子成書;曰姑妄聽之四卷,乾隆五十八年癸丑成書;曰灤陽續録六卷,乃嘉慶三年戊午扈駕熱河退直時所作,是時年已七十有五矣。其消夏録、如是我聞、槐西雜志三書,皆先後爲書肆刊行。姑妄聽之則門人盛時彦所刊。嘉慶五年庚申,時彦請於昀,合五書爲一編,二十一年又重刊之。凡二十四卷,自卷一至卷六爲消夏録,卷七至卷十爲如是我聞,卷十一至卷十四爲槐西雜志,卷十五至卷十八爲姑妄聽之,卷十九至卷二十四爲灤陽續録,閱微草堂筆記則總題也。昀博極群書,考據詞章俱有根柢,故其書叙述淵雅,迥出諸人之上,褒然爲一代藝文之首。以視蒲松齡聊齋志異,雖雜記、傳奇各有其體,而古澹典實,非松齡所及。門人盛時彦跋姑妄聽之云:"先生諸書,雖托諸小説,而義存勸戒,無一非典型之言。至於辨析名理,妙極精微;引據古義,具有根柢,則學問見焉。叙述剪裁,迥出天機,則文章亦見焉。"又稱其書體例而爲之説云:"必取鎔經義而後宗旨正,必參酌史裁而後條理明,必博涉諸子百家而後變化盡。"以爲昀明著書之理,雖稗官脞記,具有體例。凡此稱道之詞,以施之昀,俱非過譽。考李慈銘日記稱四庫提要多出歷城周永年之手。永年專精丙部,而紀河間之學亦長於諸子,其精密在史部、集部之上云。今以此筆記核之,則書中所述,往往有可與四庫提要互證者。如姑妄聽之卷三云:"李義山詩'空聞子夜鬼悲歌',用晉時鬼歌子夜事。李昌谷詩'秋墳鬼唱鮑家詩',則以鮑參軍有蒿里行,幻宿其詞耳。"四庫提要集部別集三録箋注評點李長吉歌詩,其釋題云:"諸家所論,必欲一字一句爲之詮釋,故不免輾轉轇轕,反成滯相。如'秋墳鬼唱鮑家詩',因鮑照有蒿里吟而生鬼唱,因鬼唱而生秋墳,非真有唱詩事也。循文衍義，詎得其真。"其疏賀詩二書皆同，知提要此處爲昀之文。又提要於六朝以下諸小説皆以太平廣記校見行之本，考證最勤，而筆記亦喜引太平廣記且往往注其卷數，如灤陽續録四引靈怪集郭翰遇織女事，注云："靈怪集今佚。此條見太平廣記六十八。"云云。如是之類，書中屢見，不一而足，尤可爲提要子部出昀手之證。蓋昀本一代鴻儒，其淹博多識有似漢之劉向，其四庫目爲學術而作，可比七略，筆記五種雖託之稗官家言，其中亦未嘗不見學問，則説苑、新序、列女傳之比矣。清末駬渠老人作葦露庵雜記，謂閲微草堂筆記間有錯誤，如屋山爲近屋脊之牆，昌黎寄盧仝詩已用之，乃不引韓詩而引范石湖詩；"嗜好與俗殊酸鹹"，亦韓句，乃以爲東坡詩；李賀箜篌引，杜氏叩彈集已選之，乃曰從來選本未及。以爲偶誤猶所不免。不知名物瑣碎，考證至難，有意吹求，即漢魏經師碩儒亦不能無一時之疏。況昀之學博綜大體，不專爲訓詁章句之學，一義之微豈能盡察無遺。且其書本小説，興之所及，間涉考辨，既非專門講考據之書，即無用以此相詆。且全書二十四卷，所摘亦只此三條，亦可見昀書之不易攻擊矣。譚獻同治十二年復堂日記，又謂四庫提要乃欽定之書，昀作筆記每稱"余撰四庫提要"云云，摘其不知體。然自來儒臣奉敕撰書，例得列名，如晉書、隋書，今人皆認爲房喬、魏徵撰，亦無異議。四庫書之修，昀本爲總纂官，清國史館昀傳大書"提要成，進御，上嘉其詳覈"。仁宗上諭亦謂"昀辦理四庫全書，始終其事，十有餘年，甚爲出力"云云，則當時朝廷本以功歸之昀。昀自稱撰斯書，實無不可。獻所責亦未爲公允也。

巽繹編四卷

清光緒刊本

清楊望秦撰。望秦字敬之，武進人，乾隆乙酉舉人，十上春闈不第，晚以知縣揀發廣西，未至而卒。是編爲望秦騰光館雜著之一，分四類：卷一曰述録，述先德及佳話遺聞，節婦孝子之事；卷二曰摭談，皆風土見聞及評論詩書之語；卷三曰誌聞，所記多醫工瑣事；卷四曰説異，皆怪變之事。其名“巽繹編”者，同里趙懷玉序其書，述望秦之言曰：“吾非敢爲無益之言取悦庸衆，巽而語之，期人之能尋繹也。”望秦生乾隆間，去清初未遠，所作卷帙雖不能富，然多涉順康事，亦往往有裨掌故，如記其先人科第之盛，可見當時制科事例；記海烈婦事，記僧達觀及王肯堂軼事，記山東長清縣長城鋪有孟姜女廟，辨長城非秦築之長城，記其鄉有鳥名烏春，春夏善鳴至仲夏則無聲，以爲即月令之反舌，皆足以廣異聞。唯叙事平直，語無文采，無前人著書之長，故其名亦晦而不著。又古來説部有標目者、有不標目者，其文長短亦不同，然每條皆具始末，自爲起訖，故不同於鈔胥綴録。望秦此編，每卷有總目，文中不另標目，然其記載無法，有時竟不易辨何條應屬何目。如卷二目録載“與趙味辛談講書刻求非是”一目，又“與趙味辛論三教尋樂”一目，正文“理學在躬行”條有“宋儒喜苛求”之語，“粵稽三教”條有“論語言悦樂，莊子著逍遥，楞嚴以破除煩惱爲第一義”之語，所標二目當即指此，然文中不言作書，不出趙懷玉之名，但云吾弟，亦不知其孰爲弟也。又卷一標目有“醃梅夫人”，在“張聖姑傳”之前，正文張聖姑前一文首句即曰“夫人姓陳氏”，此在説部雜事中絶無此文體，蓋以舊作入書，不知錯綜成文，固宜有此失矣。

夜譚隨録十二卷

通行本

　　按：此本題“霽園主人闡齋氏著”，不著名氏。其書多言鬼狐之事，與蒲松齡聊齋志異之旨趣全同，蓋即效聊齋而爲書者。其文筆亦頗流暢，唯涵養未純，往往流於率易。其中如記大興霍筠諸條，亦涉猥褻，稍嫌刻露。又如卷四雜記五則，記狐異，皆同學稱述之語。其第一則開端略記與諸人聚談始末，並舉其人名，類乎總序，以下分叙其事。諸條文意相承，若斷若續，與唐人之記三夢同，實當視爲一文。其贊宜兼釋五篇之意，附諸第五則之末，方爲得體，而乃裂爲數首，羼入各條中，徒隔文氣。又第一則自言首唱紅姑娘事，顧其事不在此五則中，反見于本書第二卷，皆不合文體。唯所記多京師及河朔風物，以耳目切近，叙述描摹，往往得其似，其勝處亦自有不可没者。考清禮親王昭槤嘯亭續録卷三“夜談隨録”條云：“有滿洲縣令和邦額著夜談隨録行世，皆鬼怪不經之事，效聊齋志異之轍，文筆粗獷殊不及。”云云。據此爲滿洲人和邦額作，且其人曾爲縣令。續録又摘其記與狐爲友者，云“與若輩爲友，終爲所害，用意狂謬”；又記陸生楠事，“直爲悖逆之詞，指斥不法，乃敢公然行世，初無所論劾者”，以爲“僥倖之至”云。按生楠事見本書卷七“陸水部”條，記陸謫戍，爲駝夫所凌辱，俄而遇仙翁。其事荒唐無稽。其文中有“翁曰：君尚欲聽狐人之餘罵乎？”之語，眉端注：“狐音瓜。俗呼山西人曰狐。”則自採俗語，未見其爲悖逆之詞。如以生楠事爲不應記，則其所記者幻怪，且其事在伏法之前。當時朝廷興文字之獄，蒙訕謗之嫌者多爲漢人；其胡虜夷狄字不應避，世宗亦有諭旨。和邦額本滿洲人，昭槤於所著書猶有斯論，所見亦未免太狹矣。

燈窗叢録五卷　補遺一卷
涵芬樓秘笈第九集本

　　清吳翌鳳撰。翌鳳初名鳳鳴，字伊仲，號枚菴，休寧商山人，寓吳縣，諸生，著有稽齋叢稿、吳梅村詩集箋注、國朝文徵、東齋脞録等書。此本爲上海商務印書館涵芬樓藏鈔本，向未刊行，乃劄記之書，未有一定體例。其録前人之文，如卷二録韓朝衡司官欸十首，卷三録朱彝尊曝書亭集文一首，卷四録孫奕示兒編七條，録隨園詩話一條，皆直録其文，無所辨正。然間亦考訂名物，如卷一解昔爲夜，謂古樂府昔昔鹽即夜夜豔；卷三釋東漢人無二名，引哀十三年公羊傳"晉魏多帥師侵衛。此晉魏曼多，謂之晉魏多，譏二名非禮也"。以爲古禮如此，亦有理解。至於朝野遺事，如卷一記明季文人社集、清初社集；卷三記湯斌、張伯行事，亦有關史事。史稱翌鳳博雅工詩，少寓陶氏東齋，寢饋書史，積二十年。又謂考據之文易於傷氣，故是編所記皆隨意綴録，雖有開發，不斷斷以考據爲工。然翌鳳讀書甚博，其辨證徵引之處，往往可供參稽，雖未必能獨造精微，亦有用之書，不可竟廢也。

春泉聞見録四卷
清嘉慶庚申家刊本

　　清劉壽眉撰。壽眉字春泉，順天寶坻人。是編記所歷雜事，凡一百十則，不標題，但記條數。其間涉江浙者頗多，蓋壽眉父

曾宰崑山、寧海諸邑，壽眉皆隨侍任所故也。劉氏科名鼎盛，仕
宦者多，故書中亦喜言家世舊聞。其卷三第八十二條，記山東王
倫之叛頗詳，與黄鈞宰金壺七墨所記互有詳略，可徵知當時事變
始末。自餘率皆瑣錄，無關掌故，文意亦殊澀拙。其自序稱"經
理家政，無暇息肩，素性魯鈍，且多疾苦，又不好學，以故更鮮知
識"。蓋自道其實，不失爲純樸之士。甥婿李鼎元序其書，則稱
其淡泊寧靜，好讀書，讀之不厭三復。蓋對長者言，不得不爾，亦
不得以貢諛目之矣。

夢厂雜著十卷

清道光八年刊本

　　清俞蛟撰。蛟字青源，號夢厂，山陰人。前載嘉慶六年自
序，稱"弱冠饑驅四方，之豫，之楚，之西粤，至於燕齊之鄉往來尤
數，因摭見聞登簡帙。"其嘉慶十六年孫鑑序，則又稱其"以丙申
援例入都，辛丑以一尉奉發南越，又十餘年，夢厂奉諱請急來省，
遇於羊城"云。似蛟曾宦廣東，唯檢廣東方志迄無其名，或僅分
發廣東，終未得補官歟？是編依類編次，收蛟小説六種：曰春明
叢説二卷，皆北京事；曰鄉曲枝辭二卷，皆其鄉山陰之事；曰游蹤
選勝六卷，皆記山川名勝，自嚴里記至夢游天台記不過十二首；
曰臨清寇略一卷，則記乾隆三十九年甲午王倫叛變事；曰讀畫閒
評一卷，所載亦寥寥；曰齊東妄言二卷，皆神怪之事；曰潮嘉風月
一卷，記潮州嘉應妓女之事。蛟歷游南北，足以廣其見聞，然所
述不過猥瑣雜事，文亦失之膚淺。唯臨清王倫之亂爲蛟所目覩，
所記一卷頗足以佐史談。潮嘉蛋户妖姬，事由親歷，行文乃近於
自然，所記曲部情形亦風土之一斑，清人編昭代叢書曾摘錄此一

種，題曰潮嘉風月，殆亦有取其文歟。

耳食録十二卷

通行本

清樂鈞撰。鈞初名宮譜，字元淑，一字蓮裳，江西臨川人，嘉慶六年舉人，著有青芝山館詩文集。史稱鈞秀氣孤秉，少日喜爲騈儷之文，奉母僑江淮間，南城曾燠招寓題襟館中。爲詩及諸體文靡不綺麗，江西詩家蔣士銓後推鈞及吳嵩梁云。是編成於乾隆五十七年壬子，東鄉吳嵩梁序之，稱"其事多出於兒女纏綿，仙鬼幽渺，間以里巷諧笑助其波瀾。胸情所寄，筆妙咸臻，雖古作者無多讓。"所推許甚至，然趁意而出，未能細密妥貼。又散文儷語自爲節奏，格調亦未純熟，所詣殊不如鈕琇觚賸之善。惟勝流著書，終爲世人稱道，且清詞麗句往往而有，其俊逸煥發亦有足多者。雖疵瑕不免，亦著作之林，不可一概抹煞也。其書名耳食録，則鈞序引太史公語"與耳食何異"，遂以名編云。

七嬉二卷

清道光丁酉三味堂刊本

題"棲雲野客戲編"，"飼鶴山人評點"。其書録文七首：上卷爲畫圈兒一首、冰天謎虎一首、司花公子誦詩一首、善鬼不單名鬼一首，下卷爲洗炭橋一首、鸚鵡地一首、幻影山得冰天謎虎全本一首。其託體含諷，純然爲小説之體，而炫博示奇，如猜謎、博弈、數籌及反切傳聲之事，往往見于諸篇中。其文如鸚鵡地等，亦極幻變之致。唯未詳作者爲何人。其洗炭橋一篇序云："頃見松石道人作鏡花緣演義，初稿已成，將付剞劂，其中有西水、刀巴、才貝、旡火四關，寓警世之旨。因取其意，潤色爲甲乙至庚辛八鬼事。"又冰天謎虎篇，載松石道人評云："予與冰天道人有舊，亦曾以謎虎粘其窗。余尚別有謎虎甚多，世有與吳君同癖者，當於鏡花緣內請教"云云。知作者乃李汝珍之友。又其善鬼不單名鬼篇結尾有云："史梧岡至江東，以所著西青散記贈若士，俾寄野客評焉。"知作者與史震林亦通文字之好。其以擊鼓傳聲示反切之字，李氏音鑑亦附載其法。其文章境界與鏡花緣尤爲相近，疑爲汝珍並時同游之人，唯其真姓名尚有待於考證耳。

金臺殘淚記三卷

清道光刊本

　　按：是本題"華胥大夫著"。前載戊子自序，按：戊子當是道光八年。不署姓名。考長樂謝章鋌賭棋山莊詩集卷一，有書金臺殘淚記後一詩云："一傳中含百苦辛，才華如此竟煙塵。少年痛哭尋常事，我亦悲歌感慨人。"亦不云誰作。唯卷六有南浦秋波錄題後詩六首，中有小注云："予所藏秋波錄，苕川書其後曰：亨甫又有金臺殘淚記一軼，嘗謂余曰：記金臺非記金臺也，後世必有淚余之淚者。"按亨甫爲張際亮字，則本際亮所作也。際亮，福建建寧人，道光間以詩名。性耿介難諧俗，游京師時，南城曾燠方以名輩居日下，羅致名士。士日獲其贈遺，有諂之過甚者。際亮因寓書於燠，責其不能教導後進，徒以勢力奔走寒士，門下士復不知自愛，廉恥俱喪云云。燠怒，毀之，由是得狂名。是編記當時京師名優之事，凡三卷。其第一卷爲傳十篇，篇後各繫以贊；第二卷爲詩五十九首、詞三闋；第三卷爲雜記三十七則。所載遺聞瑣事，頗可以考見一時風尚。其涉及時流，皆闕其姓名，僅書官階，蓋有所避忌，亦不得不然。唯際亮此書，雖鋪陳豔冶，實以寄慨。説者謂其書慨當世之好士曾不如其好色之真實，殆爲得之。觀其自序謂"居都門三載，深觀當世之故，頗能言其利而救其弊。無薦之者，既不敢獻策，復不敢著書，輒慟哭。故人憐之，每爲徵樂部少年，清歌侑酒。醉後，則又慟哭。"其金臺殘淚命名，乃因將歸里時，感衣上淚痕猶在，因標此題目，志一時之情。其雜記云："余爲此編，未始非不肖。然新書猶在，罪言久緘，窮者時也，困者命也，酣嬉以保其生者酒場歌板也，感激而出之予者，誰爲爲之邪？"所言如此，亦可以哀其志而原其心矣。

南浦秋波録三卷

清道光刊本

按：此本亦題"華胥大夫著"，實亦張際亮撰。謝章鋌賭棋山莊詩話有題南浦秋波録詩，注云："是録張亨甫所著，蓋述臺江冶游之事。"又引際亮之言曰："金臺非記金臺，秋波録則録南浦。"是二書一以寄慨，一以紀實，用意不同。此編載庚寅自序，蓋成於道光十年，距金臺殘淚記之作不過二載。其書記福州倡伎之事。卷一爲紀由，述閩中樂伎始末，溯自唐中葉，至清道光初止。然粗具梗概，未能詳徵博考。卷二爲紀人，自慕碧雲以下爲傳十二，又附傳者十一，又以諸伎相識而其事不甚著者爲彙傳，以其人無可傳者爲表。然彙傳與表，人名下皆略疏數語，體例實同，不知何以分別爲二。其卷三紀事分四章，曰宅里記、習俗記、歲時記、瑣事記。所記曲中市語及習俗均甚詳悉，亦言風土者所宜知。邱煒萲菽園贅談“林蕉棣眉史”條，稱際亮著南浦秋波錄，殊過豔冶，大吏某有愛女見而溺之，竟致瘵卒。搜篋得書，因燬其板，並禁翻者，外間傳本絕少。並以未見際亮書爲恨云云。煒萲海澄人，距際亮著書不過四十餘年，而其書已不可見，則燬板禁翻之說或係事實。然則際亮斯書遭遇，與薛時雨白門新柳記略同，其本至今日猶有存者，不可謂非幸事也。

夢花雜志五卷
清道光刊本

　　清李澄撰。澄字練江，江都人。前載自序謂：癸酉、甲戌間閉門憂居，搜舊聞，採近事，隨筆記之，以類從爲十二冊。其稿爲人攜去，寄還者僅四冊半。其人歿，餘稿遂不可復得。其存者如第五冊本十四首，今亡其五云。序署“道光六年”，所云癸酉、甲戌，當是仁宗嘉慶十八年、十九年，則本嘉慶中所撰也。其書五卷：曰志節第一，記賈煥等十四人，皆涉節義；曰志畸第二，記盲蟲先生等九人，皆畸人至行；曰志俠第三，記劉幕少年等十人，皆俠義之士；曰志豔第四，記潘媛等十四人，皆涉色情；曰志虛第五，記黃州道士等九人，皆仙術怪變之事。其體每類卷首有序，在同一類中又用合傳之體，後繫以贊，大抵效史傳之體。其文有意摹古而矯揉造作，殊不能以記事見長。如卷三記孫耀生事，一人之事強分兩傳；卷四記徐巧姑與李氏子事，謂二人婚姻乖迕，不諧所願。及記生游嶽廟遇女，女遣小鬟語生，云父已許婚某姓，不能自主，感郎君多情，必以死爲報。生淚下欲言，鬟遽返。下即結云：“生歸之後，病可知也。”此揣測議論之詞，無論傳奇文

無此格，即史傳亦無此等語。譚獻光緒五年復堂日記，乃稱此
書，謂"文殊近魏叔子"，殆粗觀大略，未及詳察也。

十洲春語二卷
豔史叢鈔本

題"二石生著"。考二石生乃姚燮自號，則燮所著也。燮字
復莊，浙江鎮海人，道光十四年舉人。是編成於道光二十一年，
凡上下二卷，皆記寧波妓女之事。其上卷曰品豔，立二十六品，
每品出妓一人，以名花一種配之，各爲傳贊一首，其花名下復舉
前人詩一句爲例，品題鬥巧，不外名士風流餘習，無足異亦不足
責；下卷曰擸餘，倣余懷板橋雜記軼事之例，記曲中習尚及瑣事
閑情，頗爲詳悉，可藉以見當時情景，雖小記，亦不無可取。燮浙
東名士，擅長詩詞及駢文，而四上春官，皆被擯斥，落拓南歸，客
居郡城。復值英人內犯，出入干戈，有瑣尾流離之懼。自以無用
於時，頹喪失志，遂藉煙花爲銷愁之地。自序謂"以牢騷落拓之
意，一寄諸幽馨頑豔之中，亦猶屈賈之苦心，嵇阮之末計"。其自
道如是，固非設詭詞以自飾者矣。

翼駉稗編八卷
清道光刊本

清湯用中撰。用中字芷卿，北平人。其事蹟不詳。惟斯
編前載道光戊申周儀顥序，稱用中"己亥歲以乙榜出爲醴曹，
訪勝竹西，采風淮左"，則曾中道光十九年己亥舉人，宦於揚

州。其書卷二"何首烏功效各異"條，稱"外祖趙甌北先生"云云，知爲趙翼外孫。卷三"水性輕重不同"條，稱"吾常西門之水與東門懸殊"，卷八又稱"族叔雨生都督貽汾"云云，知其本籍常州武進，爲湯貽汾之姪。今此本卷首署"北平湯用中"，似用中曾入北平籍，因有斯題也。斯編所記皆道光以前雜事，雖其間如黃得功等間涉明季之人，然其例不多，實以清人事爲主。凡所攎拾不出遺聞瑣事，而叙事雅飭明淨，極有可觀，在清中葉小說中頗能超出流俗。其紀一代名人軼事亦可資異聞，如卷一記年羹堯事、記阮元祖玉荃事，卷二記桐城張氏事、記畢沅婢月兒事，按：書作"鎮洋某公"。卷三記李光地事，卷六記肇惠事、記妖僧王樹勛事、記長蘆鹽商查氏發跡事，卷七記栗毓美事，以他書核之，十得六七，不盡爲傳聞之詞。蓋用中本世家餘蔭，多習舊聞，其游宦所及，亦足以廣其聞見，與全憑臆說或採里巷市語以爲小說者不同也。惟其中間有鈔襲舊聞者，如卷三"石女生男"條，與李漁十二樓中之十卺樓同；卷八"改裝存孤"條，與漁無聲戲男孟母教合三遷篇同。惟第一條漁所記爲永樂時姚某事，此書指其人爲廣州府知府高廷瑤；第二條漁所記爲嘉靖時莆田縣許生事，此書指其人爲龍川陳子湘孝廉，記科第官職皆詳。按：道光廣東通志卷四十五，載廣州知府高廷瑤，貴州貴筑人，舉人，嘉慶二十一年任。其人實有，且距用中時代甚近，不敢斷其爲無此事，然古今事巧合如此，亦可怪也。又卷三"妙霓"條記鎮洋畢生事，與聊齋陳雲棲篇全同，但易其姓名；卷四"姦殺"、"詐幻"二條，第一案記山陰陶某冤死事，與馮夢龍三現身包龍圖斷冤小說亦極相類。此殆文人狡獪，聊依舊事爲文而諱其出處。然除"石女生男"等三條與舊作文體不同外，其"妙霓"一條與聊齋同爲文言，而無一字相同，亦不失爲自造之文也。

蜨階外史四卷

清咸豐庚申重刊本

不著撰人名氏。前載咸豐四年甲寅自序。其書標舉題目，合爲短文若干首，似倣蒲松齡聊齋志異之體爲書，而叙事殊未工美。唯軼聞瑣事間有可採，如記栗毓美、黎世序、郝浴、劉燕亭、董果等軼事，及寶坻廣濟寺、西山大覺寺碑刻，元氏唐宣城縣尉李某妻賈氏碑發見始末，記甘鳳池技擊，記林清叛時駱六之忠於其主，皆可以廣異聞，備考據。又如"酌中志"條，引正定府志謂欒城太監房宗玹與劉若愚合撰此書，世多未知；"曹墨"條記豐潤人曹鼎望善製墨，著其款識甚詳，亦談藝者所宜知。又如寶爾敦、紀亮稗官家演説有之，世人盛傳，士夫未嘗信其人爲實有，書中乃著其事蹟。唯據閲微草堂筆記"爾敦"當作"二東"，此不引紀昀所述，失於不考。又謂宋獻策得道入蜀，精導引之術，然據查慎行人海記，獻策實死於北京，所記實傳聞之詞。是其書虛實相間，乃傳奇家言，不甚可據，讀斯書者慎取之，勿過信焉可也。

蘭芷零香録三卷

長沙刊本

題"蓬道人戲編"，不著姓名。察其書封面有木記一，題曰"長沙楊氏坦園藏板"，則本楊恩壽所撰也。是編凡三卷，其卷一爲列傳，卷二爲記事，卷三爲詩文。其列傳所載不過妓桂齡等十一人，詩文類録詩五十二首，亦無關事實。獨記事一卷，記楚中

歌妓情形極詳,頗可以見世俗之變。如云長沙道光中葉始有歌
妓,然合省城不過三四輩。咸豐改元,上行下效,省城遂爲花藪。
而述長沙繁盛之因,由於湖湘子弟帕頭荷戈,富貴而歸故鄉,揮
金如土。又曾國藩開府江南,改定章程,掣得引票者漸成富商,
飲食服禦力撫維揚,風氣一變。而富弁富商,爲曲中所仰望,視
文士則匿笑萬端。此皆史乘方志所不能詳者,賴此等記載而知
其始末。又記一時瑣事亦有他書所不肯言者,如云某帥致命沙
場,其猶子扶櫬歸葬上湘,道過省城。某公徧集名花祖道,因客
居喪,爲群妓製素羅衣,簪釧胥玉,其他悉用素飾之,人幾疑入瓊
樓玉宇云。書中雖隱其姓,然文義甚明,不煩思索。當湘軍全盛
之日,儒生亢節,戡定大難,爲史冊所僅見,論者尊美其功,幾以
爲人皆束飾,士盡守法,此書所記乃質樸如此,孰謂稗官不足以
當信史哉!

餘墨偶談八卷

清同治辛未刊本

　　清孫橒撰。橒字詩樵,順天人。是編所録以詩話爲多,所舉
詞人著作,時足以供考核,間記瑣碎雜事。如卷一"鸚鵡塚"條,
記京師城南鸚鵡塚始末,云"偶社諸君曾譜鸚鵡恨傳奇二十四
齣";卷五"二閘"條,記東便門外二閘之衰,由於尼庵之廢;卷六
"戲名對"條,舉京師崑弋戲名目至數十種;卷六"李衛公碑"條,
記宋紹興丙寅施珪曾刊李靖上金天大王文於藤縣廳壁;卷八
"漁洋宅"條,記漁洋舊宅在琉璃廠火神廟西夾道,舊名海王
村,張給諫貽山蹴居於此,有古藤一本,傳爲漁洋手植之物。
皆可爲多識之助。蓋橒居輦下,習聞往事,宜所記涉京師者咸

有可採也。

對山書屋墨餘録十六卷

清同治刊本

　　清毛祥麟撰。祥麟字對山，上海人。是编成于同治庚午，前載自序及南滙朱作霖序。卷中每條後有評，署"雨蒼氏"者，即作霖也。是書或雜記見聞，或鈔録成編，體頗不純。如卷三摘録斌椿乘槎筆記十五條；卷四志局摘録十二則，則同治丙寅修上海志時録採訪送局之文；卷六程序伯零墨摘存五則，則録程庭鷺小松園閣零墨之文；卷十摘録曹千里説夢殘墨二十二則，爲曹家駒説夢之文；卷十一田奥傳，則朱作霖之文；卷十六誌泰西機器，則摘録美人丁韪良所輯格物入門，皆非自作。其文或爲瑣録，或具始末如傳記之文，亦不一致。如卷五孀姝殊遇一篇，則删潤清初人所著過墟志感爲之，亦非己作。其文雅自矜持，然體格卑弱，未臻純熟，不能獨樹一幟也。

金壺浪墨八卷　金壺遯墨四卷　金壺逸墨二卷 金壺醉墨一卷　戲墨一卷　心影二卷

清同治刊本

　　清黄鈞宰撰。鈞宰字天河，一字宰平，淮陰人。所著金壺浪墨八卷、遯墨四卷，多記鴉片之役英兵入犯事，頗有裨於掌故，而遺聞瑣事亦間出其間，不免爲小説家言。至浪墨卷七之"讀史類譚"二十七則，又雜鈔史書典故供掎摭之用者，其體亦不純。逸墨二卷所記多雜品及雜詩文。戲墨一卷皆瑣語及笑謔之辭。醉墨一卷亦名醉言，則皆自撰喻況議論之言，似效古子書説林之體。心影二卷原名金壺淚墨，多記男女怨悱之事，唯記與瑤雪遞述哀情若干條，倣金聖歎、王漁山問答之語，自抒苦境，非記事之文。鈞宰幕游文士，其學不純，故其著書未能雅飭整比，存前輩典型。然雜記見聞，關涉時政，分別觀之，亦時足採録。其醉言中謂“北人尚樸，其失也野；南人尚文采，其失也浮。然耕稼躬親不失爲善類，金玉其外無救於中乾。故君子與其浮也毋寧野，與其通也毋寧介，與其媚也毋寧死而無所容。”則風骨稜稜，有卓然獨立之志。蓋鈞宰生長江北，地近燕齊，猶存河朔遺風，故其氣質亦有相似者歟。此本爲同治刊本，題曰金壺七墨，然數之僅得六書，八千卷樓書目所載亦同，或有續刻之本未及收入，先擬“七墨”之名亦未可知。其卷首附鈞宰比玉樓未刻書目，曰金壺叢墨、寰海新聞、説環、國朝名人可法録、比玉樓閒話，又傳奇四種，曰管城春、十二紅、夢呼么、鴛鴦印。除管城春未詳外，其餘始末均分見於已刻各書中。唯鴛鴦印，心影下卷云：“丙寅清水潭決，稿付東流。”此乃列之未刻書中，蓋記其著作之目，非其本皆存。且此四曲，今亦未見傳本，姑附録之，以見鈞宰著作梗概焉。

白門新柳記一卷　附補記一卷
白門衰柳　附記一卷

排印本

　　題“海陽許豫養和編”，“同里楊亨曉嵐校”。前載上元盧鑒序，及同治壬申許豫自序。考鄒弢三借廬筆談卷九“白門新柳”條載是書爲全椒薛時雨撰，云：“金陵自遭髮逆之變，南朝金粉一洗而空。經曾文正公克復城垣,栽培花柳,於是桃葉、秦淮管絃又沸。全椒薛慰農_{按:慰農,時雨字}先生曾著白門新柳記、秦淮豔品兩册。時李宗羲制軍督兩江,素以道學自呼,見此書即燬板禁之。今雖有重刊本,已借他人名矣。"鄒弢與時雨同時,所言必有所據。此本題許豫不作時雨,又鄒弢所引時雨白門新柳詩七絶三首,亦不見此本,蓋即據重刊之本,非復原本之舊矣。是編記當時金陵諸妓,以一人或二人標目,乃列傳之體。所記諸人事蹟始末以及士夫流連觴詠,鋪叙特詳,唯於並時游賞之人皆隱其名,蓋有所避忌,不得不然。其"小瀛仙"條,記江北某鎮軍以威刼瀛仙,强納爲妾事,知當時武將縱恣,實以爲常,後人震於湘淮練兵之名,以爲軍紀嚴肅,無可訾議者,實不盡然也。又衰柳附記"陸蘭英"條,記金陵未陷之前,江寧某方伯公餘退食,常過其家,愛其屋宇軒敞,談風月於此,會衣冠亦於此。時值上恬下嬉,見者習慣自然,了不爲怪,云云。亦可見當時政理失次,及所以致亂之由,雖猥談屑語,亦未嘗不關於治要,足以垂誡示懲也。

京塵雜録四卷
清光緒丙戌上海同文書局石印本

　　清楊懋建撰。懋建字掌生,號爾園,道光辛卯舉人。是本署"藥珠舊史",則其別號也。其書記京師優伶之事,凡四帙,卷一曰長安看花記,記伶人秀蘭以下二十一人,皆據目前之人爲斷;卷二曰辛壬癸甲録,記韻香以下十四人,皆行輩稍前者。其標目曰辛壬癸甲,蓋懋建以道光辛卯離籍入都,至甲午已四年,述此四年中所聞見之人也。凡卷一、卷二兩卷,皆成於道光丙申、丁

酉之際。卷三曰丁年玉笥志,記秀芸等十二人,則懋建道光丁酉
以科場事被逮,戌辰豀,路中追憶近時所閲諸伶而作。初名看花
後記,嗣改此名。其諸人年輩,又後于長安看花記所載。卷四曰
夢華瑣簿,則雜記歌場舞筵間之軼聞瑣事,于當時社會鋪叙爲
詳,極有裨于風土考證。凡卷三、卷四二卷,皆成于戌所。卷端
皆有序,署道光壬寅,則爲二十二年矣。懋建負才名,受知于儀
徵阮元。此書第四卷載其道光丙申與阮元論今樂語,謂今樂、古
樂中間尚隔燕樂一關,亦爲有識,蓋亦留心樂章之人。唯其行文
喜堆積掌故,眉目不清。此本卷末載桂林倪鴻跋,稱其"芬菲悱
惻,才實可傳",推許不免稍過。唯以紀事而論,則較吳長元燕蘭
小譜爲詳。長元所記皆乾隆間事,兹則道光間歌場之事皆所目
擊,一一縷叙,不厭瑣雜,世之考散樂雜伎者,亦當有取於是也。

想當然耳八卷
清光緒四年聚珍堂印活字本

　　清鄒鐘撰。鐘字樂生,安福人。此本前載李熙齡序,稱
"同治間權篆東郡,聞鐘子年壯有著述才,顧操度支術,博脩養
母,作寓公,急延入幕"云云,知鐘嘗游幕山東。又載咸豐辛酉
琴園不出山人序,知鐘斯編在咸豐中已成書。書凡八十則,其
中所記,如卷一"李明府"條,記咸豐四年聊城知縣李肇春禦粵
寇守城事;"李中丞"條,記琦善、李吉人事;卷三"女科目"條,
記朱九妹等事,亦稍裨掌故。餘皆雜記見聞,規撫聊齋而不能
至。熙齡序乃稱其"叙事傳人,酣嬉淋漓以出之",獎許未免太
過也。

逸農筆記八卷

清光緒戊子刊本

清黄鴻藻撰。鴻藻字硯賓,廣東嘉應人,舉人。公度,其子也。此本乃鴻藻官桂林時所刊。其書八卷,凡三百二十餘則。其五卷以上成於鴻藻官京師時,六卷以後則榕城需次時所輯。自序謂"倣灤陽消夏録、槐西雜志之例,雜綴成編,兼資勸戒"。其志尚在此,故其記事樸實,屏綺麗浮誇之詞。其採朝野逸聞瑣事,兼録詩文,無紀昀之名雋,亦不至如池上草堂筆記之迂。文言小説至光宣之際作者漸少,録而存之實無不可也。

風月談餘録六卷

清光緒丁未福州刊本

清徐兆豐撰。兆豐字乃秋,江都人。是編所記凡二百三十二則,雜記遺聞以及詩畫古刻,不拘一格,所摭尤以揚州文獻爲多。如記吴熙載印章署"攘之",以爲"讓"字通作,辨世人潤筆署"攘之"、無潤筆署"讓之"之誤;記劉熙載、蔣超伯著作;記鄭燮印册;記羅聘鬼趣圖;記楊吴尋陽長公主墓誌,云"今藏真州張午橋唐石軒中";記宋紹定六年陳孺人磚刻地契及明隆慶二年宋氏磚刻地契,皆載其全文;記墨盒之制,云始於道光間,引方子箴詩集中墨盒詩小序"自祝蘅畦年丈創爲斯製"云云。皆有裨異聞。唯每條下往往自附按語,曰"豐按"云云,或申前文所未盡,或旁涉他事,頗嫌猥雜,乖著作之體。又末卷記宋板趙善璙自警編,其書四庫全書已著録,列之雜家,而云"諸家書目所不載",亦爲失之眉睫。蓋雜記見聞，不以考證見長，而所記事端多有依據，尚非輾轉稗販及臆説者比，在清季説部中猶爲近雅者。是本爲光緒三十三年丁未刊本，前載兆豐自序，署"光緒十年識於京師"，蓋書成於兆豐官北京時，久而後刊行云。

秦淮廣記四卷①

商務印書館排印本

　　清繆荃孫撰。荃孫字筱山，江陰人。是編成於民國壬子，即辛亥革命之次年。其書輯明以來南京妓院之事，以訖清季，釐爲三目：卷一曰紀盛，卷二曰紀麗，卷三曰紀瑣。其卷一又分一二兩卷，卷二自卷二之一至卷二之八又爲八卷，惟卷三紀瑣祇一卷。所引乙丙部書不下數十種，搜討亦勤。然編次猥雜，毫無翦裁，如紀盛門卷一之一録板橋雜記"秦淮燈船"條，又録杜濬之秦淮燈船鼓吹歌，汪蛟門之秦淮燈船歌，其曹大章蓮臺仙會品、潘之恒金陵妓品、秦淮劇品、曲艷品，復全録其書；卷一之二録板橋雜記、續板橋雜記諸書序，其紀麗門録諸人傳復録題贈之詩歌。且所引之書雖同在一卷中，同是一書，亦先後錯亂。荃孫非不能著書者，不知斯編何以無體例如此，或當滄桑之際，頽唐失志，無意著作，姑付鈔胥爲之。然夢華諸作叙事可觀，即余懷板橋雜記亦文采斐然，哀感頑艷，荃孫是編雖自謂寄慨，實不足抗蹤前人。獨其卷首自序一篇，述秦淮盛衰始末，兼及譜妓之書、禁妓之人，括驪今古事，頗可供談風土者之參考耳。

---

① 編按：此則底稿原無，據人民文學出版社版補録。篇中"紀"字或誤作"記"，據商務印書館版原本改正。

新世説八卷

民國十一年排印本

民國易宗夔撰。宗夔字蔚儒，湖南湘潭人。是編分類標目，凡德行、言語、政事、文學等三十六門，悉依宋劉義慶世説新語。上起清初，下迄近代，所摭事類頗爲繁富。然記言記事殊少翦裁，文亦平板乏致，不能得臨川著書之體。劉孝標注世説，考校事蹟，最爲博洽。宗夔著此編，自謂有據，唯恐不出於人，然曷不效自注之體，徵引文籍悉注其出處，至近事除目擊者外，亦可如司馬光涑水記聞之例注所從聞之人，今悉從略，未見其能徵實也。又於諸人悉撰小傳，附於本條之下，亦嫌贅疣。小説非傳志之比，如欲疏其本末，另爲一卷，附本書之後可也。義慶原編記事簡雋，文無蕪累，如圖畫寫意，神情自足。宗夔之學之才顧不足以語此，故鈔綴成編，不倫不類。如其“假譎類”記朱彝尊私鈔錢曾讀書敏求記一條，開首略以己意衍數語，下即引何焯跋讀書敏求記後記，全録其文。“惑溺類”載陳圓圓事，録陸次雲圓圓傳長至七百餘字。義慶世説新語有是體乎？至“賞譽類”載尤侗以文受知世宗，乃世祖之誤。“任誕類”載蒲松齡强路人説故事以撰聊齋，乃里巷傳聞之言，本不足據，且與任誕無涉。“輕詆類”載吳偉業將入都，觀爛柯山記被嘲事，云詆者張某，善疊假山，不知其人即張南垣，則記載之疏又不足置論矣。

畏廬漫録不分卷

商務印書館排印本

　　民國林紓撰。紓字琴南。福建閩縣人。紓治古文學，所譯西洋小説數十種，盛傳於時。是編所收皆紓自撰小説，凡九十五事，因事立標題，核其體格，實沿唐以來傳奇之流風。按文人爲小説極盛於唐，宋人喜爲小説無如洪邁，其夷堅志一書多至四五集，爲古今所無，然貪博嗜奇，泛濫既廣，不盡精粹。元明作者雖多，率皆猥瑣。清則紀昀以簡淡勝，蒲松齡以振奇勝，二百年來，文人祖述，不出二體。然作者學有未至，則效紀昀而僅成瑣録；文不能高，則效松齡而襲其皮毛，雖著述繁多，率無足數。紓生於清季，負一時文名，其爲散文，不出八家窠臼，邊幅未廣。獨其譯西洋小説，修文證本，不乖原意，以蔚藻之詞，寫殊別之境，其文温潤可觀，不傷大雅。濡染既深，故其自撰小説亦融合中外，細密調勻，雖稍染西風，而無時流生吞活剥之弊，遂於紀昀、蒲松齡兩家之外，卓然自爲一家。語其造詣，在近代文人中，可謂推陳出新，克自樹立者。唯遣詞間有渣滓，未能熨貼，如黃建人篇，記黃癡之女云：“癡乃不審其女所抱，則爲嫁之儈家。”李嫩紅篇贊云：“前二十年安有東安之市場、第一之舞臺。”皆病塞劣。以紓嗜言古文，不應有此。唯此等句例，文中無多，偶有疵瑕，亦不至掩其全文。要其幽杳深秀，固不失爲一代作手，可以抗前脩而無愧者矣。

卷二　小說：白話

宣和遺事二卷

士禮居重刊宋本

　　不著編者名氏。其書前集記徽宗時事，起建中靖國元年，訖宣和六年正月；後集則記宣和六年二月後及七年一年之事，又自欽宗靖康元年至高宗建炎四年，記二帝北狩及高宗南渡事，至都臨安、用秦檜而止。依年月演述，似效史家編年之體，然敍事叢雜寡要，文體亦不一致。如前集記蔡京當國施行諸事，及徽宗奉道教，朱勔採運花石綱、童貫平方臘等，亦不悖於史，然如關羽顯聖斬蛟、呂洞賓題詩，皆小說家言，一概登入，率無持擇。其記梁山濼諸盜始末，及徽宗幸李師師事皆甚詳，則又近乎平話之體。至後集靖康以後則十之八九錄南燼紀聞及竊憤録之文。又書以"宣和遺事"命名，而所記重和以前、靖康以後諸事，全與宣和無涉，皆不可曉。蓋編者無學，其本意雖欲記徽宗一朝之事，而所採非一，貪多鶩奇，雅俗並奏，漫無條理，因成此不倫不類之書。其南燼紀聞、竊憤録之文，則又似爲後人所附入，藏書者徒以爲舊本而重之，實則不足取也。然編者述前朝之事時代較近，故所記雖猥屑，亦有資考據。如梁山濼一段，載三十六人姓名，徵以周密癸辛雜識續集所載，雖間有異文，然大致相合，且以史傳考之，則其人十之八九見於宋人著書，知名字不誤。其述楊志賣刀、晁蓋刼生辰禮物、宋江殺閻婆惜、朝東嶽等事，後來小説水滸傳悉本之，疑亦諸人實事矣。不唯此也，此本前集記徽宗微行至李師師家，其母不知爲帝，急報官司，因出緝察皇城使寶監之名，考洪邁夷堅丁志卷十一"蔡河秀才"條，載開封府賊曹有寶鑑，當即其人。按：金關漢卿緋衣夢雜劇中亦有寶監，其人蓋以幹練著稱，易世後猶爲人稱道也。又記賞元宵時教坊大使袁陶作撒金錢詞，考宋朱弁續猗覺說按：據説郛卷三十八引。載政和中袁綯爲教坊判官，制撰文字，一日爲蔡京撰傳言玉女詞有"淺淡梳妝，愛學女真梳掠"之語，上見之，索筆改"女真"爲"漢宮"云云，字作"綯"；而三朝北盟會編卷三十載靖康元年正月聖旨，應有官無官諸色人曾經賜金帶，各據前項所賜條數，自陳納官，下尚書省所列名單有趙元奴、李師師、袁陶等多人，正作"袁陶"，知小説爲有據。陶所撰傳言玉女詞，樂府雅詞拾遺載之，至撒金錢詞，僅見此書，亦有裨藝文。其後集記李師師流落湖湘間，爲商人所得，與劉屏山詩"師師垂老過湖湘"之言合。宋張邦基墨莊漫録則云"師師籍没後流落來浙中，士大夫猶邀之聽其歌，然顦顇無復向來之態矣"。不云湖湘，與此微異，然云南來則同，可正外傳殉節説之謬。凡此徵之他書並爲翔實，是則其記事可取，雖編次未善，亦有不可驟廢者。黄丕烈跋是書，謂"辭近瞽史，頗傷不文"。所評未嘗不是，然述刊書始末，則第云"藏書家插架已久，以卷中避宋諱，當出宋刊"爲言，則所嗜者僅板本之末，不足以云知是書矣。

新刊全相秦併六國平話三卷

日本内閣文庫藏元刊本

不著撰人名氏。其書承七國春秋後集之後，演秦併六國事，即目爲"秦併六國平話"，亦元建安虞氏刊平話之一。所記征戰諸事僅存崖略，其事近實，其文則較其他平話爲尤簡，而紕繆亦所不免，如謂秦滅齊楚時孟嘗君、春申君皆在，李牧爲趙王鴆死，皆杜撰無稽。其開場一段，歷數唐虞揖讓，三代征誅，孔子作春秋褒貶善惡，七國爭雄，合縱拒秦，卒爲秦所滅，引杜牧阿房宮賦語證之，爲併六國以前事；又縷述始皇始末，以及趙高、閻樂弒胡亥，立子嬰，漢高入關，爲併六國以後事，其文特繁。觀此段收云"這頭回且說個大略，詳細根原，後回便見"，下文"話説秦六年，始皇帝登殿"云云，知此段本未入正傳前約舉始末之文，以開始演説故謂之"頭回"，其體如説經之"開題"，京本通俗小説所謂"得勝頭回"者亦指此。後世小説正傳前例有入話，講史開篇亦援引古今述盛衰治亂之由引起正文，按之宋元説話情形，皆當謂之"頭回"，其合本事稱爲"第一回"者，實非是。是雖短書，亦可考見當時體制，於小説一家之學不爲無補矣。

歷代史略十段錦詞話旁注二卷

明天啟刊本

明楊慎撰，程開祐注。開祐字仲秋，徽州人。此本爲開祐刊本。其書分十段，演歷代史事。第一段爲總説，第二段説三代，第三段説秦漢，第四段説三分兩晉，第五段説南北史，第六段説五胡亂華，第七段説隋唐，第八段説五代史，第九段説宋遼金夏，第十段説元史。其體用話本之格，每段先以詩詞開篇，繼爲七言詞文，次正説史事，次讚詠史事，而仍以詩詞結束。其七言詞文皆泛濫無實，與每段所説史局無涉。其讚詠史事者，例用三三四句法，纙括史事，乃全如歌訣，無文采可見。蓋偶然爲之，便學僮記誦，意不在乎爲文，亦不必以文筆繩之也。曰詞話者，乃元明舊稱,凡説唱話本通謂之詞話。今通行本廿一史彈詞,實從此本出,以不知詞話之文,改爲彈詞,實則舊本實作十段錦詞話,初無彈詞之稱也。王國維曲録卷六據澹生堂目録十段錦二册,入小令套數部,以爲令章曲詞,實則澹生堂目所録即此本,乃詞話而非散曲。今録慎此書而附訂國維之失,庶使世人讀國維書者,不至眩瞀。至開祐評注甚簡,可置之不論云。

新刻按鑑編纂開闢衍繹通俗志傳六卷
大連滿鐵圖書館藏明崇禎間麟瑞堂刊本

　　舊題"五岳山人周游仰止集","靖竹居士王黌子承釋"。是編現藏大連滿鐵圖書館,封面版心中央大書"開闢演義",蓋是編之略稱也。右上方題"鍾伯敬先生原評",左上方題"繡像",下方題"古吳麟瑞堂藏版",蓋江南刻本也。編首有序,末署"崇禎歲在旃蒙大淵獻春正月人日靖竹居士王黌子承父書於柳浪軒"。其序云:"'開闢衍繹'者,古未有是書。今搜輯各書,若各傳式,按鑑參演,補入遺闕,名曰'開闢衍繹'。"則其書實崇禎間靖竹居士王黌之所作也。其書每半頁九行,行十八字。都凡六卷,每卷各分若干段,總計凡八十段。第一卷自"盤古開天闢地"至"燧人氏結繩治政"凡八段,第二卷自"伏羲畫卦定天下"至"軒轅救駕滅蚩尤"凡十有二段,第三卷自"軒轅氏即皇帝位"至"衆諸侯廢摯立堯"凡十六段,第四卷自"帝堯即位都平陽"至"舜南狩禪位於禹"凡十有四段,第五卷自"禹王承位會諸侯"至"桀王喪國走南巢"凡十有六段,第六卷自"湯即位除網三面"至"周武王弔民伐罪"凡十有四段。編首有圖二十三頁。核其所叙,蓋始於盤古之開天闢地,而迄於周武王之弔民伐罪,中間敷叙開闢故事,多

卷二 小説：白話 71

本之釋道傳說，鄙俚可笑，文筆亦殊拙劣。按世傳有明書林余季岳刊盤古至唐虞傳二卷者，書僅十四則，與是編所述，大體略同，則是編之作，蓋亦有所本矣。

綱鑑通俗演義二十六卷四十四回

清雍正間原刊本

清呂撫撰。撫字安世，浙江紹興府新昌人。民國七年修新昌縣志附撫於兄呂揆傳。縣志載撫年十五補弟子員，乾隆元年舉孝廉方正。又稱其至孝，早喪父，雖受室後不離母寢，母喪，廬墓三年。與兄析產，不受廣廈腴田，獨檢集遺書，又自購益之，築逸亭，藏其中，遂精于天文、地輿、兵法、性理、皇極之學。成書甚夥，已半付梓，適海寧查氏獄起，因燬板，僅傳三才圖、四大圖、二十四史通俗演義三書，則亦篤學屬行之士矣。所演上起邃古，下訖明季，凡得四十回。至其二十二卷第三十九回、第四十回二回，涉及清代者，則僅詩二首，爲祝頌之詞，示本朝事不敢妄談。至第四十一至第四十四回，則附記年號、神鬼、方物、風土之事，與史事無關。其書櫽括歷代史事，以淺近文言述之，與他講史書微異。附錄四回，頗爲叢雜。書題二十四史通俗演義，又別題綱鑑演義，卷首載雍正五年新昌令李之果序及雍正十年撫自序，亦云摘錄通鑑綱目及二十四史爲此書。是時二十四史並未頒行，不得有二十四史之説，其撫自序中稱呂子安世，亦不似撫口氣，殊爲可疑。考凡例第一條云："是書悉遵綱鑑，半是綱鑑舊文。"則書本名綱鑑通俗演義，作"二十四史演義"者，殆乾隆間二十四史頒行後所追題，其序言二十四史，亦後來所改，非原書之舊也。

新列國志一百八回

明刊本

　　不著撰人名氏。首吳門可觀道人小雅氏序，謂"坊間講史，自夏書、商書、列國以下，悉出村學究杜撰，識者欲嘔。列國志鄙俚粃謬，詞白惡劣，不可勝言。墨憨氏重加輯演爲一百八回，始乎東遷，迄於秦帝，雖敷演不無增添，形容不無潤色，而大要不敢盡違其實"云云，則爲糾正余邵魚列國志之鄙倍而作。按墨憨爲馮夢龍齋名，則作者即夢龍。審序文語意，實亦夢龍手筆，"可觀"、"小雅"之名蓋以自喻其書也。夢龍字猶龍，一字耳猶，亦自署龍子猶。南京蘇州府吳縣人。歲貢生，崇禎七年任福建壽寧縣知縣，十一年卸任。據康熙壽寧縣志四官守志。蘇州府志稱其才情跌宕，詩文藻麗，尤工經學，所著書有春秋衡庫、別本春秋大全、二種四庫存目著錄。麟經指月、甲申紀聞、中興偉略、紳志略、智囊、智囊補、譚概、智囊以下三種四庫存目著錄。情史等書。集曰七樂齋集。其序甲申紀聞，署"七十一老人草莽臣馮夢龍"，弘光改元，撰中興偉略，序自稱"七十二老臣"，則生於神宗萬曆二年甲戌。或云死乙酉之變，今莫能詳。然於甲申、乙酉之事惆悵留連，則其孤忠耿耿，不忘故國，不唯文學茂異，氣節亦有足稱，與袁韞玉輩異矣。此新列國志一書，據卷首序云："墨憨氏補輯新平妖傳，海內驚爲異書，茲編更有功於學者。"似書成即在泰昌元年撰新平妖傳之後。而封面所載書林葉敬池識語，則復有"墨憨齋向纂新平妖傳及明言、通言、恒言諸刻，膾炙人口"之語，按通言刻於天啟七年丁卯，如葉氏所言，則此列國志之作當在崇禎時。夢龍曾從事於春秋之學，而文學尤爲擅長，於當代專家戲曲亦復不滿，以己意刊定，如荒謬俚拙之余邵魚列國志，自不足以當馮氏之意,故另撰新書以代之。自此書行而邵魚舊本遂廢,在夢龍固爲不負所學,亦可見好惡之公自在人間,草率著書者雖可蒙溷於一時,究不能欺後世也。其書以左傳、史記爲主,於春秋事則本内外傳,戰國則採史記,而諸子書中所載奇行亢節一一分配於應隷某年某事之下,大而軍國之事,細而逸聞佳話,均包羅其中。凡例列舉所參考書,自先秦諸子以及漢儒著作不下十七八種。今以本書所演者考之,如屨弧箕服之謠第一回及龍漦帝后事二回,則本國語;蕭同叔子笑客事五十六回,則本穀梁;杜伯報冤第一回本墨子;齊桓公遇委蛇二十二回則本莊子;管仲辨俞兒二十一回本管子;伐孤竹師老馬二十一回本韓子;晏子使楚不辱六十九回及二桃殺三士七十一回,則本晏子春秋;介之推事三十一回則本説苑,楚莊王絶纓會五十一回亦本説苑;孔子殺少正卯七十八回則本荀子及説苑;齊桓公舉火爵寧戚十八回及要離刺慶忌事七十四回,則本呂氏春秋;子胥爲怒濤及公孫聖爲夫差占夢事八十二至八十三回,則本吴越春秋及越絶書。他如秦文公之夢四回本史記封禪書,秦武王舉鼎絶脛九十二回本秦本紀,茅焦説始皇事本始皇本紀及説苑。而刺客如曹沫、荆軻等,名將如孫臏、吴起、白起、孫武、王翦等,義士如程嬰、公孫杵臼,恩怨如范雎、須賈,如廉頗、相如,如魏齊、虞卿,如伍員,舌辨如子貢,如魯仲連,如甘羅、茅焦,滑稽如優孟,食客如馮驩等,以及四公子及呂不韋事,俱依史記本傳及所附載者演之,殆可謂無一事無依據。凡徵引各家記載,大抵迻録原文,略因事回旋曲折加以聯綴,記事屬文均與三國演義爲近。然三國時沿説話人野説,雖人物個性間有描寫,而題目未當,動失本真,不若此書悉依古人記載之舊爲不失於正。而世之論者或喜三國而抑此書,以爲過實則近腐,不知春秋内外傳多記傳説,本非如後世史書之謹嚴,太史公著書亦極富文學趣味,至於先秦兩漢子書言古事者,大抵傳録古今口耳相傳之故事,雖書

隸乙丙部，實與小説無異，本書即取材於此，以補經史之所未備，
而博其趣味，其方法甚是。蓋諸書所記事端，或擴大變相，或附
會傳訛，究其來原或非無故，即迂怪荒誕亦自有其時代社會之關
係，則講史演某代之史，即取某代固有之傳説故事爲資料，庶於
當時社會風氣不至背馳，而得如其分表見之。自説書人講史，半
屬臆説，因捏合而之荒率；里師造作，苦難博雅，襲一書而直同史
鈔，則虛實二者皆失之。如三國演義固曾參考范陳二家之書及
裴松之注加以組織，不同坊肆俗子之作，然其書既取正史雜史，
又收元以來市井俚言，踳駁不純，實非完書。説者顧以三國之虛
實相間貶馮氏之過實，則於古籍性質猶未能辨別，於馮氏著書之
意全不了了，亦何足以評論此書也。唯書中所叙，時亦不脱稗官
窠臼，又遠古制度風俗述説唯難，馮氏雖譏舊傳之謬，而其書中
所記，涉及名物者，亦苦難親切。且晉乘、楚檮杌乃元人僞書，凡
例竟不能辨，誤認爲古書。又前而春秋列國，後而七國，雖大國
不過十餘，而牽涉過多，頭緒紛繁，本書第取故書聯綴，雖於奇人
盛事亦欲加以形容，究無暇爲進一步之深刻描寫。然此爲體例
及時代所限，亦未可據以深責馮氏矣。

列國志傳輯要八卷一百九十節

清乾隆四和堂刊本

　　清楊庸撰。庸字邦懷，號慎園，江西豐城人。是編取馮夢龍
新列國志要删爲書，首自序、彭元瑞序，並附夢龍署可觀道人原
序。夢龍原書蒐輯至勤，在講史中最爲得體，兹乃病其繁而删
之，不免點金成鐵。又書正文皆低一格，唯周王頂格書之，示尊
天子之意，亦爲俗見。據元瑞序，稱"慎園初習舉子業，挾青鳥術

游四方"云云，則本習堪輿之術者，其請<u>元瑞</u>爲序，亦慕同鄉顯宦之名，姑以重其書耳。<u>元瑞</u>序又稱"余歲辛卯典<u>江南</u>試，旋即視學<u>江蘇</u>。甲午冬，試竣入都，有辛卯所得士<u>王生</u>，出先生所訂列<u>國志</u>示予"，結銜署"内閣學士兼禮部侍郎銜提督<u>江蘇</u>學政"云云，考辛卯爲<u>乾隆</u>三十六年，甲午爲<u>乾隆</u>三十九年，據<u>清</u>國史<u>彭元瑞</u>傳，<u>元瑞</u>以<u>乾隆</u>三十六年充<u>江南</u>鄉試正考官，九月奉命提督<u>江蘇</u>學政，三十八年遷内閣學士兼禮部侍郎，三十九年受代回京，與序所記合，蓋真出<u>元瑞</u>手。<u>元瑞</u>以三十九年爲邦懷作此序，其刊行是書，度亦當在<u>乾隆</u>四十年左右矣。

東西漢通俗演義十卷
<u>大連滿鐵圖書館</u>藏清初拔茅居刊本

不著撰人姓氏。是編現藏<u>大連滿鐵圖書館</u>，每半頁十一行，行二十有八字，封面板心中央大書"東西漢傳"，右上方題"<u>鍾伯敬</u>先生評定"，左下方題"拔茅居梓行"。編首有序，末署"<u>公安袁宏道</u>題"，不紀年月。其書分東西兩漢：西漢演義六卷，東漢演義四卷，都爲十卷。西漢演義前有圖十頁，每頁前後各繪故事一回，惟東漢演義無圖，不知其爲殘缺耶，或原本即無耶。今考其書，西漢演義第一卷凡二十回，始於"勝秦師異人被虜"，止於"劉沛公還軍霸上"；第二卷自"范增觀象識興衰"至"蕭何月下追韓信"，凡十有八回；第三卷自"會角書築壇拜將"至"惧楚罪陳平歸漢"，凡十有五回；第四卷自"董三老遮道説漢"至"烹酈生韓信背約"，凡十有六回；第五卷自"韓信囊沙斬龍且"至"楚霸王烏江自刎"，凡十有五回；第六卷自"漢王改韓信王楚"至"漢惠帝坐享太平"，凡十有六回。總計六卷，都凡一百回。東漢演義第一卷自

“奸計圖王侵寶位”至“列宿紛臨助聖君”，凡五十有一回；第二卷
自“拖腸屢戰心無懼”至“復攻反戰再興師”，凡三十有五回；第三
卷自“勒馬討凶安社稷”至“圖形畫像著功多”，凡二十有四回；第
四卷自“賢民避世勤耕織”至“誣忠繫黨冤埋獄”，凡十有六回。
總計四卷，都凡一百二十有六回。分卷析目，雖與通行劍嘯閣本
之西漢八卷、東漢十卷者不同，然詳其回目，考其内容，稽其文
字，則實是一書，惟此係重刊初印之本，較坊間翻刻者爲精耳。

三國志通俗演義二十四卷

國立北平圖書館藏明嘉靖本

　　明羅貫中撰。貫中名未詳，按：小説題“羅本貫中”，不知何據。號湖
海散人，太原人。性孤高，長於樂府詞曲，雜劇有趙太祖龍虎風
雲會、忠正孝子連環諫、三平章死哭蜚虎子三本，今唯風雲會有
傳。按：貫中事蹟自來不詳，唯天一閣鈔本録鬼簿續編有小傳，其人生於元至正
間，至明永樂時猶存，與賈、揚、谷、王爲同時儕輩，實明初人也。是本爲明嘉靖
刊本。前載弘治甲寅金華蔣大器、按：原署“庸愚子”。嘉靖壬子張
尚德按：原署“關中修髯子”。二序。記三國始末凡二百四十條，每條
各立標題，自靈帝失政、黄巾亂起，訖晉武受禪、王濬平吳而止。
今考其所記事端，有沿至治三國平話之舊者，如桃園結義、虎牢
關三戰吕布、連環計、關雲長千里獨行、五關斬將、古城聚義、博
望燒屯、諸葛祭風、秋風五丈原、三讓徐州、勘吉平、斬蔡陽、白門
斬吕布、卧龍崗訪孔明、單刀會、轅門射戟、煮酒論英雄、刺顔良、
誅文醜、躍馬過檀溪、長坂坡趙雲救主、張翼德據水斷橋、截江奪
主、義釋嚴顔等，其中有僅屬戲曲故事者，有稍本陳壽書及裴松
之注而加以敷演者，皆爲元本平話所已有，則此本所記大體仍出

於平話。其删者，如張飛杏林莊招安黄巾、獨戰呂布、三出小沛，凡涉張飛者三事；劉玄德醉走黄鶴樓，涉先主者一事；龐統煽惑沿江四郡，涉龐統者一事，不過數條。唯平話側重蜀事，諸葛亮歿後即記吳蜀之亡，甚爲簡略，此本則補所未備，如孫策略定江東，曹操滅袁紹、定遼東，及姜維用兵，司馬父子擅權，孫休、諸葛恪等事，皆據載紀補入，頗爲詳贍，且叙事整比，大改舊觀，故其本行而平話本日晦。後此雖有百二十回本，有毛宗崗改訂之本，然毛本十之八九均依此書，其百二十回本但併二條爲一回，與此本文字實同，則自嘉靖以來，三國刊本雖多至不可勝紀，實則皆是此本也。講史小説莫著於三國演義，譽之者至推爲小説之冠，譏之者如章學誠丙辰劄記則以爲七實三虛，不盡合乎史。以今視之，其書叙事雖稍可觀，然不過載事而止，殊無摹繪之巧，又事蹟雜陳，多無裁斷，寫諸人性情亦不免與史傳乖違，不出市井揣摩積習，譽爲絶作，誠未免太過。至七實三虛之説，亦概略言之，非爲確論。蓋其真僞混淆，不特雜劇詞話所演爲是書所本者羌無故實，即其抄襲史書，或移甲作乙，或前後錯迕，亦謬誤不可勝紀。舉其例如：鞭督郵本先主事，以屬之張飛；先主未嘗與盧植、皇甫嵩共討黄巾，乃云預兹役，且有功；矯詔討董卓乃橋瑁事，乃屬之魏武；徐庶辭先主在建安十二年當陽之敗時，此時諸葛亮已委質於先主，乃記三顧草廬在徐庶去之後；吉本按：小説訛寫作吉平。謀害魏武，在建安二十三年張魯投降後劉曹爭漢中之時，乃云與董承同謀，事當建安五年，移前十餘年。此猶可云承元本平話之誤偶未改正，然重編時參之史書而仍誤者，其例亦至繁，如董卓嗾呂布殺丁原，在卓行廢立之先，乃云卓原因議温明而生隙；關羽斬蔡陽在先主奉袁紹命偕羽往汝南之後，乃云羽就先主於紹軍，蔡陽來追，因殺之；袁安本袁紹高祖，乃云紹爲安孫；董太后本解犢亭侯萇夫人，爲靈帝生母，靈帝即位，尊萇爲孝仁皇，陵曰愼陵，后卒京師，表還河間，合葬愼陵，見後漢書董皇后紀，乃云何進使人酖董后於河間，舉柩回京，葬於文陵，不知文陵乃靈帝陵，以靈帝生母爲靈帝后，謬誤實甚。又斬華雄乃孫堅事，以屬之關羽；不從的盧妨主宜贈他人之言，本晉庾亮事，見世說新語德行篇，乃移其事於先主；東阿七步之詩，據世說新語文學篇所載，本六句三十言，乃删爲四句二十言，後世傳誦，不知其非，不知原文實不如此。其餘類此者尚多，不煩備舉。是其虛者固虛，即實者亦非實，學誠偶摘其非，亦未暇細考也。自昔雜書小記，記事多誤，稽之國史實録，往往不合，爲通達勝流所指摘者不知凡幾，況盲詞瞽說以嘲戲爲務，小説即其緒餘，則謬誤處原不足深究。唯此編家傳户誦，流行至爲廣遠，曲士小儒多有據三國演義談三國事者，其書貽誤後人不淺，不可不辨。故今舉其著者爲例，一一闢之，使世人知小説、史籍判然兩途，不可混而爲一。讀三國小説者，若舍事論文，徒以爲欣賞之資，則其書在講史小説中固猶爲近雅，以之匹開河、海山諸記亦無不可；若欲知三國史事，自當遠稽史編，求之范陳諸書，無取於猥鄙小説焉。

三國志演義六十卷一百二十回

清康熙刊本

　　明羅貫中撰，清毛宗崗評。宗崗字序始，長洲人。按：羅貫中三國志傳原書本二百四十條，至建陽吳觀明刊本始併二條爲一回，其目每回標題合二條標題爲一聯，正文則回數下只標起句，其收句仍夾於正文之内，是爲一百二十回本。以後重刻多仍此式，至芥子園刊本亦然，然諸本於貫中原文率無更易。宗崗與金聖歎同里，聖歎删定水滸頗爲時所稱，宗崗亦效其智取三國定之，凡增删之處悉云據古本，其書亦盛行，舊本三國遂晦。其義例之可見者，一曰整齊回目，二曰潤色文字，三曰增删事蹟。凡回目標題及諸回中文字，經宗崗改定，大抵細密雅潔，勝於舊本。

按：舊本每條皆以一單句標題，吳觀明本雖合二條標題爲一聯，然其文皆不對稱。

唯所增者殊寥寥，不過關羽秉燭達旦、孫夫人投江、管寧割席等瑣事八九條，陳琳檄及孔融薦禰衡表文數篇。其事爲世所艷稱者，如陳思王賦洛神，後世多以感甄爲解，明以來演爲戲曲，此亦小説題目，宗崗竟棄而不取。又三國文字見於本書裴注及古類書總集者甚繁，宗崗亦未甄採。知其意不在增，且亦無此學識。至所删諸條，如舊本載孔明欲并魏延於上方谷，及諸葛瞻得鄧艾招降書而猶豫不決二條，皆削而不書，確勝舊本。餘如舊本載劉備好犬馬音樂，事本蜀志，本不足爲先主病，乃有意爲先主諱而删之；先主常得同宗元起資助，元起妻謂各自一家，何能常爾，舊本載之，亦本蜀志，此亦人情之常，在婦人尤不足責，此本删之，則因祖先主故，並祖及其同宗之妻。又魏武本曹參後，曾祖節，父嵩，並有令名，舊本載之，本魏志裴注引司馬彪後漢書，此本删之，則因惡曹操並抹煞其先世，並不出小儒迂見。又董太后本靈帝生母，舊本誤以爲靈帝后，宗崗知爲靈帝之母，改書甚是，然仍云"合葬文陵"，不知文陵乃靈帝陵，亦爲疏舛。自來演史者皆不能讀史書，貫中舊志謬誤甚多，宗崗於三國史事，所知實亦無以愈於貫中，特潤色文字，實較舊本爲雅潔。其評語雖陋，然世俗所好而引以爲便者，即在此等。故其本甚通行，迄今閭巷傳誦三國演義，無不據此本。雖增删之處未能盡善，要其點勘潤色，俾貫中原書益以盛傳，亦可爲羅氏之功臣矣。至通行本皆標"第一才子書"，頗不可解，考前所載順治甲申金聖歎序，謂所集才子書者六，其目爲莊子、離騷、史記、杜詩、水滸、西廂，而三國不與，下文乃謂"第一才子書之目宜在三國"。以三國駕諸書之上,不唯義所不安,即文義亦甚突兀,或書賈刊行三國,欲重其書,因於文中增此句,亦未可知,而俗人遂逕稱三國演義爲第一才子書,亦可謂愼矣。又書中於宗崗評外,尚附載聖歎評,曰"聖歎外書",及宗崗父德音評,曰"聲山別集",按:德音字聲山。似聖歎、德音皆先有評論,宗崗蓋承其緒論,衍而暢之,因成此書也。

新刻續編三國志後傳十卷

國立北平圖書館藏明萬曆刊本

題"晉平陽侯陳壽史雜紀","西蜀酉陽野史編次"。前有某氏萬曆己酉序,署名刓去,不知何人。序後又有引,亦不署名。所記以劉曜事爲主,兼及東晉初數事,自劉蜀降英雄避難起,至陶侃興兵討蘇峻止。謂劉曜爲北地王諶幼子;劉淵實梁王劉理之子,本名璩,改名劉淵;張賓乃張苞妾所生子;關興子曰關防、關謹;趙雲孫曰趙㮚、趙染,並佐劉成功,實爲淆亂事實。據某氏引謂感於蜀漢衰微,輔以關、張、葛、趙諸人,亦不能恢復漢業,致爲司馬氏所併,故託其後裔以洩憤一時,取快千載,故不以虛誑爲嫌云。不知三國鼎峙,英雄割據,原無是非,降魏吳爲偏霸,而以蜀接漢爲正統,乃南宋以來儒者之見。當宋室南渡,偏安一隅,跡同蜀漢,其時文人著書,以正統與蜀,示不忘中原,情有可原。然所爭者虛名,且以此論施於歷代,轇轕叢生,難有定論,本自無謂。至此小説以祖蜀之故,謬引索虜爲漢裔,助彼張目,實同於認賊作子,爲無識之甚者。然造此説者實不自此書始,如元至治刊本三國平話下卷記蜀漢之亡,謂漢帝外孫劉淵北去,豪傑多歸之,忿晉虜其舅氏,遂興兵滅晉,建國號曰漢。其收場詩云:"漢君懦弱曹吳霸，昭烈英雄蜀帝都。司馬仲達平三國，劉淵興漢鞏皇圖。"文以此結，是明以胡劉接巨漢矣。蓋市人愚昧無知，造作平話，相承有此説，此書亦誤採之而揚其波耳。明張譽重刻平妖傳序，引是書，謂"續三國志如病人囈語，一味胡談"，其論甚是。然清劉晉充小桃園傳奇演劉淵等事，謂淵爲先主曾孫，張賓爲張飛之孫，乃全與小説同。蓋亦狃於舊説，深惜蜀祚不永，思補其闕憾，因爲此悠謬之言歟！不知揆之於理則甚謬，以文章關目論亦至拙，究屬不思之過。凡戲曲小説，作者往往出以游戲，不自居於莊言正論，即世人亦不甚重視之。然華夷内外之分，義至尊嚴，不得以野史而輕恕之，故於此書存其目而闢其謬如此，庶幾瞑瞑者知所警悟，不至淆亂聽聞焉。

後三國石珠演義三十回

通行大字本

題"梅溪遇安氏著"，首庚申澹園主人序，當是一人。其姓氏不詳，庚申亦不知係何朝庚申。唯考清一統志，梅溪在福建崇安，以所署推之，似當爲崇安人也。書亦名三國後傳，與明萬曆本續三國志名同，唯彼不甚違乎史，此編則甚淺陋，蓋襲萬曆本而益以浮詞。書中以劉淵爲劉弘祖，又謂石季龍、段琨、慕容麾爲結義弟兄，後各得佳偶，團圓封拜；又無端添出一女子，其名爲石珠，云係織女下降，稱兵爲女王，劉弘祖、石季龍以下皆臣之，後爲仙人吳禮接引，遁跡仙去，而讓位於劉爲漢王，尤不知其用意所在。

西晉志傳四卷　東晉志傳八卷
明刊本

　　兩傳並題"秣陵陳氏尺蠖齋評釋"，"繡谷周氏大業堂校梓"，不著編者名氏。其書西晉所記始王濬、王渾爭功，訖於元帝即位；東晉始元帝頒詔赦天下，訖於宋公受禪，叙典午一代之事稍具崖略，而五胡十六國元魏事蹟亦映帶其間。然僅鈔綴綱目，分條標題，於事之輕重漫無持擇，如伯道棄子等不過一人一行，亦明立標題，殊乖著作之體。又晉氏自永嘉之亂，胡虜内逼，中原淪陷，瑯琊王江表即位，因成偏安之局，然奕世相承，國祚實未嘗中斷，雖後人相沿有東西晉之稱，乃稱謂方便，史家於晉實不分爲二，非如莽秩漢祚、范續班書之比。兹乃隔別爲二，不唯於事理不合，即叙事亦未便，如西晉訖於晉元即位，實東晉之始，而東晉乃以"元帝頒詔赦天下"標題，豈非文義之不安者乎？其後楊爾曾訂東西晉即併爲一書，不復分叙，雖多仍此本之文，未足云重編，要於此不可謂無見也。

別本東西晉演義十二卷
明季武林刊本

　　題"武林夷白堂主人重修"，"泰和堂主人參訂"。按夷白堂主人即楊爾曾。爾曾字聖魯，號雉衡山人，浙江錢塘人。前載爾曾序，按：署"雉衡山人"。稱"今年仲夏過泰和堂主人。主人欲刊東西兩晉傳，屬爲商訂。爰標題甲乙，稍加鉛槧，秋仲殺青斯竟。間有姓氏、歲月、郡邑、官爵之錯誤，先後章法之倒置紊亂，皆非我意,仍舊文而稍加潤色耳"。又稱泰和堂主人"貂蟬世胄,紈綺名家,秘窺二酉之藏,業擅五車之富,誠翩翩佳公子"云。泰和堂主人今不知何人。按東西晉演義,舊有秣陵陳氏尺蠖齋評釋、繡谷周氏大業堂校梓本,其書東西晉各自爲書,每書若干條,標目而不標回數。以勘爾曾此編,實大致相同,唯合兩晉爲一書,改條爲回,綴以七字聯對,其文殆併大業堂刊本各散條爲之,而不甚連貫。又正文下多附箋注,動數十百言,大抵補舊本所未載,然亦有在此本爲注,舊本爲正文者,原其意欲損益舊文而憚於重編,因創爲注疏之格。然小説稗官宜取其文,不以事之繁簡爲得失,施傳注於小説,益增蕪累,且考核終不能詳,真可謂徒勞無用也。

兩晉演義

清宣統元年排印本

清吳沃堯撰。沃堯字趼人,號我佛山人,廣東南海人。此本爲上海群學社印本,乃輯集月月小説一號至十號所載,裝潢別行者,僅二十三回,自晉武平吳恣淫佚起,至石勒投劉淵封王止,不知全帙若干,疑未成書也。其編次之法,以通鑑爲綫索,以晉書及崔鴻十六國春秋爲材料,按:此據沃堯自序。與羅貫中三國演義同。觀其記晉氏崩潰始末,及劉淵、石勒諸事,穿穴組織,具有條理,誠較坊本東西晉爲善。然亦貪博嗜奇,如石崇鬥富、綠珠墮樓等,皆侈陳其事,殊無別裁。又記事亦不免前後倒置,如武帝楊皇后卒於泰始十年,乃移爲太康間事,眉欄自記謂"不妨參差以順筆勢",則以史實牽就文字,乖紀事之體。然此乃講史通病,不僅沃堯一書爲然。蓋著書須明體例,如紀傳、編年、紀事本末、雜書小記，其體不同，其宗旨亦異，編小説者乃糅合爲一，以致叢雜寡要，雅俗並奏；又語必唧結，前後相屬，則往往因文便而不顧事實，小説講史一門之終無善本者，其故以此。沃堯狃於舊體，不能自立新法，其蹈前人之失不能自拔，亦無足怪矣。此本卷首載沃堯光緒丙午歷史小説一序，謂"變法以來，中小學所用歷史教科書都嫌過簡。高等大學乃仍用舊册，一蹴而就繁賾，毋乃不可。況失學之輩欲事窺探，尤無善本。偶聞輿夫談三國演義，於史事十得三四，乃發大願編歷史小説，使今日讀小説者，明日讀正史，如見故人；昨日讀正史而不得入者，今日讀小説而如身親其境，以小説爲正史先導"云，所論甚辨。然小説自小説，正史自正史，輿夫談三國事十得三四，終亦不過三國演義之智識，與三國史事固全不相干。若欲授人以歷史智識，則捨編教本外，實無他法。如以難通爲慮，以口語述之可矣，奚必以小説爲前導乎？

南史演義三十二卷　北史演義六十四卷

清乾隆癸丑刊本

　　清杜綱編，許寶善評。杜綱字草亭，崑山人。寶善字穆堂，一字敔虞，青浦人，乾隆庚辰進士，歷官浙江道監察御史，丁艱歸，遂不出。錢泳履園叢話六"耆舊門"，稱寶善常寓吳門，以詩文自娛，尤工詞曲，善戲謔，舉座莫不傾倒，著南北曲填詞譜，吳中諸樂部莫不宗仰之者。蓋亦一時風流之士，所著有自怡軒樂府四卷、按：散曲專集。自怡軒古文選十卷。至杜綱事蹟則未詳，然所編小説如娛目醒心編及此書，皆寶善評點，寶善輯自怡軒古文選，亦邀綱相助，與勝流游往，度亦嗜文之士矣。此南北史二書亦總題"南北史演義"，其北史前載寶善乾隆癸丑一序，南史無

之。所記北史自魏宣武失政起，至隋伐周平陳止，而於北齊事爲
詳；南史自晉孝武失政起，至隋滅陳止，而於宋事爲詳。小說演
史自元以還最爲繁多，歷代史事幾於遍演，唯南北史久懸，無人
過問，綱乃補此二書，其鋪陳事蹟皆本史書，文亦紆曲勻淨。凡
演史諸書非鄙惡即枝蔓，此編獨能不蹈此弊，在諸演史中實爲後
來居上，除三國志、新列國志、隋史遺文、隋唐演義數書外，殆無
足與之抗衡者。唯當時南北分立，短祚易姓，變亂靡常，其間北
齊與宋俱多失德之主，而齊昏亂尤甚，小說乃側重二朝，用意不
免纖佻。同治七年丁日昌任江蘇巡撫，飭禁書目中有北史演義，
殆由於此。然事皆實録，即司馬光資治通鑑亦盡載靡遺，日昌能
禁此書，顧正史通鑑不得而禁之，則亦徒勞無用，豈非以史書人多
不能讀，小說爲世俗所喜，其勸百諷一有不得不防微杜漸者歟？
然古來穢德醜行，人所習知者甚多，自經史以下記其事者亦甚多，
究不能一一禁人知、禁人讀，亦不免捨本求末，不出儒生之見矣。

精繡通俗全像梁武帝西來演義十卷四十回
日本帝國圖書館藏康熙原刊本

　　題"天花藏主人新編"，"永慶堂余郁生梓"。首天花藏主人
序，署"癸丑花朝天花藏主人題於素政堂"。癸丑疑即康熙十二
年。天花藏主人姓名不詳，所編次小說皆爲才子佳人之作，多至
十餘種，此獨爲講史書，記梁武事。謂梁武爲菖蒲精蒲羅尊者，
郗后爲水仙精水大明王。男生蕭室，女降郗門。佐命者爲王茂、
陳慶之，云陳名剛，字慶之，誤。按：慶之字子雲。柳慶遠，名字尚不誤。
自蕭齊叙起，中記滅東昏侯、破魏、郗后變蟒諸事，至侯景叛逆、
武帝困臺城而止。亦採史實，而因果神怪摻入其間，不倫不類。

其鋪張處似極用力，而敘述呆板，文殊不足以振之。至梁武帝成佛說，則元明戲曲已演之，馮夢龍古今小說亦取其事，演爲梁武帝累修歸極樂一文，不自此書始也。此編坊間有嘉慶乙卯抱青閣本，改題梁武帝全傳。某氏小說小話有梁武帝外傳，所指當即嘉慶本，"外傳"蓋"全傳"之誤耳。

説唐演義全傳六十八回

清嘉慶辛酉坊刊本

　　不著撰人名氏。封面題"鴛湖漁叟較訂"，前載乾隆元年如蓮居士序，均不知何人。唯如蓮居士，他書亦署姑蘇如蓮居士，知爲蘇州人。鴛湖漁叟，以文求之，當爲嘉興人耳。其書襲褚人獲隋唐演義第一回至六十六回之文，而改題回目，竄易首尾，益以荒唐不經之言，如李玄霸、秦叔寶等均爲之品目，曰第幾條好漢，粗獷鄙俚，實不足道。蓋取之市井伎藝人所說，復以褚書爲底本而塗抹之，因成此本。唯其書甚流行於閭里間，書場演説多與之合，而鄉村細民尤津津樂道不置，蓋俗人避文就質，所嗜實在此等也。

説唐後傳五十五回

清乾隆戊子刊本

　　此本亦題"鴛湖漁叟較訂"，與説唐全傳同，蓋一人所編。其書即徐文長評本隋唐演義第七十節至第九十八節演爲羅通征北番、薛仁貴征高麗二事，叙事行文較之説唐全傳尤爲荒率，以前書尚依傍褚人獲書，此則鑿空不實，全爲市人之言也。坊間又有別本説唐後傳八卷,所收二書,一爲説唐小英雄傳,一爲説唐薛家府傳,核之實即此本,但將一書分爲兩截耳。

飛龍全傳六十回
崇德書院刊本

　　題"東隅逸士編"。作者吳璿,見卷首乾隆戊子自序署題。他本自序外尚載嘉慶丁巳杭世駿一序,不審其真僞。其書記宋太祖始末,如打韓通、納韓素梅等,皆里巷俗説,與坊間南宋志傳相出入。唯亦兼採史實,記一時事蹟人物,組織貫串,較宋傳爲詳贍。璿自序謂:"舊所見飛龍傳,視其事則虛妄無稽,閲其詞則浮泛而俚,爲之删其繁文,汰其俚句,布以雅馴之語,間以清雋之詞,以成此編。"按清乾隆間清涼道人撰聽雨軒筆記,卷三"餘紀"記當時平話有飛龍,璿所據殆是其本。唯舊本已佚,今唯璿改本通行。自來説話人講史泰半揜陋,璿所訂蓋有勝舊本者,然亦沿平話習氣,虛實並陳,未見其爲雅馴之語、清雋之辭,遽以自詡,不免村曲學究之見。序又稱"屢困場屋,棄名就利,屈指計之,蓋已一十九年矣。今戊子復理故業,課習之暇,以爲既不得遂其初心,則稗官野史亦可以寄鬱結之思"。蓋始棄舉子業而爲賈,復爲塾師,藉小説以自娛者,亦非不得已而作也。

楊家通俗演義八卷五十八節
明萬曆丙午刊本

　　題"秦淮墨客校閲",其前載萬曆丙午秦淮墨客序,有私印二,曰"紀氏振倫",曰"春華",是其名振倫,字春華,疑即編者矣。書演宋楊業一家事,謂業破幽州,蕭后自縊,殊乖史實,至稱新羅爲西番,尤爲夿陋可哂。唯楊文廣征儂智高爲實事,其勅賜清風無佞樓之説,與元謝金吾雜劇同,天門陣事亦見明余象斗所刊八仙傳,蓋全採戲曲小説及當時詞話爲書。唯宋史楊業傳載業六子,首舉延昭,按:延昭本名延朗。小説則謂延昭爲第六子,與史稱在邊防二十餘年,契丹憚之,目爲楊六郎之語合。以文廣爲延昭子,云"延昭子文廣,卒贈同州觀察使"。按:延昭卒於真宗大中祥符六年,文廣卒在英宗治平以後,相去過遠,小説則謂延昭子宗保,宗保子文廣,以文廣爲延昭之孫,證以宋徐大焯爉餘録所載,則延昭子官同州觀察使者實名宗保,不名文廣,似宋史誤以孫爲子,而小説所載反近事實。蓋小説出於閭閻傳説,口耳相傳,反存其真,而宋史修於易世之後,倉猝成書,疏漏甚多,反不如小説之可據也。是雖俚書,亦宜分別觀之,不可全棄矣。

岳武穆盡忠報國傳七卷二十八則

明崇禎刊本

不著撰人名氏。卷首題"卧治軒評"。前載金世俊序,有"金沙輝山于侯初令信安"云云,其凡例後署"金沙輝山于華玉",則編者爲縣令于華玉,字輝山。又考信安即西安舊稱,屬浙江衢州府。康熙衢州府志載西安知縣有于華玉,崇禎十五年任。江南通志載于華玉中崇禎十三年庚辰魏藻德榜進士,金壇人。書中所謂金沙者,即金壇換字別稱,幾令人不知爲何許人,亦相沿陋習,不可爲訓。是編即華玉崇禎十五年初任西安知縣時,屬門人余邦綰所編,按:凡例華玉署名後附字一行云:"門人信安古雲余邦綰删次。"以熊大木所編大宋中興演義爲底本，删其繁蕪，去其鄙俚之詞，定爲二十八則，每事一目。按：此據凡例所述。視舊本爲雅潔，然體去小説亦遠。是時主憂臣辱，外迫强鄰，内苦流寇，華玉特編刊是書，以武穆忠節示人，用意甚善。然俗人之嗜小説，正以其詞俚不文，易覽可親。若以誘俗化民，則舊本可以不删，若求核實，則亦不必據是書，岳珂金陀粹編備述先德，何不取而重刊之。推華玉之意，蓋欲斟酌於雅俗之間，冀其易行。然非雅非俗，則愚夫已患其矜莊，賢者且卑爲小道，其動人之效亦微。華玉編刊是書，不免進退失據，要其用心固可取也。

説岳全傳二十卷八十回

通行本

清錢彩撰，金豐增訂。彩字錦文，仁和人。豐字大有，永福人。是編記岳飛始末，視明熊大木武穆演義爲詳，然彼失之腐，此又失之猥雜。其記岳飛爲佛頂大鵬臨凡，秦檜妻爲女土蝠投胎轉生，附會報應，乃迂謬之説。岳飛部下諸將張憲、王貴、牛皋、施全、楊再興、孟邦傑、吉青、梁興、徐慶、戚方、董先、陶俊、賈進和、王佐、楊欽、王俊，雖有其人，然牛皋本遇毒而死，小説氣死金兀尤之説誣妄不實；王佐以楊幺將降飛，無斷臂事；吉青係吉倩之誤；又牛頭山之役高宗未嘗在軍中，乃云張憲救主；飛獲兀尤諜者名張斌，誤爲張保；曹成本荆湖賊，勢蹙降飛，無弒父自殺之事，皆不免舛誤。又破拐子馬雖本實事，而改爲連環馬，襲水滸傳之窠臼。又記飛死後諸事皆不實，如祭墳、打擂，及氣死金兀尤等，强作翻案，與薛剛反唐諸傳同一荒謬。唯秦檜冥報及銀瓶小姐事，見於夷堅志及西湖游覽志餘等書，自昔相傳，差有依據。然要其大端,真偽混淆,徒爲坊市之本悦俗人耳目。前載金豐序,謂"事事皆虚則過誕妄,無以服考古之心;事事皆實則失於平庸,無以動一時之聽。實者虚之,虚者實之,娓娓乎令人聽之而忘倦矣"。不知傳紀之長,在於叙事狀物之美,不以其顛倒事實。班馬之書,千載傳誦,豈以其架空不實哉!此不知傳記文之體强爲之詞,非有所見而云然也。

繡像雲合奇蹤二十卷
大連滿鐵圖書館藏萬曆四十四年丙辰刊本

　　舊題"稽山徐渭文長甫編","玉茗堂評點"。渭字文長,一字天池,浙江山陰人,以諸生客總督胡宗憲幕,天才超逸,詩文書畫,無所不工,著有路史分釋、筆元要旨、徐文長集等書,又於三教及方技之書,亦多有箋注。玉茗堂者,明湯顯祖之齋名也。顯祖字義仍,號若士,臨川人,萬曆進士,官禮部主事。生平精研詞曲,著有紫釵、還魂、南柯、邯鄲四記,世稱"臨川四夢",名重一時。詩宗香山、眉山,文學南豐、臨川,有玉茗堂集行於世。是編現藏大連滿鐵圖書館,編首有序,末署"萬曆歲在柔兆執徐陽月穀旦,賜進士出身朝列大夫邊關備兵觀察使者古虞徐如翰伯鷹甫謹撰",下有二印,一爲"徐如翰印"陰文方印,一爲"辛丑進士"陽文方印。按其序云:"稽山文長公,天賦奇質,下筆無所不奇,舉英烈諸公,遡其從來,摭其履歷,演爲通俗膚譚,而雜以詩歌賦調,題曰'雲合奇蹤'。武林朱生孔嘉、李生房陵,以關皇明政績不小,因發所秘而廣之。"是其書雖云徐氏所作,實出武林朱孔嘉、李房陵二生之手。蓋二生恐不見重,故託名文長以自重耳。其書都凡二十卷,每卷釐爲四則,總計凡八十則。所謂則者,蓋即他書之所謂章回也。編首有插圖二十頁，分前後頁，各繪故事一則。書中演明太祖挺生濠泗，提三尺劍平定天下，及當時佐命元勳，雲蒸霧變，輔佐太祖故事，大旨在敷叙有明開國君臣遇合之奇，故以“雲合奇蹤”名其書。核其所叙，於當時經緯之績，遭逢之異，描寫備極詳核，雖文辭繁冗，叙事舛錯，不足以垂典古之實，翊揚開國之盛，然與英武傳、英烈傳諸説部合而觀之，亦足以見其演變之跡焉。

續英烈傳三十四回

坊刊大字本

題“空谷老人編次”，前載秦淮墨客序稱“嘗綜建文、永樂故實，彙爲續傳”。考秦淮墨客爲紀振倫別號，則振倫作也。振倫字春華，<small>按：此據楊家演義序署名後私印。</small>南京人，始末未詳。是編記成祖靖難及建文遜國後事，多據野史傳聞，醖釀組織，演以通俗小説之體。其叙事頗可觀，至叙惠宗及從亡諸臣流離患難，悽惋動人，頗足以激揚風烈。唯惠帝遜國後事明人甚喜道之，流傳諸書，傳聞異辭，不無影響附會。如明人書載程濟爲農老於里，四庫提要引之以證從亡之誤，朱彝尊史館上總裁書力闢致身録等書之誤，於惠帝紀以爲當從實録書死，聞者駭之。然其事究在疑似之間，故錢謙益列朝詩集乾集“聖製門”録惠帝遜位後詩三首，其小序舉新月詩、金陵詩爲楊維楨作，闢鄭曉遜國記以屬之惠帝之非，然於三詩猶認爲惠帝所作，與朱彝尊詩綜概削不録者異。又郎瑛七修類稿卷九“國事類”“御對”條，載太祖以“風吹馬尾千條綫”命惠帝、太宗屬對，太宗對“日照龍鱗萬點金”，惠帝對“雨打羊毛一片氈”，此對今人猶傳之。是斯編所記遜國君臣事蹟以及賦詩聯對，雖雜糅並載,然不爲無本。小説稗官記事多誇飾,古今所同,讀者第覽其文,以小説論可矣,正不必責以史筆,一一糾正之也。

新刻全像三寶太監西洋記通俗演義二十卷

大連滿鐵圖書館藏明萬曆二十五年丁酉刊本

舊題"二南里人編次","三山道人繡畫"。二南里人、三山道人,姓氏里貫皆未詳。是編現藏大連滿鐵圖書館,封面板心中央大書"西洋記",右上方題"三寶太監全傳",下方題"快旭齋藏版",左下方題"步月樓梓行"。編首有序,末署"萬曆丁酉歲菊秋之吉,二南里人羅懋登叙",下有二印,首"羅懋登印"陽文方印,次"二南里人"陰文方印,知二南里人姓羅,名懋登,明萬曆間人。按其序云:"恭惟我皇明重新宇宙,海外諸番重譯來朝,文皇帝嘉其忠誠,勅命太監鄭公和、大司馬王公景弘,泛靈槎奉使南印度、錫蘭山國,遡流窮源,直抵西印度忽魯謨斯,及阿丹、天方諸國,極天之西,窮海之湄,歷國大小三十餘。中間鋤強扶弱,海道一清,文命誕敷,帖爾效順,此西洋記所由作。"是其書實萬曆二十五年丁酉二南里人羅懋登之所作也。全書都凡二十卷,釐爲百回,大旨在演永樂中太監鄭和、王景宏奉敕通使西洋故事。考明史宦官傳云:鄭和,雲南人,世所謂三保太監者也。永樂三年,命和及其儕王景宏等通使西洋,先後七奉使,所歷凡三十餘國,所取無名寶物不可勝計,故俗傳三保太監下西洋,爲明初盛事。是鄭和之在明代,名聲顯赫,爲世人所樂道。是編集俚俗傳聞,參以史傳,彙爲一編,雖侈談怪異,專尚荒唐,又文詞不工,益增支蔓,未免有乖説部之雅,然里巷傳説,如五鬼鬧判、五鼠鬧東京之類,皆可於此考見,則亦未嘗無取焉。

皇明大儒王陽明先生出身靖難録三卷

日本刊本

不著撰人名氏。卷首題"墨憨齋新編"。墨憨齋爲馮夢龍齋名，則亦夢龍所作。夢龍通俗小説有新列國志，已著録。是編中土久佚，唯日本頗有傳本。其書記王守仁始末，凡謫龍場、平宸濠，及征岑猛諸事皆備，頗爲簡核。而軼聞瑣事，錯出其間，以本傳及全書中別録年譜等核之，亦一一相合。所録守仁諸詩，亦皆見於全書外集，蓋穿穴組織，無一字無來歷，不比坊間包公案、海公案諸書之憑虛無實。而文字雅飭，亦勝所作新列國志之染平話語氣。守仁卓然人傑，其學問有孤深之詣，其事功能見諸實際，其文光明俊偉，其詩秀逸昌達，皆自成家數，蓋立德、立言、立功，以一身兼而有之，實爲儒學聖道中之理想人物。其德行事業，正史學案限於體例，不能備載，雖門人徐愛等所輯全書搜載無遺，顧無人彙輯各書別爲一傳者。夢龍乃提要鉤沈，撰爲此編，其意可嘉，其文亦自可取。雖未必詳贍精核，有當於史家傳記之體，要與鄪侯外傳等之蕪雜者異。今世淹洽之士習知明史及姚江學術者，或無須乎此；其於平人，固可以資諷誦、增見識，發其崇拜先賢之思，不得以小説廢之矣。

大明正德皇游江南傳四卷二十四回

坊刊本

清何夢梅撰。夢梅字雪莊，廣東順德人。所演以正德事爲主。謂正德微服游江南，梁儲奉太后命往尋主，殊爲不經。兼及

實鐇、宸濠造反及劉瑾謀逆事。謂李鳳姐爲江南南樓鎮人，與世
所傳爲宣府人者不同。書中所言名人籍貫幾無一不誤，如謂楊
廷和爲江西人，王守仁爲雲南人，謝遷爲山西人，並屬可哂。而
於梁儲籍貫獨不誤，則以同鄉先達之故，所習知耳。又謂實鐇姓
王，乃弘治時武庠生，胞弟爲王權，尤堪捧腹。書中有革職發往
黑龍江充配爲奴，及調回江南總督某、提督某之語，知夢梅乃清
初人，蓋採當時平話爲書，按：杜濬變雅堂集有聽武宗平話詩。不能辨
正，從而爲之詞，一無學之徒耳。按斯編所記，本無稽之言，不足
齒數。惟正德諸事，今猶盛演於歌場舞筵，流俗稱道，無非謬說，
核以毛奇齡武宗外紀，盡屬誕妄不實，故舉斯書爲例，俾世人知
盲詞瞽說舉不足恃，不特豐功偉烈非市人所知，即所傳醜惡事多
不足信也。

魏忠賢小説斥奸書四十回
河北通縣王氏藏明崇禎刊本

　　題“吳越草莽臣撰”。前載三序，一爲鹽官木強人序，一爲吳
越草莽臣序，皆題崇禎元年；一羅刹狂人序，署戊辰仲秋，戊辰亦
崇禎元年，則書即崇禎元年所作也。按馮夢龍甲申紀事題“七十
一老人草莽臣馮夢龍述”，此亦題草莽臣，似乎此書即夢龍所作。
又此書題“崢霄館評定魏忠賢小説斥奸書”，其斥奸書説一文署
“潁水赤憨題於嶒霄館”，凡例署“崢霄主人”。按崢霄館爲陸雲
龍齋名，即曾撰遼海丹忠録小説之人，與夢龍同時。其凡例末條
云：“是書得自金陵游客，其自號曰草莽臣，不願以姓氏見知”云。
似雲龍爲評定之人。然凡例敘作書始末甚悉，又似雲龍自述。
其詳則不可知矣。凡明人記魏忠賢事之書，率皆鄙俚不實，甚者

採猥褻市井之語入書,不堪一顧。是編獨摭拾群書,於每回分年記載,頗有當於紀事之體,文亦繁簡得中,無鈍滯枝蔓之弊。據凡例謂自春徂秋,歷三時乃成,並參考自<u>萬曆</u>四十八年至<u>崇禎</u>元年邸報,及正續<u>清朝</u>、<u>聖政</u>兩集、<u>太平洪業</u>、<u>三朝要典</u>、<u>欽頒爰書</u>、<u>玉鏡新談</u>,凡數十種。是其援據博洽,宜其斐然可觀,不同於坊肆俗書。其<u>斥奸書</u>説自謂異於稗官野談,非誇大之詞也。是本刊工頗精,唯已不全,其第十三回至二十一回,第三十五回至第四十回,皆缺,凡缺十五回。然世無別本,即此殘編,亦可以備談<u>明</u>季事者之採擇矣。

樵史通俗演義八卷

清初刊巾箱本

題"<u>江左樵子</u>編輯","<u>錢江拗生</u>批點"。皆不知何人。前載自序,稱"<u>樵子</u>日在山中,負薪行歌,世情之厚薄,人事之得喪,仕路之升沈,非所敢知,況敢問時代之興廢哉!然<u>樵子</u>頗識字,閒則取<u>頌天臚筆</u>、<u>酌中志略</u>、<u>寇營紀略</u>、<u>甲申紀事</u>等書,銷其歲月。或悄焉以悲,或戚焉以哀,或勃焉以怒,或憮焉以惜,竟失喜樂之兩情,久而<u>樵子</u>以成野史"。其署題年號剜去二字,不知何時。玩其詞抑塞沈痛,殆亦<u>順康</u>間遺民不忘故國者歟?<u>明</u>季演國事小説,於<u>魏忠賢</u>則有<u>斥奸書</u>,於<u>遼東</u>則有<u>丹忠錄</u>,於流寇則有<u>盛世鴻勛</u>、<u>剿闖小説</u>等書,然或失之太陋,或則紀事無文,獨此編本稗史而參以見聞,述光、熹、思三朝事,獨能原始要終,具有條貫。其記事不蔓不枝,繁簡得宜,不愧爲講史小説。至於每篇歌詠,亦激楚感慨,惻然有變徵之音,在<u>明</u>季小説中最爲傑出。<u>孔尚任</u>撰<u>桃花扇</u>自命詞史,其卷末附本末一篇,載所徵引諸書中即有<u>樵</u>

史,則尚任亦重其書以爲可備史材矣。此編傳本甚稀,清世有滿文譯本,乾隆禁燬書目亦録此書,唯原文久已隱晦,此本雖刊印不精,猶爲舊本,今録存之,庶言明季史事者有所取資焉。

大唐三藏取經詩話三卷

羅振玉景印宋本

不著撰人名氏。此本爲日本高山寺舊藏,爲三浦將軍所收,今又歸於大倉喜七郎氏,中土久無傳本。其本上卷缺第一則,中卷缺第八則,餘俱完好。書記唐玄奘取經事,節目與後世所傳不盡同。唯第一卷"遇猴行者"條云"花果山紫雲洞",已與小説西遊記名目略同;中卷入鬼子母國,經過女人國,元吳昌齡西遊記亦載其事,則異聞相傳,亦自有其統系,雖遞有變更,終不能盡違異矣。王國維跋是編云:"其書稱詩話,非唐宋士夫所謂詩話,以其中有詩有話,故得此名。其有詞有話者,則謂之詞話。皆夢粱録所謂説話之一種也。"按此書以白文與詩偈相間,核其文體,與唐五代講經之變文實同。宋人説話四科中有"説經",此編當爲宋人説經之本。凡敷演故事,以偈詞與白相間者,唐人謂之詞文,元以來謂之詞話。此編謂之詞話,實無不可。其云詩話,或書肆所妄擬,國維詩話、詞話之分,近於臆測。話本謂之詩話,除此書外,未有他例,宋元人亦無此記載,蓋不然矣。是編今傳世有二本:一爲日本德富蘇峰藏本,名大唐三藏取經記,亦三卷,而缺第二卷,羅振玉收入所編吉石庵叢書中;一即此本。二本命名雖殊,文字實同,以此本較完,故據以著録焉。

殘本京本通俗小説七卷

江陰繆氏刊本

　　不著編者名氏。此本爲江陰繆氏所刊，收入所編煙畫東堂小品中。其本已殘，存第十卷至第十六卷，凡七卷。其目曰碾玉觀音，曰菩薩蠻，曰西山一窟鬼，曰志誠張主管，曰拗相公，曰錯斬崔寧，曰馮玉梅團圓。末有荃蓀跋，稱“乙卯按：原文用歲陽歲陰之名，作旃蒙單閼。避難滬上，得此本於親串家，的是影元人寫本。所得四冊，而第三冊有錢遵王圖書，蓋即也是園中物。錯斬崔寧、馮玉梅團圓二回見於書目，尚有定州三怪一回破碎太甚，金主亮荒淫兩卷過於穢褻，未敢傳摹。與也是有合有不合，亦不知其故”云。考是本錯斬崔寧、馮玉梅團圓二篇，錢曾也是園目及晁瑮寶文堂目並著錄，按：寶文堂目馮玉梅團圓作馮玉梅記。碾玉觀音篇亦見寶文堂目。按：作玉觀音。且此七篇盡收於馮夢龍警世通言及醒世恒言二書中，每篇題下間有小注，如通言崔待詔篇注云：“宋人小説題作碾玉觀音。”一窟鬼篇注云：“宋人小説，舊名西山一窟鬼。”恒言十五貫篇注云：“宋本作錯斬崔寧。”是也是園目、寶文堂目所載以及馮夢龍所見皆是單行孤本，也是園目目以宋人詞話，馮夢龍稱宋人小説或宋本，或直是宋本，而此本據荃蓀所述，乃元人鈔本集孤行本爲一書者，故目或載或不載，其事顯然易明，無不可解者。至定州三怪乃定山三怪之誤，亦見收於馮夢龍通言中，注云“古本”。金主亮荒淫二卷，或在京本通俗小説中，或是別本，荃蓀所記不明，然馮夢龍恒言亦收之，則荃蓀所未刻者今亦俱有其本。“京本”之稱，宋元明三朝皆有之，指汴京、大都、北京，各因其時。近人有疑此本未必爲元本，似是明中葉之本者。然荃蓀頗精鑑賞，爲影鈔，爲傳寫，豈不能辨？且書即錢曾也是圜中物，曾乃嗜古之人，唯其爲元本乃影鈔之，倘係明中葉坊間刊本，必不爲是迂拘，則荃蓀影元本之說疑若可信也。諸篇所記皆是宋事，其有他書可證者，如碾玉觀音即宋袁州郭銀匠事，見元無名氏異聞總錄；西山一窟鬼即紹興末都門質庫樊生事，見鬼董；馮玉梅團圓入話徐信事，見洪邁夷堅志補卷十一；其馮玉梅、范希周事亦見宋無名氏所撰摭青雜說。按：書已佚，今據原本說郛卷三十七所引。至拗相公事，王士禎香祖筆記卷十記警世通言，以爲借盧多遜事爲之，今以王闢之澠水燕談錄記多遜事考之信然，知士禎說爲有據。然如陰譴之說，宋人書如孫公談圃、方勺泊宅編皆記之，荊公罷相鎭金陵，有無名子題詩賞心亭譏之，荊公覽之不悦，事亦見岳珂桯史卷九，按：詩與小說所載不同。則亦頗有依據。又明初趙弼效顰集有鍾離叟嫗傳一文，情節及所引詩與小說全同，唯效顰集爲文言爲異，似即小說所本。然弼他文皆鈍滯，獨此篇渾成流利，則本係錄前人之文，不得以此疑小說不出於宋也。觀是編所載諸篇，其叙事詳贍，悉具本末，其吐屬自然，極刻繪之妙，雖殘膏賸馥，實足以考一代藝文，如古錦片段，彌覺可貴。而當時書會編摩儘多能文之士，其風流文采亦於此可想見之焉。

殘本清平山堂刊話本十五種
日本內閣文庫藏明本

　　按：此本不標卷第，其書名及全書若干種亦無序跋可稽，唯清平山堂乃明嘉靖時人洪楩齋名。楩字子美，錢塘人，所刻書如夷堅志、唐詩紀事，板心皆有“清平山堂”四字，與此本同，則本楩所刊也。此所錄小說十五種，頗雜糅不純，有爲文言小說者，如

風月相思；有爲説唱詞話者，如刎頸鴛鴦會，按：此係鼓子詞。如快
嘴李翠蓮；有極鈍滯無風調者，如戩江樓記、合同文字記、風月瑞
仙亭、藍橋記、張子房慕道記、陰隲積善；有極粗獷者，如楊温攔
路虎傳。其餘五篇如簡帖和尚、西湖三塔記、洛陽三怪記、陳巡
檢梅嶺失妻記、五戒禪師私紅蓮記，邊幅爲廣。中如合同文字似
本元曲，陳巡檢似本南戲，其陰隲積善則洪邁夷堅甲志卷十二載
之，乃實事，紅蓮記謂東坡是和尚轉生，則冷齋夜話及陳善捫蝨
新話均載之，則亦有所本。至簡帖和尚，也是園目著録目爲宋人
詞話，所注二別名亦同。按：此據曾家鈔本也是園目。其事與夷堅支景
卷三“王武功妻”條所記實是一事，唯易王爲皇甫耳。然此篇文
意古質，當爲宋本無疑。且記當事之事，名物語言往往有關於考
據，如“所由”一語屢見六朝及唐人書，以意測之，當爲閭里在官
卒吏司糾察之人，而此文云“所由如今叫做連手，又叫做巡軍”；
又交加與糾轕乃一聲之轉，然宋以前多用交加，如張鷟朝野僉載
云：“漢郴二州交加不定。”此文乃有“吃人交加”之語，正宜訓糾
轕。似此乃出於文字鑒賞之外，讀書稽古之士可挹而取之，故在
諸篇中彌爲珍貴，不徒以記事論也。明人嗜雜學而短於著書，如
梗此本所收甚爲龐雜不倫，以體例而言實未爲善本，然如簡帖和
尚之存宋本，鴛鴦會之爲鼓子詞，與宋趙德麟之商調蝶戀花詞體
格實同，當爲舊本無疑，揀沙披金，其功有不可没者。又明陳耀
文花草粹編卷二卜算子“幽花帶露紅”一詞、卷九水調歌頭“屏開
金孔雀”一詞，並注出清湖三塔記，當是小説，勘此本西湖三塔記
皆無之，或非一本，或“清”字乃“西”字之誤，而此本文有删易，亦
不可知，姑附其文於此，庶世之博涉者有以參稽焉。

殘本雨窗集欹枕集二册

影印本

　　按:此編原本與日本內閣文庫所藏清平山堂刊本話本同爲明嘉靖間錢塘洪楩所刊,其板式全同,應爲一書。近人得其本,從天一閣書根舊題作此名,實非洪氏原題也。其第一册爲雨窗集上,收小説五篇,曰花燈轎蓮女成佛記,曰曹伯明錯勘贓記,曰錯認屍,曰董永遇仙傳,曰戒指兒記。第二册欹枕集上存二篇,曰羊角哀死戰荆軻,曰死生交范張鷄黍;欹枕集下收五篇,曰老馮唐直諫漢文帝、漢李廣世號將軍、夔關姚卞弔諸葛、霅川蕭琛貶霸王、李元吳江救朱蛇。其中如戒指兒記、戰荆軻、范張鷄黍、漢文帝、救朱蛇皆有殘闕,餘尚完好。其錯認屍一篇,馮夢龍警世通言録之;_{按:通言作喬彦傑一妾破家。}戒指兒記、戰荆軻、范張鷄黍、救朱蛇,馮夢龍皆録入古今小説;_{按:戒指兒,古今小説作閒雲庵阮三償冤債;救朱蛇,古今小説作李公子救蛇獲稱心;戰荆軻,古今小説作羊角哀捨命全交;范張鷄黍,古今小説作范巨卿鷄黍死生交。}餘亦多見於晁瑮寶文堂書目,蓋皆嘉靖前舊本。唯大抵鈍滯無文,與京本通俗小説所録宋本,體格迥異,疑多後人所編,不盡爲宋元舊本。唯錯認屍、戒指兒記、李元救朱蛇篇,邊幅稍廣,_{按:李元救朱蛇事,見青瑣高議後集卷九,無名氏夷堅志前集卷二亦載之,則本相傳舊聞矣。}叙事亦瑣細,蓋近於宋元人話本焉。

馮伯玉風月相思小説一卷
孔淑芳雙魚扇墜傳一卷
蘇長公章臺柳傳一卷　張生彩鸞燈傳一卷

日本內閣文庫藏明萬曆刊本

　　按:四本皆不著撰人,唯張生彩鸞燈傳有"熊龍峰刊行"五

字。龍峰萬曆間書賈，蓋坊間刊行雜書耳。其馮伯玉小説云：馮
琛字伯玉，洪武時官至鎮國大將軍，卒謚明仁忠烈武安王，長子
明德尚平公主。考明史功臣表無馮琛其人者，太祖公主十六人，
除十三公主早薨外，其餘所嫁無馮姓，知其不實；且王乃封爵，不
得云謚，誠里巷之言，不自知其陋者。孔淑芳傳記臨安人徐景春
與女子孔淑芳事，田汝成西湖游覽志餘卷二十六載此事，姓名皆
同，則爲實事。章臺柳傳記蘇軾與妓章臺柳事，其唱和詩詞乃取
本事詩所載韓翃與柳氏唱和詩意爲之。張生彩鸞燈傳記宋時越
州人張舜美，以上元觀燈遇麗女，馮夢龍古今小説亦載其事。四
本除馮伯玉爲傳奇文外，餘皆沿平話之體。其叙事不甚詳贍，唯
晁瑮寶文堂目並已著錄，馮伯玉亦有清平山堂刊本，知亦古本相
傳，非由書坊造作矣。

平妖傳四卷二十回

明萬曆刊本

　　明羅貫中撰。貫中講史有三國志傳及隋唐、殘唐諸傳，已別
著錄。是編爲錢塘王慎修刊本，演宋貝州王則謀叛事，凡二十
回，乃貫中舊本，最爲少見，張無咎序新平妖傳，所謂"武林舊本
止二十回"者也。其書所記自胡員外得仙畫産女永兒起，以次記
聖姑姑傳法及卜吉、張鸞、任遷、彈子和尚等事，至十三回以後始
記王則叛變始末，迄文彦博班師轉東京而止。王則以慶曆七年
僭號東平郡王，改元得聖，六十六日而平，見宋史明鎬傳。卜吉
之名亦見明鎬傳中，其人非虛。唯書中所記多妖異語，近於荒誕
不經，而叙汴京市井風物，頗斐然可觀，文亦確爲宋元人語，則或
出貫中之手，亦未可知。其十一回彈子和尚攝善王錢事，萬曆舊

本包孝肅公案亦載之，蓋爲舊聞。至與杜七聖鬭法事，王士禎古夫于亭雜録卷三云五雜俎載之，乃明嘉隆間事，非杜撰云。不知周密武林舊事記雜伎有"七聖法"，其擅此伎之人爲杜七聖，西湖老人西湖繁勝録載七聖法乃頭斷復續之術，是七聖法本宋時雜伎之一，杜七聖即緣擅此術得名，實南宋人。謝肇淛五雜俎所記，必係販自他書，或竟取諸小説，士禎據之即以爲嘉隆事，殊失考也。

新平妖傳四十回
日本内閣文庫藏明崇禎刊本

明羅貫中撰，馮夢龍補。貫中舊本自胡員外得畫起，於聖姑姑不詳其始，而張鸞等後文亦不甚照應，雖記事詼詭可觀，而邊幅稍狹。夢龍病之，因爲補訂其書，於胡員外得畫前，增多十五回；十三回以下記王則事，略依原本，而事蹟亦加密，大致勝於原本。所增如盜天書事，宋王闢之澠水燕談録載大溪山洞石壁有呪語藥方①，每歲五月始見，土人預置墨瀋及紙往搨之，其事相類，即小説所本。又嚴三點醫病有奇術，亦見宋周密齊東野語。至第一回燈花婆婆事，本唐段成式西陽雜俎所載劉積中事。夢龍悉取以入書，點綴穿穴，頗有可觀，而文筆詞氣，逼肖前人，亦幾與原書相亂。蓋夢龍博洽多聞，其引證取材不虞貧辛，固足以創設新詞，而講求文字，其心思細密，亦足以訂前人之失，自不以易舊本爲嫌也。其書一刊於泰昌元年，題"宋東原羅貫中編"，"明隴西張無咎校"，前載無咎序，謂傳自京都一勳臣家鈔本。蓋

---

① 編按：此記載暫未在澠水燕談録中檢得，事亦見説郛卷三十五下，王士禎古夫于亭雜録卷五記此事亦有"見（明）焦尊生説楛"一句。

初刻時猶託貫中名以行，不著夢龍之名，厥後板燬於火，無咎復重刻之，署名羅貫中外，補"東吳龍子猶補"字一行，始用夢龍別號。今坊本皆自重刻本出，唯第一回前引首一篇，二本皆同，坊本無之。今以重刻本著録，特存夢龍之名，庶幾名符其實。至羅貫中，本元末明初人，而書中題作宋人，今爲改正，使時代無淆焉。

忠義水滸傳一百回
高陽李氏藏明刊本

按：此本不著撰人名氏。前載一序，署"大滌餘人識"，知作序者乃杭州人。近李氏重印其書，謂其本即武定侯郭勛在新安刊本。按：排印本序原文作郭英，當是誤排。按沈德符萬曆野獲編，稱勛"好文藝，今新安水滸傳善本，即其家所傳。前有汪太函序，託名天都外臣者"。玩其意，似德符本謂新安刻本所據爲郭勛家傳本，非謂新安本即郭勛本。又天都外臣序此本無之，是此本不唯非郭勛刊本，亦尚非沈德符所見本。其本實刊於新安，或與天都外臣本同一源耳。又觀所記刊工姓名，芥子園刊百回本亦有之，知李漁刊水滸圖時猶用其板，或書本萬曆間刊本亦未可知。然水滸遞經增删改易，本來面目已不易覯。今存諸百回本，如容與堂本，如芥子園本，皆附李卓吾評，殊乏理致。獨此本無評，或刊行在李卓吾評本流行之先，在諸百回本中固猶爲較早者歟。水滸故事自宋迄明，歷有演變，且以本子題署之異，論者紛如，迄今猶難一一核實。今姑以此本爲主，略述四端：一、水滸傳稱羅貫中作，明本署題尚多存其名，其人見於録鬼續簿，固實有。然今百回本則每稱書會，如第四十六回稱"書會們備知此事，作臨江仙詞"，第九十四回稱"先人書會留傳，一個個都要説到"，則固書會編本。然謂貫中即書會中人，按：宋元文士多入社會。或貫中用書會之本，亦無不可。此其一也。二、征遼事與征田虎、王慶事，諸本或棄或取，頗不一致。如百回本有征遼無征田王，百十五回諸簡本則有征遼亦有征田王。楊定見本從簡本，其凡例云："郭武定本去王田而增征遼，實是小家照應之法，大家正不爾。"今按征遼征田王之文同屬荒率，然今百回本七十二回記四大寇，明有田虎、王慶，其人名既見於本書，其事或亦載於古本，則田王之事殆非簡本臆增。其巴黎藏閩本題"插增田虎、王慶"者，乃謂新行百回本所無，非謂增古本也。以是而言，則征遼事殆爲郭勛本所增出，楊氏之言乃道其實歟。此其二也。三、宋元詞話乃説唱之體，水滸既成於元，按：書中每稱故宋云云。疑其本當爲詞話，然今行諸本概是説散，唯其歌詞仍間存於本文中，如百回本四十八回有讚祝家莊詞一章，凡七言十八句，其結句云："填平水泊擒晁蓋，踏破梁山捉宋江。"核其文實爲偈贊之詞，則水滸古傳當爲説唱本，殆無可疑也。此其三也。四、據百回本所記梁山濼故事，與宋末宣和遺事不盡同，與元雜劇賓白所述亦不盡同。如宣和遺事謂宋江殺閻婆惜即入梁山，水滸云江州刼法場後入梁山；元人曲多謂晁蓋三打祝家莊身亡，水滸云打曾頭市身亡之類；其三十六人名號次序，與宣和遺事、癸辛雜識、周憲王豹子和尚劇皆有出入，如李俊作李海之類。知其故事緣時代而有變易，今之水滸乃明人最後編定之本。然如武松打虎、張順水裏報冤、李逵元夜鬧東京之類，爲宣和遺事所不載者，元人曲皆曾演之，見於録鬼簿、太和正音譜、野獲編等書，則沿波仍可溯其源。董平號"雙鎗將"，與舊説作"一直撞"不同，然百回本七十八回仍有"董平慣衝頭陣，人稱董一撞"之語，則於異中亦可見其同。此其四也。凡此四端，略伸大意，俾世之學者共思之。至明初原本或仍與此百回本異，如此本第四十五回有"上三卷書中所説"之語，知此乃次本，其所據底本實爲分卷之本。考錢曾也是園目録舊本水滸傳二十卷，今嘉靖刊本三國志傳二十卷，但標目而不著回數，疑舊本水滸亦如是也。

李卓吾批評忠義水滸傳一百卷

日本内閣文庫藏明容與堂刊本

　　按：此本以一回爲一卷，凡百回。前載李贄一序，另行題云"庚戌仲夏日虎林孫樸書於三生石畔"。庚戌疑即萬曆三十八年也。序後又有文四首：一爲"梁山泊一百單八人優劣"，品題諸人以李逵爲首，次則石秀、魯達、武松等，於宋江、吴用則譏其權謀，極施抨擊；一爲"批評水滸傳述語"，述評刻大意；一爲"論水滸傳文字"；一爲"水滸一百回文字優劣"，謂其中照應謹密，曲盡苦心，亦覺破碎，反爲可厭，又謂九天玄女石碣之説最爲可惡，天道定不如此。所論皆迂僻怪誕，不可爲訓。其每卷評語亦甚猥瑣，疑書賈託李贄名以行者。唯贄水滸一序，今焚書及贄文集中皆有之，其詳則不可知矣。其本無田虎、王慶事，文與他百回本亦同。唯第一回前有引首，乃析新安刻本第一回之前半爲之。其評者於書中擬删字句皆上下乙之，以天啟間刊鍾敬伯評本校之，則擬删者十同八九；以崇禎間熊飛刊英雄譜本校之，則此本擬删之處，熊本即削去不録。試舉數例，如：第三十九回"宋江吟反詩"篇，詩曰"江上高樓風景濃，偶因登眺氣如虹。興狂忽漫題新句，卻被拘攣狴犴中。"此本與鍾本上下皆乙之，熊本無此詩。第五十四回"入雲龍破高廉"篇，自"宋江陣開處"句起，叙事百餘字，四六二百餘字，至所插第三段四六中之"手内劍横三尺水，陣前馬跨一條龍"止，此本及鍾本皆擬删，熊本亦無之；按：新安刊百回本儼然俱存。第九十回"五台山宋江參禪"篇，自"天子命光禄

寺"句起,至"賜御宴已罷",及中附之四六一段,此本與鍾本擬
删,熊本亦無之;第九十五回"張順捉方天定"篇,解珍遇袁評事
後回寨報事,"特來報知主將"句下之"有詩爲證"四字,及詩"解
寶趨營忽報言,粮舟數十泊江邊。憑誰説與方天定,此是成功破
敵年。"此本擬删,鍾本不删,熊本皆依此本不録;第百回"宋公明
神聚蓼兒洼"篇,"話説爲何只説這三個到任,按:指花榮、吳用、李逵三
人。別個都説了絶後結果? 爲這七員正將。按:指戴宗、阮小七、柴進、
李應、關勝、呼延灼、朱仝七人。都不斷見着,先説了結果。有詩爲證"
四十字,及詩"百八英雄聚義間,東征西討日無閒。甫能待得成
功後,死別生離竟莫還。"此本及鍾本皆擬删,熊本亦無之。按:新
安百回本有叙事四十字,無詩。且不唯熊本然,以雙峰堂刊評林本勘
之,其節略處亦與此本所乙合。似當時通行評乙之本,書賈依評
者之意而删節之,因成此等簡本。今世人有謂百十五回諸簡本
當在百回繁本之前者,實非至論也。

殘本京本增補校正全像忠義
水滸志傳評林十八卷
日本内閣文庫藏明萬曆刊本

　　按:此本爲建陽余氏雙峰堂刊本。其本目卷一至卷七並缺,
卷八以下至卷二十五完好,而重卷十一卷,所存實得十八卷。其
卷中附詩輒云"仰止先生"或"仰止余先生觀到此處有詩",仰止
乃明福建建陽書賈余象斗字,所刻小説雜書或題三台館,或題雙
峰堂,今世多有其本。此本題雙峰堂,又載象斗詩,疑即象斗所
刊之本矣。其書每葉分三欄,上欄爲評釋,中欄著圖,下欄爲正
文。每卷標舉題目而不記回數,以明百回本水滸勘之,此書第十

九卷至二十三卷記田虎、王慶事十七節，爲百回本所無。其餘節目雖同，而文字亦删略殊甚，如百回本宋江吟反詩一回，宋江自語云："我生在山東，長在鄆城，學吏出身，結識了多少江湖好漢，雖留得一個虛名，目今三旬之上，名又不成，利又不就，倒被文了雙頰，配來在這裏，我家中老父和兄弟如何得相見。"此本卷八乃省"學吏"二字及"結識了多少江湖好漢"句，文爲"出身雖留得一個虛名，目今三旬之上，功名不就，父母兄弟幾時相見"，皆不成句。又如百回本李逵省母下山前有請假一段，此本卷九不録其事，而逕記李逵在沂水縣看榜事；解珍、解寶越獄與宋江打祝家莊同時並起，其人不見前文，故百回本記越獄前有説明一段，此本卷十無之，於文理皆未合，其爲節本似無疑義。至此本標目亦視百回本爲特少，如百回本之第四十回、第四十二回、第四十三回、第四十七回、第四十八回、第五十二回、第五十七回、第六十八回、第八十七回、第九十三回、第九十八回諸目，此本皆無之，此或以紀事略而目有省併，或分章裁篇二本原自不同，均未可知。至百回本征遼後即接征方臘事，此本則征遼後尚有征田虎、王慶事，自第十九卷以下至第二十三卷記其事。其與征遼事產生孰先孰後，説者臆測，莫衷一是。按百回本載征遼事文甚荒率，必非水滸原文，此本已載征遼事與百回本同，而其記田虎、王慶事爲百回本所無者亦疏淺不文，且"三法司"本明人語，文中用之，則亦明人所增無疑。唯袁無涯百二十回本水滸發凡云："郭武定本即舊本移置閻婆事甚善，其於寇中去王、田而加遼國，猶是小家照應之法。"則附田虎、王慶事於原本，猶在嘉靖時郭勛

按：勛封武定侯。

刊定水滸之前，無涯在明季所見水滸必有記田虎、王慶事而不載征遼之本，故所言如是。然則此本録王、田事當出於舊本，而征遼事乃據郭勛本增入歟？明胡應麟少室山房筆叢卷四十一，稱"二十年前所見水滸尚極足尋味，十數年來，爲閩中

坊賈刊落,止録事實,中間游詞餘韻、神情寄寓處一概删之,遂幾
不堪覆瓿。復數十年無原本印證,此書將永廢去。"象斗與應麟
俱萬曆時人,應麟所指摘者,殆即此等本。是其刊落原書,本無
足取,唯今行世諸百回本已不盡依原本之舊,此本究自舊本出,
所録雖削减之餘,猶有可以考見舊本者,如上欄全載各篇開場詩
詞,評云:"未干水滸内之事,反撼人眼目,故記上層,隨人覽看。"
據此知水滸原本開篇原有詩詞,今諸百回本皆無之,其逸文反賴
此而保存,是亦有裨考證矣。

金聖歎評定本水滸傳七十五卷
明崇禎間貫華堂原刊本

　　按:是本載聖歎序,云係貫華堂所藏施耐庵古本。其書正傳
七十卷,楔子一卷,施耐庵序一卷。其聖歎外書、聖歎序三首,及
宋史綱、宋史目、讀第五才子書法,又爲三卷,附於前,凡七十五
卷。考周亮工書影卷一云:"水滸傳相傳爲洪武初越人羅貫中
作,又傳爲元人施耐庵作。近金聖歎自七十回之後,斷爲羅所
續,因極口詆羅,復偽爲施序於前,此書遂爲施有矣。"則古本之
説實聖歎所託。聖歎本姓張,名采;改姓金,名喟,一名人瑞,字
聖歎,南京蘇州府長洲縣人。其評定此書在崇禎十四年,自是七
十回本通行,以迄於今,傳誦不衰,幾於家有其本。按水滸傳自
明以還傳本非一,其著者有百回本,有百十回本,有袁無涯刊之
百二十回本,聖歎此本即從袁無涯刊之百二十回本出,觀楔子前
"試看書林隱處"一詞全襲袁本可知。唯改引首爲楔子,將袁本
之引首與袁本第一回全文、第二回之洪太尉回京一小段合併爲
楔子,以袁本第二回記高俅事者爲第一回,又删去袁本七十二回

以下之文不録，遂成聖歎所云貫華堂古本水滸傳。周亮工與聖歎乃同時之人，其書發聖歎作僞事，今以其言驗之，皆確，可謂有關水滸之重要文獻。至聖歎本文字以袁本、百回本勘之，如卷九"與莊客唱個喏"，注云："俗本作打個問訊。"今按袁本、百回本並作"與莊客打個問訊"。同卷"起身唱個喏"，注云："俗本亦作打個問訊。"今按袁本、百回本並作"起身打個問訊"。又同卷"引小僧新婦房裏去"，注云："處處自稱洒家，此獨云小僧者，爲新婦房裏四字合成妙語以發一笑也。"今按袁本、百回本並作"引洒家新婦房裏去"。又同卷"只見二頭領口裏説道：哥哥救我一救。只得一句"，注云："只得一句四字畫出氣急敗壞人。俗本恰失此四字。"今按袁本、百回本並無"只得一句"四字。卷十"那和尚便道：師兄請坐，聽小僧。智深睜着眼道：你説！你説！説在先敝寺十分好個去處"，注云："'説'字與上'聽小僧'本是接着成句。智深自氣忿忿在一邊夾着'你説''你説'耳。章法奇絶，從古未有。"今按袁本、百回本並作"那和尚便道：師兄請坐，聽小僧説。智深睜着眼道：你説！你説！那和尚道：在先敝寺，十分好個去處。"叙事明白平妥，並無所謂章法奇絶者。卷二十六武松道："我不信今日早與兄長相見。"注云："俗本改作我不是夢裏麼？"今按袁本、百回本並作"我不是夢裏麼？"卷三十一武松僞作吃了藥酒，眼緊閉，倒在凳邊。其後孫二娘之言語動作，皆是武松聽出，故屢用只聽得、聽得、聽他字樣。眉批云："俗本無八個聽字，故知古本之妙。"今按袁本、百回本皆不用聽字。以此二本本謂武松眼虛閉倒在凳邊，其後孫二娘之言語動作，是武松偷睜眼所見及作者叙事之詞，與聖歎本異也。卷三十二張青長武松九年。注云："俗本九年作五年。"今按袁本、百回本並作長武松五年。卷三十三施恩問道："此間是個村醪酒店，也算一望麼？"注云："也算一望句，俗本作哥哥吃麼？"今按袁本、百回本並作"哥哥飲

麼?"卷三十五"四道寒光,旋成一團冷氣",注云:"竟是劍俠傳中
選句,俗本改去,何也?"今按袁本、百回本並作"兩口劍寒光閃
閃,雙戒刀冷氣森森"。卷三十六武行者倒撞下溪裏去,卻起不
來,黃狗便立定了叫。黃狗句下注云:"黃狗得意。俗本落此
句。"今按袁本、百回本皆無黃狗句。卷三十八宋江答秦明:"若
是没了嫂嫂夫人,花知寨自説有一令妹,甚是賢慧,他情願賠出,
立辦裝奩,與總管爲室如何?"注云:"妙絶花榮,不惟善用兵,又
善用將,乃至又善用其妹也。俗本訛。"今按聖歎本謂花榮自願
以妹嫁秦明,不關宋江事。袁本則謂宋江願主婚,文爲"若是没
了嫂嫂夫人,宋江恰知得花知寨有一妹,甚是賢慧,宋江情願主
婚,陪備財禮,與總管爲室,如何?"(百回本文與袁本同,惟若是
作雖然,主婚作主媒。)詞意與聖歎本不同,此聖歎所謂訛也。同
卷"花榮仍請宋江在居中坐了。秦明道好",注云:"妙絶花榮,不
惟勘定禍亂,又能正名定位,真是極寫之矣。俗本皆訛。"今按袁
本、百回本此處文皆作"衆人都讓宋江居中坐了",無"秦明道好"
四字。謂定坐位是衆人事,不專屬花榮。此聖歎所謂皆訛也。
卷四十一"不愛交游只愛錢",注云:"俗本訛。"今按袁本、百回本
並作"不怕官司不怕天"。卷四十四"説時遲",注云:"説時遲那
時快六字,固此書中奇語也,乃此處又作兩半用,更奇絶。"今按
袁本、百回本文云:"説時遲,一個個要見分明;那時快,鬧攘攘一
齊發作。"並不作兩半用。卷四十六"天然妙目,正大仙容",注
云:"絶妙好辭,諸書所無。"今按袁本、百回本此段插附詞偈有
云:"臉如蓮萼,天然眉目映雲鬟;唇似櫻桃,自在規模端雪體。
正大仙容描不就,威嚴形象畫難成。"此節取詞中語。凡此文與
袁本、百回本異者,皆聖歎所改。其稱俗本,實舊本也。又有依
袁本而斥百回本者,如卷十八劉唐云:"奪回那銀子送還晁蓋,也
出一口惡氣。"注云:"俗本作平白騙了十兩銀子,我奪來還了他,

他必然敬我。此成何等語！"按聖歎此文與袁本同，所稱俗本實百回本之文。袁本於百回本偶有潤色，此特爲聖歎所許耳。以上所舉諸例，聖歎所改雖多，亦未有絶勝處，且有時專在字面上弄狡獪，細察之並無意味。而其注動斥俗本，揚己之善，沾沾自喜，殊可不必。又聖歎本浮華之士，學問甚疏，其所評論，以淺而易曉，特爲世人所喜，然往往有不知其義而妄説者，如卷十一云："赤口上天，白舌入地。""赤口白舌"本宋元人習語，宋吳自牧夢粱録卷三"五月"條，載端午士宦等家，以生硃於午時書"五月五日天中節，赤口白舌盡消滅"之句，義與此同。乃評云："八字成文，其中無有而外燁然。"卷二十五云："不怕你教五聖攝了去。"五聖、五通，本宋時民間所信妖神，陸游入蜀記、洪邁夷堅丁志均記之。乃評云："確是識字看曲本婦人語。"卷三十三記武松至快活林，早見丁字路口一個大酒店，檐前立着望竿，上面掛着一個望子，寫着四個大字道："河陽風月"。酒家望上書河陽風月，乃汴京舊俗，厲鶚等所編南宋雜事詩卷二特採其事入之歌詠。乃評云："看他加出四個字。"卷四十三酒斾書"潯陽江正庫"，考宋時官酒庫原有正庫之名，如夢粱録卷十所載點檢所官酒庫有金文正庫、錢塘正庫、藩封正庫，安撫司所管酒庫有德清正酒庫，此自據當時名目。乃評云："奇語。"不知有何奇處。又卷四十三潯陽樓聯"世間無比酒，天下有名樓"。此聯亦見元曲，馬致遠岳陽樓劇第一折以爲岳陽樓聯，蓋當時傳誦之句，小説偶然採用，並無深意。乃評云："暗將八字挑動宋江雄才異志，絶妙之筆。"又卷六十六"今夜晚間只要光前絶後"，"光前絶後"，前人爲文多用之，唐李玫纂異記載酒徒鮑生於歷陽定山寺遇江文通、謝希逸之鬼，文通稱希逸月賦曰："足下賦云：'斜漢左界，北陸南躔。白露曖空，素月流天。'可謂光前絶後矣。"（據太平廣記卷三四九"韋鮑生妓"條引。）明息機子刊本元宮大用范張雞黍劇第三折柳葉

兒曲云："你如今光前絕後。"四字本非創語。乃評云："只將絕字
換過耀字，而光字亦換卻矣。換古之妙，至此方是出神入化。"凡
此皆不能推究本原，但就字面批評數語，强作解事，殊可笑也。

（一九三五年稿，一九六一年十二月改訂）

鼎鐫國朝名公神斷詳刑公案八卷

大連滿鐵圖書館藏明刊本

　　不著撰人姓氏。考其書第五卷"除精類"鄭知府告神出蛇精
一篇云："洪熙間，鄭宗孔新任登州府尹。"而其書題名曰"國朝名
公神斷詳刑公案"，則其書之作，當已在洪宣之後，而其刊刻年月
當更晚矣。又考其書末有木記兩行云："南閩潭邑秋林劉氏太華
刊行。"則其書蓋明末閩省刻本矣。其書上圖下文，圖兩旁有題
目，每半頁十一行，行十有八字。全書都凡八卷，釐爲十有六類。
其第一卷前二頁已殘缺，餘七卷十六類俱完足無損。其目曰姦情
類、曰婚姻類、曰姦拐類、曰威逼類、曰除精類、曰除害類、曰竊盜
類、曰搶劫類、曰强盜類、曰妬殺類、曰謀占類、曰節婦類、曰烈女
類、曰雙孝類、曰孝子類。大旨在搜輯古今刑獄之事演爲公案，以
備一般人之消遣。分別事類，每類演一二案或四五案不等，文辭
俚拙，所演諸案，亦多與龍圖公案、海公案等略同。又考其書，凡
人名之旁皆加黑綫，其略難辨識之字，則於其旁加注音讀。蓋書
肆商人，據舊傳諸家公案，編次刊行，詳其體例，頗稱龐雜，以云通俗
小說，則未具小說規模，又不得與疑獄集、折獄龜鑑諸書比。蓋分類
編輯，雖竊取法家書體例，然意在搜集異聞，以備一般人之消遣，則
又爲子部小說家之支流，治小說史及刑法學者，皆可資爲參考焉。

西遊記二十卷

明世德堂刊本

按是本題“華陽洞天主人校”。前載萬曆二十年秣陵陳元之序，稱“西遊一書，不知何人所爲，或曰出天潢王侯，或曰出八公之徒。余讀一過，亦不著作者之名”云。今日本所傳西遊記，有萬曆間清白堂楊閩齋刊本，亦載是序；有崇禎間李卓吾評袁于令序本，不載陳元之序，而核其文字皆同。其書皆百回，而無陳光蕊事。以清初汪澹漪本校之，汪本第九回“陳光蕊赴任逢災，江流僧復仇報本”一目，明本無之；汪本第十回至第十二回，演魏徵斬龍、太宗入冥、太宗還魂、劉全進瓜、玄奘建會、觀音顯聖諸事者，明本文亦同。唯明本實爲第九回至第十二回，緣汪本已增陳光蕊事爲第九回，遂併明本四回爲三回，以符百回之數。今通行西遊記皆自汪本出，故皆有陳光蕊事，與明本不合。然所差只此一事，其餘諸回仍是明本西遊記原文，與明本西遊記實無大異同也。按西遊記爲吳承恩作，天啓淮安府志藝文志一所録淮賢文目，記承恩著作有西遊記可證。承恩字汝忠，山陽人，嘉靖中歲貢生，官長興縣丞。天啓淮安志人物志，稱其“敏而多慧，博極群書，詩清雅流麗，有秦少游之風，復善諧戲，所著雜記幾種，名震一時”。朱彝尊明詩綜，亦稱其詩“習氣盡除，一時殆鮮其匹”云。承恩性耽奇聞，曾著禹鼎志，今其集射陽存稿卷二載其序，自稱“野言稗史貯滿胸中，嘗愛唐人牛奇章、段柯古輩所著傳記，善模寫物情，每欲作一書對之”云。是其談奇志怪，有慕乎唐人之風，其爲西遊記亦猶其作禹鼎志也。斯編述玄奘師徒取經事，演爲八十一難。其文逾數十百萬言，而前後意不相沿襲，凡釋道家言，以及晉唐小説，悉鎔冶而陶鑄之。至於叙事詠物，效詞話之格,亦斐亹可誦。故自明以來,稱遍藝林,與水滸、三國、金瓶梅並稱奇書,以迄於今,猶巍然爲小説冠冕。蓋不唯玄思幽渺,極變現之能事,亦其博物洽聞,藻思文采,足以佐其談寫,發其理致,故能於講史言情之外獨具一格,爲後人所不及也。然太宗、魏徵故事肇始於唐,宋有取經詩話,元有西遊記雜劇及陳光蕊南戲,今永樂大典中尚有西遊記平話,皆遠在吳承恩西遊記之先。是承恩此書,亦整比衆説加以藻繪,不盡爲自造之書。而經其編摩,更爲新書,實後來居上。是其承用舊本之處,不必爲承恩諱,亦不足爲承恩病,世之讀斯書者能辨晰源委,而知其所以爲善者,則可矣。

新刻出像增補搜神記十二卷
明富春堂刊本

不著撰人姓氏,僅題"金陵三山對溪唐富春校梓"。唐富春者,明三山富春堂書肆主人也,精於校讎,所刻小説戲曲,圖繪工美,尤爲世之所重。是編前有"搜神記引首"一篇,不紀年月,末署"登之甫羅懋登書"。按其引言云:"歲萬曆紀元之癸巳,來止陪京,爲披閱書記,得搜神記於三山富春堂,讀之見其不襲於舊,能得於意,發於未明,增於所未備。"是其書蓋隆萬間三山富春堂校刊者也。全書都凡十有二卷,首紀儒釋道三教源流,然後就三教諸神,分篇載紀,釐爲若干篇。大旨在記神道之靈異,明應驗之實有,以震聳世俗,使生信心。先是晉新蔡干寶嘗撰搜神記二十卷,以發明神道之不誣,書成以示劉惔,惔稱之爲鬼之董狐。惟其書於神仙五行之外,僅偶及釋氏,不免貽漏萬之譏。是編蓋本其書,而增補其所未備,於道家之外,兼及儒釋,分別門類,附以圖像，搜羅排比，頗稱精賅。按歷代崇奉道流之隆重，極於<u>宋</u><u>宣</u><u>和</u>間。<u>元</u>雖歸佛，亦甚崇道。<u>明</u>初其風稍衰，比至中葉，復極顯赫。且歷來三教之爭，迄未解決，互相容受，乃曰同源。是合三教諸神於一編，仍本三教合一之旨，不惟牽合儒術，於古聖先賢皆指為神道，頗嫌其附會；即佛道二教，亦自有源流，勉為比附，亦未免荒誕。然其於俚巷相傳之神話，搜集頗多，且圖繪精美，足資欣賞，是則於民俗學之研究，亦未嘗無補焉。

新刻皇明諸司公案傳六卷

日本帝國圖書館藏<u>明</u>萬曆刊本

<u>余象斗</u>編。<u>象斗</u>有忠義水滸志傳評林，已別著錄。是編集刑獄之事分類編集，曰人命、姦情、盜賊、詐偽、爭占、雪冤，大抵取自他書及傳聞故事，崖略僅存，全無文采，似法家書非法家書，似小說亦非小說，蓋疑獄案情人所喜言，<u>象斗</u>姑搜集為書以牟利耳。其目錄葉題"全像類編皇明諸司公案"，封面又題"全像續廉明公案傳"，似其書尚有初集，斯編乃二集也。

皇明諸司廉明奇判公案傳上下二卷

日本内閣文庫藏<u>明</u>本

不著編者名氏。其書分類記載案情，與<u>余象斗</u>所編略同，凡十六類，曰人命、姦情、盜賊、爭占、騙害、威逼、拐帶、墳山、婚姻、債負、户役、鬥毆、繼立、脱罪、執照、旌表，所載各事往往與海<u>公案</u>、<u>龍圖公案</u>同。滕大尹鬼斷家私事見於此書下卷爭占類，與<u>馮</u>

夢龍所演亦合。其姦情類中"海給事辨詐稱奸"條,目云海姓,而文中爲鄒元標,與目不相應,則於原書又有所削改矣。

殘本新刻名公神斷明鏡公案四卷
日本內閣文庫藏明本

明葛天民、吳沛泉同編。其書凡七卷,此本僅存第一卷至第四卷,五卷以下全缺,唯目録尚完。所載多明事,亦有取之疑獄集諸書者,盜賊類中與廉明公案重複者尤多。書中或一事而立二目,或二事前後從同,略異其文字,蓋書賈掇拾強湊成書。其第三卷盜賊類"陳風憲判謀布客"條載陳語云"聞閩間包龍圖公案,曾有蠅蚋迎馬之事",則其書當在龍圖公案之後矣。

新鐫批評出像通俗奇俠禪真逸史不分卷
大連滿鐵圖書館藏明刊本

舊題"清溪道人編次","心心仙侶評訂"。清溪道人及心心仙侶,皆不詳其姓氏。是編現藏大連滿鐵圖書館,封面中央大書"禪真逸史",右上方題"批評通俗演義",左有書肆主人題識云:"此南北朝秘笈,爽閣主人購得之,精梓以公海內。刀筆既工,讎勘更密,文犀夜光,世所共寶。嗣此續刻種種奇書,皆膾炙人口。儻有棍徒,濫翻射利,雖遠必治,斷不假貸。具眼者當自鑒之。"下題"本衙爽閣藏板"。編首有"讀禪真逸史"文一篇,下題"唐太史令傅奕撰"。其後有序,末署"仁和諸允修題於靜見堂",不紀年月。更下有"題奇俠禪真逸史"文一篇,末署"古越徐良輔撰",

其文云："茲於南北史得奇俠禪真帙，醇心俠骨，表表亭亭，謂禪可，謂非禪可，幻而真，殊異俗之落障魔而耽空寂者。"是其書不過據南北時事，演爲小説，而其凡例乃云："此書舊本，出自内府，多方重購始得。今編定，當與水滸傳、三國演義並垂不朽，西遊、金瓶梅方之劣矣。"又云："爽閣主人素嗜奇，稍涉牙後輒棄去，清溪道人以此見示，讀之如嗷哀梨，自不能釋，遂相與編次評訂付梓。"又考其例言末署"古杭爽閣主人履先甫識"。下有二印，一爲"夏履先印"陰文方印，一爲"爽閣"陽文方印。其書作者實清溪道人，而刻書者爲爽閣主人夏履先，乃必託之唐太史令傅奕之序，並固作玄虛者，蓋以自重也。其書不分卷，釐爲乾、坎、艮、震、巽、離、坤、兑八集，每集分爲五回，都凡四十回。大旨在演南北朝佛道兩家故事，以奇俠禪真爲主，中間演出許多拯弱扶危，逐鬼蕩魔故事。蓋自有明中葉以來，朝廷兼崇釋道，流風所及，其影響乃及於文藝。且歷來三教之爭，迄未解決，互相容受，乃曰同源，所謂義利、邪正、善惡、是非、真妄諸端，皆溷而析之，統於二元。是編名曰"禪真"，意在兼賅釋道，凡所敷叙，類皆宋以來釋道兩家造作之説，及人民間巷傳説之辭，雖文筆拙劣，結構蕪亂，姑存之，亦可以考見當時民間傳統之思想焉。

禪真後史十卷

大連滿鐵圖書館藏崇禎二年己巳刊本

舊題"清溪道人編次"，"冲和居士評校"。清溪道人及冲和居士，姓氏里貫皆未詳。是編現藏大連滿鐵圖書館，封面版心中央大書"禪真後史"，右上方題"清溪道人批評演義"，左上方題"續有後史一書，其間揄美刺，回閑邪，崇正蹟，言則真，事則核，

總有裨於世教。編緝既成，無敢自隱，用公同志。識者鑒之。"下
題"錢塘金衙梓"，蓋亦江南刊本也。編首有序，末署"崇禎己巳
蘭盆日翠娛閣主人題"。下有二印，首"翠娛閣主人"陽文方印，
次"雨侯"陰文方印。其序云："後史皆所以補逸史未備，所爲繼
之而起也。若夫清溪道人，試提醒於前茅，已作南車之指；猛鉗
錘爲後勁，允爲暗室之燈。"是其書蓋清溪道人繼禪真逸史而作
也。全書都凡十卷，卷爲一集，每集又分爲六回，都凡六十回。
編首有"禪真後史源流"，叙其作書淵源。又有插圖二十六頁，前
後各繪故事一回。惟自第四十一至第四十四，第五十三至第五
十六，各缺四回。其書所演故事，與逸史源流相接，演唐太宗貞
觀二十三年，饑饉流離，盜賊蜂起，太宗皇帝聽李太史之言，令葉
法師發檄，祈請極爲誠懇，遂有真人降生陽世，征番滅寇，拯溺扶
危，逐鬼蕩魔，利民濟物。三十年間，做成了許多因果，提挈了許
多道友，同上天堂，又引出無數希奇古怪的事來。大旨因循逸
史，以"禪真"二字爲本，明示釋道二教之顯效，以震聳世俗，使生
敬信之心。惟張皇鬼神，稱述靈異，不免涉於誕幻，且結構勉强，
文筆庸拙，蓋説部中之下乘也。

韓湘子全傳三十回

明天啟癸亥刊本

　　明楊爾曾撰。爾曾有東西晉演義，已著録。是編記韓湘事，
云湘度化韓愈凡十二次，述方士丹汞之言，動盈篇幅，文筆殊爲
卑弱。考唐段成式酉陽雜俎前集卷十九，記韓愈疏從子變紫牡
丹成白紅諸色事，每朵有字，乃韓出官時詩"雲横秦嶺家何在，雪
擁藍關馬不前"一聯，愈驚異。姪辭歸江淮，竟不願仕。但記其

絶伎，無神仙之説，亦不載其名。及杜光庭仙傳拾遺紀此事，誤以爲韓公之甥，叙述加繁，云甥師事洪崖先生，始入仙家。至宋劉斧秀才青瑣高議始云愈姪名湘，字清夫。自此韓湘子之名日著，好事者列爲八仙之一，婦孺皆知之，而揭始要終，固遞相敷會，純然小説家言也。至盲詞瞽説，其詞尤繁，明人唱本有十二度韓門子一書，爾曾此編十二度韓文公之説即本之，雖稗官野史不妨悠謬立言，要亦俗説相沿，未能獨具機杼也。

石點頭十四卷

明刊本

題“天然癡叟著”，“墨憨主人評”。前載龍子猶序，稱“浪仙氏撰”。龍子猶乃馮夢龍別號，浪仙則不知何人。其書名“石點頭”者，取生公説法之意，謂小説推因及果，勸人作善，使頑夫頓悟，與高僧悟石無異也。斯編所載諸事，以他書考之往往有據。如卷一郭挺之篇入話所記士人六十無子，相士謂其已有子，物色得之，乃出婢所生，見陶九成輟耕録；卷二盧夢仙篇，馮夢龍情史卷一載其事，乃明弘治時事；卷三王本立篇記文安人孝子王原事，明史卷二百九十七孝義傳有傳；卷五莽書生篇記莫舉人事，見情史卷三；卷六乞丐婦篇本宋事，洪邁夷堅支丁志卷九“鹽城周氏女”條載其事；卷七感恩鬼篇記宋時一士人夢一女子相告，謂省試頭場冒用三古字必高中，無名氏夷堅續志後集卷二“鬼報冒頭”條載其事，洪邁夷堅支景卷三有“三山陸蒼”條亦相似；卷九玉簫篇，取范攄雲溪友議卷中“玉簫化”、“苗夫人”二條所記，合而演之；卷十王孺人篇，夷堅丁志卷十一“王從事”條載其事；卷十一江都市孝婦篇，太平廣記卷二百七十“周迪妻”條載其事；

卷十三唐明皇恩賜纏衣篇，本唐孟棨本事詩；卷十四潘文子篇，太平廣記卷三百八十九“潘章”條載其事。是其攟摭頗廣，熟悉唐以來説部，亦博洽之士。唯飾言果報，而語未能盡去猥褻，不能自掩。至其敘事屬詞，亦利鈍互見，大抵陳説事蹟，即本事衍之，頗具始末，而藻繪稍嫌不足，其體格與凌濛初拍案驚奇差爲相近焉。

西湖二集不分卷
大連滿鐵圖書館藏日本鈔本

　　不著撰人姓氏。是編現藏大連滿鐵圖書館。編首有序，末署“湖海士題於玩世居”。其序云：“天下山水之秀，寧復有勝於西湖者哉？況重以吳越王之雄霸百年、宋朝之南渡百五十載，流風遺韻，古蹟奇聞，史不勝書，而獨未有譯爲俚語，以勸化世人者。予覽勝西湖，而得交周子。其人曠世逸才，胸懷慷慨，余何幸得此，咄咄清原，西湖之秀氣將盡於公矣。踰時而以西湖説見示，予讀其序而悲之。周子間氣所鍾，才情浩瀚，博物洽聞，舉世無兩，不得已而借他人之酒杯，澆自己之磊魂，以小説見，其亦嗣宗之慟，子昂之琴，唐山人之詩瓢也哉！”是其書實周清原之所作也。清原自號濟川子，武林人，著有西湖説。其書用日本紙鈔寫，不加欄界，每半頁十行，行二十字。全書不分卷，都凡十有七則，其目曰“宋高宗偏安耽逸豫”，曰“吳越王再世索江山”，曰“巧書生金鑾失對”，曰“假鄰女誕生真子”，曰“文昌司憐才慢注祿籍”，曰“月下老錯配本屬前緣”，曰“壽禪師兩生符宿願”，曰“李鳳娘酷妬遭天譴”，曰“覺闍黎一念錯投胎”，曰“寄梅花鬼鬧西閣”，曰“邢君瑞五載幽期”，曰“救金鯉海龍王報德”，曰“認回祿東嶽帝種鬚”，曰“巧妓佐夫成名”，曰“俠女散財殉節”，曰“張采

蓮隔年冤報",曰"宿宮嬪情殢新人"。其書多以他事引出本文,
自名爲引子。引子或多至三四,與他書體例略異。文筆流利,頗
有可觀,惟好頌帝德,垂教訓,又多憤言,殆所謂"司命之厄我過
甚,而狐鼠之侮我無端"(湖海子序述清原語)之所致耶。

初刻拍案驚奇三十六卷
日本内閣文庫藏覆明刊本

　　不著撰人名氏。前載一序稱:龍子猶輯喻世等諸言,頗存雅
道,如宋元舊種亦被蒐括殆盡。肆中人見其行世頗捷,咸相依
託,謂別有秘本,而率無足觀。因取古今來雜碎事,可新聽覩、佐
談諧者,演而暢之,得若干卷。按:今本序訛誤不可讀,此撮其大意而記之。
末署"即空觀主人題於浮樽"。考龍子猶即馮夢龍託名,即空觀
主人乃明烏程凌濛初自號,則小説撰者即濛初,蓋仿夢龍三言而
作也。濛初字玄房,號初成,所撰有詩逆、東坡禪喜集等書,四庫
全書總目已著録。是編此本及通行大字本均三十六卷。據二刻
拍案驚奇小引稱:"丁卯之秋,事附膚落毛,失諸正鵠,遲回白門,
偶戲取古今所聞奇局可紀者,演而成説,聊舒胸中磊塊。同儕過
從者索閲,一篇竟,必拍案曰:奇哉所聞乎! 因以梓傳請,遂爲鈔
撮成編,得四十種。"記撰書始末甚詳悉,則其書本四十卷,今本
蓋佚其四。又小引稱撰此書在丁卯秋,丁卯乃天啟七年,馮夢龍
所編醒世恒言,今本載可一居士序亦署天啟丁卯秋,則濛初斯編
實與恒言同時刊行也。書中諸篇皆搜采古今異聞,而演以小説
之體,如序文所云。其可考者如卷五張德容遇虎事、卷三十六怠
僧招魔事,本集異記;按:二條太平廣記四百二十八及三百六十五引,今集異
記無此文。卷七張果、邢和璞事,本紀聞等書;按:太平廣記二十六引紀

聞記此事。卷十七西山觀事，本劉肅大唐新語；卷十九謝小娥事，本李公佐所爲傳；按：太平廣記四百九十一引。卷二十劉元普事，本陰德傳；按：書已佚，見太平廣記一百十七引。卷二十二郭使君事，本南楚新聞；按：太平廣記四百九十九引。卷三十王大使事，本張謂宣室志：此取之唐傳奇者也。卷十一惡船家事，本洪邁夷堅志補卷五"湖洲薑客"條；卷二十五趙司户事，明郎瑛七修類稿卷二十七引武林紀事載其事；按：田汝成西湖游覽志餘卷十六亦載此事，而不言據何書。卷二十八金光洞主事，見孫公談圃：此取之宋人記載者也。卷三十三義撫螟蛉子事，本包龍圖斷合同文字劇；卷三十五窮漢掌別人錢事，本鄭庭玉冤家債主、看錢奴兩劇：此取之元雜劇者也。卷一轉運漢事，本周玄暐涇林續記；卷三劉東山事，本宋幼清九籥集；卷四程元瑜事，本胡汝嘉韋十一娘傳；按：文載文苑楂橘，不著撰人，此據顧起元客座贅語所記。卷九鞦韆會事、卷二十七芙蓉屏事，本李禎剪燈餘話；卷十二蔣震卿事，本祝允明九朝野記；卷十三于郊事，本沈璚近事叢殘；卷十八丹客事，本王象晉剪桐載筆；卷二十四會骸山誅邪事，本吳大震廣豔異編；卷二十三吳興娘事，本瞿佑剪燈新話；按：文題金鳳釵記。卷三十三喬兌換事，本邵景詹覓燈因話；皆採本朝人著作。大抵因仍舊事而加詳，於本來情節無大更易，雖貪博嗜奇，利鈍互見，而通曉暢達，亦便觀覽；至於清思藻采庶幾佳構者，亦拔出其間。語其文章，固亦馮夢龍之次也。

二刻拍案驚奇三十九卷
附宋公明鬧元宵雜劇一卷
日本內閣文庫藏明刊本

　　按：是編亦不著撰人名氏。前載睡鄉居士序，稱濛初出緒餘以爲傳奇，又降而爲演義，其所掇摭，大都真切可據。序外又有小引，稱初刻書出後頗風行，賈人一試而效，謀再試之，而先是所羅未及付印，其爲柏梁餘材、武昌剩竹，頗亦不少，意不能恝，聊復綴爲四十則云。則爲凌濛初繼初刻而作者。其序及引並署壬申冬日，知書成在崇禎五年，距天啓初刻成書已五年矣。引稱書四十篇，則與初刻同。今本則三十九篇，缺一篇，而附雜劇一本。其卷二十三"大姊魂游"篇，又與初刻重複，亦不知何故。濛初初刻拍案驚奇坊間翻本甚多，是編極爲少見，僅日本内閣文庫藏此一本。其本舊説演述，體格與初刻亦同。如卷二小道人事，本洪邁夷堅志補卷十九"蔡州小道人"條；卷五宋王韶子十三郎事，本岳珂桯史卷一，又入話真珠姬事，本夷堅志補卷八"真珠族姬"條；卷八王朝議事，本夷堅志補卷八"王朝議"條；卷十一滿少卿事，本夷堅志補卷十一"滿少卿"條；卷十二俠女事，夷堅支庚卷十"吳淑姬嚴蕊"條記其事，而周密齊東野語所記尤詳；卷十四趙縣君事，本夷堅志補卷一"李將仕"條；卷十五韓夫人事，見不可錄；卷十六毛烈事，本夷堅甲志卷十九"毛烈陰獄"條；卷三十王玉英事，見耳譚；卷三十四任君用事，本夷堅支乙卷五"楊戩館客"條；卷三十七程客事，本蔡羽遼陽海神傳，所採多宋以下雜書小記，唐事極少，而採夷堅志多至八篇。蓋唐人孤本小説以及廣記所引，馮夢龍三言已多挹取，在濛初初刻拍案驚奇掇摭亦繁，欲兼記列朝之事，勢不得不求之宋以來書傳，而洪邁夷堅志卷帙最富，所記奇情幻變，可供演説之資尤多也。按濛初兩集亦間録舊本，不盡自著，如初刻卷三十三合同文一篇，清平山堂即有刊本，濛初則本元曲加以修飾；二刻卷二十九贈芝蔴識破假形一篇，吳大震廣艷編雖載其事，而是篇結末云"這一回書京師老郎傳留，名爲靈狐三束草"，則本屬話本，因轉録而易其題。唯書中十之八九當爲濛初自著，故睡鄉主人序及濛初自序均無選録舊本之語。且徵其文筆，諸篇亦大致相似，與馮夢龍小説之具數格者異。又諸家書目著録孤行本平話見於初二刻拍案驚奇者亦絶少，知所收縱有別行之本，爲數當至微，今目以一家專集固無不可也。

別本二刻拍案驚奇三十四卷

法國巴黎國家圖書館藏刻本

按此本唯法國巴黎國家圖書館有之，他處未見其書，世無別本。其書襲凌濛初書名，然考其目，唯卷一至卷十十篇，與凌濛初原本同，餘皆不見於原本，且有與夢覺道人三刻拍案驚奇重複者。考三刻拍案驚奇載癸未年序，稽其年當爲崇禎癸未。此編既取材於此書，則其編刊必在崇禎十六年癸未之後。又此本卷二標目爲"江愛娘神護做夫人，顧提控聖恩超主政"，原本二刻拍案驚奇卷十五目作"韓侍郎婢作夫人，顧提控掾居郎署"；此本卷三標目"男美人拾箭得婚，女秀才移花接木"，原本二刻拍案驚奇目作"同窗友認假作真，女秀才移花接木"，皆不同。是於原本篇目亦擅加竄易。蓋坊肆編集之本託凌濛初書名以求售，其更換竄亂則示其爲秘本新出，與原本不同耳。昔宋陳善捫虱新話載東坡集多羼入他人著作，書肆逐時增添改換，以求速售。即歐公集亦有續添之文。是此風由來已久，前代名人詩文集猶然，此在小説則尤無足怪矣。

三刻拍案驚奇八卷三十回

明刊本

　　題"夢覺道人編輯"。前載癸未一序，年號漫漶不存，疑即明崇禎十六年癸未也。夢覺道人不知何人。考黃文暘曲海目清傳奇目中有鴛鴦絛一種，注云"夢覺道人作"，當是一人。又其時福建邵武人有周學霆以醫術著名，亦號夢覺道人，亦不知是其人否。是編所述多近事，其體格與凌濛初拍案驚奇爲近，雖文藻未能爛然，在明季短篇專集中固亦具規模者。其書別題型世奇觀，另有一殘本則題幻影，署"夢覺道人、西湖浪子同輯"，與此本亦不全合。以序文考之，似幻影本爲原題，其三刻拍案驚奇及型世奇觀別稱，乃凌氏"二拍"及今古奇觀盛行後所改。今以足本著錄，其名稱可因仍其舊，無須更易矣。

覺世雅言八卷

法國巴黎國家圖書館藏明刊本

　　按：是編不知編者何人。其前載綠天館主人一序，以豫章居士警世通言序勘之，自"所得未知孰贋而孰真也"以上全同，唯"隴西茂苑野史"以下六十二字不同。其序用通言序，而署名則與古今小説序署同，不作豫章主人，亦不知何故。或通言序本署綠天館主人，今本已易他名，而此猶依其舊，亦未可知。所收小説八篇，見於馮夢龍三言者七篇，如卷二陳御史巧勘金釵鈿，按：出古今小説卷二。卷四楊八老越國奇逢，出古今小説卷十八。卷六旌陽宮鐵樹鎮妖，按：出兼善堂本警世通言卷四十。卷五白玉娘忍苦成夫，出醒世恒言卷十九。卷七吕洞賓飛劍斬黄龍，出醒世恒言卷二十二。卷八黄秀才徼靈玉馬墜，出醒世恒言卷三十二。見於初刻拍案驚奇者一篇，如卷三誇妙術丹客提金。然拍案驚奇此篇題目本爲一聯，文曰"丹客半黍九還，富翁千金一笑"，此本作隻句，乃依今古奇觀卷三十九所題。蓋他篇依三言原題均是隻句，唯拍案驚奇每篇題目例用聯對，今直録其文則文不一律，故以今古奇觀題目易之也。然因此知是編成書在抱甕老人今古奇觀之後，或者以爲其書早成在三言之前者，誤之甚矣。

古今小説不分卷

大連滿鐵圖書館藏日本鈔本

不著撰人姓氏。是編現藏大連滿鐵圖書館。書爲日本鈔本，日本紙，墨欄，有直行，每半頁十行，行二十字。封面中央大書"古今小説"，右上方題"七才子書"，下有"貴適齋藏書記"朱文長方印，及"寫字堂之藏書"朱文長圓印，左下方題"映雪堂藏板"，下有"人間之真樂"白文方印。每册首頁書名下，有"吾唯知足"朱文古泉印，及"生平無遺計，冀投好事作"朱文長方印。核其行款，及封面所題"映雪堂藏板"五字，知其書蓋據映雪堂刻本鈔寫。其書不分卷，都凡四册，録古今小説十有三篇，第一册爲張道陵七試趙昇、陳希夷四辭朝命、月明和尚度柳翠、明悟禪師趕五戒，第二册爲鬧陰司司馬貌斷獄、簡帖僧巧騙皇甫妻、宋四公大鬧禁魂張，第三册爲梁武帝累修歸極樂、任孝子烈婦爲神、汪信之一死救全家，第四册爲范巨卿雞黍死生交、晏平仲二桃殺三士、沈小霞相會出師表。惟編首所載目次，僅有前三册所收小説，疑第四册當爲後鈔者，故不見於目次。又考目次中第三篇爲臨安里錢婆留發跡，下注“出於西湖二集，略之”，故第一册中不復收録。書中鈔寫譌誤之處，皆校改於書眉，然魯魚之誤，猶所不免，如任孝子烈婦爲神，校之目録，知“婦”當爲“性”之誤；又梁武帝累修歸極樂，目録作“累修成佛”，亦不知孰是，此則校勘之功，猶有弗逮。今考其書，所收小説十四篇（内一篇有目無書），並出馮夢龍古今小説，觀其封面題曰“七才子書”，則其爲書賈所編，妄加題目，殆無可疑矣。

花陣綺言十二卷

大連滿鐵圖書館藏明刊本

　　舊題“楚江仙叟石公纂輯”，“吳門翰史茂生評選”。楚江仙叟、吳門翰史始末皆未詳。是編現藏大連滿鐵圖書館，封面中央大書“花陣綺言”，右上方題“仙隱石公編次”。編首有序，不紀年月，末署“楚人中郎袁宏道題”。其言曰：“是編也，或神隨目注，意馬先馳；或情引眉稍，心猿不鎖；或懷春來誘，詞戀戀於褰裳；或穴隙相窺，愁縈縈於多露。麗詞綺言，種種魂銷。暇日抽一卷，佐一觴，其勝三墳五典，秦碑漢篆，何啻萬萬，吁，此綺言所由刻也。”據此以推，則仙隱石公及吳門翰史之爲明末時人，殆無可疑。其書中型，每半頁九行，行二十字。全書都凡十有二卷，釐爲故事七篇，第一卷爲三奇合傳，第二卷至第三卷爲花神三妙，第四卷至第五卷爲天緣奇遇，第六卷至第七卷爲鍾情麗集，第八卷爲嬌紅雙美，第九卷至第十卷爲金谷懷春，第十一卷至第十二卷爲覓蓮雅集。蓋明季短篇小説集之一種也。按吾國短篇小説之纂集，其風實大扇於明季，自凌、馮二子並起造作，爲世所重，一時才智之士聞風響應，著作連篇。利之所在，書林俗賈，亦多所刊刻，是編殆亦當時書賈所爲。雖較之凌、馮諸家所作，從容淡雅，不事雕琢，而自然曲盡事物之情者，相去已遠，然觀其所叙，或描摹世態，或抒寫戀情，文筆尚稱流利，其事或虛或實，要皆不離於世情，則較之清代諸腐庸短篇小説，終覺勝之也。

幻緣奇遇小説殘本

大連滿鐵圖書館藏日本鈔本

　　不著撰人姓氏。是編現藏大連滿鐵圖書館，書爲日本鈔本，每半頁九行，行十有六字。惜今所存者僅第二、第七兩回，首尾中皆有殘缺，故原書編次回數，均不可知，未知異日能得延津之合否。考日本天明間秋水園主人所作小説字彙，卷首附援引書目，中有幻緣奇遇一種，蓋即此書。今就其現存二回考之，第二回與第七回各記一事，則猶是短篇小説之體，如警世通言、醒世恒言之類。其第二回回目爲“青春女錯過二八佳期，少年郎一枕已還冤債”，演西京河南府陳太尉之女玉蘭，與阮生名華，人稱阮三者，一見相悦，得閒雲庵女尼王守常之助，得了夙緣。而阮三久病之後，得會情人，情興酷濃，一枕而已還冤債。第七回回目爲“僞公子喬妝盗家財，淫寡婦失陷鴛鴦計”，記萬曆辛卯時，金陵有商氏寡婦，獨守空幃，忽一日有主僕三人至，云係楊尚書之子，名玉京，來南京鄉試，請賃廂以居焉。商氏憐而許之，且與私通。而其人實强盗冒充，乃盡捲商氏之財物而去。故事殊爲簡單，文筆亦頗貧弱。其第二回所演故事，且與古今小説閒雲庵阮三償宿債一篇故事相同焉。

浪史不分卷

大連滿鐵圖書館藏日本鈔本

舊題“風月軒又玄子著”。又玄子姓氏里貫未詳。按張譽平妖傳序謂“浪史、野史，如老淫土娼，見之欲嘔”，則又玄子殆明時人矣。又按績溪胡適舊藏活字本小説一種，不著書名，自署“風月入玄子演”，核其故事，與此書正同，則又玄子亦號入玄子。是編現藏大連滿鐵圖書館，封面後頁右下方有“寫字堂之藏書”朱文長圓印。其書用日本紙鈔寫，版心爲刻版，中縫下方題“奚疑齋”三字，知其書蓋奚疑齋之所鈔也。其書每半頁九行，行二十字，不分卷次，釐爲四册。編首有序，末署“又玄子題”，不紀年月。其序云：“浪史風月，正使無情者見之還爲有情。情先篤於閨房，擴而充之，爲真忠臣、真孝子，未始不在是也。西遊之放而博，水滸之曲而謀，於情無當，總不如浪史之情而切也。”是其書實即又玄子所作，而編首凡例乃云“此書疑是元人手筆，以文情絶韻似西厢也”。是蓋作者故作玄虚，以滋人之疑也。其書都凡四十回，第一回“雲情傳今朝演説，風月事千古傳流”，紀隋煬帝風流故事以爲引話，自第二回“玉樓人中途相遇，小安童隨後尋蹤”，始入正文，演元至治間錢塘梅素先故事。略謂梅生風流無檢，人稱之曰浪子，與王監生妻李文妃通，又私寡婦潘素秋。已而監生死，生竟取文妃。後訪故人鐵木朶魯於亳州，私其妻安哥。鐵木朶魯厭世，盡以財物及妻委之於生。後生中進士，歸隱，自號石湖山主，時至順九年云。今考其書，大抵模仿金瓶梅，意在描寫世態，盡其情僞。惟金瓶梅作者能文，故雖間雜猥詞，而其他佳處自在，是編則著意所寫多在媟語，文尤荒率，蓋無可觀焉。

醋葫蘆四卷二十回
日本內閣文庫藏明刊本

　　題"西子湖伏雌教主編"。其姓名不詳,蓋杭州人。所編小說如弁而釵及宜春香質等,皆猥褻下流,不堪入目。此獨言因果報應,託宋時事,略謂臨安有成珪以小經紀致富,妻都氏性妬,成亦畏之如虎。成偶與婢子戲,即斥賣之。成無俚甚,欲披剃爲僧,乃爲買一熊氏女爲妾,而實石女。都亦明知之,以窘其夫。成不能堪,旋與婢翠苔私通。都訪知之,即引婢至後園,拷掠至死,命擲諸河,而婢竟蘇。成有摯友周智者,將婢至其家,存濟之。成亦時往宿,而都氏不知。旋以姪都鳳爲養子,蕩其家產,無復拘檢,都無如之何。其妾熊氏石女者亦憤而爲尼,悟爲古佛波斯那尊者謫凡,即化去,至冥曹,自以石女不堪配偶,而成珪夫婦待彼甚厚,欲投生爲成氏子。已而婢子之寄居人家者夢熊,而生男即名曰夢熊。都氏病死,大受陰譴,七七卻復生,甚知悔,謀爲夫納妾,於是友人周智以婢翠苔進。夢熊後中進士,而鳳因不昧,仍披剃爲僧云。作者於此書似甚用力,而文意殊平平。文中有云"新出療妬羹",則亦與吳炳同時之人歟。

殘本平妖全傳四卷
明刊本

　　題"吳興會極清隱道士編次","洪都瀛海嬾仙居士參閱","彭城雙龍延平處士訂證"。是本已殘,存卷二、卷三、卷四、卷五四卷,其卷二自第十三回起,卷五至卷六十回止,每回以四字標題，記天啟間徐鴻儒之亂，多爲實情。按鴻儒以天啟二年五月起兵，自號中興福烈帝，稱大成興勝元年，陷鄆城、鉅野、鄒、滕、嶧，衆至數萬。巡撫都御史趙彥薦故大同總兵楊肇基可用，朝廷因命肇基爲山東總兵官，偕游擊陳九德帥兵討賊，築長圍攻鄒。十月復鄒縣，禽鴻儒，獻俘，磔於市。其事分見明史熹宗本紀及楊肇基傳。按：明史二百七十附馬世龍傳。小説所謂山東巡撫趙，則趙彥也；所謂楊總兵，即楊肇基也。賊陷滕縣，知縣姬文允登陴拒賊，死節最烈，事詳明史卷二百九十忠義傳，小説載之而誤作文胤。又登州總兵沈有容，明史卷二百七十亦有傳，唯與此役無大關涉，史但載楊肇基平鴻儒後代有容鎮登萊而已。小説又載賊黨有女子裴月娥，因悦許參將定國，降於官軍，頗立功，其事有無不可知。凡小説家言多如此，亦不必問其有無也。

天然巧三卷①

清初刊本

　　題"羅浮散客鑒定"。作者不知何人，唯所記皆明事，第三卷云："我國朝著名的女子，有瓦寡婦，曾佐胡總制平倭；近日有石砫司女官秦良玉，他累經戰陣，在遼東立功，在四川平樊龍、樊虎。"則作者實明季人也。其書今存三卷，每卷一事，乃小説總集。第一卷曰余爾陳，謂爾陳吳中秀才，欲娶蘇州妓女朱小娟爲妾，恐受妓家挾勒，以千金付社友江公子，懇其代贖小娟。公子受金，竟自納之。朱小娟不從，公子送之別墅。生懊恨萬狀，有

---

① 編按：此題據上海古籍出版社古本小説集成影印清刊本當作"天湊巧"，第一卷題作"余爾陳"。

蕭集生者爲之謀,乘公子外出,洩其事於大婦。大婦即召爾陳,
以小娟與之。第二卷曰陳都憲,都憲泰州人,性鈍拙無文,而一
生遭遇順利。入學登第,皆僥倖得之。及分房典試,則能得士;
上書言事,則博直聲。嚴氏父子敗,以原官起用,官至都御史。
已乃謝病歸,有二疏之榮。然其人本非謇諤,即高名亦由倖致。
作者因以爲彼蒼混沌,世事無憑。第三卷曰曲雲仙,記萬曆間遼
陽女子曲雲仙精武伎,嫁一援朝鮮將方氏家丁,其名曰方興。興
奉命送公子回籍,雲仙與夫俱,路遇盜,公子幾危,賴雲仙救之。
既抵里,公子欲强娶雲仙爲妾。而雲仙固貞烈,以匕首擬公子,
斥其無禮,索得方興身契,夫婦俱遠去。後有人遇之遼東,預知
奴兒哈赤之事,蓋得道云。此書不知卷數,似尚不止此三卷。觀
其數科場之弊,斥縉紳之惡,蓋科名不利之人而有憾於末世之俗
者。至其述援朝鮮調兵之狀,玩忽欺蒙,殆如兒戲,宜乎糜餉勞
民而無補於國事,亦可爲後世爲國者之殷鑒也。

金雲翹傳四卷二十回

通行本

　　題"貫華堂評論","聖歎外書",不著撰人名氏。演嘉靖臨清
妓女王翠翹事。謂翠翹本良家女,眷書生金重。金生旋別去。
而翠翹父犯罪,因賣身以贖父,爲無賴子馬生所騙,僞娶之而賣
爲娼。於勾欄中識束生名正者,落籍從之。而大婦甚妒,拘翠翹
於幽室,俾寫經。束生亦畏婦甚,無如之何。翠翹乘間逃去,依
尼覺緣以居,又受擾困,不能安居,仍流落爲倡,歸徐海。海既猖
獗海上,屢窘官軍,翠翹得藉以復仇,數説徐海反正。海嬖之甚,
遂從之。既降而督府食言,海被殺。翠翹乃奮投錢塘江,覺緣救

活之，與<u>金重</u>爲夫婦。按<u>翠翹</u>事本至煊赫，<u>茅坤</u>、<u>余澹心</u>均有文
記其事。當時督府藉一女子力以説<u>海</u>歸降，<u>明史胡宗憲傳</u>亦言
之。以此入文，本可於陳陳相因之酸腐小説外另闢一境界，惜作
者手筆太弱，不能爲<u>翠翹</u>生色。至<u>翠翹</u>投江自沈，本天然結束，
可演爲好文字，乃故意抹煞事實，謂遇救不死，歸於團圓，尤不出
俗人之見也。

卷三　小説：白話

續金瓶梅十二卷
通行本

題“紫陽道人編”，“湖上釣史評”。前載戉隱道人、西湖釣叟、南海愛日老人等三序，均不知何人。其書卷首有太上感應篇陰陽無字解一文，署“魯諸邑丁耀亢参解”。本文第六回又稱“臨安西湖有仙人丁野鶴，臨化遺言，説五百年後又有一人名丁野鶴，是我後身，來此相訪”云云。考耀亢自號野鶴，則書即耀亢所撰矣。耀亢字西生，山東諸城人，明諸生。清順治五年入京，由順天籍拔貢，官容城教論。所撰丁野鶴詩鈔，四庫全書總目已録入集部存目。是編續明人書，使書中人物一一轉生，咸得惡報。意主因果，異於舊本之猥褻。唯叙宋金用兵及妓李師師事，穿插其間，關目稍繁。又喜爲議論之詞，文中雜引佛道之書，闡發義理，動數百言，非小説之體。耀亢負詩名，所撰戲曲有表忠記、赤松游、化人游等，爲海右能文之士。其作是小説，不知何意。考耀亢有出劫紀略，自叙亂離避地事甚詳，又曾参劉澤清軍事，蓋滄桑之際，多歷事變，或觸物有感，因作是書，亦未可知也。

十二樓十二卷
消閒居刊本

清李漁撰。前載順治十五年戊戌杜濬序。其書亦名覺世名言。所演凡十二事，目曰合影樓、奪錦樓、三與樓、夏宜樓、歸正樓、萃雅樓、十卺樓、鶴歸樓、生我樓、聞過樓，每一事中皆著一樓，即以樓名爲篇目，故書題十二樓也。其歸正樓一篇，記一盜以詐術得多金，後悔過爲道士，所記詐術皆摭拾他書，餖飣成文，其募疏欺富商一條，馮夢龍智囊補卷二十七“謫僧”條載其事；其合影樓自稱出于鈔本胡氏筆談；<small>按：檢胡應麟少室山房筆叢無此文，知非一書。</small>鶴歸樓云出于段氏家乘；生我樓與漁傳奇巧團圓所演乃一事；奪錦樓記錢小江與妻邊氏一案，漁所著資治新書卷十三有刧親大變一判，所舉案中人姓名及判文與小說全同，疑亦相傳有其事，漁因寫爲小說也；至三與樓記高士虞素臣賣樓爲鄙夫所持，聞過樓記高士顧呆叟爲縉紳所重，代置莊園，本無其事，徵以漁一家言集卷六、卷七所載賣樓詩，及漁在蘭谿所置伊園、金陵所置芥子園，以及後日杭州之層園，皆他人出貲爲之營構，則實漁自寓，其感慨寄託亦馮夢龍小說老門生三世報恩之比也。其萃雅樓，杜濬評有“初集尤瑞郎”云云，考尤瑞郎乃漁著無聲戲中所演，濬評僅云初集，不云無聲戲，似漁短篇小說初皆蒙無聲戲之名，十二樓亦無聲戲集之一，因別行而題爲十二樓，亦未可知也。

殘本載花船二卷

清初刊本

題“西泠狂者筆”，“素星道人評”，均不知何人。其云西泠，蓋杭州人也。前載朗道人序，署己亥冬月，亦不知何朝。此本僅存二卷，尚非完帙。所載二事，其一記唐武后時宮女尹若蘭與于燦生婚姻始末；其一記南宋時秀州廖良輔與倪碩臣、茹光先同夥經商。倪、茹婦皆不良，金兵南下，被虜，良輔設法贖之，以還其

夫。似貌良輔之長厚，而語意並失之纖佻。其尹若蘭事與雙錯
叒傳奇同。無名氏傳奇彙考卷八雙錯叒釋題云："劇中之事，本
之稗史載花船。"雙錯叒即魚籃記，作者自署魚籃道人，或云李漁
所作，未有確據，其人當爲康熙時人。小説事既採入劇中，必更
在康熙之前，今序題己亥，或是順治己亥，亦未可知也。

新編飛花豔想不分卷

大連滿鐵圖書館藏清初本

　　舊題"樵雲山人編次"。樵雲山人姓氏里貫皆未詳。按坊間
有平鬼傳一書者，編首有康熙庚子黃越序，亦題陽直樵雲山人編
次，疑與此書同爲一人所作。如果然者，則樵雲山人蓋陽直人，
其時代當在順治、康熙之間矣。是編現藏大連滿鐵圖書館，編首
有樵雲山人序，末署"歲在己酉菊月未望"，知其書蓋康熙八年己
酉樵雲山人之所作也。按其序云："華必欲飛，不飛不足奪目；想
必欲豔，不豔不足娛情。必也無花不飛，無想不豔，亦無花不豔，
無想不飛，方足以開人心花，盡人心想，以爲文士案頭之一助。"
是其命名之由，略可見矣。其書不分卷，都凡二十回。回目僅標
單題，不用對句。書中亦無入話議論，開篇即紀正文，其事託之
明嘉靖間，浙江紹興府山陰縣，有才子姓柳，名素心，字友梅，蓋
柳宗元之後也。與佳人梅如玉、雪瑞雲二人爲中表姊妹，頗相愛
好。後友梅探花及第，嚴嵩欲納之爲壻，友梅心戀梅、雪二女，嚴
詞拒之。嵩怒，令使虜議和。其間幾經波折，乃得娶梅、雪二女
焉。按自金瓶梅、玉嬌梨諸説部爲世所豔稱，於是學步者紛起，
而又生異流，其所叙述大率皆才子佳人之事，而以文雅風流綴其
間，功名遇合爲之主，始或乖違，終多如意，故當時或亦稱爲佳

話。是編意旨,亦大體如是。其事雖殊,其體輒類,實不脱才子佳人之圈套。與明季才子佳人小説合而觀之,亦足以見其演變之跡矣。

歸蓮夢四卷

大連滿鐵圖書館藏日本鈔本

舊題“蘇庵主人編次”,“白香居士校正”。蘇庵主人及白香居士,姓氏里貫皆無考。按其書紀白蓮教初祖起義事,開篇即曰“明朝末年”,則蘇庵蓋清時人,其書之作最早亦當在順、康間矣。是本爲日本鈔本,現藏大連滿鐵圖書館。封面中央大書“歸蓮夢”,右上方題“蘇庵主人編次”,下有“冀投好事作”陽文長方印,左下方題“得月樓藏板”,旁有二印,一爲“吾唯知足”陽文古泉形圓印,一爲“人間之真樂”陰文小方印,目錄題名下亦有“生平無遺計”一印,又各册護頁,有“寫字堂藏書”及“大谷光瑞藏書”兩陽文印。其書每半頁九行,行十八字。核其藏印,詳其字體,蓋與該館所藏古今小説同爲一人所鈔。其書都凡四卷,釐爲十有二回,第一回爲“降蓮臺空蓮説法”,第二回爲“刧柳塞細柳談兵”,第三回爲“假私情兩番尋舊冗”,第四回爲“真美豔一夜做新郎”,第五回爲“無情爭似有情癡”,第六回爲“有情偏被無情惱”,第七回爲“續閨吟柳林藏麗質”,第八回爲“警館夢桃樹作良緣”,第九回爲“妖狐偷鏡喪全真”,第十回爲“老猿索書消勇略”,第十一回爲“柳林散處尚留一種癡情”,第十二回爲“蓮夢醒時方見三生覺路”。書中演明末山東泰安州鄉民白雙山之女,投真如大師學道,賜號蓮岸,尋離師下山,創立白蓮教故事。中間雜以蓮岸與王昌年等之戀愛故事。後事敗歸降,梟首市曹,因真如大師預賜靈丹，得免於難，於是蓮夢始醒，遂復歸涌蓮庵，而了此俗緣焉。其結構情節，多失之勉强，文筆亦殊平庸，惟其敷叙白蓮教故事，大抵本之人民間巷傳說，亦未必無資於多聞焉。

新鐫繡像麴頭陀濟顛全傳不分卷

大連滿鐵圖書館藏康熙七年戊申刊本

　　舊題“西湖香嬰居士重編”，“鴛水紫髯道人評閱”。是編現藏大連滿鐵圖書館，每半頁八行，行二十字，封面中央大書“濟公全傳”，右上方題“西墅道人參定”，左上方題“麴頭陀新本”，下方題“本衙藏板”，知其書亦簡稱濟公全傳。編首有序，末署“康熙戊申竹醉日香嬰居士題於西湖禪近齋中”，下有三印，一“香嬰居士”陽文圓印，二“王夢吉印”陰文方印，三“長齡”陽文方印，據此則香嬰居士即王夢吉，是編蓋其康熙七年戊申所編也。又據其自序云：“吾於濟公，靳見斯人，乃悉生平，裁成正傳，願讀者不可平等呫唔，欲笑者不可作閧堂絕倒。”審其語意，則作者蓋靳見濟公其人，因總其行跡，演爲正傳，藉嬉游誕放之行，以暢玄機，假佛屠道念，以砭俗世。其書不分卷，釐爲三十有六則。編首有精圖十二幅，圖後各附以贊。所謂則者，亦猶他書之所謂章回也。全書皆紀濟公行事，惟第一、二兩回爲入話，先演梵光受朝廷之知遇，遂自滿足，於皇上折賜酒肉之賚，不辭而受，又自以七祖自居，於是一切魔頭叢集其身，爲韋馱神杵擊死故事，自第三回以下始入正文。核其所述，大抵與世傳隆慶本濟顛禪師語録內容略同，惟前有入話，後加濟公入滅後軼聞數事，爲稍異耳。又其第一則目爲“太上皇情耽逸豫，宋孝宗順旨怡親”，蓋襲用西湖二集第一篇"宋高宗偏安耽逸豫"之文，知其書之作，實在西湖二集之後。惟以通行本濟公傳校之，則異同孔多，知其爲後世濟公傳粉本。合而觀之，實足以考見一故事演變之跡。且其書之作，雖意在規勸，而書中絶無談禪説道之語，殊不似通行本濟公傳之滿紙禪機，轉令人生厭也。

合浦珠十六回
清初刊本

此本題"檇李散人編"。散人即嘉興人徐震也。前載駢文自序，云"今歲仲夏，友人有以合浦珠倩予作傳"，亦不知何年，以意度之，似當在康熙時。略言蘇州有錢生，名蘭，字九畹。初悦妓趙素馨，約相配偶。後與范太守女珠娘相慕，請婚於范氏，乃云曾有異人言，以明月珠爲聘者，方可許之。已而生與程生各得一珠，珠娘乃面試詩。生即入選，婚於范氏，復娶向所眷妓趙素馨及白瑶枝，官至侍郎，富貴赫奕。而生羨白樂天爲人，顔其堂曰"希白堂"，亦自謂希白居士云。

新編賽花鈴小説不分卷
大連滿鐵圖書館藏清康熙元年壬寅名山聚刊本

舊題"吳興白雲道人編本"，"檇李烟水散人較閲"。白雲道人姓氏未詳。是編前有題辭，末署"康熙壬寅歲中秋前一日檇李烟水散人書於四奇堂中"，下有二印，一爲"徐震"陽文方印，一爲"烟水散人"陰文方印，知烟水散人爲康熙時人，姓徐名震，據此以推，則白雲道人亦順康間人矣。又考烟水散人題辭云：“余自傳美人書以後，誓不再拈一字，忽今歲仲秋，書林氏以賽花鈴屬余點閱。夫以紅生之佳遇歷歷，方女之貞白不磨，非所謂才子佳人事奇而情亦奇者耶？雖夢中之筆已去，而嗜痂之癖猶存，得不補綴成編，以供之好奇之士。”又編末風月盟主後序，亦云：“白雲道人苕上逸品，飽詩書，善詞賦，詼諧調笑，恒寄意於翰墨場中，故其下筆處，詩詞霏霏，而誦其説者，恍身入萬花谷中，見花神逞技。是賽花鈴之所由長於小説，而亦白雲道人所以名賽花鈴也。余不敢自爲娛賞，乞付書林氏，囑令梓刻以廣其傳。而烟水散人又嚴加較閱，增補至十六回，更覺回目一新。”則其書雖爲白雲道人所作，實徐氏之所改編也。至於孫楷第大連圖書館所見中國小説書目提要，因之遂定爲徐氏所作，則未免過矣。是編現藏大連圖書館。封面板心中央大書“賽花鈴”，右上方題“南湖烟水散人較閱”，左方有小字四行，題：“近今小説家不下數十種，皆效顰剽竊，文不雅馴，非失之荒誕，即失之鄙俗，使觀者索然無味，奚足充騒人之游笈，娛雅士之閒看者哉！兹編出自白雲道人手筆，本坊復請烟水散人刪補較閱，描情寫景，莫不逼真，誠小説中之翹楚也。識者鑒諸。　　本衙藏板。”編首有圖四頁，記刻工曰“黄順吉刻”，與名山聚所刻女開科傳同。前半頁繪書中故事，後半頁繪草木鳥獸人物。書爲寫刻本，每半頁八行，行十八字，行款與女開科傳亦同，蓋同時同地之刻本也。其書不分卷，釐爲十有六回，回目但標單題，不用對句。第一回“護花神陽臺竊雨”，首紀文彦博及錢生事以爲入話，然後即入正文，略謂蘇州有才子紅生者，名文畹，與佳人方素雲相契，誓相配適。素雲兄方蘭，以詩爲素雲所譏，心懷此恨，遂加陷害，致女流離患難。生亦幾遭暗算，乃以神佑，逃至京師，以軍功得居顯貴，而與素雲團圓，並娶三妻。故事頗感平凡，蓋亦才子佳人一流之説部也。

新編梧桐影詞話不分卷

大連滿鐵圖書館藏清嘯花軒刊本

不著撰人姓氏。按其書第三回"一怪眼前知惡孽，兩鐵面力砥狂瀾"云："話說天啟傳到崇 原本誤作宗。禎，後來清朝得了天下，每年差出御史一員，巡行一省，代天子行事。"則其書之作，最早亦當在有清初葉矣。是編現藏大連圖書館，每半頁八行，行十八字，封面板心中央大書"梧桐影"，左上方題"尋私覓趣"，右下方題"嘯花軒藏板"。據孫楷第大連圖書館所見中國小說書目提要云："今所見徐震著才子佳人及猥褻小說，多爲嘯花軒刊本，疑此書亦清初所刻。"證以前引第三回曾紀清朝得天下事，則孫氏之說，益可無疑矣。其書不分卷，都凡十有二回，演蘇州優人王子嘉、和尚三拙姦騙婦女，爲李御史枷死故事。其書中人物，多與女開科傳同名，蓋同爲描寫世情之煙粉類小說也。按有明一代，當神魔小說盛行之時，記述世情之說部亦同時突起，其取材猶宋市人小說之銀字兒，大率於離合悲歡及煙粉變態之中，雜以因果報應，惟不甚言靈怪，僅描寫世態，以見其炎凉，故謂之世情書。金瓶梅詞話，其最著者。是編承其餘風，寫市井間淫夫蕩婦，刻盡形容，且多涉猥褻。雖條暢曲折，皆不如金瓶梅遠甚，然就其文辭與意象觀之，則作者之於世情，亦極洞達。凡所形容，不外描摹世情，盡其情僞，蓋深感當時社會萬事不綱，爰發苦言以箴愚頑，未可以猥瀆而少之也。

新鐫繡像驚夢啼不分卷

大連滿鐵圖書館藏清初刊本

舊題“天花主人編次”。天花主人姓氏里貫未詳。是編現藏大連滿鐵圖書館。按該館別藏雲仙嘯小説一種，亦題天花主人編次，當與此書作者同爲一人。考是編第一回“賞花得野食，貪美願攀親”，開篇即云“話説前朝末年”，而書中所紀，實爲明末時事，則主人爲清初時人，殆無可疑。是編編首有序，末署“竹溪嘯隱題於白隄之草堂”，而不紀年月。其序云“驚夢啼一説，其名久已膾炙吳門，乙卯秋其集始成”，是作者蓋吳門人，而其書之作實在康熙十四年乙卯矣。其書不分卷，釐爲六回，第一回爲“賞花得野食，貪美願攀親”，第二回爲“喜得妻鴉鳳同巢，苦存兒神明皆佑”，第三回爲“明募化設騙獲多金，暗留情見關親美色”，第四回爲“癡漢子見金捨色，莽和尚得愛謀身”，第五回爲“春桃就計用計，無相脱身陷身”，第六回爲“逞惡念不能害人反害己，送子息誰知成己又成人”。書中演明末任三畏字去非，娶妻强氏，年久無子，而强氏奇妬，不許納妾。三畏暗收侍婢春桃，爲强氏所知，因招官媒，賣春桃於利大郎。利大郎固貧家子，與母共營豆腐業，得豔妻喜甚。尋春桃生一子，名天寄，實任家子也。利氏母子欲溺之，春桃欲爲三畏延嗣續，苦勸得免。時有僧人無相者，即以募化爲名，騙獲多金，復以購漿得見春桃，百計誘之，而春桃將計就計，卒得脱身，其後夫榮妻貴，天寄亦得歸宗焉。大旨意在勸戒，描摹世態，而雜以因果報應之説，蓋終不出明季世情小説之窠臼焉。

雲仙嘯不分卷

大連滿鐵圖書館藏清初刊本

　　舊題“天花主人編次”。天花主人姓氏里貫未詳。是編現藏
大連滿鐵圖書館，封面版心中央大書“雲仙嘯”，右上方題“天花
主人編次”。其書每半頁九行，行二十字，不分卷次，釐爲五册。
每册演一故事，如警世通言、醒世恒言等書之體，雲仙嘯者，蓋其
總名也。此外每册各有回目，更就回中擇二三字以爲題，如第一
册回目爲“拙書生禮斗登高第”，則名拙書生；第二册回目“裴節
婦（目録作“女”）完節全夫（目録“夫”字下有“婦”字）”，則名又團圓；第三
册回目爲“都家郎女妝姦婦，耿氏女男扮尋夫（目録作“都家郎女裝姦
淫婦”）”，則名平子芳；第四册回目爲“一碗飯報德勝千金”，則名
勝千金；第五册回目爲“張昌伯厚德免奇冤”，則名厚德報。書爲
勸戒小説，拙書生演明景泰間山東兗州府呂輝之子文棟，字雲
奇，資質愚鈍，嘗爲同窗才子曾傑、曾修所輕視。其後文棟捷足
登高，曾氏兄弟恃才妄作，終至不成。意在勸人勿恃才取禍。又
團圓首述正德間王九思作賣兒行故事，以爲入話；正文演明天啟
間，徐州有李生者，名榮，字季侯，妻裴氏。因官粮不清，告貸無
門，不得已而忍痛賣妻，以裴氏堅貞不二，終得團圓。平子芳入
話紀四川成都府太守魯永清斷姦獄事；正文則演明崇禎間有平
生者，名德，字子芳。父雲峰，母薛氏。薛氏早卒，雲峰續娶丁
氏，年少風流，及雲峰卒，丁氏與富家子都士美有染，爲子芳妻耿
氏所遇。丁氏與士美計，欲害子芳夫婦，適李闖亂起，子芳避亂
他鄉，得妾士美之妻。亂定，耿氏喬裝尋夫，終得團圓。意在勸
淫。勝千金演元至正間江南淮安府大饑，秀才曾珙，受劉黑三一
飯之恩，後黑三犯罪，曾珙卒捄之於難。厚德報演萬曆間蘇州府

長洲縣張國瑞，字昌伯，夜釋貧盜朱恩。後有光棍刁星，欲害昌伯，卒賴朱恩之救，得免冤獄。今考其書所叙，或虛或實，要皆意在勸戒，文筆亦尚稱流暢，雖大體因循明人説部，然較之清代諸腐庸短篇小説則猶勝之也。

殘本東遊記三卷
清初刊本

題“顧道民脱稿”，不知何人。其書凡二十四章，記叙諸事，不主一端，而文意銜結，用演説之體，中或牽引古事，動數千言。以此本只存三章，不知其全書始末。大抵詭怪猥褻之詞，多人所不忍言。又喜爲古體別字，非反覆參伍，不能知爲何字。明季風俗弊壞，坊市往往印行猥瑣小書，以圖私利。若此書既不易披閲，則其意非以牟利可知。或別有苦衷不得已而出此，或迂詭之士爲異書以炫世，均不可知。觀其援引古今，記誦甚博，亦非淺學之士，不知何以蓄意爲此書也。其書第二十四章稱于叔夜，知在袁晉西樓記之後。末卷稱季滄葦、王錫闡，知作者乃清初人。又稱“今日本長崎有大唐街，皆中國人”云云，考日本長崎唐人街敷於元祿二年，當中國康熙二十八年，然則其書至早不得在康熙二十八年以前，度其人亦康熙時人矣。

飛花詠十六回
日本内閣文庫藏清初原刊本

不著撰人名氏。其序署“天花藏主人”，蓋即作者，曾撰梁武

帝西來演義者也。演昌生與女子端容姑情好事，二人輾轉流離，
各易姓二次而歸宗團圓。故爲奇幻之筆，令人不測，是當時氣
習。而文尚清，較之其他才子佳人之作，尚爲矯矯者。然謂昌生
與女早定婚約，後遭難流離，男爲唐氏螟蛉子，女爲鳳氏養女，各
冒其姓。其後昌生復以所冒之姓爲其婦翁端居義子，女以所冒
之姓爲其君舅昌全義女，重訂婚約，各茫然不知其本原。及各與
本生父相見，亦不能相認，直至唐、鳳來晤，乃互知其本末。皆乖
情理。蓋此類作家扭捏牽合，務以新奇相尚，其流弊必至於斯，
雖陷於謬誤而不自知耳。

醒世姻緣傳一百回
通行本

　　題“西周生輯著”，“燃藜子校定”。前載辛丑瓌碧主人序，亦
不記年號，唯日本享保十三年舶載目已録醒世姻緣，則當爲清雍
正前著書矣。按：日本享保十三年當吾國清雍正六年。清楊復吉夢闌瑣
筆引鮑以文語，謂蒲松齡聊齋外尚有醒世姻緣小説，蓋實有所
指，書爲其家所訐，至褫其衿云，以此書即蒲松齡撰。今考書中
所記事端，多屬章邱、淄川兩縣之事，如繡江即淯河，在章邱境，
小説因以章邱縣爲繡江縣，白雲湖、明水鎮亦在章邱；其三十一
回稱副使李粹然，粹然名政修，河南河内縣人，啟禎間曾仕山東，
任淄川令及山東按察使僉司，具見濟南府志及淄川縣志；又所記
水旱諸災異，以淄川志、章邱志考之，又多崇禎、康熙間事，則作
者宜爲康熙間淄川或章邱人，鮑以文蒲松齡説，似乎可信。其書
先記一武城晁氏夫婦不睦，夫虐妻死，後俱轉生於繡江縣，夫爲
狄氏子，妻薛氏，歸狄後凌虐其夫，以爲前生冤報。所述不過匹

夫匹婦瑣事,而汪洋恣肆,筆力卓絶;記一方風土,亦遒麗雄暢,
在通俗小説中洵爲至文。松齡撰聊齋志異享盛名,雖閭里塾師
粗通文理之人無不知之,獨此書名不甚著,且多不知爲松齡所
作,今特爲著録,使世人知文字之工美,實不得以文體今古强立
差别。斯編雖以俚語演述,而要其實,上可抗蹤水滸,下可媲美
紅樓,與聊齋志異俱出一人之手,異曲同工,固同爲不刊之鉅
文焉。

陰陽二氣山不分卷

雍正二年甲辰鈔本

　　不著撰人名氏。其書一名後西遊記。略稱唐半偈與弟子孫
小行者、猪一戒、沙彌等赴靈山取經,至陰陽二氣山,路阻不通。
小行者鑿山開道,推倒鎮山石碑,於是寒熱調適,二氣流通。而
山靈陰大王、陽大王奮起相拒,虜半偈、一戒,置之造化山巔。小
行者因化爲蜻蝶、蒼蠅、蜈蚣、蝎子等入山攪惱之,陽大王殊鎮定
不爲所動,陰大王懼匿石匣中。小行者復拔毫毛呪之,化爲利
劍,懸之陽大王帳以恫嚇之,且言將搗碎石匣。陰大王知無可
避,乃出與陽大王并力戰小行者、沙彌,又不勝,遁之造化山,求
造化小兒爲助。行者躡至,造化小兒以酒、色、財、氣、貪、嗔、癡、
愛諸圈套之,行者皆能跳出,獨好勝一圈不能脱。遇老君指點,
乃悟好勝非是。方持是念,其圈即脱。造化小兒乃以半偈、一戒
還之,俾西行云。其説本之後西遊記小説。

八洞天八卷

日本内閣文庫藏清初原刊本

　　題"五色石主人新編"。首自序署"五色石主人題於筆鍊閣"。此編與五色石小説同爲一人所撰,卷數體例亦同。其書卷一曰補南陔,演貝州人魯翔父子夫婦團圓事,云宋事,本百鳳裙傳奇;卷二曰反蘆花,演長孫陳與嫡妻辛氏事,云唐事;卷三曰培連理,演揚州莫生有義行目復明事;卷四曰續在原,演真定商人岑鱗與姪岑金報應循環事;卷五曰正交情,演蘭溪人甄奉桂負義事;卷六曰明家訓,演無錫人晏傲刻薄生逆子事,皆云明事;卷七曰勸匪躬,演豐潤李真家人義撫幼主事,云金事;卷八曰醒敗類,演歸德人紀衍祚失子復還,其姪以不義流配,云後周事。其用意專主因果報應,關目牽强,皆與前書相類。

雨花香八卷

清雍正刊本

　　清石成金撰。成金字天基,揚州人。此編收成金小説八篇,乃自著總集,第一種曰今覺樓,記崇禎間揚州畫師陳正隱居適志,目爲高人;第二種曰鐵菱角,記富户汪于門以儉嗇成家,順治初豫王按:豫誤作御。下揚州,竟破其家;第三種曰雙鴛配,記荆州陳某爲繼母丁氏所疾,與所私設計陷之,流賊入楚,丁與所私俱被殺,陳逃至揚州經商,於正紅旗營内贖得一婦人方氏娶之,即丁氏所私之婦,後又尋得其髮妻耿氏;第四種曰四命冤,記明末一冤獄,張姓已爲子娶婦而失其子,疑爲奸殺,訟於官,婦之父兄

與母俱枉死，而子竟歸，婦憤其夫，亦自縊而死；第五種曰倒肥
黿，記清兵破揚州，土匪乘機刦掠，甘翁除惡棍大肥黿、二肥黿
事；第六種曰洲老虎，記順治間丹徒人周正與江都趙某爭一新出
洲灘，誣趙殺人，事露正法，妻子散亡；七曰自害自，記崇禎間王
玉成詐傳兄死，欲改嫁其嫂，反以妻委人，兄嫂俱無恙，與馮夢龍
"呂大郎完骨肉"小説相似；八曰人攙人，記江都知縣熊開楚盛
德，乃康熙間事。所記八條皆鄉里近事，就耳目所及錄之，以示
勸懲。其體近乎雜書小説，雖記事用俚語，與生心作意爲小説者
殊異其趣。然所記皆實事，頗有裨於一方掌故，故特存其目，使
世之談竹西逸事者，有所取資焉。

醒風流奇傳初集不分卷
大連滿鐵圖書館藏清初刊本

舊題"崔市道人編次"。崔市道人姓氏里貫皆未詳。是編現
藏大連滿鐵圖書館，封面板心中央大書"醒風流"，右上方題"崔
市主人新編"，旁注"二集嗣出"，左有小字三行，題："道義之書難
明，淫豔之詞有損。取其易明而有益者，此小説之所由作也。閱
者分明聽一段白話，借彼誡此，實在于是。然則非徒悦耳目，亦
足正心術，識者毋等作稗乘野史觀也。"按崔市主人即崔市道人，
至左方題識，則書肆主人之所爲也。編首有序，末署"崔市道人
題"，下有二印，一"崔市"白文方印，一"千秋佳話"朱文方印。不
記年月，惟云："壬子夏，與二三同志嘯傲北窗，追古論今，淑慝貞
奸，宛在目前。笑愚蒙之昧昧，羨聰遠之惺惺，於是摘所詳憶之
事，迅筆直書，以爲前鑒。"則其書蓋康熙十一年壬子崔市道人之
所作也。其書不分卷，都凡二十回，每半頁九行，行二十字，首尾

俱全,惟封面板心上方題"繡像"二字,則書首當有附圖,惜今已殘缺。書中開篇第一回"小書生讀書豪飲,老奸臣閱席成釁",即述其作書宗旨云:"如今待在下説一個忠烈的才子、奇俠的佳人,使人猛醒風流中大有關係於倫理的故事",故以"醒風流"名其書焉。書中無入話,開篇即紀正文,託言宋慶元間,浙江嘉興府秀水縣有梅生者,名幹,字傲雪。父某,以忤韓侂胄被害,生乃匿跡易服,隱父友馮樂天家爲園丁。樂天有女曰閨英,及樂天卒,弟畏天以女適程某,女執不從,以婢代之。後程知其僞,將行刼奪,梅生仗義救之,女往依趙汝愚爲義女。於時侂胄已敗,蒙古南侵,襄陽危急,生以禦敵有功,擢丞相。閨英惕國難,上平寇書,天子嘉之,授學士,汝愚乃以女歸生。婚夕,二人皆不入內。汝愚乃奏聞於天子,遂欽賜爲夫婦焉。核其所述,大體略仿好逑傳,惟不脱才子佳人圈套,其謂才子爲不二色之義士,佳人有儒士之風流,尤爲酸腐焉。

女開科傳不分卷
大連滿鐵圖書館藏清名山聚本

舊題"岐山左臣編次","江表蠧庵參評"。岐山左臣及江表蠧庵,皆不詳其始末。是編現藏大連圖書館,封面板心中央大書"女開科傳",右上方題"岐山左臣編次",左上方題"内附花案奇聞",下方題"名山聚鐫",蓋清初刻本也。編首有引,末署"江表蠧庵",下有"章侯"二字陽文長圓印,蓋即參評者姓名也。其書不分卷,都凡十有二回,而以目次列之編首,目次下有圖六頁,圖繪精美,前半頁繪書中故事,後半頁繪花草鳥蟲之類。末一圖前半頁左下方記"黄順吉刻",後半頁右上方題"古越馬雲生寫",知其畫工爲<u>馬雲生</u>，刻工爲<u>黃順吉</u>。其書正文寫刻，每半頁八行，行十八字，首頁書名下題"虎丘花案逸史"，中縫不題書名，惟下題"花案奇聞"，疑"虎丘花案逸史"爲其書別名。各回章目但標單題，不用對句。第一回回目前有七言韻語四聯云："風秀士奇開花案，雌狀元私賺春魁。狠秃子情迷色陣，潑孌童刺犯霜威。廉御史烏臺執法，老驛丞蟻命成灰。儘餘生兩番報捷，終凑合三夢爲媒。"蓋仿傳奇體例，以撮舉全書大意也。其書第一回，先論<u>明友道盡</u>及婦訂社自負風雅之病，然後歸入正文，略言<u>蘇州</u>有才子曰<u>余夢白</u>、<u>梁文昭</u>、<u>張眉</u>者，見名妓<u>倚妝</u>、<u>文娟</u>、<u>弱芳</u>結社聯吟而異之，因出金大會衆妓，名曰開女科，點<u>倚妝</u>爲狀頭，<u>文娟</u>爲榜眼，<u>弱芳</u>爲探花。榜發，赴瓊林宴。爲惡少中傷，訴之察院，<u>余</u>等皆逃去，<u>倚妝</u>等亦雲散。後<u>余生</u>、<u>梁生</u>、<u>張生</u>皆中進士，<u>余</u>娶<u>倚妝</u>，<u>梁</u>娶<u>弱芳</u>，<u>張</u>娶<u>文娟</u>。其中因花案而受連累者，有小官<u>王子彌</u>及僧<u>三茁</u>，均與梧桐影所記人名相同。今考其書，結構貧弱，又於白話之中摻雜文言，亦鮮理致。按坊間有<u>花陣奇</u>一書者，題"<u>雪山柴臣</u>編次，<u>江表蠡庵</u>參訂"，亦別題"虎丘花畔逸史"，蓋即此書，而異其名耳。

墨憨齋新編繡像醒名花不分卷
<u>大連滿鐵圖書館</u>藏清初刊本

不著撰人姓氏。按其書第一回"吉士懷春題紫燕，侍姬游戲學紅娘"云："如今且演説一段佳人才子的新奇故事。"言事在"<u>明末年間</u>"。夫既曰所紀爲"<u>明末年間</u>"之事，則其書之爲清人所作，殆無疑義。是編現藏<u>大連滿鐵圖書館</u>，每半頁八行，行二十字，尾首俱全。惟書名題"新編繡像醒名花"，則書首當有附圖，惜今已殘缺。又其書既爲清人小説，編首乃題"墨憨齋新編"，實爲謬妄。此蓋書肆主人輾轉附會，欲託盛名以自重也。書爲才子佳人小説，故開篇即論才子佳人遇合之難，謂"披閱古來會合之事，其間奇情豔事，即未必盡合一轍，然或以異香之馥，而得佳偶；或以綺琴之媚，而獲成雙，此皆天緣巧合，絕不費恁周折。至於天台再往，空有桃花；玉洞歸來，忽更滄海，此間姻緣之變幻，往往不可測度。儘有事出無心的，到諧了百歲朱陳；勉强苦求的，反做了兩家水火。也有始難終易，也有始易終難。總然婚姻離合之間，憑你絕世聰明人，那個不入他的圈套。或認了真，有時真裏邊卻弄出假來；認了假，有時假裏邊卻藏着真。還有錯内成就，死中覓活。這都是老天公愛惜那些佳人才子，不捨得平平常常便做一對夫妻，必定要顛之倒之，哭哭笑笑，樂一番，苦一番，風流一番，相思一番，孤另一番，然後佩返漢皐，珠迴合浦，到手時節，相憐相惜，若驚若疑，比之庸夫俗女的夫婦，另有一種賞心快意的去處。惟天下佳人才子，纔理會得其中滋味；惟天下佳人才子，方湊合得其中天數；亦惟天下佳人才子，纔描寫得出其中變幻之妙。所以其事必奇，其奇必傳也。"核其所論，實不出才子佳人圈套。其書不分卷，都凡十有六回。書中演四川成都府雙流縣中，有舊任錦衣衛指揮使湛元亮者，字悅江，夫人張氏，生男女各二人，長子國瑛，次子國琳，長女慧姑，次女淑姑。國瑛字塑玉，在兄妹中最稱穎拔，尤長於文藻，嘗以所作紫燕詩受知於梅御史之女杏姑，別號醒名花者。其間幾經波折，乃得結合。時湛已得一妻六姜，而姜中数人本爲女冠，旋以武功致身顯貴，從杏姑之言，告歸林下。書中之小人，則爲杏姑之兄富春云。故事平凡，文筆亦頗庸拙，殊無可觀焉。

新編清平話史炎涼岸不分卷

大連滿鐵圖書館藏日本鈔本

　　舊題"娥川主人編次"，"青門逸史點評"。娥川主人及青門逸史，姓氏始末皆未詳。是編現藏大連滿鐵圖書館，與該館所藏新刻世無匹傳，同爲一人所作。按彼書作者自署"古吳娥川主人編次"，"古吳青門逸史點評"，知娥川主人及青門逸史皆古吳人。又考是編目次，於書名下注云"生花夢三集"，而世無匹傳書名下亦注"生花夢二集"，疑所謂"生花夢"者，蓋當時小説叢刻之名，由二集、三集之語推之，則當時所刻同類之書，當不在少也。此本爲日本所鈔，每半頁八行，行二十字，行款與世無匹無異，殆據刻本鈔録者耶。其書不分卷，都凡八回，而以目録列之編首。大旨意在勸戒，故開篇即説其著書宗旨云："有等讀書君子，口誦聖言，身承師訓，一旦置身廟廊，便移初志。然青雲之上無故人，這還不足深怪。獨是少時貧賤，或嫁或娶，彼此寒微，高下不形，倒也相忘如故。若幸而榮顯，便恥門楣不稱，或男思另娶，或女圖賴婚，無所不至。還有一種勢利小人，從旁聳涌，撮成奸計，只顧一時熱鬧，那管身後冤仇。不知天道無私，鬼神有眼，徒然壞了心術，到底終須報應。在下説這段話，只勸世上富貴的，切莫自恃富貴而凌奪貧窮；又勸世上貧窮的，切莫喪志貧窮而諂媚富貴。只要自己立志好學，留心求進，那富貴二字，原不是十分難到的境界；若昧心蔑理，虧損陰德，那富貴二字，又不是久長可保的福門。"是其作書之旨，全在描摹世態，以見其炎涼，故書中第一回入話，記廣西慶遠府孫雯與何豆腐之女秀娘負婚故事。至第二回始入正文，演明時故事，略謂有袁七襄者，本撫院書吏，與友人馮國士頗相友善，會二人之妻同時懷孕，遂指腹爲婚。後袁生一子，名曰化鳳，馮亦生一女，因結爲姻緣。尋馮以得中進士，貴賤懸殊，意圖賴婚，而男女各守信義，矢志不變，女且入身尼庵，幾經波折，始得爲夫婦。化鳳爲劉瑾養子，後亦鼎貴。核其所述，雖結構情節，皆極勉强，文筆亦殊粗鄙，惟清初話史，傳世無多，治小説史者亦可資參考焉。

新刻世無匹奇傳四卷
大連滿鐵圖書館藏清刻本

　　原題"古吳娥川主人編次"，"古吳青門逸史點評"。娥川主人及青門逸史，皆不詳其姓氏。是編現藏大連滿鐵圖書館。館中又別藏日本鈔本新編清平話史炎涼岸一書，與是編同爲一人所作。其書每半頁八行，行二十字，封面中央大書"世無匹"，右題"現身説法者評"，左上方題"五倫全備"，下方題"金閶黃金屋梓"，板心上方題"簇新野史"，卷首有題辭，末署"學嚣主人書於桃塢之微葉堂"。其書都凡四卷，卷爲一集，曰風，曰花，曰雪，曰月。每集釐爲四回，總計全書，都凡十有六回。大旨意在規戒世俗，故開篇第一回即謂："這回小説，特與天下良善人鼓舞其本心，爲天下昧理人設立個榜樣，要使人勇於爲義，速於去非，知善之可嘉，惡之當改，人人做個忠厚長者，則世道不可返古耶？"又學嚣主人題辭亦云："士君子不幸而賫志以老，泉石烟露爲僚友君臣，山林風月爲經綸事業，時而俯仰盱衡，懷抱莫展，或借酒盞以澆塊礧，或藉詩筒以舒抑鬱，甚至感憤無聊，則假一二逸事，可以振聾瞶、挽凋敝者，爲之描聲而繪影。筆舌之間，情事曲傳，令有心者讀之，怒可喜，喜可怒；醉可醒，醒可醉；生可死，死可生，觀感觸發，有莫知其然而然者。"是其書實爲勸戒類小説。書中

前有入話，記權一庵負妓女非煙事，如宋明話本體例。至其正
文，則記廣東南雄府仁壽村人干將，字白虹，爲人嗜酒尚義，性極
豪邁，不讀書而膂力過人，曾救陳與權於厄，又濟曾九功於京師。
後以事流大同。陳負心已甚，佔其家產，使干妻子流離失所。妻
寄身女觀。子北上尋父，路遇曾九功，慨然賜以援手，得中解元。
無何，曾除南雄太守，治陳以罪，干生乃得一家團圓焉。事極平
淡，文尤俚拙，蓋勸戒小説本以匡時爲務，不以爲文爲本也。按
孫楷第大連滿鐵圖書館所見中國小説書目提要謂其是廣東人
作，殆因其所紀爲南雄府事耶，然編首明題"古吳娥川主人編
次"，則作者之非粵人，不待辨而明矣。

唐鍾馗平鬼傳八卷
清乾隆乙巳廣州刊本

　　題"東山雲中道人編"，姓名不詳。是編所演凡十六回，記唐
進士鍾馗奉閻羅命爲帥，俾抄平人間諸鬼，所領冥卒四名。至萬
人縣，有凶鬼千餘糾衆來抗，馗與戰，皆不支。又於桃花山收神
荼、鬱壘兄弟，諸鬼或擒或誅，皆以次平定。其命意在借馗平鬼
事以諷世，與專主紀怪變之書不同。然其關目鋪陳未盡妥善，文
亦不免刻露。書中於貧士及有家累之人甚致矜憫，故謂窮鬼降
馗建功，得生高門，而最憎清客文人，謂爲腌臜浮蕩之鬼，蓋寒士
不得志者所作，故託以鬼語，罵盡世人，慨乎其有餘怒，不自知其
言之褊急也。按通行本陽直樵雲山人斬鬼傳四卷，題"第九才子
書"，亦演鍾馗事，勘其文與此本全異，疑此爲舊本，今存其目著
於録。

忠孝勇烈奇女傳四卷三十二回
清光緒坊刊本

　　不著編者名氏。前載道光七年淦川周滙宗跋，謂"馬祖降乩演此書，又得忠義參天之第一奇人爲之序"。是本有光緒四年修慶氏序，稱"有武聖帝序，今序已失"。則謂序乃關羽之靈所作，俱荒誕不經。其書演木蘭事，半雜文言，云木蘭姓朱，父爲朱若虛，舉孝廉。所記官階制度皆係有清一代之制。其文亦平陂，不足以激揚壯烈，殆是淺學者所爲，而必託之於仙，殊不可解，殆藉此號召愚氓以求速售耳。降乩爲詩文，今世雖有其事，然渺茫難測，不以是而增斯編之價也。按明有筌簌記傳奇，亦云仙筆，與此小説同，乃知敷會仙人著書，先有其例，不自此書始矣。

陰陽鐘不分卷
清道光十八年戊戌鈔本

　　不著撰人名氏。演薛家將事。略稱薛剛佐廬陵王起兵討武氏。武氏有子曰驢頭太子，出生後爲鐵板道人攝去，教之習伎勇，至是年長學成，授以九頭神球一串、黑沙飛刀一把，命之下山救母，大敗薛剛兵。梨山老母按：當作驪山老母。者志興唐，而剛母樊梨花之保傅，不忿鐵板之事，亦遣梨花下山，授以斬仙劍，使詣唐營趨救其子。時薛剛果爲驢頭太子劫寨，賴梨花救得免，而鐵板道人復親至，助攻唐師。梨花乃運神變至斗母宮，求得八卦陰陽鐘，道人及其弟子驢頭太子均敗服。

于公案奇聞八卷

坊刊本

不著撰人名氏。清文康撰兒女英雄傳第三十九回引是書，云"新出于公案"，似其書道咸間始行世。唯卷首序已署嘉慶庚申，則書實成於嘉慶初元矣。書演漢軍鑲黄旗于成龍事。其文前後相承，而每卷回數自爲起訖。且所謂某回者，並非文一首之謂，乃施於每段標題二句之上，文只一段，而目作二回，甚不合理。其記成龍仕履，云初仕樂亭縣知縣，陞授直隸通州知州，皆與史合。唯成龍以通州知州擢江寧知府，旋擢安徽按察使，以後歷任直隸巡撫、河道總督等職，未嘗有官山東之事，此乃云陞擢山東按察使之職，實爲謬誤。自餘所記，亦莫非悠謬俗説。蓋市人演説之詞，非傳記之比也。按康熙間有兩于成龍，一爲山西永寧于成龍，謚清端；一爲漢軍鑲黄旗于成龍，謚襄勤。同名同時，並著清節，爲一代名臣。而襄勤以旗籍居京師，尤蜚聲輦下，爲衆所習知，市井揣摩，因撰爲小説。雖紀事不實，頌揚未能得體，要亦成龍屬己篤行，負清正之名有以致之。録之以爲臨民者勸，實無不可也。

希夷夢四十卷四十回

清嘉慶十四年刊本

清汪寄撰。寄號蜉蝣，安徽徽州人。字未詳。其書記宋太祖受周禪，閩邱仲卿與韓通弟韓速恥事宋，逃入黄山中。入蜀，蜀已亡；返江南，江南亦入宋版圖。仲卿浮舟至浮石國，受知于西庶長,爲客卿,甚有政績。是時浮石與鄰國浮金搆兵,韓通之弟韓速亦飄至浮金爲將,仲卿設反間降之。後速於五沙島遇陸秀夫,知宋已亡,悟興廢無常,逝去。仲卿乘駿馬追之,奔騰入海,忽驚醒,則與韓速同在黃山,乃一夢云。其第五、第六、第七三卷記仲卿、韓速入山事頗譎奇,至入浮石國後事,則不免堆積重沓。然其叙事似有所指,如五卷出"師可法",即史可法;三十九卷記陸秀夫抛傳國璽,文云"大朱受命之寶",則明指明朝。其記仲卿在浮石遭遇,頗似朱之瑜。按:書中云仲卿易名古璋,似影射瑜字也。其云韓速在浮金國剖腹自明,則爲日本之俗,似隱指明季遺民之居海外者無疑。前載二序,一爲寄自序,一爲無名氏序,語隱僻不可解。又有南游兩經蜉蝣墓並獲希夷夢稿記一文,亦不署名,謂"寄作希夷夢,未梓而患偏廢,卒於西湖。有戚禮他者,按:此亦不似人名。葬之牛岷山下。又擬歸其柩,舟没俱溺"。中亦多隱約語,不知其何意也。

警富新書四十回

清嘉慶十四年己巳翰選樓刊本

不著撰人名氏。首嘉慶己巳敏齋居士序,云"安和先生撰",亦不知何人也。演雍正間廣東番禺民凌、梁二姓公案。謂凌貴興惑於風水之説,結怨戚串梁天來,縱火焚其室,死者七人。總督孔大鵬已繫貴興於獄,案未結,離任。府縣官受賕,反其案,釋凌。後天來叩閽鳴冤,上命大鵬往勘其案,始得昭雪云云。其云七屍八命,以天來弟君來婦方孕,亦遭焚死。又云九命者,以貴興妻妹以諫貴興不從乃憤而自盡也。按乾隆末東莞人歐蘇作藹樓逸志,其卷五"雲開雪恨"一條,載此事甚詳。云事起雍正五年丁未九月，至九年辛亥五月始得昭雪。所記年月确鑿，當是實事。以勘小説，則事亦相同。唯小説孔大鵬，逸志只作孔公。小説云大鵬遷河督以去，逸志云陞京堂。小説謂奉命勘獄者即孔，逸志謂勘獄者爲巡撫鄂爾泰。小説謂獄定，斬二十六人，絞三人，流二人，徒七人，杖九人，並歷舉其名姓，逸志則謂斬八人，絞四人，軍三人，流五人，徒十二人。小説凌貴興，逸志作桂興。光緒廣州府志作貴卿。小説謂貴興凌遲，其叔宗孔處斬，逸志謂二人在牢中得冥譴以死。小説地師馬半仙入流犯，逸志作坐仙，云諸犯中唯此一人漏網。皆不免歧異。然小説所記詞意鄙俚，往往可笑。其三十八回云：太師馬齊係三朝元老。考清國史大臣傳齊雍正元年以大學士晉太保，非太師也。齊歷相聖祖、世宗、高宗三朝，至乾隆四年始卒。並高宗朝數之，始得云三朝。雍正時亦不得有三朝之説。至總督姓孔，二書所同，疑即孔毓珣。考阮元廣東通志卷四十四"職官"門，載兩廣總督孔毓珣曲阜人，雍正三年任，六年專轄廣東。雍正一朝，廣東總督別無孔姓，當即其人。廣東通志二百五十五有孔毓珣傳，云毓珣以雍正七年秋遷河道總督，未幾卒於官。則小説言遷河督不誤，而逸志言陞京堂者非是。又逸志記奉命往勘獄者爲巡撫鄂爾泰。考廣東通志，是時巡撫爲鄂彌達。鄂爾泰雍正六七年間任雲貴廣西總督，無任廣東巡撫事。則逸志所記亦不免乖舛。蓋二書成於乾隆末及嘉慶中，上距雍正中葉已六七十年，傳聞均不免有誤；而事則實有，非妄載也。唯凌桂興窮兇極惡，孽由自作，以他書考之，則亦不盡然。光緒廣州府志卷五十四"雜記"二引粵小紀云："世傳梁天來七屍八命事，皆訴罪於凌貴卿。而蘇古儕珥贈貴卿子漢亭詩曰：'九疑風雨暗崎嶇，八節波濤險有餘。世路合裁招隱賦，俗情催廣絕交書。傳聞入市人成虎，親見張弧鬼滿車。舊約耦耕堂願築，平田龜坼又何如！'"注云："凌後人名揚藻，有答黃香石書，辨此事之誣尤詳。"意者戚黨交訌,所指貴卿事亦不免誣罔,及貴卿身得重辟,凡衆所舉謫者,皆似牢不可破,如鄭鄤在明季事歟?此小説本名警富新書,後來石印本有題孔公案者,非其舊題。光緒末,南海人吳沃堯更取而重編之爲三十六回,於情節有移動處,官吏姓名亦多臆改。蘇珥字瑞一,順德人,乾隆三年舉人,篤學,詩有別趣,文與書稱二絶。所著有安舟遺稿。清國史文苑傳有傳附何夢瑶傳。凌揚藻字譽釗,番禺人,諸生,學有根柢,亦工詩,著有藥洲詩略、藥洲文略。清國史文苑傳有傳附謝蘭生傳。珥,雍正、乾隆間人,與凌貴卿同時;揚藻,嘉慶間人,即貴卿後裔。二人必非妄語者。其爲貴卿辨誣之詞,俟得其書,更詳考之。

(一九三四年稿,一九六一年十二月改訂)

瑤華傳十一卷四十二回

清道光坊刊本

　　清丁秉仁撰。秉仁嘉慶間江蘇人,始末不詳。是編演明季福王常洵女瑤華事,所記多舛誤不實。如平奢崇明乃朱燮元事,此謂瑤華與父往征平之;秦良玉拒張獻忠,本以壽終,此謂戰死;福恭王世子由崧南渡爲弘光帝,此謂福王無子,以輔國將軍子由枚爲嗣。又謂瑤華爲狐轉生,嫁皇親周君佐,後婿全家爲流賊所殺,瑤華爲峨嵋山道士點化,入山隱去。其叙事牽强離奇,又多猥褻妖異之言,不知何意也。

兒女英雄傳四十一回

清光緒六年北京聚珍堂活字本

　　清文康撰，董恂評。康字鐵仙，一字悔盦，滿洲鑲紅旗人，姓費莫氏，大學士勒保孫，歷官理藩院員外郎、安徽徽州府知府。盛昱八旗文經五十九"作者考"，記康官至駐藏大臣，然馬從善序斯編，謂康"丁憂旋里，特起爲駐藏大臣，不果行"，則未嘗赴任，昱所記蓋誤矣。其書記正黃旗漢軍人安驥與妻張金鳳、何玉鳳結合始末。云玉鳳之仇名紀獻唐，説者謂即影射年羹堯，然其事未詳。又云玉鳳祖名焯，與何義門同名，亦不可曉。至所記玉鳳殺賊救安公子事，實本拍案驚奇韋十一娘小説，非實有其事。其記安驥生平仕履，以清國史文慶傳考之，則一一符合。蓋康與文慶爲堂兄弟，家人事所習知，因隱採其事耳。馬從善叙斯書云："先生席家世餘蔭，門第之盛，無有倫比。晚年諸子不肖，家道中落，先時遺物，斥賣略盡。先生塊處一室，筆墨之外無長物，故著此書以自遣。"然所記不出科第仕宦以及妻榮夫貴之美，命意近腐，非如紅樓夢志盛衰之感，其哀豔足以動人者。唯叙事頗詳贍有法度，且全以北京語寫之，語言之妙亦時饒清音，故近世言國語文學者甚稱之，則捨短取長，亦晚近小説中之表表者，談藝者所不廢也。是編爲光緒六年活字本，每卷題"還讀我書室主人評"。其四十回後題識有"醞卿閲竟識於京邸還讀我書之室"云云，考醞卿爲甘泉董恂號。按：恂原名醇，以避穆宗嫌名改。恂字忱甫，道光二十年庚子進士，官至户部尚書。光緒六年總署卸差評閲此書，年已七十四矣。恂本嗜八比文，所評亦不出選家之見，無足稱道。至此編第一回安老爺語謂一甲三名，狀元、榜眼、探花，旗人没分，恂評云："此在下未充讀卷大臣以前舊事。自同治乙丑經在下面奏,例無明文,遂不拘此。"不知順治庚戌以前,滿洲人自爲一榜,以蒙古人附之。其時旗人自有鼎甲,如順治壬辰科狀元爲麻勒吉,乙未科狀元爲圖爾辰,探花爲索泰,皆旗人,則所云非實。文康以八旗世家自命,即恂亦嫻習掌故,而於本朝之事失之眉睫如此,不得不謂之疏也。

龍圖耳録一百二十回[①]

傳鈔本

　　不著編者名氏。其書未有刻本,今坊間通行之忠烈俠義傳即就此本潤色而成,實忠烈俠義傳底本也。二書皆一百二十回,而此本文字較繁,有叙事近瑣碎而忠烈俠義傳删之趨於簡鍊者,有用北京土語而忠烈俠義傳易以普通官話者。以今考之,忠烈俠義所改亦有勝處,然此本叙述複贅而原委分明,在忠烈俠義傳往往因輕易删節而詞意不明,雖其本通行尚非善本,不得以之逕代此本也。又此本第一回開云:"龍圖公案一書原有成部,圖中演了三十餘回,按:文有脱誤。野史内續了六十多本,雖則傳奇誌異,難免鬼怪妖邪。今將此書翻舊出新,不但删去異端邪説之事,另具一番慧妙,卻又撰出驚天動地之文。所有傳中三俠五義許多豪傑,非包公特識也不能顯達,就是包公忠肝義膽赤心爲國,若非衆英雄竭力幫助,也是辦理不來"云云。下入正傳。忠烈俠義傳第一回删此文,而所載問竹主人序開端即用其語。割原本正文爲序,殊嫌荒疏,設無此本核之,亦不知其究竟也。是本第十二回末,有鈔書人自記一行云:"此書於此畢矣,惜乎後文

---

① 編按:此則人民文學出版社版未收。

未能聽記。”則是編本於書塲聽包公案詞話時記録之本，故私題曰“龍圖耳録”。考今本三俠五義封面題石玉崑述，三俠五義本自此本出，則此本所録蓋即石玉崑所演述者。玉崑字振之，天津人。鬻伎於京師，咸同間以唱單弦動一時，以巧腔妙句見長，時人所編歌詞有“編來宋代包公案，成就當時石玉崑”之句。唯玉崑説唱包公案，本爲以説白兼歌讚之體，按：玉崑唱本龍圖公案今猶存鈔本。此本乃去其歌詞只録説散之語，遂成散文小説耳。

忠烈俠義傳一百二十回

清光緒五年北京聚珍堂活字本

　　按：是本封面題“石玉崑述”。前載光緒己卯入迷道人序，稱“於友人問竹主人處得是書傳録之，乙亥司権淮安，公餘校閲重録，訂爲四函。去冬退思主人借去，竟以聚珍板付印”。其退思主人序亦稱“入迷道人與問竹主人互相參合删定，彙而成卷”。則編定是書者爲入迷道人與問竹主人。今以是本與舊鈔本龍圖耳録互勘，鈔本第一回自“龍圖公案一書”起，至“將仁宗根由叙明，然後再叙包公，方不紊亂，就是後文草橋斷后也省筆，聽書也覺明白”二百餘字，此本截取之，爲問竹主人序，而判鈔本“且説宋朝自陳橋兵變”以下爲第一回正文。鈔本“衆將立太祖爲君，相傳至真宗”，活字本作“相傳至太宗，又至真宗”。鈔本“天狗星犯闕，恐干儲君”，活字本作“恐于儲君不利”。鈔本“真宗道：自御妻出宮之後”，活字本作“御妻薨後”。鈔本“郭槐細細告訴奸婆：你若能勾設計害了李妃，將來劉妃生下太子，便有無窮富貴”，活字本作“郭槐細細告訴，奸婆聽了，始而爲難。郭槐道：若能辦成，你便有無窮富貴”。鈔本“只見那邊來了一人，寇宫人一見滿心歡喜”，活字本作“見一個公公打扮，踏過引仙橋，手中抱定一個宮盒，穿一件紫羅袍繡立蟒，粉底烏靴，胸前懸一掛念珠，斜插一個拂塵兒於項左，生的白面皮精神好，一雙目把神光顯。寇承御一見，滿心歡喜”云云，描摹陳琳比鈔本多四五十字。鈔本“包公經了多少顛險，比仁宗的轍軔更加百倍，真是難君難臣。大凡天星降世，必是受了譴責，謫在人間，理應歷盡折磨，而後能爲人上之人。正是天道循環之理”，活字本作“比仁宗坎坷更加百倍。閒言少叙”，無“真是難君難臣”以下四十五字。大抵襲用鈔本而或增其未備，或删其浮文，或更易字句，而短長互見，亦未易遽定其高低。而自活字本流布，鈔本遂湮而不傳，雖藉印行之力，要其刮垢磨光、編次釐定之功，亦有足尚者焉。

忠烈小五義一百二十四回

清光緒庚寅北京文光樓排印本

　　按：是本前載文光樓主人石振之序，稱“採訪龍圖公案底稿，歷數年之久，未曾到手。適有友人與石玉崑門徒素相往來，偶在鋪中閑談，言及此書，即託之搜尋，即將石先生原稿攜來，共三百餘回，計七八十本，三千多篇，按：此“篇”字當作“葉”字解。分上中下三部，總名忠烈俠義傳。原無大小之説，以上部三俠五義爲創始之人，故謂之大五義；中下二部五義即其後人出世，故謂之小五義。余翻閲一過，脉絡貫通，與坊刻前部略有異同，因購得其稿。其上部三俠五義已有刊本，不便重刊，特將中部付梓”云。據此，則所得乃石玉崑原稿，得之玉崑門徒者。然此本第一回至四十一回，中記白玉堂墜網身亡，諸英雄盜玉堂骨殖，及降鍾雄事，皆與忠烈俠義傳複重。據其卷首所附小五義辨，乃稱“小五義不緊接前傳安定君山一回，而自顏按院查辦荆襄起，因所得石玉崑原稿詳略不同，人名稍異，知非出於一人之手。向使從前套收伏鍾雄後接續小五義挨次刊刻，下文破銅網陣各處節目，必是突如其來，破銅網陣各色人才，亦是陡然而至"云，則謂所得石玉崑稿與忠烈俠義傳非出一人之手，與序所云與坊刻前部略有異同之語合。蓋聚珍堂本三俠五義出於鈔本龍圖耳録，而龍圖耳録又從石玉崑所編唱本龍圖公案出，疊經改編，或於石玉崑原本有出入。而振之所得龍圖公案底稿，乃是唱本，觀其第一百一十回尚載詠魏真之歌讚一首可知。而石玉崑稿遞相傳習敷衍，亦未必無增潤之處。是以此本第一回至第四十一回，雖大致以收鍾雄、尋白玉堂骨殖爲骨幹，而瑣細節目，與聚珍堂三俠五義之末二十回實不盡同。知振之實曾得龍圖公案唱本全帙，所謂與坊刻前部略有異同者，亦係實情，非自有所增益，故爲玄虛之詞也。唯聚珍堂忠烈俠義傳末回，已有"多少熱鬧節目不能盡述，俱在小五義書上"云云，則小五義之名已經預擬，此謂非舊稱者亦非也。

海内奇談

大連滿鐵圖書館藏日本鈔本

此編所收凡四書，一曰西湖文言，二曰人中畫，三曰古今小説，四曰僧尼孽海。除僧尼孽海缺外，人中畫所據爲乾隆乙丑本，收小説三篇，以較日本内閣文庫之乾隆庚子泉州尚志堂刊本，少女秀才一篇；西湖文言收小説九篇，並出西湖二集；古今小説所據爲映雪堂本，收小説十四篇，並出馮夢龍古今小説。按西湖二集本三十四篇，古今小説本四十篇，此所鈔皆不全，其西湖文言又改舊題，或所據爲書肆節本，或係鈔書人節録，今不可知，然觀所鈔古今小説目曰"七才子書",此必書賈妄爲題目,鈔書者不知而仍之。其西湖佳話作西湖文言,亦必所見本有此題,非寫者臆改。且人中畫日本内閣文庫已有刊本,僧尼孽海亦實有其書,二書非虛,則九篇本西湖文言與十四篇本古今小説當亦實有之,非鈔書者據完全之本以意節録矣。

昇仙傳八卷五十六回

坊刊本

題"倚雲氏著",不知何人。所記爲濟小塘靈變,云嘉靖時人,如鬧相府等事至今里巷尤喜道之。考王士禎居易録卷三載積小塘,云京師人,家昌平山中,少遇異人授術,能冬月致菡萏花。嘗召客飲,不治具,客至,取之壁間,水陸畢備。有他客叩門,輒復納諸壁,室空無所有。又載其盗總兵麻承恩頭上巾事,麻下之獄,小塘畫一舟於壁,躍而登之,遂不見。後有人遇於醫無閭山云。則小説所記亦自有所本。唯據居易録其人爲積小塘,小説作"濟",乃字之誤耳。

善惡圖全傳四十回

坊刊本

不著撰人名氏。首漢上浮槎使者序,謂此書以勸善懲惡,向無刻本,坊主人欲藉以風世,不惜重貲刊刻成帙。亦不言作者。記南宋時惡人李雷事。雷行爲不法,卒受極刑。中間屢以武勇鬥爭諸事,頗爲粗獷。書名"善惡圖"者,以雷家中出一石匣,匣中有圖，具繪李之惡跡，爲全書關目，因以名書云。按清李斗揚州畫舫録十一虹橋録下，記舊時評話有曹天衡之善惡圖，似此書所記乃取之説話人所演述者，亦如清風閘、飛跎傳等書，當時揣摩敷演，儘足動人，及事爲人傳録，乃無文采可言也。

李公案奇聞初集三十四回
清光緒十八年坊刊本

題“惜紅居士編纂”。演李秉衡事，易名持鈞，蓋有所諱，不欲直書其名。所記僅秉衡令嘉善、靜海捕盜諸事。末謂“如吳謂、馬販子勾通捻匪，在山東大肆猖獗，詳之二集”云，則尚有續作，其書亦不知成否。其行文頗瑣細，唯事簡而多立回目，割裂其文，不屬人意。前載序二首：一爲法人勞德口授，丹徒張士同記之者。勞德自謂客廣西時，值越南之役，受李之保護，極致感戴，而惜其後來縱容拳匪，喪師誤國，身亦殉之。斷定李爲好名之人，前之愛護，後之仇殺，皆非本心，悉爲好名之一念驅使。而譽其長於吏治，謂終其身於郡守，當可比美龔黃云。評論亦允。一爲光緒二十八年恨恨生序，語意略同前序。按是年議和，兩宮回鑾，恨恨生疑即張士同別號，或爲曾與李共事之人有感而作此書也。

孽海花十卷二十回
清光緒間上海小説林排印本

按：此本題“愛自由者起發”，“東亞病夫編述”。實則近人曾樸所作。樸字孟樸,舉人,常熟人。斯編演清季事,以洪鈞按:書中隱其名作金鈞。與妾傅彩雲事爲主,而京朝雜事,朝野見聞,皆牽綴貫穿而出之。以事多目擊耳聞,雖誇張不免,而叙事親切,不同臆造,文筆亦秀潔流利,在晚近小説中最爲出色。其人名之可指實者,如陸仁祥奉如,即陸潤庠鳳石;何太真珏齊,即吳大澂窓齋;成木生即盛杏蓀;呂蒼舒順齋,即黎庶昌蒓齋;王恭子度,即黃遵憲公度;龔平和甫,即翁同龢叔平;黎殿文石農,即李文田芍農,莊佑培崟樵,即張佩綸幼樵;王仙屺憶莪,即王先謙益吾;祝溥寶廷,即宗室寶廷竹坡;莊焕英小燕,即張蔭桓樵野;段厄橋即端方午橋;荀春植子珮,即沈曾植子培;唐猷輝常肅,即康有爲長素;高揚藻理惺,即李鴻藻蘭生;聞鼎儒韻高,即文廷式芸閣;呂成澤沐庵,即李盛鐸木齋;汪蓮孫即王懿榮廉生;柴龢韻甫,即蔡鈞和甫;章一豪即張曜;魯通一即衛汝貴達三;方代勝安堂,即袁世凱慰庭等。望雲山房本所附強作解人考證,言之甚詳。蓋亦如吳敬梓儒林外史可徵其人考其事,在近代小説中獨爲近雅,雖視外史風格稍異,固亦可供士夫之清賞矣。

卷四　戲曲：元

竹塢聽琴一卷
元曲選本

　　元石子章撰。鍾嗣成録鬼簿上但載子章爲大都人，不言其名，亦不著事蹟始末。考元遺山集有贈石子章詩一首，蓋元初人也。此本爲元曲選本，標題云："鄭彩鸞草庵學道，秦脩然竹塢聽琴。"按：天一閣本録鬼簿作"悟道"。演秦脩然事。略稱女子鄭彩鸞者，父官禮部，與工部尚書秦思道指腹成婚。彩鸞父母雙亡，避居城外竹塢庵爲女冠。旁有草庵，其庵主亦姓鄭，乃官人梁公弼之妻，遭亂相失，出家於此。彩鸞時往學琴焉。久之，公弼除鄭州尹，然不知鄭氏入道，鄭氏亦不知州尹即其夫。其秦思道本與公弼有舊。思道卒，子脩然依公弼於鄭。脩然偶出游，日暮，詣竹塢庵借宿，值彩鸞撫琴，竊往聽之。彩鸞覺之，延入，互詢姓名，乃知夙有婚約，隔絶已十餘年矣，不能抑情，遂相歡會。自是來往甚頻，公弼察知其事，屬乳媪語脩然曰：斯觀有道姑死，常爲人祟。脩然懼，請行，遂詣京應試，中狀元，授鄭州通判而歸。初脩然去後，公弼訪彩鸞，詢知即脩然幼所婚訂者，乃延之入城，使主州衙附近之白雲觀。至是候脩然至，設宴觀中，使相見。脩然驚爲鬼，公弼乃實告之，使諧伉儷。鄭道姑聞彩鸞還俗嫁人，尋至白雲觀，責之，忽與公弼遇，相認，亦還俗，與公弼偕老。録鬼簿載子章劇爲黄貴娘秋夜竹窗雨及竹塢聽琴二種，今唯竹塢聽琴存,其黄貴娘久佚不傳,僅詞林摘豔等明人選劇尚摘録其詞云。

救孝子一卷

元曲選本

　　元王仲文撰。鍾嗣成録鬼簿上但稱其爲大都人,不著行蹟。天一閣鈔本載賈仲明所補弔詞云:“仲文蹤跡住金華。”“金華”二字恐是“京華”之誤。明謝應芳龜巢藁有贈王仲文序,其人乃塑工,且生當元季,當非曲家王仲文也。録鬼簿録仲文曲凡十本,如五丈原、董宣強項、王祥卧冰、錦江亭、按:南戲有錦香亭,“江”字疑“香”字之誤。張良辭朝、王孫賈、韓信乞食、諸葛祭風及趙太祖斬石守信等,今皆不存,唯此本猶録於臧懋循元曲選中,標題云:“送親嫂小叔枉招罪,救孝子賢母不認屍。”考天一閣鈔本録鬼簿不認屍下注作:“僉義軍按:鈔本誤作“豕”。清官大斷案,救孝子烈母不認屍。”則舊本題如此,元曲選所題殆非其舊矣。斯本凡四折,第二折前有楔子,略稱大興府尹王翛然,奉命勾遷義細軍,至開封。軍户楊李氏有二子,長興祖,李氏所出;次謝祖,妾所出。其妾已亡。其家當出一人爲軍,李氏請以興祖往。翛然疑非李出,詳詰之,則夫愛幼子,臨歿曾以謝祖爲託,因大賢之,而率興祖去。興祖妻王氏偕婢歸寧,謝祖送之,未及其家,使嫂自往而回。王氏遇行醫人曰賽盧醫,殺婢以王氏衣衣之,刼王氏而去。王氏母疑謝祖,訴之官。官檢屍而屍已腐,然信爲王氏,令其姑李氏領歸。李氏不肯認,又信謝祖決不爲此,而謝祖不勝刑,竟屈招。久之,興祖以軍功官千户,歸家省其親,路遇王氏。知王氏爲醫所掠,誓不辱身,醫迫之使服勞役,乃執醫而送之官。時翛然方奉命來訪,至開封,乃正醫罪,復念楊氏一家皆賢,奏於朝，榮旌之。翛然金史有傳，劉祁歸潛志載其行誼亦詳。其伉直不屈，爲金源一代名臣。仲文大都人，或父老相傳猶多及翛然軼事，因著此曲歟。然王氏見掠因婢死疑殺一節，恐非實有，乃以刑名書所記串合爲之，入之劇中，殊嫌生硬。又元史一四九耶律留哥傳，載留哥金時攜其長子薛闍附元。留哥卒，妻姚里氏攜次子善哥見帝於河西，請以善哥代薛闍，使薛闍歸襲爵，帝不許。氏泣曰："薛闍，留哥前妻所出，宜立。善哥，婢子所出，若立之，是私己，不可。"帝歎其賢，許以薛闍襲爵，而留善哥。乃太祖時事，不知即劇所本否。而元史二百零一尚載秦閏夫妻柴氏，其夫前妻所生長子被罪當誅，氏引其親生子詣官，謂犯法者乃次子，非長子，官反疑次子非柴氏所出，訊之他囚，得其情，因釋其長子而次子亦得不死。事與此所演亦相類。唯所載乃至正間事，尚在鍾嗣成編録鬼簿之後，知與仲文此劇不相關涉矣。

燕青博魚一卷
元曲選本

元李文蔚撰。鍾嗣成録鬼簿上載文蔚爲真定人，江州路瑞昌縣尹；明寧獻王權太和正音譜稱文蔚之詞如雪壓蒼松，其他不詳。斯編爲元曲選本，標題目正名云："梁山泊宋江將令，同樂院燕青博魚。"清錢曾述古堂目、也是園目，黃文暘曲海目所記皆與此本收句合。曹寅刊本録鬼簿載此劇作報冤臺燕青撲魚，與此本異。考宋元人書"博"字、"搏"字皆作"撲"，如"相搏"作"相撲"，"博買"作"撲賣"，則作"撲"者原文。太和正音譜作燕青摸魚，則字之誤也。演燕青事。稱燕青於重陽節下山游賞，歸誤限期，受杖，憤而失明，下山覓醫，流寓汴京。汴京人燕和者，妻王氏，弟即捲毛虎燕順。王氏與楊衙内私，約以三月三日會於同樂院。及期，楊騎馬至，撞青倒。青欲控其馬，楊毆青，急馳而去。燕順適至，見青目盲，憐之，引入肆中，以鍼治之而愈，互詢姓名，結爲兄弟。青販魚自活，每至同樂院博魚。楊衙内復至，奪其擔，青奮毆之。燕和在旁見之，羨其拳勇，亦與青結爲兄弟，引至家，館穀之。值中秋日，王氏乘燕和醉，與楊衙内私會於後園。爲青所見，將殺之。楊逸去，率衆至，縛和與青送於官。和、青乘間越獄走，楊率衆追之，將及。時燕順已入梁山濼，聞和、青事來救，乃共擒楊與王氏殺之，俱投梁山云。此劇情節雖瑣碎，然詞亢爽雄麗，在元曲中自具一種風格，則文蔚當元時自爲一大作手無疑。所撰戲曲，錄鬼簿所載凡十二種，今唯此劇存。且其劇除元曲選及酹江集外，諸選集悉不收，則亦魯殿靈光矣。至劇中所言撲賣事，實宋元間市俗，西湖老人繁勝錄、周密武林舊事等書記臨安市井皆載之，然其事不詳，此劇於當時意錢之制，言之至悉，可以考見當時風俗。又李斗揚州畫舫錄，載清時揚州小商販賣亦有此事，乃知古今習俗相去不遠也。

新校注古本西廂記六卷
明萬曆刊本

明王驥德撰。驥德字伯良，號方諸生，山陰人，爲山陰徐渭弟子。又與吳江沈璟游，璟亦重之。曾爲璟撰南曲譜序。天啟甲子毛以燧跋驥德曲律，稱"所著有方諸館集若干卷、方諸館樂府二卷，有題紅記及男后、離魂、救友、雙環、招魂諸劇"。今唯題紅記及男王后存，餘多不傳。以燧跋又稱驥德"癸亥病。入秋，以曲律付之，屬爲刊行。方在校刻而訃音至。"則卒於天啟三年。其享年則不可考矣。是編爲萬曆間山陰朱朝鼎所刊。後有朝鼎跋，自署云"書於香雪居"。考此書每葉板心下亦均有"香雪居"三字，蓋即朝鼎堂名。前載萬曆癸丑毛以燧序及萬曆甲寅驥德自序。自序稱"西廂記流傳既久，失其故步，至不勝句讀。輒爲訂其譌者，芟其蕪者，補其闕者。其微詞隱義，類以意逆，不敢揣摩，必雜證諸劇以當左契。大抵取碧筠齋古注十之二，取徐師_{按：指徐渭。}新釋亦十之二。今之詞家吳郡詞隱先生_{按：即沈璟。}實稱指南，復函請參訂。凡再易稿，始克成編"云。今考其書中所引，有嘉靖癸卯碧筠齋本，有萬曆戊子朱石津本，有秣陵金在衡本，有毗陵徐士範本，錫山顧玄緯本，有其師徐天池本，有夏本。_{按：夏本見第二折第二套脫布衫校記引詞隱生云。}蓋彙集諸本一一考校而成此書，用力至勤。其注以是正文字者爲多，然亦釋事釋義。凡校記附每套之後，並曲文爲五卷。其涉西廂記之傳記、碑銘、考證、評語等，又與王實甫之韓彩雲絲竹芙蓉亭劇點絳唇套合爲一卷，附於本書之後，以備世人採擇。用意亦至周密。唯其校書過逞己見，以典贍爲上，以整齊爲工，以簡潔爲雅，不免以後來製曲風氣衡量古人。又古人倚聲製曲，本無定譜。後世所謂詞譜，凡聲之用平用仄，字之多寡，不過參伍比較而得其梗槩。其實按之曲文，變例尚多。驥德乃欲劃一，動以三尺繩之，亦不免拘滯。是以書中文字經驥德所定者，往往失之荒誕錯誤，不可依據。其尤顯然易見者，如：第二折一套鵲踏枝曲，改"誰肯鍼兒將綫引"爲"誰肯把鍼兒綫引"。不知"綫因鍼而達，不因鍼而縋。女因媒而嫁，不因媒而親"。以鍼喻媒已見游仙窟。所改語意不明。二折一套賺煞，改"嚇蠻書信"爲"下燕書信"，不知元人製曲原不避俗典，作"下燕"者實非是。三折三套離亭宴帶歇指煞曲改"猜詩謎社家"爲"猜詩謎杜家"，引輟耕錄雜劇名目"杜大伯猜詩謎"爲據。不知宋以來猜詩謎本有社。_{猜詩謎社見都城紀勝。}凡社中人謂之社家。法苑珠林卷九十二"隋宜城人皇甫遷"條:"遷亡,託胎家内母豬腹中,經由三五月,産一豞子。年至兩歲,八月社至須錢,賣與遠村社家,得錢六百文。"百回本水滸傳第八十一回"燕青月夜遇道君"篇記角妓李師師欲觀燕青身上紋繡,燕青笑道:"小人賤體雖有些花繡,怎敢在娘子跟前揎衣裸體。"李師師説道:"錦體社家子弟,那裏去問揎衣裸體?"此社家二字連文之例也。三折三套攪箏琶曲"打扮的身子乍",改乍爲詐,釋爲喬。不知乍、傷實一聲之轉,宜訓文雅。楊顯之瀟湘雨第一折油葫蘆曲:"穿衫裏帽身子兒傷";天下樂曲:"打扮的身子兒傷。"按:此據顧曲齋本。語例同,字即作傷。又轉作窄,如康進之李逵負荊劇二折云:"帽兒光光,今日做個新郎。袖兒窄窄,今日做個嬌客。"百回本水滸第五回云:"帽兒光光,今夜做個新郎。衣衫窄窄,今夜做個嬌客。"窄窄亦作乍乍。光光、乍乍,並貌華美,亦無喬假意。又如第五折第二套朝天子後有賀聖朝一曲,古今本皆同。驥德以爲係黄鍾宫曲爲小人竄入,因删去。不知北曲黄鍾宫、商調、中吕,皆有賀聖朝,其字句各異。此自係中吕宫之賀聖朝。又王實甫西厢記四本,通行本每本最後一折各附絡絲娘煞尾一曲。其中"都只爲一官半職"一調,太和正音譜曾引之,蓋是舊文。驥德則以爲俗工捯彈引帶之詞而删之,雖沈璟之言亦不肯從。太和正音譜下引西厢小絡絲娘曲,注云:"王實甫西厢記第十七折。"此曲今在新水令"望蒲東蕭寺"一套中,即王實甫西厢記最後一折。是寧獻王權洪武時所見西厢實爲十七折。以一套一折數之,其八聲甘州"懨懨瘦損"、端正好"不念法華經"二套,應各爲一折。驥德乃改稱折爲套,以四套爲一折,合"懨懨瘦損"、"不念法華經"二套爲一,目爲第二折第一套。其體爲元人所無,其形式不古不今,殊爲臆造。

(一九三四年稿,一九六一年十二月改訂)

西廂記五卷

國立北平圖書館藏明凌濛初刊朱墨本

　　元王實甫撰，關漢卿續，明凌濛初評釋。濛初所著有詩逆等書，見四庫全書總目，小說有拍案驚奇，已別著錄。是編前載凡例十則，後有小序，署即空觀主人，用詞名，而所鈐朱文印二，一著濛初之名，一著其字曰初成氏，則未嘗不以姓名示人矣。凡例謂得周憲王刊本，分爲五本，本各四折，折有題目正名四句，以末句爲本劇總名，得元人之體。因遵憲王原本刊之，一字不易置增損，即有鑿然可改者，亦但明注上方，以備參考，至本文不敢不仍舊。又云：評語解證以釋疑滯、正訛謬爲主，至如用事習見者，非博雅所須，故不備。其體例如此。故其本錄王、關曲，獨立爲五劇，曰“張君瑞鬧道場雜劇”，曰“崔鶯鶯夜聽琴雜劇”，曰“張君瑞害相思雜劇”，曰“草橋店夢鶯鶯雜劇”，曰“張君瑞慶團圓雜劇”。每本四折，無標目。其解證各附於本劇之後。又附錄元無名氏對奕劇及會真記於王、關劇之後。凡時本所附年譜、辨證、詩詞、題詠之類，皆不錄，特爲雅潔。其文中評注以及解證各條，亦復詳贍有法，具見本原，卓然爲一家之言。於同時王驥德所注西廂深致不滿，以爲胸中有痼，阿其所好，悍然筆削，其辨析確當處十僅得二三。按：此凡例中語。書中駁驥德處或曰陋甚，或曰酸甚，或曰迂拙，皆近於呵罵，失雍容之度。然濛初於曲學本博洽，所著南音三籟，考證精審，言曲者奉爲圭臬，爲不刊之作，其評釋西廂亦確能踐不易舊本之言，無驥德之短而能證其謬，如：第一本“顛不剌”，解三字爲助語，正王本訓顛爲輕狂之失；“你若有主張”，依原文正王依徐本改“有主張”爲“把小張”之誤；“心癢難撓”，引看錢奴劇“撓不着心上癢”句，證撓字之不誤，以王改撓字爲揉字

非是；沈醉東風調，引追韓信等劇首句末字皆用平聲，證王說末
字當用上聲之不確。第二本"嚇蠻書信"，不改"下燕書信"，謂元
劇用事不必正史；"金鈎雙控"，依原文，知王改"雙鳳"之滯。第
三本"社家"不改"杜家"，以引輟耕錄"杜大伯猜詩謎"爲不足據。
所論皆確當不易。又如：第一本醉春風曲"多情人一見了有情
娘"，徐、王俱言古本是"寡情人"，仄字起爲合調，然以不見其本
不敢更；錦上花"外像兒風流"一曲，係旦與紅唱，在末唱折桂令
及碧玉簫之間，非北曲之體，疑後人添入，以舊有其文，亦不敢遽
删，皆屬矜愼。唯所解說間有疏略者，如：第二本注謂"生忿"與
"生分"同，解證訓爲戾氣，引金綫池等曲以見其例，而不知漢書
地理志已有"貪遴爭訟生分爲失"之語；第二本注謂"前程"即"姻
緣"，不知前程實不專指婚姻而言；第三本解證謂"社家"猶言"作
家"，不知宋元謂社會中人謂社家，實無作家之說；注"打扮的身
子乍"，引王驥德說訓爲詐喬，不知詐、乍、傗通假字，宜訓美好，
驥德說實不可據；又執元雜劇每本四折之說，以"不念法華經"一
章爲楔子，考元劇楔子皆是端正好賞花時小令二三隻曲，或插入
院本則疊曲較多，其用大套曲扮演爲楔子者，絶無其例，明寧獻
王太和正音譜引西廂記作十七折，似此章本自爲一折，楔子之說
實無所據；至謂北詞唯一人唱，疑旦、紅唱錦上花一曲爲後人增
入，不知吳昌齡西遊記已有第二人唱之例，周憲王雜劇中尤多有
之，是始終一人唱之說亦不盡然，濛初亦偶未之察耳。然濛初斯
書大致精審，在評刻西廂諸本中，實最爲善本。當明季文人競以
己所學易元曲之際，而濛初獨能不矜才、不嗜奇，諄諄焉唯以保
存舊本爲務，斯亦難能可貴矣。唯所附西廂舊目載點鬼簿目錄
王實甫張君瑞鬧道場四劇題目，與關漢卿"張君瑞慶團圓"題目，
云與周憲王本合，按點鬼簿當即錄鬼簿，今通行本錄鬼簿於王實
甫只錄"崔鶯鶯待月西廂記"一題，於關漢卿即不云有張君瑞劇，

唯天一閣鈔本録鬼簿於王實甫西厢記注云:"鄭太后按:后當是君字
之誤。開宴北堂春,張君瑞待月西厢記。"與此亦不合,不知濛初
何據。憲王刊西厢記今未有傳本,而金鑾在明中葉有"周憲王增
西厢賞花時"之語,據此則西厢記當有周憲王本,濛初或得其本,
亦未可知。觀其書脚色上場開呵、開科,即用開字,明季刻元曲
已無此例;又如記杜將軍至普救寺救張生科段,有引卒子騎竹馬
調陣之事,此是舊時砌末,唯元刊本雜劇及周憲王所編雜劇中有
此記載,其他明刊元劇絶不見此等,而濛初此本有之,此决非不
見舊本捏合爲之者,固知其言不謬也。

六幻西厢記
國立北平圖書館藏明刊本

　　明閔伋齊校。齊伋字遇五,烏程人。是編集唐元稹會真記、
金董解元西厢記、元王實甫西厢記、關漢卿續西厢記,及明李日
華、陸天池二家南西厢爲一編,而附元白會真諸詩及宋王銍、明
王世貞等考證論曲諸條,及錢塘夢小説於會真記之後,附元晚進
王生圍棋闖局一折及自撰五劇箋疑於關、王西厢之後,附李開先
園林午夢於陸天池南西厢之後,總題曰六幻。六幻者,元稹會真
記爲幻因,董解元西厢爲搊幻,王實甫西厢記爲劇幻,關漢卿續
西厢爲賡幻,李日華南西厢爲更幻,陸天池南西厢爲幻住也。其
判王實甫西厢爲四本,每本四折,以惠明唱法華經一套爲楔子,
與凌濛初本同,蓋依其説。唯佛殿奇逢、泥金報捷等目,皆明人
所增,此猶狃於俗本,未能遽廢。其箋疑釋事,録舊本所載,傅以
己意,實無考證;曲文折衷俗本與王伯良本之間,偶有辨證,亦録
凌濛初、王伯良之説,而稍稍竄易其文,未嘗有一人獨得之見。

蓋齊伋於曲學非所長，特有刊行古書之好耳。唯所收除會真記
爲唐人傳奇外，餘五種皆金元明著曲，彙爲一書，極便觀覽。李
開先園林午夢一劇，亦僅見此本，於保存舊文不爲無功。明人撰
曲十存五六，而齊伋此編獨能流傳至今不廢，其名傳播士林，亦
可謂刊書之效矣。至六幻與幻因、搊幻等名，頗爲不文，則明季
士人喜爲纖巧之詞，不自知其謬，亦無庸深譏焉。

麗春堂一卷
元曲選本

　　元王實甫撰。天一閣本録鬼簿王實甫小傳，載實甫名德信，
原作“德名信”，似誤置。大都人，不詳其行蹟。實甫以編西廂記得
名，然所編雜劇多至十餘本，雖數量不及關漢卿之多，實與馬致
遠抗衡，顧其曲除西廂記外傳者無幾。明王驥德刊西廂，録附其
絲竹芙蓉亭劇，然只一折，且有詞無白，知驥德亦未見其全本。
其完整無缺者，唯臧懋循元曲選所録此劇。蓋諸劇悉爲西廂記
所掩，湮沒久矣。此本演金完顏樂善事，凡四折，標題作“李監軍
大鬧香山會，四丞相高宴麗春堂”。然考之録鬼簿、寶文堂目悉
作“四大王歌舞麗春堂”。錢曾述古堂目及也是園目作“四丞相
歌舞麗春堂”。雖作“大王”作“丞相”不同，然悉作“歌舞”，無作
“高宴”者，則元曲選標目亦非其舊矣。略稱左丞相徒單克寧以
蕤賓節射柳賜宴，奉命爲押宴官。右丞相完顏樂善所謂四丞相
者，與右副統軍使李圭皆至。右相射三矢皆中，圭射不勝，大慙。
已而諸帥置宴香山，右相與圭復預宴。圭與右相賭雙陸，右相初
勝後負，圭欲以塗面辱右相，右相因毆之。克寧以事上聞，詔右
相濟南閑住。右相欣然攜妻子往，以釣游自適。值寇起，起右相

往勣。寇聞右相入都，皆降。上乃復其官，依前右丞相，賜酒，即其第麗春堂置宴，令圭往謝罪，因歡好如初云。劇中所述如右相完顏樂善、李圭，皆不見史書。唯克寧宿臣重望，歷事世宗、章宗，金史九十二克寧傳載其行誼甚詳。此劇克寧白"以樞密院副使兼大興府事，拜右丞相"，與本傳皆合。世宗時克寧爲右相，左爲完顏守道；及守道休官，克寧爲左相，而皇太孫原王按：即章宗。爲右相。劇稱右相完顏樂善，實不知何指，然所記當爲世宗時事，殆無可疑。王國維曲錄二據此劇末折唱"早先聲把烟塵掃蕩，從今後四方八荒萬邦，齊仰賀當今皇上"，以爲頌祝之詞，爲金主而發，疑實甫作此劇尚在金世，殆或然歟。

黃粱夢一卷

元曲選本

題"馬致遠撰"。考元鍾嗣成錄鬼簿載李時中黃粱夢，注云："一折馬致遠，二折紅字李二，三折花李郎，四折李時中。"則本四人撰，不得逕題馬致遠撰。錄鬼簿著花李郎，謂是教坊劉耍和壻；著紅字李二，云京兆人，蓋皆教坊樂人。天一閣本錄鬼簿載賈仲明弔時中詞云："元貞書會李時中。"按宋以來文人集社，編造詞曲、小說、謎語，謂之書會。其時伎藝人演唱多用書會之本，因尊社家爲書會才人，時中當即其人也。是本演呂洞賓成道事，標題目正名云："漢鍾離度脫唐呂公，邯鄲道省悟黃粱夢。"然天一閣本錄鬼簿載其文作"鍾離單化呂純陽，開壇闡教黃粱夢"。陳與郊古名家雜劇目按：陳刊本今不存。亦同，知正名實本作"開壇闡教黃粱夢"。劇中大意稱洞賓應舉，旅次方炊黃粱爲飯，鍾離權適至。洞賓忽思睡，遂夢及第，拜兵馬大元帥，娶殿前高太尉女,生子女各一。吳元濟負隅蔡州,奉命征之。臨行,太尉餞之,中酒,忽嘔血,由是立願斷酒。征蔡,受元濟賄遺師,察知婦與人私,寫一休書棄之,由是斷色。受賄事發,配沙門島,由是斷財。迭配時,率兒女跋涉風雪,凍甚,投一草庵,向庵中老媼求食。媼有子自外至,遽捉兒女投之澗中,洞賓旋亦見殺。醒而鍾離在旁,由是十八年間酒色財氣皆斷,即從鍾離仙去。其事倣唐傳奇呂翁度盧生事爲之,而多出己意,情節無甚可取,而詞采遒豔,甚爲不凡。雖分出四手,足稱聯璧。今以明寧獻王太和正音譜所引此劇考之,正音譜下卷録此劇醉中天一調,又雁兒一調,注云:"馬致遠黃粱夢頭折。"正音譜上卷録六國朝一調,又玉翼蟬煞一調,注云:"花李郎黃粱夢第三折。"其每折別自題名,與録鬼簿所記合;其某某調在某折中,與此元曲選本亦合。又賈仲明弔詞記此劇宮調云:"東籬翁頭折充,第二折商調相從,第三折大石調,第四折是正音,都一般愁霧悲風。"今此本第一折仙呂,第二折商調,第三折大石調,第四折正宮,與仲明詞亦合,知元曲選此本確自元本出。雖以正音譜所録曲詞校此本,間有異同,然大致當依原本,於原作勝處究不能盡掩也。

瀟湘雨一卷

顧曲齋本

酷寒亭一卷

元明雜劇本

　元楊顯之撰。顯之,大都人。元鍾嗣成録鬼簿稱其"與關漢卿莫逆之交,凡有文辭,與公較之,時號楊補丁云"。按:此據天一閣鈔本。知與漢卿同時,亦元初人矣。録鬼簿載所撰曲有劉泉進瓜、黑旋風喬斷案、醜駙馬射金錢、蒲魯忽劉屠大拜門、大報冤兩世辨劉屠、借通縣跳神師婆旦，與瀟湘雨、酷寒亭爲八種。今唯瀟湘雨、酷寒亭二劇存。瀟湘雨演宋張商英女翠鸞事。云商英謫官，攜女渡淮。舟覆，翠鸞爲漁夫崔文遠所救，因以妻其姪崔通。通中高第，重婚趙氏，授秦川縣令，置翠鸞不顧。翠鸞尋至，誣爲逃奴，流之沙門島。行至臨江驛，商英適以廉訪使至，與翠鸞相認。翠鸞乃親之秦川，縛通及趙女，將罪之。值崔文遠至，力救之。商英乃釋通，還其官，使與女俱之任，而以趙氏爲婢。酷寒亭演鄭州孔目鄭嵩暱妓蕭娥，婦蕭氏氣憤以死。蕭娥入居其室，虐其子女，復與祇候高成私通。嵩恥之，殺蕭娥，以殺人罪迭配沙門島。行至酷寒亭，嵩先所救罪人宋彬者落草爲寇，至是率軍校至，救嵩上山，並殺高成。按元人南戲有鄭孔目，沈璟以下諸南曲譜多引之，與顯之此劇同演一事，知係當時流行故事。又二劇以顧曲齋本、元明雜劇本考之，亦多與元曲選本異。其著者，如元曲選本瀟湘雨第一折之醉中天"纔救出淮河口"一曲，及第二折隔尾"我則待婦隨夫唱和"一曲，第四折搽旦嘌唱醉太平"我道你是聰明的卓氏"一曲，又正旦唱醉太平"不爭你虧心的解元"一曲，尾煞"從今後鳴琴鼓瑟開歡宴"一曲，顧曲齋本皆無之。尋繹其文，元曲選本多臆改，顧曲齋本亦不免有刪略之處，以此宜分別觀覽，固不應拘泥一本焉。

合汗衫一卷　薛仁貴一卷　相國寺一卷
元曲選本

　　元張國賓撰。錄鬼簿載國賓按：國賓一作國寶。大都人，即喜時豐，教坊勾管。賈仲明補弔詞云："教坊總管喜時豐，斗米三錢大德中。"知國賓乃大德時人也。所著雜劇據曹寅刊本録鬼簿所録，有漢高祖還鄉、公孫汗衫記、薛仁貴三種，天一閣鈔本録鬼簿又多嚴子陵垂釣七里灘一種。太和正音譜上娼夫類録汗衫記三劇，與刊本録鬼簿同，而題作張酷貧，疏云："娼夫托姓，有名無字，張酷貧訛傳張國賓，非也。自古娼夫，如黃番綽、敬新磨，止以樂名稱之，亙世無字。"謂"國賓"乃訛傳。然録鬼簿明載國賓樂名爲喜時豐，則"酷貧"殆"國賓"訛傳，並非樂名。且元時優伶，如順時秀、喜春來等，雖通行樂名，而其本來名字亦未嘗不爲人所稱。順時秀即郭芳卿。正音譜謂無名字亦非也。其劇今存者爲合汗衫、薛仁貴二種。

合汗衫，元曲選標題作："東嶽廟夫妻占玉玫，相國寺公孫合汗衫。"然録鬼簿、正音譜、述古堂目均作汗衫記，其標目爲"金沙院父子再團圓，相國寺公孫汗衫記"。按：標目據天一閣鈔本録鬼簿，"金沙院"原誤"金山"。元曲選所目，殆非舊題。劇稱南京張義員外，婦趙，子曰善友，媳李氏。義雪中救一貧人陳虎，留於家，以家事委之。善友妻久孕不產，虎隨善友夫婦赴徐州東嶽廟擲杯玫，於路殺善友，強刼李氏，占爲妻。旋生子，虎以爲己子，名陳豹。豹長，嫻武藝，入都應舉，母以汗衫之半與之，屬至南京訪張員外夫婦，而不言其故。豹中武狀元，授提察使，於相國寺散齋。張義夫婦失子，且貧甚，來寺投齋，見豹類己兒，俱大慟。豹問知其故，出母所授半衫示之，與義夫婦所攜半衫适合爲一。歸語其母，始知本生父被殺，虎乃父仇，所遇二老乃祖父母也，即執虎付官殺之。時張義夫婦亦來徐相會，與媳李氏詣金沙院，追薦善友。而善友曩遇救，在院爲僧，因相認，祖孫父子團圓云。太平廣記一二一"崔尉子"條引原化記，與此極似，蓋即劇所本，變其姓名耳。

薛仁貴，元曲選標目作："徐茂公比射轅門，薛仁貴榮歸故

里。"考録鬼簿、正音譜載此劇均作薛仁貴衣錦還鄉,其標目起句
爲"張士貴賴功治罪"。按:據天一閣鈔本録鬼簿。知元曲選此目亦非
原題。其劇演薛仁貴事。稱仁貴小字驢兒。高麗之役,仁貴投
總管張士貴爲義軍,及戰,以三箭定天山,士貴冒其功。軍師徐
勣疑之,令士貴、仁貴於轅門外比射,士貴不能中,而仁貴三發三
中,乃斥士貴,以仁貴功奏聞,授天下都元帥。以徐勣女嫁仁貴,
與仁貴原配妻柳氏俱封夫人。

　　相國寺演羅李郎事。稱羅李郎撫孟倉士之子湯哥、蘇文順
之女定奴,使相配偶,生子受春。湯哥放浪不檢,李郎憂之,歎
曰:"兒要自養,穀要自種。"僕侯興乃唆湯哥出走,詭報其死,復
掠定奴、受春而逃。李郎始知興之奸,棄家追之,且訪湯哥。至
京,則蘇文順已貴,爲左丞,監修相國寺,湯哥執役於寺。文順買
僮,得受春,忽失唾壺,吏執受春拷之。受春見湯哥呼父,吏並拘
湯哥。李郎至寺,二人者知爲祖若父,並呼救。方喧嚷間,而文
順出,見李郎,乃故人也。各述始末,文順始知湯哥其婿,而受春
其外孫。倉士爲禮侍,奉旨來寺進香。李郎以湯哥示之,乃其生
子。吏旋獲侯興,與定奴俱來,李郎又指定奴語文順,是其生女。
於是蘇孟兩家骨肉皆得相聚,感李郎之恩,奉養終其身。此劇天
一閣録鬼簿續編著録,在所附失名傳奇目中,述古堂目亦入無名
氏類,唯元曲選及陳與郊新續古名家雜劇俱題元張國賓撰,未知
孰是,今姑附張國賓劇。至題目正名,元曲選作"莽湯哥嵒釘遠
鄉牌,羅李郎大鬧相國寺"。新續古名家雜劇多二句,作"潑奴胎
勒要從良字,老業人果有恓惶事。賽曾參嵒釘遠鄉牌,羅李郎大
鬧相國寺"。天一閣本録鬼簿止録後二句,與新續古名家雜劇
同。按:天一閣本誤書作"賽曾參險打李卿",不成句。"賽曾參"似即湯哥,
然劇中不見"賽曾參"三字,究不知其稱呼之所由來也。

東窗事犯一卷

景印元刊本

　　不著撰人名氏。王國維序目此本解題云："錄鬼簿載孔文卿、金仁傑所撰雜劇，均有秦太師東窗事犯，此本未知誰作。"考此本卷末標題目正名云："岳樞密爲宋國除患，秦太師暗結勾反諫。何宗立勾西山行者，地藏王證東窗事犯。"天一閣鈔本錄鬼簿上卷載孔文卿東窗事犯，注云："何宗立勾西山行者，地藏王證東窗事犯。"與此本合，下卷金志甫按：仁傑字。東窗事犯下無注，疑此本即文卿所作也。文卿名學詩，溧陽人。諸書稱爲平陽人，蓋文卿籍本浙之平陽，爲南宗聖裔，雖居溧陽已久，傳者多據其族望稱之，故猶曰平陽云爾。劇演岳飛冤獄，稱飛拒金師於朱仙鎮，將復東京。秦檜矯詔，一日發十三次宣召之。飛不知其故，急馳至行在。檜誣飛造反，下之於大理寺獄，與子雲、將張憲同死。檜殺飛後感惡夢，意不自安，詣靈隱寺祝告。地藏菩薩化爲呆行者，名葉守一，持火筒，短髮垢面，向前數檜之惡，云陷岳飛於死，遲早當有報。檜大惡之，然以其有風疾，無如何，不豫而回。已命虞候何宗立赴寺勾之，至則其人已杳，唯得題詩一帋，持以呈檜。檜讀之，其結句云："丞相問我歸何處，家住東南第一山。"復命往東南第一山勾之，至則恍惚入冥，見鬼吏森列，檜帶枷含淚，囑宗立傳示夫人，"東窗事犯矣"。蓋檜下飛獄，欲置之死地，意猶躊躕，曾與婦謀於東窗下也。宗立入山時，年未四旬，及歸已滿二十年，髮斑白矣。時高宗已內禪，新君即位，聞宗立事，召見詢之。宗立乃以所經歷委曲敷奏，而飛與子雲及張憲亦托夢於上皇。乃罪檜及其家屬，而旌飛等忠烈云。按明郎瑛七修類稿卷二十三"東窗事犯"條，稱"嘗見元之平陽孔文卿有東窗

事犯樂府,杭之金仁傑有東窗事犯小説,與今所傳大略相似。"又
稱"盧陵張光弼簑衣仙詩有引云:'宋押衙何立,秦太師差往東南
第一峰勾幹,恍惚爲人引至陰司,見秦對岳事,令歸告夫人,東窗
事犯矣。復命後,即棄官學道,蜕骨今在蘇州玄妙觀,爲簑衣仙
也。'據此,實有是事可知矣。"云云。則瑛曾見孔文卿東窗事犯
劇,唯云金仁傑所作爲小説,殊不可解。考仁傑東窗事犯劇録鬼
簿、太和正音譜並載之,且注云"次本",似不得有誤,則瑛所載或
係誤記,不得據此謂東窗事犯僅文卿一本,仁傑竟無其劇也。

雲莊樂府一卷

明成化刊本

　　元張養浩撰。養浩字希孟,號雲莊,濟南人,歷官禮部尚書、
參議中書省事。天曆初,拜陝西行臺御史中丞,卒於位,追封濱
國公,謚文忠。事蹟具元史本傳。所撰三事忠告、歸田類稿,四
庫全書總目已著録。是編録養浩所作散曲,前載成化庚子艾俊
序,稱"歷下嘗繡梓,字小漫滅。今得的本,鄉人欲鋟梓以廣其
傳,因爲之引"。其序即作於濟南,知在濟南刊行。卷後有成化
癸卯金潤跋,則稱"應天府治中邊靖之,文忠公之鄉人,捐俸資新
刊,屬予書其簡末以識歲月"云云,知此本乃靖之所刊也。此本
所録爲套數二章,小令百餘首,以太平樂府、雍熙樂府、青樓韻語
廣集所引考之,皆不出此集,似爲完帙。今以諸詞紀事考之,如
慶宣和第一首云:"參議隨朝天意可。"第二首云:"大小清河諸錦
波,華鵲山坡。"知詞乃自中書省退休後所作。喜春來曲云:"親
登華嶽悲哀雨,自捨資財拯救民。"又云:"路逢餓殍須親問,道遇
流民必細詢。"又云:"十年不作南柯夢,一旦還爲西土臣。"按養

浩退休十年,天曆二年拜陝西行臺中丞,時民莩政荒,流亡者衆,傾己囊拯之,知此詞作正在其時。朱履曲云:"六十歲逡巡輪過。"養浩以天曆二年七月卒,年六十,則此詞殆爲絕筆。而其後又載"辭參議還家"曲、"赴詹事丞召,至通州感疾還家"曲,其西番經詞,又有"屈指歸來後,山中八九年,七見徵書下日邊"之句,皆至治、泰定間作。蓋編次時以詞隸調,故先後倒置如此。養浩以道事君,侃侃立朝,有大臣之節;及不合於時,潔身遠引,志不再出;逮秦中拜命,痌關災黎,乃以身殉之,可謂至大至剛者。其爲人如此,故詞矯矯雄健,不愧爲作手。元代名臣如胡祇遹、姚燧輩,皆善令章而無集,獨養浩雲莊一集巍然存於今日,亦足以光藝林矣。

虎頭牌一卷
元曲選本

元李直夫撰。鍾嗣成錄鬼簿上稱直夫女直人,德興府住,即蒲察李五。元明善清河集有送湖南李直夫憲使詩一首,又有寄直夫詩一首,按:此據顧嗣立元詩選二集丙所錄。不知即其人否。此本爲臧懋循元曲選所錄,凡四折,標題云:"樞院相公大斷案,便宜行事虎頭牌。"考天一閣鈔本錄鬼簿虎頭牌下小注,作"行院相公大斷案,武元皇帝虎頭牌"。明何良俊四友齋叢說亦稱虎頭牌劇乃金太祖事。然則作"武元皇帝"者乃舊題,元曲選作"便宜行事虎頭牌",亦是懋循所改,非原本之舊矣。劇演女直山壽馬事。略稱山壽馬完顏氏,金牌上千戶,以鎮夾山口子有功,擢兵馬大元帥,行樞密院事。其叔父銀住馬自渤海寨來視之,值山壽馬膺新命,因向之求官。山壽馬乃以素金牌授之,使代守夾山口。銀住馬回渤海寨別其兄，逕往夾山口子上任。值中秋家宴，不覺醺醉。其夜爲賊所乘，掠人畜而去。次日，銀住馬追擊之，盡奪所擄而還。山壽馬聞夾山口有失，乃行文勾之。銀住馬自謂尊親，不聽勾。山壽馬乃遣曳剌縛詣帥府，將依法誅之。尋閱供狀，知其曾奪還人畜，乃免其死罪，准狀當杖一百。行院小使狗兒者，爲山壽馬所愛，銀住乞其向山壽馬求告，請免杖。山壽馬乃杖狗兒六十，使代銀住馬，仍杖銀住馬四十以示衆。次日，山壽馬自具羊酒爲叔父煖痛，以牌面示之，云："行杖者非姪私意，乃軍令使然也。"銀住悟國法不可逭，乃與山壽馬呼酒共飲，頓忘前隙云。其事雖無可考證，然直夫女直人，自當爲金源舊聞。據劇中第一折山壽馬白自稱"往大興府去"，三折經歷白，稱"自祖父以來受遼兵侵擾，罵女直人無姓，因立七姓"，又稱"前祖父名竹里真，後遷中都"，大興、中都，皆海陵遷燕京後改名，蓋所記乃金滅遼宋後之事。其曰"武元皇帝虎頭牌"者，金銀牌之制乃太祖收國間所定，穆宗時又嘗從太祖議飭諸部不得自置信牌，意謂此武元皇帝遺制如此，未必即爲太祖之事也。元人雜劇如罟罟旦、箭射雙雕，皆記蕃州風土人物，刻畫新奇，特爲出色。顧今日皆無全本，唯直夫此劇尚全録於元曲選中，雖未必盡依原本，而十之八九尚可信爲直夫之文。其記女直人悍固之風，描寫如繪，雖至今讀之猶可得其彷彿，洵爲不可多得者焉。

冤家債主一卷

元曲選本

不著撰人名氏。標題目正名云："張善友告土地閻神，崔府君斷冤家債主。"天一閣鈔本録鬼簿續編附載失名氏傳奇，

有鬧陰司劇,注云:"看經善友歸佛教,冤家債主鬧陰司。"雖所
舉名目與此本微異,當是一劇。錢曾述古堂目十載鈔本崔府
君斷冤家債主,屬之鄭廷玉,也是園目同。王國維曲録從之。然
考諸本録鬼簿,鄭廷玉名下均無此劇,則本非廷玉作。錢曾藏
書目作廷玉撰者,殆緣廷玉有看錢奴買冤家債主劇,而此劇標
目中亦有"冤家債主"字樣,因並屬之廷玉,國維不察而遽從
之,殊爲失考。劇演張善友事。稱晉州故城縣張善友,誦經禮
佛,頗有善行,而無子。州人趙廷玉竊其銀五錠,善友緝訪不
得其人。又有五台僧寄銀十錠於善友,善友外出,屬妻還之。
僧來索,妻不承有寄銀事,善友歸,則云已還矣。已而善友移
家磁州福陽,家漸饒裕。妻亦先後舉二子,長曰乞僧,次曰福
僧,均成立婚娶。乞僧性慧而行儉,福僧性愚而喜揮霍。頃
之,乞僧病死,善友甚惜之。未幾,妻殁,善友益無聊。已而福
僧亦死。善友自以平生向善,而遭際如此,憤怨不已。時縣令
爲崔玨子玉,與善友爲結義兄弟。即詣玨控土地閻神,請玨斷
之。玨辭以陽官不能判冥府事,而善友請愈堅。方糾纏間,善
友忽瞑然入睡,即爲鬼力勾去。見閻羅,問何事見控,答以妻
子亡逝故。神即攝其二子至。善友呼乞僧,則曰:余趙廷玉
也。昔竊汝銀五兩,今倍償之矣。呼福僧,曰:予五台僧也。
汝妻没吾寄銀,已向汝家索償訖,兩不相涉矣。言訖皆退。復
見妻,則云:因負僧銀受苦,宜速超度。閻羅又問善友:汝有故
人,今爲神,欲見之否?善友曰善。纔轉目,閻神已杳,即有衣
冠巍峨之神現於前。方動問何神,子玉在旁呼之,則已醒矣。
因悟事有前因,非神靈昧昧也。按磁州有崔府君祠,自唐以來
雜書小記,盛稱崔府君爲冥官,此殆當時民間流行故事云。

伍員吹簫一卷　度柳翠一卷
元曲選本

按伍員吹簫，諸家目録及元曲選所題皆作元李壽卿撰。録鬼簿上載壽卿太原人，將仕郎，除縣丞。其他不詳。元吴澄吴文正集卷二十四順堂記有魏郡李壽卿，里貫與録鬼簿所記不同，不知是一人否。此本爲元曲選本，題爲"繼浣紗漁翁伏劍，説轉諸伍員吹簫"。稱楚平王聽費無忌讒言，殺伍奢及其子尚。次子伍員鎮樊城，無忌更命其子得雄假王命召之入朝，仍行殺害。公子芈建知其計，懷子芈勝先往樊城，告以家難。得雄至，員怒，毆之，得雄狼狽遁去。員與建恐見討，遂亡之鄭。子産懼楚之勢，欲害員。員知之，縱火焚驛亭而去。建死于兵，員攜勝將投吴，路中飢餓，遇浣紗女食之。員食訖，謂女曰："追者至，幸隱之。"女避嫌，抱石投江而死。渡江更逢一漁翁，其人曰閭丘亮，賢者也，載員過江，爲具食。員又曰："追軍至，勿泄漏。"漁翁亦避嫌，借員劍自刎而死。員遂抵吴，寓于丹陽，每吹簫乞食于社家。後逢轉諸，結爲兄弟，請于吴王，借師與轉諸俱伐楚，入郢，鞭平王之屍，俘費無忌，殺之，將移師伐鄭。子産懼，募有能息吴兵者，封萬户，賜千金。閭丘之子曰村廝兒，應募入吴，謁員，自述家世，請勿伐鄭。員感閭丘之德，乃罷兵。所記員事出入子史，而多雜俗説，與今傳余邵魚列國志傳皆相合。劇中所述人物多不同時，則緣採里巷委談而誤，不足深責也。

度柳翠，元曲選本不題作者。稱觀世音菩薩淨瓶内楊柳，枝葉偶著微塵，謫往人世，在杭州抱劍營爲妓，名曰柳翠。其母張氏，父柳老，亡化已十周年，翠乃請嵩亭山顯孝寺僧做好事。會須十衆，而寺僅有九僧，以香積廚下燒火和尚充數。僧本風顛，不得已用之。及會期，此僧乃持柳枝挑月而至，向翠説法，勸之出家。翠不從，已乃夢爲梨花猫兒，夢入冥，閻王責其觸污聖僧，命斬之。醒而風僧在旁，頓悟生死無常，乃出家爲尼。旋歸辭其母，取官身衣服燒之。其所素識牛員外來視，翠見之，方欲叙情，而僧突至，竟隨僧去。於是顯孝寺長老知風僧爲真僧，請升座説法。翠來問禪，爲説偈。翠旋坐化于東廊下，風僧亦不見。風僧蓋西天第十六尊羅漢，奉佛命來度之云。元曲選此劇標題作："顯孝寺主誦金經，月明和尚度柳翠"。天一閣鈔本録鬼簿載李壽卿臨歧柳劇，注云："風月獨占出牆花，月明三度臨歧柳。"目與元曲選不同。然考息機子本此劇，目作"風光獨占出牆花，月明和尚度柳翠"。其起句同天一閣本録鬼簿，而收句同元曲選，至于文字則與元曲選本無大差異，或二本所録，即李壽卿之臨歧柳，亦未可知也，今姑附于壽卿伍員劇之後。太和正音譜稱李壽卿之詞如洞天春曉，又云："其詞雍容典雅，變化通玄，造語不凡，非神仙中人孰能致此。"所以推許之者甚至，蓋亦元代鉅手云。

趙氏孤兒一卷
元曲選本

　　元紀君祥撰。鍾嗣成録鬼簿上稱君祥大都人，與李壽卿、鄭廷玉同時。其他不詳。此本爲元曲選本，標題目正名作："公孫杵臼恥勘問，趙氏孤兒大報讐。"考天一閣鈔本録鬼簿上，載此曲作"象公逢公孫杵臼，冤報冤趙氏孤兒"。通行本録鬼簿標單句曰"趙氏孤兒冤報冤"，太和正音譜作"趙氏孤兒"。元刊本録此劇有詞無白，其正名作"韓厥救捨命烈士，陳英當作程嬰。説妬賢送子。義逢義公孫杵臼，冤報冤趙氏孤兒"。以核録鬼簿文，知"象公逢"乃"義逢義"之誤，然則鈔本錄鬼簿名目乃是舊題。錢曾述古堂目卷十載內府穿關鈔本趙氏孤兒大報讐，與元曲選合，蓋明時傳本如此題，懋循亦據所見本錄之，非臆改也。演程嬰、公孫杵臼救孤事。稱晉大將屠岸賈與文臣趙盾不和，數設計謀害之。盾爲靈輒所救，出走。賈乃言於靈公，族誅趙氏。唯盾子朔尚主爲駙馬，與公主俱在府中，未便擅殺，矯靈公命賜朔自盡，囚公主於府中。朔死時，公主已有孕，既而遺腹生子。賈又忌之，使下將軍韓厥守其門，禁府中人不得出。公主知事急，呼供奉醫生程嬰至府，以孤兒付之，自縊死。嬰藏孤兒於藥箱中，攜之出門。厥搜其箱得孤兒，感嬰之義，縱之去，亦自刎。而賈索兒益急。時中大夫公孫杵臼方退隱家居，嬰詣之，請以己所生子僞爲趙氏之孤，使杵臼告官，與其子俱死，其真趙氏子託杵臼養之。杵臼自以年七十餘，不能撫孤成長，乃欲自居匿孤罪，使嬰舉發，而以撫孤事諉之嬰。嬰乃詣賈告杵臼匿趙氏孤子。賈信之，即執杵臼，命嬰拷之，杵臼撞堦而死。賈搜得子即殺之，以嬰有功，使居門下，倚爲心腹。復取嬰所撫子名程勃者養爲義兒，命名曰屠成。勃年二十，習弓馬，甚有機謀。嬰以往事繪爲圖，乘間爲勃言之。勃聞之毛豎，乃奏於晉主，殺岸賈，滅其宗。晉主使復姓，賜名趙武，賞程嬰而褒韓厥、公孫杵臼之義。按程嬰、杵臼事不見左傳，史記趙世家所載與晉世家亦自牴牾。此劇以盾之出亡與朔之誅爲同時事，時代既誤，又稱武初名趙氏孤兒，尤鄙俚可笑。然元時戲文亦有趙氏孤兒，蓋當時流俗傳説，其事如此，君祥即其本製詞，不遑改作耳。錄鬼簿載君祥曲尚有鱸皮記、販茶船、松陰夢、韓退之四劇，並此而五。今唯趙氏孤兒存，餘則均不傳矣。

還牢末一卷

元曲選本

　　題元李致遠撰。標題目正名云："李山兒生死報恩人，都孔目風雨還牢末。"續古名家雜劇本作"烟花則説他人過，僧住賽娘遭折挫。山兒李逵大報恩，鎮山孔目還牢末。"與元曲選不同。其曲明寧獻王太和正音譜上、清錢曾述古堂及也是園目十均著録，以爲無名氏作。清黄文暘曲海目、王國維曲録二皆載李致遠還牢末，似所據即元曲選本。明陳與郊續古名家雜劇即景印元明雜劇本。亦收是劇，題馬致遠撰。然考録鬼簿、太和正音譜馬致遠名下均無此劇，則非馬作甚明，而李致遠録鬼簿亦無其人。考太和正音譜上"古今群英樂府格勢"①，稱李致遠之詞"如玉匣昆吾"，名在"元一百八十七人"中。其所選樂府中吕調中，曾摘録李致遠散套，其粉蝶兒曲云："歸去來兮，笑人生苦貪名利，我豈肯陷迷途惆悵獨悲。假若做公卿居宰輔，剗地心勞形役，量這些來小去官職，枉消磨了浩然之氣。"醉春風曲云："想聚散若浮雲，歎光陰如過隙，不如聞早賦歸歟。暢好是美也美，棄職歸農，杜門修道，早子死心塌地。"則元實有李致遠。讀其詞，知致遠曾出仕，旋棄職歸隱，其里貫官職則不能詳矣。是劇演梁山泊劉唐、史進等事。略稱唐、進皆東平人，在府衙爲五衙都首領。宋江聞其名，遣李逵下山招致之。逵改名李得，入境，打死平人，爲吏所獲，送於府。都孔目李榮祖憐之，改其案爲誤傷，得免死，配沙門島。逵感榮祖之義，至其家，以扁金環一付酬之。榮祖有妾蕭娥，本倡家，與趙令史有

---

① 編按："古今群英樂府格勢"，本書中凡數出，底稿"勢"原多作"式"，俱依太和正音譜改正。此處"群英"二字後原衍"會"字，徑删。

奸,聞其事,知李得乃梁山泊盜李逵假名,即控於官。先是,劉唐誤假限,爲府尹所責,榮祖不救,唐恨之,至是收榮祖毒拷之。復受蕭娥囑,以盆弔酷刑害榮祖死,棄屍坑中。時榮祖大婦已以憂死,遺子僧住、女賽娘,見父屍哭之,而榮祖復甦。蕭娥見之,以告唐,復收入獄中。於時阮小五復奉宋江命招史進、劉唐,李逵聞榮祖下獄,亦來救之。二人俱晤唐、進,告其事。唐乃釋榮祖,與史進俱投梁山,擒趙令史、蕭娥殺之,而攜榮祖及其子女歸山寨云。

李太白貶夜郎一卷

元刊本

不著撰人名氏。鍾嗣成録鬼簿上載王伯成二曲,一爲張騫泛浮槎,一即李白貶夜郎;明寧獻王太和正音譜上、清管廷芬重訂曲海目,亦均載王伯成貶夜郎劇,則劇本伯成所作也。伯成涿州人,始末不詳。明賈仲明補弔詞稱伯成爲“馬致遠忘年友,張仁卿莫逆交”,度亦元中世人矣。其天寶遺事諸宮調,散見正音譜、雍熙樂府諸書中,一一採輯,猶可成卷。至貶夜郎劇,諸家所刊選集俱不收,今僅見此本,殊爲可貴。惜其賓白不全,不知其詳細節目。今以見存諸白合其詞觀之,其第一折似記李飲酒肆中,宣入朝,命草嚇蠻書,太真捧硯,高力士脱靴。禄山至,白叱之。第二折記白醉飲,高力士奉上命宣之,遲久始至。上怒之,白以馬不進對。上意解,賜錦袍,更飲以美醖。第三折記白奉宣,帶酒入朝,見貴妃與禄山狎戲,大驚,欲退。妃與禄山强留之飲,啖以荔枝。白雖不辭飲,然盛氣相凌,直刺其短。第四折記白貶三千里外,潦倒水鄉,中秋月明,酒醉後懷鄉憂國,凄然有感,因投水,由龍君水部接入水府,蓋仙去云。劇所譜第三折中吕粉蝶兒套白責禄山、貴妃,其詞不免尖酸刻露，非學士所宜言。然詞采自佳，且施之於優戲，原無不可。讀曲者但當論其文，不必以儗俳譏之也。

勘頭巾一卷
元曲選本

　　題元孫仲章撰。標題目正名云："趙令史為吏見錢親，王小二好鬥禍臨身。望京店莊家索冷債，河南府張鼎勘頭巾。"曹寅刊本録鬼簿上有孫仲章，注云："大都人。"太和正音譜上稱孫仲章之詞如秋風鐵笛。然天一閣本録鬼簿以及賈仲明所補弔詞均作李仲章，究莫知誰是也。録鬼簿載仲章劇只卓文君白頭吟、金章宗斷遺留文書二劇，不及此種。天一閣鈔本録鬼簿續編附録失載名氏傳奇有勘頭巾，所注劇正名二句與此合，按：鈔本録鬼簿"河南府"作"開封府"。亦不云仲章作。然錢曾述古堂目録鈔本河南府張鼎勘頭巾一劇，標元孫仲章撰，則懋循此本題孫仲章者當別有所據，非妄載也。演張鼎斷王小二疑獄事。略稱開封細民王小二，嘗得員外劉平遠資助，一日往告貸，與平遠婦爭，平遠出呵之，因相詆。小二出惡語，云設僻巷相值，當殺汝。婦乃逼小二立保辜文書，保百日内無事。小二不得已，署狀而去。婦本與太清庵道士王知觀有私，至是與道士謀，乘劉城外索債回，要殺之於路，而控小二殺其夫。小二已誣服，而贓仗芝蔴羅頭巾及減銀環未獲，吏逼索之，小二乃謬言在蕭林城外劉家菜園井旁。吏往取，果得之。是時府尹為完顏某，閲牘，已判斬。都孔目張鼎疑案經半年而贓物皆新，向吏研詢，知小二供贓時有望京店莊家入獄打草苦，適聞其語。拘莊家問之，又知莊家事畢出獄，遇一道士於獄門外，曾以小二供相告。蓋巾環即道士據莊家語所置，以陷小二也。於是案乃大白，置劉婦及王道士於法。此劇與魔合羅劇同演張鼎事，其人蓋當時能吏，以決獄著稱，而名賴戲曲以傳。第二折鼎白言："吏掌刑名，所須八事：一筆札，二算子，三文狀，四把法，五條劃，六書契，七鈔寫，八行止。"新續古名家雜劇本尚多二事："九伏德，十桿子。"其語有不可曉者，必當時課吏之條目也。

老生兒一卷
元曲選本

　　元武漢臣撰。録鬼簿載武漢臣濟南府人，太和正音譜稱武漢臣之詞如遠山疊翠。其他不詳。是編録鬼簿、太和正音譜、錢曾述古堂及也是園目並著録。元曲選收此劇，標題目正名作："指絶地苦勸糟糠婦，散家財天賜老生兒。"與天一閣本録鬼簿所注同，蓋猶是原本也。演東平富翁劉從善事。略稱從善六十無子，妻李氏，有女曰引張，贅婿曰張郎，姪引孫。引孫父母皆亡，依從善以居。顧李氏愛女，深惡引孫，張郎亦不相容。從善乃薄資給之，予草房一間，使課蒙自存。自此鎖鑰簿籍皆歸張郎掌握，其視劉氏產不啻己有矣。時從善婢小梅通房有孕，張郎與引張計，謂婢生女，猶可分財產之半，生男則宗祀有託，女若婿將不得染指，奈何？引張謂不如去之。乃乘從善赴別莊養靜，匿婢於他所，詭報婢私逃。從善固疑之而無如何，自顧遲暮淒涼，信爲宿業，乃悉取行錢所得債券焚之，更出鈔於開元寺布施，大濟貧人。引孫落魄來求乞，李氏與婿皆靳而不與，從善憐引孫甚，而不欲明有所施爲，私語引孫曰：汝第勤祭埽先隴，一二年後當令汝富也。其後值清明節，從善將掃墓，命張郎夫婦治具，先往塋次陳設，二老當繼至。至則不見張夫婦，而墓有酒漿紙錢，徐迹張夫婦,則自往張墓設祭。從善大悲愴,妻亦悟婿不可託。俄而引孫荷鍤來增土,叩之,墓上紙錢與酒,即引孫所奠。於是夫婦皆持引孫泣,攜之歸,産業盡付之。從善生日,張郎偕引張來賀。從善拒之,使引孫謂之曰:有親似引孫者,可來見。女遽引小梅及所生小兒至,自陳方婢有孕,張郎妬嫉,懼其母子不保,寄之東莊姑家。既生子,供其衣食,今三歳矣。從善大悟,嘉女之孝,乃分財産爲三分,使子、姪與婿各取其一。劇演家人瑣事以及人倫狀況,甚爲誠摰,疑必當時實事,漢臣採而入劇。明凌濛初拍案驚奇小説有念親思孝女藏兒一篇,全襲此文,亦真樸可觀。曲海提要二釋此劇,謂女引張與夫同謀,處置從善之婢;又云小説載此事,則云劉女甚賢,與此略異。是其解以從善女與婿同惡相濟,不知劇末折有女自陳一段,表白甚明。從善詞亦有"狠張郎妄圖家業,孝順女暗撫親支"之語,是婿惡而女甚賢。劇本如此立意,解者乃不加分別,似於漢臣劇並未寓目者,亦未免太疏矣。

生金閣一卷
元曲選本

　　題元武漢臣撰。標題目正名云:"李幼奴搗傷似玉顔,包待制智賺生金閣。"考録鬼簿載武漢臣劇十種,無此目。錢曾述古堂目十載有内府穿關鈔本包待制智賺生金閣劇,入無名氏類,亦不屬武漢臣。也是園目同。明息機子刊元人雜劇録生金閣劇,亦不署名。天一閣鈔本録鬼簿續編所附失載名氏傳奇目中有生金閣,注云:"龐衙内打點没頭鬼,包待制智賺生金閣。"當即此本。以諸書皆不云武漢臣劇測之,則此劇當非武漢臣作。元曲選所題,不知何據,或傳録之誤也。演郭成事。略稱蒲州河中府人郭成，妻李幼奴。成問卜，卜者云：百日内有災，須遠出避之。遂請於父，詣京師，一以求官，一以避難。父以家傳生金閣授之。其器置之有風處，則仙音嘹喨，或以扇搧之亦然。謂成：萬一不得官，以獻當路，當可稱意也。成領之，因攜妻行。將至汴，遇雪，息酒店中。有衙内龐勛亦來店飲酒，成見其僕從煊赫，意爲要人，即出閣獻之。衙内受之，引成夫婦至家，欲奪其妻。成不從，禁之。命乳媪往説幼奴，謂本以禮聘，乃不相從。媪見幼奴，幼奴乃劦面哭訴，媪亦慨然。衙内怒媪不了事，縛而投之於井，並以鋤刀殺成。方成之見殺也，家人見其提首越牆而去。衙内以爲强鬼，亦不措意。會開封府尹包拯賞軍回，忽風起，有無頭鬼見於前。公知有異，命吏詣城隍廟拘其鬼。鬼至，訴其事甚悉。幼奴與乳媪之子亦由衙内家逃出，來府訟冤。公乃置酒召衙内，云：有生金塔，拜之上生光彩。衙内因自誇有閣，出以示公。公驗之實，即呼幼奴上，證其事。乃誅衙内，送幼奴於河中而旌之。所記乃靈鬼公案，與其他公案劇蹊徑相同，無甚可採。至所云生金閣，疑即興隆笙。考元宴樂器有興隆笙，制以楩木，形如夾屏，中爲虛櫃，如笙之匏，繫風囊於風口，鼓風囊則簧自隨調而鳴。元史禮樂志卷七十一及輟耕録載其制甚詳。以大内樂器，外間人聞之而不能詳，因訛傳爲“生金閣”也。

鐵拐李一卷

元曲選本

　　元岳伯川撰。鍾嗣成録鬼簿上載伯川里貫有濟南及鎮江二説，不舉其名。其始末不詳。是劇録鬼簿、太和正音譜、寶文堂目、錢曾述古堂、也是園二目並著録。演岳壽成道事。略稱壽鄭州人，爲本郡孔目，人甚直，然未免擅作威福。時韓魏公奉朝命持節來州，吏胥聞之皆懼，岳自以無私，未措意。仙人呂洞賓以壽有緣，化一風顛道士詣其門，謂其子爲“無爺業種”，謂其婦爲“寡婦”。岳聞之怒，縛洞賓于門首。魏公微行至，釋之。岳謂擅縱其縛，命其屬張千向公索賄。公出金牌示之，自承即新任廉使。壽遂驚悸成疾，旋死，入冥。冥王謂其前生作吏，多爲不法，將置之鼎鑊中烹之，而洞賓忽現于前。壽視其人即瘋道人，知爲仙，因求度。洞賓乃言于冥王，使復還陽，而軀已壞。時屠户李氏子新死，乃使借屍還魂。子跛一足，醜惡甚。壽詣其妻，妻初不相認，久之乃悟，令入室。而屠家則堅認爲己子，相爭，訴于魏公。洞賓忽至，述其事，魏公乃兩釋之。壽隨洞賓仙去。以兩世得岳李二姓，故名李岳，道號鐵拐李云。此本爲元曲選本，標目云：“韓魏公斷借屍還魂，呂洞賓度鐵拐李岳。”天一閣鈔本録鬼簿注此劇題目作：“韓魏公讚_{疑係誤字}托柄曹司，呂洞賓度鐵拐李岳。”目與元曲選本微異。述古堂目則作鐵拐李借屍還魂。蓋録者隨意標目，凡曲名此類甚多，不足爲異也。

李逵負荆一卷
元曲選本

　　題元康進之撰。進之棣州人，或云姓陳，見鍾嗣成録鬼簿。其始末不詳。録鬼簿上、太和正音譜上、述古堂及也是園目十並有康進之黑旋風負荆劇。天一閣鈔本録鬼簿録此本作杏花莊，注名目云：“杏花莊老王林告狀，梁山泊黑旋風負荆。”此本爲元曲選本，標題爲“杏花莊王林告狀，梁山泊李逵負荆”，與天一閣本僅三數字之異，知所録實舊本也。演李逵事。略稱梁山濼附近有莊曰杏花莊,有王林者設酒肆于此。諸首領以暇時常至其肆中飲,林皆款接之。附近有小寇曰宋剛、魯智恩,一日冒宋江、魯智深名亦來是肆。王林本不識二人,誤以爲真,爲具酒食,出女滿堂嬌進酒。剛因使智恩爲媒,强掠之而去。時清明日,李逵下山埽墓,偶過王林,林以事告。逵大怒,返山晉宋江與魯智深,砍寨中杏黃旗倒之。江力辯無其事,逵不信,乃立軍狀,與逵賭,約共下山,使王林辨之,真則江自刎,否則斬逵。事既明,逵慚懼,負荆請受杖。江命斬之,而王林馳至。蓋宋剛娶婦已三日,方攜婦與魯智恩同至林家會飲,皆昏醉,乃乘機來告也。江乃釋逵,命與魯智深同下山,掩而殺之云。進之此劇情雖簡質,而詞頗挺秀,在元曲中亦不失爲佳著。其第一折宋江白稱"江綽號順天呼保義",又云"晁蓋三打祝家莊身亡",第二折李逵唱黃鍾尾"非鐵牛敢無禮"云云,皆可與水滸互證異同。今百回本水滸載李逵負荆事,與此大同小異云。

張生煮海一卷

元曲選本

　　元李好古撰。曹寅刊本錄鬼簿載好古保定人,或云西平人,天一閣鈔本作東平人,其里貫已有異説,至事蹟則毫未述及。考元余闕青陽先生文集卷一有送李好古之南臺御史五律一首,乃在京師所作。闕元統元年登進士第,猶及見前輩名流,然則闕所贈者或即曲家李好古歟?斯編演潮州張羽事,標題云:"石佛寺龍女聽琴,沙門島張生煮海。"略稱羽字伯騰,功名未遂,閒游海上,寓石佛寺。清夜鼓琴,適有東海龍神第三女瓊蓮,偕婢翠荷出游,聞琴聲,竊聽之。張撫琴絃斷,疑有人,出視,相見,詰之,女乃云龍氏。引入室，各述生平，約生以八月中秋至其家召爲婿。及期，生蹤跡之，渺不得見。忽遇秦時毛女，以情告。毛女云：女乃東海龍王之女。龍神懆暴，其事未必得遂。乃授生以銀鍋一隻、金錢一文、鐵杓一把。屬把取海水煎之，每煎一分，海水減十丈；煎水乾，則海水見底，龍神不能寧居，其事當得諧。如其言行之，神果窘急，浼石佛寺僧爲媒，召生爲婿，贅于龍宮。生與女旋仙去。蓋二人乃上界金童、玉女降凡云。此本爲元曲選本。以孟稱舜柳枝集本勘之，第二折毛女上場，有四毛女打魚鼓簡子，歌出隊子五疊及十棒鼓一曲，蓋串入院本，而元曲選删之。又生與龍女婚，此本謂石佛寺僧爲媒，柳枝集本則另出閬苑仙母爲媒，有稱舜注云：“仙母作媒，吳興本改作石佛寺長老。今看曲辭，與長老口角不肖，仍改從原本。”據此知臧懋循于此曲頗有删改之處，不盡依原本，賴柳枝集本正之。其第二折龍女侍婢白，有羊市角頭、磚塔兒胡同之語，其地在北平，至今名稱仍未改。疑此乃明時教坊演時所增，刊本仍之，元時坊巷今不能詳考，好古原文亦未必即如是作也。

晉文公火燒介子推一卷
景元刊本

　　不著撰人名氏。考鍾嗣成録鬼簿上載狄君厚有晉文公火燒介子推劇，知劇乃君厚所作也。録鬼簿但云君厚爲平陽人，不詳其事蹟。明賈仲明補弔詞亦寬泛，無事可徵。據詞稱“元貞大德秀華夷，至大皇慶錦社稷，延祐至治承平世。養人才編傳奇，一時氣候雲集。有平陽狄君厚，捻火燒介子推。”則君厚似當爲至大、至治間人也。演介子推事。稱晉獻公寵麗姬，麗字依原文書。

貶后齊姜於冷宮。復信姬與國舅呂用私言,廢太子申生及重耳為民,處之霍地。為姬所生子奚齊、卓慈慈字依原文書之。建千尺雲月臺,上築太極宮,天下騷動。諫議介子推引紂王事以諫,不聽,子推辭官去。姬復命六宮大使王安賜申生死。重耳走,匿子推莊。事為國舅所聞,親往取之。子推子林在府學攻書,聞警,願代重耳死。子推乃割兒頭,毀其容,以與國舅。國舅不能辨,以為真重耳首也,受之而去。子推偕重耳私遁,風雪絕糧,重耳饑甚,子推割股以進之,詭云野味。既而呻吟不已,重耳固問,始以實對。值楚國遣使來迎,乃別重耳,歸侍其母。其後獻公薨,文公歸國,立為晉君,賞群臣之同出亡者,獨遺子推。子推乃作龍蛇歌懸于宮門。叔向奏聞,文公始憶之,命召子推。而子推母不欲子出仕,子推奉母隱于綿山。文公求子推不得,命燒山,冀子推懼火當出,而子推竟與母抱樹以死,文公悔而祭之。其事本書傳,惟子推子代死為添出情節。孟嘗、春申、叔向與重耳不同時,劇中乃並出之,以為一時人,失于不考。

紅梨花一卷

元曲選本

　　元張壽卿撰。壽卿東平人,浙江省掾,見鍾嗣成錄鬼簿。天一閣鈔本作東都人。考明賈仲明所補弔詞云:"浙江省掾祖東平,蘊藉風流張壽卿。"則東都乃東平之誤也。斯劇錄鬼簿、太和正音譜、述古堂目、也是園目並著錄。演趙汝州與妓謝金蓮事。稱汝州與劉輔同學。輔除洛陽太守,汝州將訪之,先寓書於輔,云郡有謝金蓮者,欲一見之。輔問左右,其人乃妓也,惜汝州溺色如此,思有以轉其意。已而汝州至,問金蓮。輔命喚之,左右對已適人矣。汝州意沮,欲辭去,輔強留之,館於後園。及夕,有女至,自云王同知女。汝州引入室中,共飲,語言契洽,約明日相會。越夕,女果至,以酒一罇、紅梨花一瓶相贈。生愜意甚,因指梨花爲題求女詩。女占一絕云:“本分天然白雪香,誰知今日卻濃妝。鞦韆院落溶溶月,羞覿紅脂睡海棠。”生稱贊不已,亦賦一絕云:“換卻冰肌玉骨胎,丹心吐出異香來。武陵溪畔人休説,只恐夭桃不敢開。”方叙情好,而同知家之老婢突至,女匆匆別去,生悵望而已。自是女蹤遂絕,音問寂然。一日獨坐齋中,一賣花三婆按:三疑山字之假。來園採花,見瓶花,大驚,爲生言:昔有王同知女,酷好此花,以情死,瘞斯園中,往往爲祟,其子寓園中即爲所魅,患病死。語其經歷、持贈之物,與生不殊。生大驚。適輔下鄉勸農,遣僕送鞍馬至,即馳之京。應試,中狀元,除洛陽令。輔置酒召之,預召金蓮至,與以扇一柄,上插紅梨花一枝,屬持之以待令。既而汝州至,見女及花,驚爲鬼,呵之。輔以實告,始知女之來就,及賣花婆之相訪,皆輔所教,云鬼者偽耳。生轉喜,感輔之意,即席與金蓮結爲夫婦。壽卿此劇,陳與郊古名家雜劇、無名氏顧曲齋、孟稱舜柳枝集皆收之。稱舜評此劇,以爲“字字淹潤,語語婉雋,近世曲家所不能及”;又稱“首折、次折語更香楚,湯顯祖極學之”云。斯其劇甚名貴,雖壽卿所作只此一本,猶勝多許。柳枝集第四折又載稱舜批語云:“此下數枝多從吳興本增改。”知懋循此本所録第四折多非原文,今諸本俱在,猶可考校異同也。

西遊記六卷
日本宮内省圖書寮藏明刊本

　　題“元吳昌齡撰”。昌齡西京人,所撰雜劇目俱見元鍾嗣成

録鬼簿及明寧獻王太和正音譜。其東坡夢劇,明臧懋循收入所
刊元曲選中。此西遊記劇中土久佚,唯日本宮內省圖書寮尚有
其本,博士鹽谷溫重印之,始盛傳於世。前載萬曆甲寅序,署"彌
伽弟子書於紫芝室",序後又有凡例一篇,題曰"楊東來先生批評
西遊記總論",後署"勾吳蘊空居士書于宙合齋",皆不詳爲何人。
序稱"偶得此本,斷爲元人大手筆,嘗攜之游金臺,按:指北京。爲
友人持去。後復得之故家敝篋中,而帙已散亂,字多漫滅,乃苦
心校讎,謀而授諸梓"云。似所得者本爲鈔本,與總論"僅見鈔録
秘本,未經鏤板"之語合,則序與總論當出一人手筆。而書題"楊
東來先生批評西遊記",非刊書人所能自稱,且文中亦不載評語,
則不可曉,或所據之本本有評論,刊時削去之歟? 按此本六卷,
每卷四齣,其每卷末載劇本正名,是元曲形式,然元曲劇中諸折
例無標題,此則每齣以四字標題,如"之官逢盜"、"三藏朝元"等,
皆明人傳奇之格,則於原書形式亦不免稍有更換,非其本來面目
矣。考錢曾也是園目卷十有吳昌齡唐三藏西天取經劇,入古今
雜劇類;又有吳昌齡西遊記四卷,入傳奇類。按:清曹楝亭書目亦録西
遊記,作六卷。似昌齡所撰有西天取經及西遊記二本,此本西遊記
作六卷,與楝亭書目合,當即此本。唯據元鍾嗣成録鬼簿及明寧
獻王太和正音譜所録昌齡曲目,均作西天取經,而無西遊記;唯
天一閣鈔本鍾嗣成録鬼簿所附無名氏録鬼簿續編,録楊景賢所
撰曲有西遊記。是西遊記與西天取經,其名稱初不相混,且據録
鬼簿續編,宜分屬吳昌齡與楊景賢二人。按:景賢名暹,後改名訥,號汝
齋。本元蒙古氏,冒其姐夫楊鎮撫姓。入明後曾供奉文皇,卒於金陵。又天一閣
鈔本鍾嗣成録鬼簿,於吳昌齡西天取經目下,注其題目全文,曰
"老回回東樓叫佛,唐三藏西天取經"。按之此本,無回回叫佛
事,唯葉堂所輯納書楹曲譜續集卷二目録有唐三藏劇,正文載其
雙調新水令"纔離了叫佛樓"一套,與鈔本録鬼簿所記合。或昌

齡所撰唐三藏西天取經,本爲納書楹所録之本,而西遊記自爲另一人所撰,因所譜皆玄奘取經事,稱者不加分别,因屬之昌齡一人,如元費唐臣有貶黄州劇,元明無名氏有醉寫赤壁賦,亦同演一事,或者乃以屬之費唐臣歟?唯是本刻於明萬曆中,其書中明題吳昌齡之名,其總論引正音譜是曲,不依原文作西天取經,漫以西遊記稱之,或誤據正音譜所記,或别有所本,均不可知。元人劇本存者無幾,是本偶存於世,實數百年來未有之秘籍,治學者雖無妨疑其所不可解,亦當尊其所宜尊。至名稱姓字之微,則古人著書疑案重疊,或前志不録而其書確無可疑,或此作彼述難有定論,其例甚多,實無庸瑣瑣失之拘滯也。按是書明以來久鮮傳本,孟稱舜編柳枝集,曾摘録其第四本二郎收猪八戒劇,改題猪八戒,其評謂"昌齡嘗擬作西廂,以王實甫西廂記出,知不能勝,乃改作西遊記"。即襲此本總論之語,知稱舜曾見此本。又葉堂納書楹曲譜續集卷三,録西遊記"撇子"、"認子"、"胖姑"、"伏虎"、"女還"、"借扇"等六折,補遺卷一録西遊記"餞行"、"定心"、"揭鉢"、"女國"四折,核其文皆同此本。又清莊親王九宫大成南北曲譜卷十五録此本第一劇第二折"滿腹離愁"一套,卷六十録第一劇第三折"你趁着這碧澄澄大江東去"一套,卷七録第二劇第一折"梅綻南枝"一套,卷五十四録第三劇第二折"包藏造化靈"一套,卷二十一録第三劇第三折"白頭蹀躞"一套,卷十五録第四劇第二折"良夜沈沈"一套,卷三十四録第五劇第三折"我在巽宫裏居"一套,注云"西天取經",亦同此本。是其遺文斷章尚散見清初各譜中,唯不得此本勘校,則不能知其爲前人傳録吳昌齡西遊記之文,則斯本之貴愈可知矣。

張天師一卷　東坡夢一卷

元曲選本

　　元吳昌齡撰。昌齡有西遊記雜劇，已著録。此張天師、東坡夢二本，明臧懋循元曲選收之，世未有別本。張天師題目曰"長眉仙遣梅菊荷桃"，正名曰"張天師斷風花雪月"。略稱洛陽太守陳全忠姪世英，寓洛陽園中，值中秋節，翫月鼓琴。時羅睺計都星纏月，世英琴聲感動婁宿，救月宮之難。於是月中桂花仙子感世英之意，潛下人間，與世英相會，約明年中秋節復來。及期不至，世英因思慕成疾。適天師張道玄過洛，乃結壇爲攝梅菊荷桃及風雪諸仙至，勘問，知祟世英者爲桂花仙子，遂備文牒，押諸仙至西池長眉仙所定罪。長眉仙並釋之，使各還本位云。按元鍾嗣成録鬼簿上及明寧獻王太和正音譜上録吳昌齡曲，俱有張天師夜祭辰鈎月，按：正音譜只作"辰鈎月"三字。而無張天師斷風花雪月。天一閣本録鬼簿且載其題目正名云："文曲翁搭救太陰星，張天師夜祭辰鈎月。"與元曲選所出題目亦不合，近人遂有疑辰鈎月與張天師斷風花雪月本是二曲者。然考明周憲王雜劇有張天師明斷辰鈎月，亦記陳世英事，唯改桂花仙子下降作桃花精冒嫦娥仙子名與世英會，與此本異。據王自序："暇日見元人吳昌齡所撰辰鈎月傳奇，余以爲木石之妖，或有此理；若陰氣至精之正氣與天地同行化育者，安可誣之若此？遂泚筆抽思，亦製辰鈎月傳奇一本，付之歌喉，爲風月解嘲云。"是周憲王此曲，本是改吳昌齡本，而昌齡原本題目實作辰鈎月，不作"風花雪月"。然名稱雖異，而所演事則同，以爲昌齡有二劇，殊不必然。至元曲選題目與録鬼簿等書異，當由臧懋循所改，即其文字亦未必盡爲昌齡原本之舊。唯今無他本可校，不能究其本原，爲可惜耳。

東坡夢演蘇軾與釋了緣參禪事。云了緣居廬山，軾偕歌妓白牡丹訪之，欲誘之還俗。了緣乃示變現，遣花間四友^{按：據曲乃桃柳竹梅。}幻作女子引軾入夢。軾惑之，爲一一賦詩。次日，與了緣往復，不能難，而白牡丹反因了緣指示，披剃爲尼云。所標題目正名曰："雲門一派老婆禪，花間四友東坡夢。"考天一閣鈔本録鬼簿上，録吳昌齡曲十種，中有東坡夢，注云："雲門一派老婆禪。"與此元曲選本題同。明寧獻王太和正音譜上所録吳昌齡曲亦十種，與天一閣本録鬼簿全同。唯曹寅所刊録鬼簿載昌齡曲爲九種，中無東坡夢，其子母揭鉢記，天一閣本及正音譜均作"老回回探狐洞"，此則所記不同。蓋傳寫名目互異，兼有出入，不得徒據此一本以爲昌齡無東坡夢一劇也。

秋胡戲妻一卷　曲江池一卷

元曲選本

元石君寶撰。鍾嗣成録鬼簿載君寶平陽人，明寧獻王太和正音譜稱石君寶之詞如羅浮梅雪。其他不詳。秋胡戲妻標題爲："貞烈婦梅英守志，^{按：天一閣本録鬼簿作"採桑女梅英訴恨"。}魯大夫秋胡戲妻。"稱胡妻羅大户女，名梅英。結褵甫三日，而官司勾秋胡從軍，別母妻而去，十年不歸。同里有李大户，富有錢穀，知梅英美，欲娶爲室，以利啗羅，强委紅定於梅英之姑。及迎娶，梅英不從，李大户受辱而退。秋胡事魯昭公，以軍功授中大夫，贈黃金歸省母。抵里，經其家桑園，門扉不掩，試入之，見一女方採桑，豔冶甚。試挑之，不從。更遺以金，女怒訴之。胡乃自返覲其母。女繼歸，見胡，以爲暴者追至其門也，逕前搶之。姑爲言是秋胡，益憤其無行，乞休離。姑哀之，始相認。其李大户以娶

親不遂，前來尋鬧，不意胡歸，急謝過。胡命送李於鉅野縣，懲
之。事出劉向列女傳，但傳云胡妻自盡，此云復好，緣欲團圓結
局，遂乖本事。

　　曲江池演李亞仙事，標題作："鄭元和風雪卑田院，李亞仙花
酒曲江池。"按天一閣本錄鬼簿題同。顧曲齋本前多二句，云："老虔婆煙月鳴珂
巷，小姨夫雲雨綠楊堤。"稱滎陽鄭公弼爲洛陽府尹，有子元和，擅文
藻，父命赴長安應舉。三月三日，元和游曲江，有長安趙大户者，
方挾妓劉桃花與桃花之結義姊妹李亞仙，張宴於曲江池上。元和
適遇，見亞仙，悦之，停驂注目，爲墜鞭者三。已知爲長安上廳行
首，遂至其家，傾囊奉之。久之金盡，爲鴇所逐，流爲乞丐，爲人唱
挽歌。其僕走報公弼。公弼入都，至杏園，遇元和，毆之立死。亞
仙聞而往救，復蘇。鴇追至，强亞仙歸。亞仙不得已，置之而去。
一日，念元和甚，遣婢召至家，飲以酒，請於鴇，出資自贖，與元和
另居。勸其攻書，旋成名，登上第，授洛陽縣令，參府尹。公弼固
知爲己子，呼之曰元和。元和不顧而去。公弼親詣縣署，召亞仙
謝之。亞仙責元和背父，憤欲自殺。元和頓悔，即認其父。鴇窮
困尋至，元和亦勸亞仙存恤之。其事本唐白行簡李娃傳，而別撰
人名，情節稍有變動，不盡與傳同。至鄭元和之名，頗爲不典，論
者譏之，然宋莊季裕雞肋編下載"紹興中有維揚喬大觀仕於朝，或
戲之曰：'公可與鄭元和對。'喬辨：'某豈有遺行若彼邪？'"云云。
知宋時傳鄭生、李娃事，已有元和之名，不自石君寶作劇始也。

風月紫雲亭一卷
景印元刊本

　　按：此本爲日本京都帝國大學景印元刊本，不著撰人名氏。

其本首賞花時共幺爲楔子,次第一折點絳唇一套,第二折一枝花
一套,第三折粉蝶兒一套,第四折新水令一套。其賓白刪略太
甚,偶存一二句,全不能窺其事實。其標目云:"象板銀鑼可意
娘,玉鞭驕馬畫眉郎。兩情迷到忘情處,原誤志刑。落絮隨風上下
狂。靈春馬適意悞功名,韓楚蘭守志待原誤侍。前程。小秀才琴
書青瑣幃,諸宮調風月紫雲亭。"王國維跋此本,但略釋作者,亦
未暇考其事實,似劇所演事已不可考。然細察之,實南戲宦門子
弟錯立身故事也。今就其詞詠推之,大意乃謂開封有説唱諸宮
調妓與舍人某交好,其母屢間阻之,而舍人父居官,家訓亦嚴。
妓不得暢其志,怨母甚。一日,妓至舍人家與舍人相會,爲舍人
父所見,痛斥之,妓母亦尋至,詬其女。舍人父乃鎖禁其子,遞配
妓,使與其家人還鄉。妓感舍人之恩,誓不再交他人,悵望關河,
無復生趣。已而舍人背其父母,私出尋妓,資斧乏絶,淪爲雜伎
藝人,説唱諸宮調,終與妓遇,即相攜潛逃。其後因官府傳樂,入
一第,亭堂中望見官人,則舍人之父也,大駭。官人失其子,甚
痛,至是喜出意外,即留子,使與妓爲夫婦云。考永樂大典本所
載宦門子弟錯立身戲文,記西京河南府完顏同知之子延壽馬,與
東平散樂妓王金榜相戀,私會于書齋。同知見而大怒,鎖子,驅
妓一家使即離府境。生乘機潛逃,踵跡妓,遇之于旅邸,宛轉求
妓父,招爲壻,相隨趕趁作場。生父宦達,一日喚院本,則生與金
榜一行人至,因相認。生雖落魄江湖,終與妓配合,得遂其志,云
云。此與紫雲亭劇相似,固不待言。更以此劇所録詞句考之,如
第二折菩薩梁州後三煞詞云:"更做爾是開封府同知,卻不取招。
平人無罪,卻便硬監莽送配。爾這般皁寵同字。窩裏清廉怎立
碑,那公廳上施爲。"此言生父爲開封府同知也。第三折有白云:
"靈春思量殺我。"又十二月詞:"阿,教我越思量俺俺完顏小哥,
他端的所爲兒有誰過。"此言生姓完顏氏,名靈春也。按:據標目當

作靈春馬。南戲作延壽馬，又作延壽。按：延壽、靈椿同意，此春字似椿字省文也。

夫其事始末既同，其官階氏族又符合如此，不謂之同演一事不可也。其微異者，戲文妓名王金榜，此名韓楚蘭；戲文生所習伎爲雜劇院本，此云諸宮調，則名字瑣節，偶有變動，不害其爲大體相同也。按天一閣鈔本録鬼簿上，載石君寶紫雲亭，注名目爲“韓秀才詩禮青雲路，諸宮調風月紫雲亭”，以此劇目勘之，韓秀才當爲小秀才之誤。通行録鬼簿刊本，載戴善甫亦有諸宮調風月紫雲亭，而李直夫亦有錯立身劇，目爲“莊家付淨學踏爨，宦門原誤空門。子弟錯立身”，見天一閣鈔本録鬼簿上，則與南戲題目全同。疑此事當時盛傳，故諸家遞演爲劇。觀此本結末鷓鴣天詞云：“風流公案風流傳，一度般着一度新。”則翻新鬥勝，原出舊本可知。其標紫雲亭者，既有石戴二家，則此本當不出二人手筆矣。

灰欄記一卷
元曲選本

元李行道撰。行道名潛夫，絳州人。鍾嗣成録鬼簿上作李行甫，太和正音譜作李行道，此本作李行道，與正音譜合。賈仲明弔詞稱“絳州高隱李公潛，養素讀書門鎮掩”，蓋隱者也。斯劇録鬼簿、太和正音譜並著録，演包拯斷馬均卿妾張海棠一案。稱鄭州妓張海棠，從良馬均卿爲妾，生子已五歲。均卿妻與趙令史有奸，欲殺夫而未得便。適海棠兄張林向妹求貲，婦教海棠卸衣服頭面與之，而譖海棠於均卿，謂擅以衣物與奸夫。均卿不快，命海棠煎湯，婦又乘間投毒藥其中，均卿飲之死。婦乃誣海棠殺夫，逐海棠而留其子。海棠不服，因成訟。趙令史賄鄰人及收生婦，均指子爲婦所出。官信之，因鍛鍊成獄，押海棠赴開封定罪。

是時海棠兄張林充開封府祗候，方以迎府尹包拯回，適遇解人，乃與妹共詣府申寃，謂無强奪孩兒及藥死丈夫事，實緣大婦與趙令史有奸，告官時恰值令史掌案，屈打成招。公詢畢，亦疑之，命提婦至，畫灰爲欄，置兒其中，命兩婦左右拽之。凡再拽，婦輒拽兒出欄外，而海棠不能。拯知子非婦所出，而與令史奸是實，遂并令史誅之，杖街坊及收生婦流之，釋海棠，使攜其子與張林同居。天一閣鈔本録鬼簿載行道此劇，目作“張海棠屈死下陰牢，包待制智勘灰欄記”。此本收句同，而起句作“張海棠屈下開封府”，似舊本謂海棠屈死，而此云釋罪寧家，然果海棠死，則灰欄拽兒之説不可通，疑屈死二字有誤，非原文也。

魔合羅一卷

元曲選本

元孟漢卿撰。鍾嗣成録鬼簿上載漢卿亳州人。其始末不詳。此劇録鬼簿、正音譜、寶文堂目、述古堂及也是園目俱著録。演河南府孔目張鼎勘劉玉娘一案。略稱河南府人李德昌，妻劉玉娘，子佛留兒。德昌營絨綫鋪，卜云：“百日内有災，須遠出以避之。”因辭妻之南昌貿易。妻送德昌行，言從弟文道元刊本作文鐸。屢相調戲，其意叵測。德昌以婦平日與文道不合，且言甚突兀，誥誡之而去。其後貿易大得利歸，將近家，憩于城外五道廟中，冒雨得病。有貨郎高山亦以避雨來廟中，因告以居址，屬轉告其婦來視疾。山入城，適逢文道，問路，且述其事。文道故謬指之，迂折久之，始得劉氏之居，達德昌言，兼以魔合羅一贈其子佛留，蓋時節適爲七夕也。文道知兄病，先趨至廟中，以毒藥進于兄。劉氏至則病已深，扶至家，七竅流血而死。文道因挾制其婦,欲逼娶之,不從,則誣以因奸殺夫,訟于官。縣令受賄,鍛鍊成獄。案呈完顏府尹,已判斬矣。六案都孔目張鼎知案可疑,言于尹,謂送信人未到案,奸夫無名,證據不足,請覆審。尹以其言戇,限鼎三日内究出本末。鼎即出玉娘于獄,詢送信人年貌生理。玉娘忽憶爲貨郎,曾贈魔合羅與小兒。命取魔合羅,而底有"高山"二字。訪得其人,拘問之,乃言送信時先遇一藥肆主人,即文道也。更收文道鞠之,事乃白。釋玉娘,置文道于法,鼎亦坐是遷官云。漢卿亳人,此所演即河南府事,耳目接近,疑必有據也。天一閣鈔本録鬼簿上載漢卿是劇,注題目正名作:"曹司屈推貨郎漢,張鼎智勘魔合羅。"此本目作:"李文道毒藥擺哥哥,蕭令史暗裏得錢多。高老兒屈下河南府,張平叔智勘魔合羅。"標目與天一閣本録鬼簿已不同。又元刊雜劇三十種亦收魔合羅,勘其文字,與新續古名家雜劇、息機子雜劇選、元曲選以及孟稱舜酹江集所收,皆大致不殊。其與元刊本異者,自以元刊本爲是。唯元刊本賓白太略,事蹟不顯,今姑以元曲選本著録焉。

柳毅傳書一卷　氣英布一卷
以上元曲選本
三奪槊一卷
景元刊本

　　元尚仲賢撰。鍾嗣成録鬼簿上載仲賢真定人,江浙行省務官。按:天一閣鈔本作江浙省務提舉官。太和正音譜上稱尚仲賢之詞如山花獻笑。其他不詳。所撰曲天一閣鈔本録鬼簿所載爲九種,太和正音譜亦同,曹寅刊本録鬼簿則多漢高皇濯足氣英布一種,合爲十種,今存者唯柳毅傳書、氣英布、三奪槊三種。其餘如歸去來兮、越娘背燈等隻曲斷章，散見於太和正音譜及李玉北詞廣正譜等書中，今皆無全帙，已不足窺其全篇結構，言仲賢曲不得不據此三劇矣。

柳毅傳書，本唐李朝威柳毅傳而稍略，標題云："涇河岸三娘訴恨，洞庭湖柳毅傳書。"天一閣本錄鬼簿起句作"錢塘江火龍認女"。稱淮陰柳毅，母張氏。毅入京應舉，下第東歸，於涇河岸見一婦女牧羊，顰眉凝睇，如有所待。怪而問之，則自稱爲洞庭龍神之女三娘，嫁涇河老龍之子，夫婦不和，老龍惑其子言，俾牧羊於此。言已，出家書屬毅寄之。毅過洞庭，如女之教，以金釵扣廟旁橘樹，即有夜叉來迎，謁洞庭君，告其事。洞庭君與夫人方以爲念，而弟錢塘火龍至，聞其言，即向涇河與小龍決鬥，噬之，以女歸，欲毅娶之。毅辭以母老，須歸侍母。洞庭君不能强，但厚賂之。抵家見母，則母已爲聘范陽盧氏之女。擇期成禮，視其人則三娘也。詢之，則龍君不能忘恩，使三娘冒盧氏。三娘復與毅母子之洞庭會親云。

氣英布，演漢高帝事，標題云："隨大夫衘命使九江，漢高皇濯足氣英布。"言布事項王，爲龍且所譖，頗自危。漢王使隨何往召之，布猶豫未決。適楚使至，何乃自屏風後出，謂使曰："余漢臣，布已歸漢，今來迎之。"布出不意，無以自白，即殺楚使，引兵歸漢。謁漢王，王乃倨坐，使宮人濯足，不爲禮。布大悔，欲自殺，何止之。已乃漢王大設宴，自詣布營謝之，曰："略折公銳氣耳。"即授九江侯。布大感，引兵破項。上嘉其功，封淮南王，加何爲御史大夫。

三奪槊，演尉遲恭事，大意謂建成、元吉忌秦王，而懼敬德之勇，謀去之。元吉設計，以美良川圖進於上，謂恭本反臣。上果信之，命治恭罪。劉文靖聞之，持榆科園圖見上，謂恭驍勇非凡，曾於榆科園挫單雄信，有救護秦王之功，不可加以罪。元吉惡文靖之言，謂推許過當，請與恭角藝，且詣秦叔寶言其事。叔寶勸其和休，不聽。明日較於御園，恭卸甲執鞭，元吉用槍，兵數交，恭輒奪其槍。將反刺元吉，秦王止之，元吉亦告免。恭不聽，竟殺之。云云。斯本寫元刊本，標題目正名曰：“齊元吉兩爭鋒，尉遲恭三奪槊”。元曲選録單雄信斷袖割袍　尉遲恭單鞭奪槊一劇，亦題尚仲賢撰。然考其文所演，乃恭于榆科園救秦王事，其設事在此劇之前，與此劇所演渺不相涉。復考天一閣鈔本録鬼簿注尚仲賢三奪槊名目云：“齊元吉兩爭鋒，尉遲恭三奪槊。”與此本正同，知此本即尚仲賢劇。録鬼簿録尚仲賢劇，除此三奪槊外，無以單雄信事爲主之單鞭奪槊劇，元曲選本所録必爲另一劇，臧懋循編時不察，誤屬之尚仲賢也。

單鞭奪槊一卷
元曲選本

　　題元尚仲賢撰。考鍾嗣成録鬼簿，載仲賢劇有三奪槊，無單鞭奪槊。其三奪槊目下注云：“齊元吉兩爭鋒，尉遲恭三奪槊。”與元刊本所標題目正名同，知元刊本所録即尚仲賢劇無疑。此本題“單雄信斷袖割袍，尉遲恭單鞭奪槊”。其目不唯録鬼簿不載，即明寧獻王太和正音譜亦無之，唯清初錢曾述古堂目十録鈔本尉遲恭單鞭奪槊劇，以爲尚仲賢撰。也是園目同。此非傳鈔者誤題仲賢而曾目仍之，即鈔本本無署題，曾誤據舊録舊譜以爲即尚仲賢所撰之本。懋循編刊元曲選録單鞭奪槊，其誤與曾同。其後管廷芬重訂曲海目録尚仲賢單鞭奪槊，注“一作三奪槊”，則直認爲一劇。皆緣未見元刊本，無從比勘，致有此誤，不足怪也。此本演尉遲恭敗單雄信事。稱恭事劉武周，與唐兵戰，被誘至介

休。唐帥圍之，勸使降，則云：主在不可降。時武周奔沙陀，唐復
誘沙陀殺武周，以首示恭。恭爲持服三日，乃出降。秦王命釋其
縛，恩禮有加。初，元吉與恭戰赤爪峪，爲恭所敗。至是見秦王
厚遇恭，益恨。值秦王詣長安奏捷，與段志賢定計，誣敬德出走，
下之牢中，將害之。徐茂公聞之，急追秦王回，問其事。元吉因
自誇，言恭逃走，隻身追之，擒之而返。秦王疑之，釋恭，使恭先
走，元吉持槊自後追之，三用槊，皆爲恭所奪。事乃白。會王世
充將單雄信將兵來索戰，秦王將數十騎出營視之，且覘洛陽城。
突遇雄信，追王至榆科園，將及之。茂公馳至，急持雄信。雄信
即割袍示茂公，謂各爲其主，再乞救，即殺之。茂公懼而卻走。
王張弓而無箭，勢危甚。恭突至，單鞭擊雄信走，奪其棗木槊而
回。是爲"單鞭奪槊"云。據此則此劇標奪槊者，乃謂奪單雄信
之槊。其第二折雖有三奪元吉槊事，乃劇中偶然取其事點綴，不
屬正文。元刊本三奪槊，全劇演恭與元吉事，正謂奪元吉之槊。
其大關目不同如此，自不可混而一之也。

風光好一卷

元曲選本

　　元戴善甫撰。善甫真定人，官江浙省務官，見鍾嗣成錄鬼簿
卷上。其名未詳。此本爲元曲選本，標題名正名云："宋齊丘明
識新詞藻，韓熙載暗遣閒花草。秦弱蘭羞寄斷腸詞，陶學士醉寫
風光好。"息機子刊本元人雜劇題目作："宋丞相明宣閒花草，韓
熙載暗算文章老。"正名唯"羞寄"作"錯寄"，餘同。天一閣鈔本
錄鬼簿載正名則作："秦弱蘭新配鳳鸞吟，陶學士醉寫風光好。"
蓋標目自錄鬼簿而下已再易矣。劇演陶穀事。稱穀乾德初官翰

林學士,使於唐,名謂索其圖籍,實説降也。唐相宋齊丘獻策於唐主,羈留之,久不延見,而使昇州太守韓熙載優給其館穀。穀自以大國使臣,矜莊甚,每宴出聲伎,輒止之,凛然若不可犯者,而異域孤栖,不能無感,私題十二字於驛壁曰:"川中狗,百姓眼。虎撲兒,公厨飯。"齊丘猜之,知爲"獨眠孤館"四字,乃飾妓秦弱蘭,使夜就穀於驛,對月長吟,託爲驛史之妻,方持服孀居者。穀見之,果誘與私,題風光好詞贈之,詞云:"好姻緣,惡姻緣,奈何天。只得郵亭一夜眠,列神仙。琵琶撥盡相思調,知音少。待得鸞膠續斷絃,是何年。"妓得詩回報。齊丘知其中計,乃置酒招穀,使若蘭歌穀所製詞,且出其稿爲證。穀氣沮,欲辯不可。齊丘、熙載並勸穀納之。穀既辱命,不敢還汴,乃投錢俶於浙。宋平唐,弱蘭逃至浙境,爲俶所得,知穀當日事,設宴招穀,以弱蘭還之云。録鬼簿載善甫劇,有關大王三捉紅衣怪、伯瑜泣杖、柳耆卿詩酒翫江樓、諸宫調風月紫雲亭,並此爲五種,今唯此一種存。正音譜評其詞爲荷花映水,亦極稱之,蓋亦元代一作手云。

王粲登樓一卷　翰林風月一卷　倩女離魂一卷
以上元曲選本
周公攝政一卷
景元刊本

元鄭德輝撰。鍾嗣成録鬼簿下,載德輝名光祖,平陽襄陵人。以儒補杭州路吏,病卒,火葬於西湖靈芝寺。德輝名聞天下,雖婦人女子皆知之,伶倫輩咸稱鄭老先生云。所撰劇據録鬼簿所載凡十七種,今唯傳王粲登樓、翰林風月、倩女離魂、周公攝政四種。

王粲登樓標題云：“假托名蔡邕薦士，醉思鄉王粲登樓。”按：起句天一閣本錄鬼簿作“不納賢秦公閉閣”。稱粲太常博士默子。丞相蔡邕曾與默指腹爲婚，以女桂花字粲。默卒，邕以粲恃才矜驕，召之入都，不爲禮，而陰使翰林學士曹植薦粲於荊王劉表。表見粲貌寢，亦不任用，粲遂流落荊楚間。州人許達好客，有樓曰溪山風月，粲每登樓吟詠，與達酬唱，彌望中原，感慨零涕。已而邕薦粲於朝，召授兵馬大元帥，北歸，與邕女婚配。

翰林風月標題云：“挺學士傲晉國婚姻，天一閣本錄鬼簿作“晉國煙花”。倩梅香騙翰林風月。”稱白敏中父從裴晉公征淮西有功，度以女小蠻許字敏中。已而敏中喪父，晉公亦薨。敏中入洛，謁晉公夫人，問以親事。夫人館之於家，令敏中與小蠻以兄妹相稱，不及姻事。敏中憂思致疾，託婢樊素周旋，與小蠻會。甫相見而夫人至，驅使離府。敏中乃入都應舉，及第爲翰林，奉上命與小蠻成親。其關目與王實甫西廂記極相似，而詞不沿襲。劇中婢樊素白多用書傳成語，故曰“倩梅香”云。

倩女離魂標題曰：“調素琴王生寫恨，迷青瑣倩女離魂。”稱張公弼與里人王同知指腹成親。王生子曰文舉，張生女曰倩女。公弼、同知皆亡，文舉將赴京應舉，往探張夫人。夫人出倩女相見，使呼文舉爲兄，云得官後方可成親。既辭去，而倩女思念成疾，其魂竟追及王生，隨之入都。王生及第，授衡州府判，偕倩女旋里，復訪張氏。其家驚爲鬼魅。入室，則魂與體合，而女疾遂愈。事本唐陳玄祐離魂記，而改張鎰爲張公弼，王宙曰王文舉。

周公攝政標題云：“說武庚管叔流言，輔成王周公攝政。”稱武王平殷，封武庚，使三叔監之。武王疾，周公爲文告於先王，請以身代，藏文於太廟金縢櫃中。武王崩，周公奉成王即位，三叔以殷叛，布流言，云公將不利於孺子。公乃以妻子爲質，往征平之，奏凱歸朝。初，公去後，太公啟金縢，見祝册，示成王，成王意解。

至是迎於午門外,親爲公推轂。公年六旬致仕,歸政於王云。

四劇唯周公攝政爲題材所拘,詞采無甚可取,餘俱當行。按元曲作家稱關白鄭馬,明何良俊四友齋叢説謂:"馬東籬辭老健而乏姿媚,關漢卿辭激厲而少蘊藉,白仁甫詞頗簡淡,所欠者俊語,當以鄭爲第一。如王粲登樓第二折,摹寫羈懷壯志,語多慷慨,而氣亦爽烈。至後堯民歌十二月托物寓意,尤爲妙絶。非調脂弄粉者可得窺其堂廡。"又稱:"德輝情詞亦與人不同,如㑳梅香頭折仙吕調、二折大石調等曲,不着色相,情意獨至,真得詞家三昧。倩女離魂越調聖藥王内'近蓼花,纏釣槎,有折蒲衰草綠兼葭。過水窪,傍淺沙,遥望見烟籠寒水月籠沙。我只見茅舍兩三家。'如此等語,清麗流便,語入本色。然殊不穠鬱,宜不諧於俗耳。"元周德清中原音韻作詞定格,錄王粲登樓三折迎仙客"雕簷紅日"曲,評云:"迎仙客累百無此調,美哉德輝之才,名不虛傳。"其傾倒如是,亦可見德輝詞之不凡矣。

范張雞黍一卷

元曲選本

嚴子陵七里灘一卷

景元刊本

元宫大用撰。鍾嗣成録鬼簿下,載大用名天挺,大名開州人,歷學官,除釣臺書院山長。爲權豪所中,事獲辨明,亦不見用。卒於常州。所著雜劇據録鬼簿及太和正音譜所載凡六種,今存者唯范張雞黍及嚴子陵二種。范張雞黍演范式、張劭事,標題云:"義烈傳子母褒揚,按:此據元曲選本,息機子本作"子母榮華",天一閣本録鬼簿作"第五倫舉善薦賢",文不同。死生交范張雞黍。"略稱山陽范式、汝南張劭同游太學,不欲就官,各歸里。同監孔嵩仲山者,式之里人,與洛陽王韜共餞范張於長亭。孔有萬言長策,託王韜呈於當道。韜乃竊爲己文,得除杭州僉判。式與劭約,二年後相會於汝南。及期式往赴約,韜方之任,與式遇,因共訪劭,登堂拜母,飯雞黍而去。其後式寓荆州,太守第五倫辟之,不起。忽夢劭至,云:“生死異路,已隔幽冥。”即往赴之。劭喪輿將至壙而不肯進,式至,乃得行,即留冢次守其墓。會第五倫奉上命徵式來汝陽,强起之。孔仲山爲倫祇從,式見之,爲倫言其人賢者,爲王韜所賣,乃並薦之,而責王韜云。

　　嚴子陵垂釣七里灘,元刊本標名爲“劉文叔醉隱三家店,嚴子陵垂釣七里灘。”其本賓白不全,審其文,乃謂嚴光隱南陽富春山七里灘。時光武避莽亂,改名金和,居下村李二公莊,每與光飲酒攀話。其後光武即位,宣光,光辭不往。上親作書召之,光乃就路。上出郭迎之,與飲酒。及歸,上爲設拂塵宴於宮中。宴次,忽有鶴棲於欄楯,則七里灘光所狎鶴來探視也。光感其情,即回七里灘云云。録鬼簿、太和正音譜載大用劇俱有釣魚臺,此本作七里灘,不知即大用所作否。正音譜稱宮大用之詞如“西風鵰鶚”,又云:“其詞鋒穎犀利,神彩燁然,若健翮摩空,下視林藪。”今觀此劇,豪情健筆,溢於紙上,蓋非大用不能。王國維序元刊雜劇三十種定爲宮大用作,頗爲近理,今從之,與范張雞黍同目爲大用之作,庶無差忒焉。

留鞋記一卷

明息機子刊元人雜劇選本

　　元曾瑞撰。鍾嗣成録鬼簿下稱瑞字瑞卿,大興人,羨錢塘景物之盛,因而家焉。不願仕,自號褐夫。江淮達者餽送不絕,得以徜徉卒歲。歿時,詣門弔者以千數。又稱其善丹青,能隱語,有散曲詩酒餘音行世,所記始末甚詳。斯編爲瑞所編雜劇,息機子刊本所録凡四折,第一折前着楔子,演郭華與胭脂舖女王月英姻緣事。略稱汴京王氏婦與女月英設肆賣胭脂。洛陽人郭華應舉落第,久滯京華,慕月英之色,時至肆中贖胭脂,因而有情。月英暗使婢致帖子於華,約元夜於相國寺觀音殿中相會。及赴期至寺,而華以酒醉睡熟,呼之不醒,因以羅帕裹繡履置生懷中而去。生醒見履,悔恨不勝,乃强咽其帕,閉息而死。其僮以爲寺僧謀害,乃訴之於府尹。時府主爲包拯,以事暗昧,乃屬府役扮貨郎兒將履賣之。月英母識其履,欲贖之,因并拘月英及其母至府審之。公詢知月英以帕裹履,而帕不見,乃命月英詣寺尋之。月英見屍身口邊露帕一角,掣取之,而生氣通復活。公乃判爲夫婦云。按宋劉義慶幽明録按:據太平廣記二七四引。載富室一男愛一賣胡粉女子,託買粉日往。女感其情,遂相許,赳明夕相會。男俟女至,悦甚,歡踴遂死。女懼,遁去。富室發男筐見粉,訴於官。女乞於官,臨屍慟哭,男豁然更生。實即此事。明馮夢龍情史引幽明録此條附注謂:"元人留鞋記與此事大似,唯買粉作買胭脂,其期作元夜,又謂女留鞋,男醒咽鞋而死,按:劇謂咽帕,非咽鞋也,夢龍此説誤。此段稍異。"其言甚是。録鬼簿録瑞此劇作才子佳人悮元宵,天一閣鈔本録鬼簿所附失名氏傳奇録留鞋記,注標題云:"郭明卿燈宵誤佳期,王月英元夜留鞋記",其正書卷下別出曾瑞卿才子佳人誤元宵,似非一本。此息機子刊本亦不署作者,而臧懋循元曲選作曾瑞卿,標題作:"郭秀才沈醉悮佳期,王月英元夜留鞋記",與天一閣本録鬼簿附録所書合,按:息機子本失標名目。當即附録所載失名之本。王國維曲録二謂留鞋記即誤元宵劇,不知然否。今繫其劇於瑞,而辨其可疑者如此。又以此本校

元曲選本,曲白均多異文。此本第一折寄生草曲後金盞兒曲有
二首,元曲選僅録其前一首。元曲選第四折太平令曲後有川撥
棹、七弟兄、梅花酒、收江南四曲,此本無之。又元曲選第三折科
白自"張千排衙上"起,此本則以"張千排衙"至"張千扯卜兒,念
踏破鐵鞋無覓處,得來全不費工夫"一大段,連上文爲第二折,截
下文"正旦領梅香上"一段爲第三折開白,所剖篇章亦略異。今
姑以息機子刊本著録云。

蕭何追韓信一卷

景印元刊本

　　不著撰人名氏。標題云:"霸王垓下別虞姬,高皇親掛元戎
印。漂母風雪歡王孫,蕭何月夜追韓信。"考鍾嗣成録鬼簿下載
金仁傑有蕭何月夜追韓信劇,當即此本也。仁傑字志甫,元天曆
初官建康崇寧務官,卒於任所,見録鬼簿。録鬼簿又稱天曆己巳
仁傑二子護其柩來杭,弔詞云:"夢西湖何不歸歟?魂來處返故
居,比梅花想更清癯。"蓋杭州人也。劇四折,演韓信事。稱信淮
陰人,微時不能自給,戚黨厭薄之。雪天行路,偶與惡少相撞,惡
少挈劍相向,逼出其胯下。信自度不能敵,忍辱從之。已而游
楚,干楚霸王。霸王不能用,投漢。因蕭何謁沛公,沛公亦等閒
視之。鬱抑甚,將歸爲漁夫以老。已登程矣,何追及之,强挽之
回。高帝以何言,悔失信,至是喜信至,拜爲元帥。樊噲心不平,
信以威令憚之。已與上論項羽短長,謂楚必亡無疑。於是部署
軍事,指麾張良、周勃、酈商、王陵、灌嬰、樊噲、英布、吕馬童等合
圍楚師。項王兵敗,至烏江自刎,吕馬童得其首以獻云。録鬼簿
載仁傑曲爲追韓信、東窗事犯、長孫皇后鼎鑊諫、周公旦抱子設

朝、蘇東坡夜宴西湖夢、蔡琰還朝六本。其中東窗事犯雖有元本，然不敢斷爲即仁傑所作，今唯追韓信劇傳於世云。

豫讓吞炭一卷

元明雜劇本

霍光鬼諫一卷

景元刊本

敬德不伏老一卷

富春堂刊本

按：三本皆不著撰人。王國維曲録二據元姚桐壽樂郊私語所稱"海鹽楊康惠公梓節俠風流，善音律，今雜劇中有豫讓吞炭、霍光鬼諫、敬德不伏老，皆康惠自製，以寓祖父之意，第去其著作姓名"云云，定爲元楊梓所撰。梓海鹽人，失其字。祖春，宋武經大夫。父發，仕宋官樞密院副都統，入元授福建安撫使，領浙東西市舶總司事，卒追封弘農郡侯。梓至元三十年以招諭爪哇等處宣慰司官，隨福建行省平章政事伊克穆蘇招諭爪哇，有功，後爲安撫總使，官至嘉議大夫、杭州路總管，致仕卒，贈兩浙都轉運使、上輕車都尉，追封弘農郡侯，謚康惠。

豫讓吞炭稱智伯宴趙襄子、韓康子、魏桓子於藍臺，求三家地。韓魏皆以萬家邑與之，趙襄子獨不許。智伯合韓魏兵伐之，豫讓諫，不納。襄子保晉陽，決水灌其城，不没者三版。韓魏咸自危，襄子臣張孟談，説韓魏決汾絳水灌智伯軍營，遂滅智氏，三分其地。襄子挾恨，漆智伯頭以爲飲器。豫讓欲刺襄子爲智伯復仇，潛入襄子第，伏廁中。襄子搜得之，重其義，縱之去。讓乃漆身吞炭伏州橋下，伺襄子過刺之。襄子心動，又搜得之。讓知不免,請得襄子衣而刺之,襄子脱衣與之。讓剚衣碎之,即自刎。
事全本史傳。

　　霍光鬼諫稱光官大司馬,昭帝崩,立昌邑王,無道,廢之,
立宣帝。帝以光擁戴功,授其子霍山、霍禹以官。光以二子無
知,代辭,上不許。旋奉命採訪五南,歸則二子以妹成君進於
上爲后,光聞益怒,召二子痛責之,即見上,請貶二子爲民,下
成君於冷宮,上亦不許。光由斯感疾,上親臨問之,因奏山、禹
必反,他日但憐老臣,勿剖棺戮屍足矣。竟不起。其後山、禹
果謀反。光之鬼夜趨承明殿,奏其事。上因誅山、禹而祀霍光
之墓。

　　敬德不伏老稱唐王平區夏,設功臣宴,招十路總管赴宴,各
因功定其位次。尉遲恭與李道宗爭位,毆道宗,折其齒。上怒,
貶恭爲民,令回家閒居。其後三年,高麗王以唐秦叔寶病,尉遲恭
貶,有隙可乘,命將鐵勒金牙入犯,屯兵界上,搦尉遲恭戰。上命
徐茂公往起之,及相見,恭乃稱有風疾,不可用。茂公審其僞,屬
軍校詭稱高麗卒,至其家肆擾。恭出奮擊之,而茂公適至,度不能
隱,乃還朝。將兵與鐵勒金牙戰,擒之,詔復封鄂國公。

　　梓將家子,任俠尚氣,故所譜三劇,悉桓武義烈之行,詞亦豪
邁激宕,稱其爲人。明清武將如陳大聲、薛論道、湯貽汾,雖皆以
曲著,然其詞固不得與元人比擬。自元以降,武夫工曲固當以梓
爲首矣。唯姚桐壽稱其製曲以寓祖父之意,梓父發以宋臣降元,
未爲純節,豈發心懷故國,雖附元而情非得已,其衷曲有非他人所
能知者,梓乃託之於曲,述豫讓、霍光之事而表其心迹,隱爲先人
地耶? 此固非後人所能詳知已。

張小山小令二卷
明嘉靖刊本

元張可久撰。可久以小令著名,其集有今樂府、吳鹽、蘇堤漁唱。元本北曲聯樂府已全收之,其本已別行著錄。是編爲明李開先所輯,上卷所錄爲水仙子等曲二百七十九首;下卷所錄爲南呂一枝花“長天落彩霞”套曲一首,又罵玉郎帶感皇恩、採茶歌隻曲等二百八十八首,視元本北曲聯樂府所收不及遠甚。據卷末所載開先後序,謂“今詞曲少而小山者更少。小山詞載在樂府群珠、詩酒餘音者,僅數十曲。他所得仙音妙選、樂府群玉、樂府新聲,則有助於小山者多。今所編次雖成上下二册,每樣曲終,鏤板不剔空,以待博學君子寄示”云。是開先此編,自諸家選集輯出,故不能備,且亦自知其不備。今之人已得見北曲聯樂府本,開先此本已非重要。然開先雖未見可久諸集,其所用選集,則頗有今人所未能見者。如樂府群珠、詩酒餘音、仙音妙選,今皆無其本。今以北曲聯樂府考之,開先所錄雖大抵見於北曲聯樂府中,然亦有開先此本有而北曲聯樂府本無之者,則開先此本亦不可廢也。

揚州夢一卷　　兩世姻緣一卷　　金錢記一卷
元曲選本

元喬夢符撰。錄鬼簿載夢符名吉,太原人,號笙鶴翁,又號惺惺道人,美容儀,能辭章,有天風環珮、撫掌二集。以威嚴自飭,人敬畏之。居杭州太乙宮前,有題西湖梧葉兒百篇,名公爲之序。江湖間四十年,欲刊所作,竟無成事者。至正五年二月病卒於家。

按:以上引錄鬼簿參合曹寅、天一閣二本書之。所著雜劇十一種,據曹寅本及天一閣鈔本錄鬼簿。今存者揚州夢、兩世姻緣、金錢記三種。

揚州夢演杜牧事。稱牧官翰林,因公赴豫章。事畢將回京,太守張紞餞之,出歌伎好好送酒。牧為詩贈之,盛稱其色藝。其後二年,紞以好好贈揚州太守牛僧孺。牧因事來揚府,僧孺宴之於席上,見好好,仍有題詠,疑是舊識而不知其故。遇州人白文禮告之,始知即好好,因請白轉求此女於僧孺,諄諄叮嚀而去。頃之,僧孺以任滿來京,文禮亦至,言於僧孺,以好好歸牧。是時張紞升京兆尹,聞之來賀,因置酒相慶云云。據此伎名好好,故標名目云:“張好好花月洞房春,杜牧之詩酒揚州夢。”天一閣鈔本錄鬼簿亦載是目,而起句作“李夢娥”,不作“好好”,蓋舊本本謂妓為李夢娥也。

兩世姻緣演韋皋事。稱皋在成都,眷妓韓玉簫,相期白首。簫母稍厭之,勸使入都求官。皋行,約得官來取,久之無音耗。簫積思成病,遂死。臨歿,自寫其容,屬母送於皋。皋歷官至鎮西大元帥,赴任過荆州,節使張延賞召飲,出其義女侑酒,驚其貌與簫同,向延賞求之。延賞以為辱,拒之。會簫母持圖尋皋至,延賞得圖,始知其故。上聞其事,命延賞以女歸皋。

金錢記演韓翃事。稱翃字飛卿,三月上巳游九龍池,遇京尹王輔之女,小字柳眉兒者。目成心許,以所佩金錢與之,翃因隨其車入輔園中。輔初怒之,旋知為翃,館之於家。一日於翃齋見女所佩金錢,疑翃有遺行,將聲其罪,而翃奉上命宣入朝,擢為狀元。輔從賀知章言,召翃為婿。翃以曾受輔辱,拒不肯。李白知之,奏於上,賜成親云。

吉以詞曲擅名元時,所撰散曲,明李開先曾為刊行,雜劇亦高華穠豔。自明以來,諸家於此三劇遞有選本,雖風情之詞人所共嗜,要足以見其文之著也。明孟稱舜柳枝集稱揚州夢頭折仙呂點

絳唇套，係楊慎重訂，故後人混收入慎黃夫人集內。今檢楊夫人
樂府，其第一卷果有此套，題“維揚風月”，以勘陳與郊古名家雜劇
本揚州夢，文多不同，而與臧懋循元曲選本極相近，或懋循訂此曲
時曾參其文歟？稱舜生於明末，多習舊聞，疑所言當有據也。

竹葉舟一卷

元曲選本

　　元范康撰。康字子安，杭州人。鍾嗣成錄鬼簿下，稱康“明
性理，善講解，能詞章，通音律。因王伯成有李太白貶夜郎，乃編
杜子美游曲江，一下筆即新奇。蓋天資卓異，人不可及”云。所
著曲有杜甫游春及竹葉舟二本。杜甫游春已佚，竹葉舟亦僅存
元曲選本。其劇四折，第一折前有楔子，演陳季卿成道事。略稱
季卿餘杭人，以應舉不第，困於風塵。旅京久，不能還家，與終南
山青龍寺惠安長老同里有舊，往訪之，因留寺習業。一日導游寺
外，生望見東南方隱隱有水路，以問惠安，云是渼陂，通漢江，還
家當經此。生感慨動鄉思，因索筆硯，製滿庭芳詞題於壁。詞中
有句云：“家山遠，如何歸去，都付夢中游。”俄有黃冠來寺中，晤
對之次，勸生出家學道。生以求官辭，而道人請不已。生厭苦
之，負手顧壁上華夷圖，其道人即就圖上題詩，其結句云：“雖無
歸去路，神往不爲難。”與生詞相應，生乃以情告。道人即取一竹
葉黏壁上，頃刻化爲舟。生恍惚登舟，久之迷路。其道人復現於
前，仍勸之出家，生以家有父母妻子拒之。復前行，至截頭渡，一
漁翁渡之，即至家，謁父母，自言向求名未遂，今暫晤即行，將再
出應舉。並以詩別內云：“月斜寒露白，此夕最難禁。離歌嘶象
管，別思斷瑤琴。酒至連愁飲，詩成和淚吟。明夜懷人夢，空牀

間半衾。"復乘原舟去。已而風雨大作,舟覆墜水,頓醒,則身在
寺中。知所遇道士非常,急出寺追及之,因仙去。其道士乃呂洞
賓示現云。按太平廣記七十四引李玫纂異記,載陳季卿事與劇
同,即康所本。唯纂異記載季卿所遇乃終南山翁,劇以呂翁實
之。記稱季卿乘舟自渭及河,沿路登臨,屢有題詠。及返,翁猶
在旁,疑爲夢境。翁笑曰:"後六十日方自知。"後二月,妻自江南
來訪之,並述其所爲詩,始知非夢。其藻飾變幻,文采蔚然,劇於
此等皆不取。其第一折惠安白云:"由渼陂入漢江,即故鄉歸
路。"按唐時江南轉運,本渡江入淮,泛河洛以抵關中,纂異記所
記行程不悮,不知劇何以改之。又季卿別内詩,本爲"月斜寒露
白,此夕去留心。酒至添愁飲,詩成和淚吟。離歌棲鳳管,別鶴
怨瑤琴。明夜相思處,秋風吹半衾"。此所改亦不協。考天一閣
本録鬼簿下録范康竹葉舟題目正名,本爲"呂洞賓顯化按:原脱化
字,今據元曲選補。滄浪夢,陳季卿悟道竹葉舟"。此本起句不改,
收句作"陳季卿悮上竹葉舟",亦無意義,疑皆臧懋循刊書時所
改也。

東堂老一卷　趙禮讓肥一卷
息機子元人雜劇選本

　　元秦簡夫撰。簡夫字未詳。元鍾嗣成録鬼簿下有簡夫傳,
云"見在都下擅名,近歲來杭"。按:刊本"杭"字下衍"回"字,今據陳鱣校鈔
本删。天一閣鈔本録鬼簿則作"大都人,近歲在杭"。其文小異,
不能確知其里貫。鍾嗣成録鬼簿作於至順初,其書簡夫在"方今
才人相知"類中,則亦至順間人矣。録鬼簿録簡夫曲五種,目爲
東堂老勸破家子弟、天壽太子邢臺記、玉溪館、忠義士趙禮讓肥、

陶賢母剪髮待賓。今唯東堂老、趙禮讓肥有傳本，餘俱不存。其
東堂老演東平人趙國器託其子於友李實。國器殁，子游蕩無檢，
盡貨其產。實暗使人收買之，俟其悔過，一一還之，無少欠缺。
東堂老者，里人尊實之稱也。趙禮讓肥演趙孝、弟禮遇餓賊，母
子兄弟爭死，賊因並釋之。事本後漢書趙孝傳。而謂賊即馬武，
後禮復以武薦得官，捏造不實。然二劇皆演厚德長者之事，足以
勸世，實有功名教之作，殊未可以尋常筆墨視之。其本今有明臧
懋循元曲選及息機子元人雜劇選二本。勘其文字，互有異同，如
元曲選本東堂老第三折醉春風“全不想日月兩跳丸”，後爲叫聲
“恰纔個手扶拄杖走街衢”，本是醉春風與叫聲二調。息機子本
則混爲一調，其“叫聲”二字不標作調名，以“叫聲”二字與叫聲調
中之“我這裏提拄杖上街衢，我這裏驀入驀入門程去”十九字爲
白，與上正末白“我來到門首也”句銜結，又以叫聲調中“我這裏
觀覷了悠悠的他五魂無”十三字綴屬於醉春風調，此當是息機子
本誤刊。然如蔓菁菜調末句“則喫你大食店裏燒羊去”，元曲選
誤截此十字爲下文賓白中之文，而息機子本不誤。又如元曲選
本趙禮讓肥第三折絡絲娘“我只道你殺人刀十分利害”一調，東
原樂“敢道是凶年歲”一調，第四折沉醉東風“想當時受盡了千辛
萬苦”一調，雁兒落“休道是莽將軍不重儒”一調，得勝令“我可也
須識恩報恩”一調，息機子本皆無之。疑此五調未必係息機子本
刪去，而係臧懋循所增。至東堂老第一折“胡子轉白：哥的網
巾”，元曲選本作“網兒”，當是誤字。然網巾明制，元時無此，殆
伶人潤色之文，非簡夫原本之舊也。

昊天塔一卷

元曲選本

殘本黃鶴樓一卷

舊鈔本

　　元朱凱撰。鍾嗣成録鬼簿稱凱字士凱，所編有昇平樂府，又類集群公隱語，標曰包羅天地，又謎韻一集，皆大梁鍾嗣成爲之序。不言其里居。然賈仲明弔詞，稱其"振江淮獨步杭城"，蓋亦寓杭州者矣。

　　昊天塔，元曲選所録凡四折，所標題目正名曰："瓦橋關令公顯神，昊天塔孟良盜骨。"略稱楊業子景鎮三關，夢父及弟七郎示夢，謂征遼敗歿，骨殖爲遼將韓延壽所得，置於幽州昊天寺塔上，宜往取之。而景母佘太君亦同時感夢，使以告景。景知事非孟良莫辦，乃升帳議事，故屏孟良以激之。孟良知其情，乃固求去。遂與景俱微服之北，叩昊天寺，盜骨而去。返至五臺山，入寺暫憩，則其兄五郎兵敗後在寺中爲僧，相認大慟。既而韓延壽將兵追景抵山寺，五郎擊殺之。遼兵退，景乃與孟良奉父骨歸國云。其所演與小説楊家將、北宋志傳等出入，而激孟良一折，今猶演之。

　　黃鶴樓係梨園舊鈔本，不著撰人，僅存第一、第二兩折。稱周瑜忌劉備，欲害之，乃設碧蓮會於黃鶴樓，邀備來會。備逕往赴之。時諸葛亮方與關張追曹操於華容道，及歸，知備已行，乃急命姜維救之，而使張飛伏兵於蘆花灘，以待瑜來追。維乃簑笠作漁父裝，詣黃鶴樓獻魚，瑜即命刺備。維佯諾之，伺瑜避去，乃出昔所得周瑜令箭，揮吳兵使去，挾備逃去。以下當爲蘆花灘張飛擒周瑜事，而文缺不録。今考其詞格氣魄，斷非明人之筆。録

鬼簿載凱曲有劉玄德醉走黄鶴樓劇,其本久不傳。此爲樂工按
習之本,雖不署撰人,疑即凱作。其稱碧蓮會者,唐段成式酉陽
雜俎,載歷下有碧筩酒之俗。其法以簪刺蓮葉,令與柄通,傳吸
之。明陶九成輟耕録則謂以酒巵置蓮瓣中飲之,勝碧筩遠甚。
此所謂碧蓮會,必是飲酒之法無疑。徵以明吴奕所撰城社紀
略,載臺閣所辦雜劇有碧蓮大會,其人物爲劉先主、周郎,各翠
冠,獻魚人翠笠,又馬隊扮黄鶴樓劇凡六騎,導於臺閣碧蓮會
之前云。知明萬曆中百戲猶有碧蓮會之目,其用于元人劇中
尤不足怪也。

桃花女一卷

元曲選本

不著撰人名氏。標題目正名云:“七星官增壽延彭祖,桃花
女破法嫁周公。”其劇録鬼簿、太和正音譜、寶文堂目、錢曾述古
堂、也是園二目並著録。録鬼簿曹寅刊本作破陰陽八卦桃花女,
太和正音譜古今無名氏劇目作智賺桃花女,寶文堂目作桃花女,
述古堂、也是園目元無名氏劇作講陰陽八卦桃花女,天一閣鈔本
録鬼簿續編附載失名傳奇亦有桃花女,標注云:“祭北斗七星老
錢鏗,破陰陽八卦桃花女。”收句與元曲選本不合,而與曹寅刊本
同,疑録鬼簿所著名目是原題也。此劇諸書皆不載撰人,唯曹寅
刊本録鬼簿屬之王曄。曄字日華,杭州人。有子繹,善寫真,見
陶九成輟耕録。斯本演桃花女破周公法術事。其記女嫁時禁禳
之法,至今世俗婚娶猶多用之。劇情關目,極詭譎可喜。略稱洛
陽有周公者,善卜,設卦肆於城中,人爭趨之,三十年盛名不替。
而任二公有女曰桃花女,亦善卜,其術且過周公。女深閨自晦,

周公不知也。有石媼者，子留住，久客不歸。媼念之甚，以問周公。周公卜之，決其有厄，云命當絕，不可救。媼歸而大慟，桃花女適過之，謂猶可禳，教以夜三更坐門限上，披髮扣馬杓，呼石留住者三。如法行之，而留住歸，竟無恙。問所歷，則云夜宿破窑中，方熟睡，聞人三呼其名，趨出而窑倒矣。媼異之，以質周公。周公無以對。有彭大公者，名祖，庸於周公家。公卜之，謂後日午時當死。桃花女又教之，云次日乃北斗星君下降日，其夜三更，以香紙花果明燈淨水供養，匿身蓆囤中，伺神臨去，突出求之，當得延壽。已而又無恙。周公知爲桃花女所解，大恨，乃爲子增福求婚於任。所擇婚期，其日時：出門則與日游神相觸，登車則犯金神七煞，上路則犯太歲，下車則逢黑道日，入門則値星日馬，入院落則値鬼金羊、昴日雞，入第三門則値喪門弔客，入室則牀舖白虎頭上，且動鼓樂以驚之，計其時凶煞重疊，萬無可免。桃花女知其意，出門則戴花冠，使人持篩先行，登車命倒拽車三步然後進，且自以手帕蒙首，下車命以蓆二舖置輿前，俟女履過，倒替其蓆，入門則取馬鞍搭於門限上，入院則以鏡照面，以碎草米穀及染成五色銅錢撒之，入第三門則命人持弓箭三射，入室則招周公小女至，使坐牀上，女避之他所。於是女免於禍，而周公女竟死。女取水呪之，復蘇。周公益恨，復卜，知城東南小桃樹植已十八年，與女年同，是女本命，命彭大公伐之以害女。女知之，私謁彭公，請其相救。彭以前事感女德，許之，如女言伐樹時但去其上梢，不動根株。歸視之，而女已死。更依女言，以桃枝即周公家門限敲之，依其敲聲，周公及其子女皆相次死。更近女屍，於耳畔高呼女名，三呼而女蘇。亦勸女勿挾舊仇，女乃取水噀周公一家，皆活之。周公乃慚謝女，促女與增福行婚禮，會親友置酒相慶云。

張千替殺妻一卷

景元刊本

　　不著撰人名氏。標題目正名云:"悍婦貪淫生惡計,良人好善結相知。賢明待制翻疑獄,鯁直張千替殺妻。"天一閣鈔本録鬼簿續編附載失名氏傳奇目、太和正音譜古今無名氏劇目,均載有此劇。此本爲日本京都帝國大學影元刊本。其賓白不全,不能知其詳細情節,就現存詞白觀之,大意謂屠户張千家貧親老,鄭州有富户某員外時周濟之,與之結義爲兄弟。員外以索錢西行,半年未歸。清明節,張千與員外婦往祖墳祭掃,婦於墳院調張千,欲與私。千拒之,婦糾纏不已,千詐應回家相會,使婦先行。婦爲酒食以待之,而員外回,見酒具,怪問之,婦支吾其詞以對。員外乃召千共飲。婦勸員外酒不已,員外酒醉,睡去。千欲辭歸,婦阻之,仍求歡會,千以恐兄知對,婦教千殺之。千知婦淫兇不可理喻,乃向員外四拜,逕取刀殺婦。州官疑員外殺其妻,繫送開封府。府尹包拯疑其獄,不能明。員外數被拷問,苦毒甚。千不忍,乃詣府自承,備言其事,獄具,乃釋員外而以張千抵償云。劇作者不知何人,然詞格甚高,其四折新水令一套,沈鬱頓挫,尤爲出色當行。此等悲劇與關漢卿竇娥冤實不相上下,顧名字不傳,爲可惜也。

諸葛亮博望燒屯一卷

景印元刊本

　　不著撰人名氏。標題目正名云:"曹丞相發馬用兵,夏侯敦進退無門。關雲長白河放水，諸葛亮博望燒屯。"天一閣本録鬼簿續編附載失名氏傳奇，太和正音譜古今無名氏劇目、錢曾述古堂、也是園目均著録。演諸葛亮敗曹兵燒博望城事。略稱亮隱居南陽，備來訪之，凡三次始得見。備披款誠相請，亮猶不欲。及相關、張、趙雲、劉封皆王霸之器，相備，云只得三年皇帝，備適抱子劉禪，相之，知有四十年天子之分，翊戴之志乃決。備拜爲軍師，與計大事。時曹將夏侯敦方引兵南略，亮召趙雲、劉封、糜竺、糜芳、關羽，各授以方略。張飛數請往，皆不許。備爲飛言之，乃使伏兵隱處，俟曹軍敗收之。於是雲爲前部力戰，封設疑兵，操兵入博望，竺、芳縱火燒其師，羽遏白河放水，操兵死於水火者十八九，四人皆立功而回。獨飛無所獲，將依軍令斬之。備爲請，始釋其罪。自是莽壯如飛，亦秉命不敢有違矣。已而開宴慶功，忽有風颯然。亮知諜者將至，預爲處置，果有故人管通奉操命來偵師。亮與宴訖，引出帳，使歷觀諸將及備父子，通皆驚其儀表不群，乃知天命有歸云。此本爲影印元本，其第四折賓白太略，事之究竟苦不能周悉，今攝大意記之。劇記孔明處，誠不免失之稚弱，然劇曲與小説相出入，元曲演史大抵如此，無足爲怪。若專論其詞，固亦超脱可誦，非後人所能及也。

小張屠焚兒救母一卷

景印元刊本

不著撰人名氏。標題云："炳靈公府君神怒，速報司夢中分付。王員外好賂貪財，小張屠焚兒救母。"略稱汴梁王員外爲富不仁。有屠户小張屠者，事寡母至孝，母病，將新棉襖去王員外家質米，則云故衣，只與米二升。又向之贖硃砂定心丸，以假硃砂與之。母服劑嘔吐，病不能痊，乃向東嶽大帝設誓，許保佑母愈，二月廿八日進香，當捨其三歲子喜孫，焚於醮紙盆内。呪已，母果愈。及期，與婦攜子去。王員外亦將其子萬寶奴之嶽廟賣香貨。炳靈公鑒張屠以孝棄子可惜，而王員外瞞心昧己，不合有後，屬急脚鬼李能如其時以王員外子易張子，而送張子於其家，詭云張屠之友，且留包袱一，使來日交屠視之。已而張屠與婦歸見母，跪陳其事。母乃責其因醉失子，幸賴好友相救，呼兒出視，果是喜孫。屠大驚，視其袱，則廟中急脚神之繫腰也，益感神佑，乃設案焚香，合家遥拜云。此本爲日本京都帝國大學景印元本，諸書皆不著録。王國維跋是本，引元典章五十七載皇慶元年中書省文書："近爲劉信向泰山東嶽酬願，將伊三歲兒拋投醮紙火盆，以致傷殘骨肉，滅絶天理"云，以爲劇作當在皇慶以後，殆或然歟。

風雨像生貨郎旦一卷
元曲選本

不著撰人名氏。太和正音譜卷上録此劇於古今無名氏類中，並引其九轉貨郎兒全詞。錢曾述古堂目卷十元無名氏類有貨郎旦鈔本，天一閣本録鬼簿所附失載名氏傳奇亦有貨郎旦，注題目正名云："拋家棄業李彦和，風雨像生貨郎旦。"與元曲選本題同，按：元曲選"棄業"作"失業"，僅一字之異。可信爲舊本無疑。劇演李春郎父子團圓事，而以春郎嬭母張三姑説唱貨郎兒爲會合之緣，故曰"風雨像生貨郎旦"。按"像生"者，肖生物之稱。宋人以采帛爲花戴之，謂之像生；雜技藝人肖禽鳥之聲亦謂之像生。按：見武林舊事。推之則凡肖種種聲音形貌，均謂之像生。此云風雨像生者，言其肖風雨之聲。今時下伎藝書二字爲"相聲"，乃字之誤也。劇中大意稱長安人李彥和，妻劉氏，子春郎方七歲，春郎嫡母張三姑潭州人。彥和眷上廳行首張玉娥，娶爲次妻，入門無禮，劉氏以憤死。然玉娥雖嫁彥和，仍屬意其舊交魏邦彥，與魏定計，縱火焚其室。家業已罄，逼彥和全家他徙。值風雨困甚，漸近洛河，邦彥則挐舟僞爲船家渡之，中流推彥和落水，相率逸去。時完顏女直千户拈各以公事至洛陽，遇三姑及春郎，見春郎髻秀，買爲養子。其後拈各死，春郎襲爲千户，因事入洛，客中命僕從喚雜伎供應。伎至，其人則彥和與三姑。而春郎固不之識，二人者亦不知爲春郎。及排場，三姑乃以身所閲爲題，爲演説李彥和故事。春郎當千户在日，因千户告，已知爲彥和子，至是大驚相認。追張玉娥與魏邦彥至，科以侵官銀罪，皆殺之。蓋三姑自典春郎與千户後，學唱貨郎兒覓食。彥和落水不死，與三姑遇，二人方以赶趁至洛，不圖與春郎遇也。劇作者不知何人，然其詞瀟洒渾脱，雖馬鄭名宿，無以過之。轉調貨郎兒一章，尤爲絶唱。顧其劇不見於各家選本，僅恃臧懋循元曲選得存其本，以較太和正音譜所引貨郎兒章，文亦全同，蓋其詞卓絶，故以懋循之妄，猶不敢輕易。厥後洪昇長生殿“彈詞”，刻意效此格，句模字擬，遂爲全書冠冕。梨園按行，幾於無人不知。董榕芝龕記用此調填詞，亦爲上品。其澤深流遠，沾溉無窮，數百年後，文人傾倒，轉相師效，亦其品高調逸，有不可磨滅者矣。

盆兒鬼一卷

元曲選本

　　不著撰人名氏。其劇四折，第一折前有楔子。天一閣鈔本録鬼簿續編所附失名氏傳奇有此劇，注題目正名曰：“張懶骨訴

哀哀怨怨瓦□神,包待制斷丁丁當當盆兒鬼。"此本改"伊伊啞啞
喬搗碓,玎玎璫璫盆兒鬼"。略稱汴梁人楊國用,爲小販於近郊,
晚宿汴梁附近破瓦村瓦罐店趙家。店夫婦利其財,殺而焚其屍,
搗骨夾泥,燒爲瓦盆,以贈張憋古。憋古攜至家,而冤魂現變,自
訴原由,懇爲訴於開封府主包公。憋古依其言赴告,魂亦隨至。
包公錄其詞,置瓦罐趙夫婦於法。所記公案,不過細民冤報,而
滑稽奇詭,饒有風趣。元好問續夷堅志卷四,有"王生冤報"一
條,載定襄村王胡與其子王生,以陶瓦爲業。有強盜九人懼捕,
挾金來投。王匿盜窯中,乘夜發火,皆熏死,而得其財,自是殖產
甚豐。後王生爲鬼所憑,竟暴死。乃金泰和間事。所記唯窯中
熏人死一節相似,劇所演未必本此書。其記魂子告狀情態,與生
金閣、神奴兒劇皆相似,蓋並時之作風概相同,亦無足異。元曲
記包待制公案者衆,獨此本故事盛傳,迄今不墜,小說如龍圖公
案、忠烈俠義傳,皆摭其事爲文,傳奇有斷烏盆,按:見曲海提要卷三
十六。今尚按行烏盆記俗曲,其垂遠行久,蓋亦非偶然云。

硃砂擔一卷

元曲選本

不著撰人名氏。天一閣鈔本錄鬼簿所附失姓名傳奇有此
本,題目正名曰"鐵旛竿致命暗圖財,硃砂擔滴水浮漚記"。今元
曲選起句作"鐵旛竿圖財致命賊",稍異;其收句全同。明寧獻王
太和正音譜古今無名氏雜劇亦出滴水浮漚記之名。知其劇亦舊
本也。其劇四折,第一折前有楔子。演白正劫王文用硃砂事。
略稱河南人王文用,以卜者云百日內有災,須遠行避之,乃販硃
砂詣南昌。有匪徒白正,號鐵旛竿,按:此殆謂其軀高而黑也。欲得其

貨，紿以好語，與結伴同行。文用察其非善類，取歸路向河南，而白躡其後。文用數避之不能脱，急趨至旅邨宿，白亦追之入門。文用知之，越牆走東嶽廟中。白突入逼之，文用云："殺我，當訴之冥府。"曰："無證人。"文用曰："太尉神爲證。"又曰："泥神無靈。"時潦雨滴瀝，乃指曰："爲汝證者滴水浮漚耳。"即殺之，盡刦其貨。復之河南，誑其父謂文用已路死，乘間復殺父而據其妻。白旋病，自述殺文用事而死，蓋陰譴也。文用妻守志終身。按宋莊季裕雞肋編下引吕夏卿集淮南節傳云：婦年少色美，夫與里人共財出販。里人悦婦之美，排其夫水中。夫指水泡曰："他日此爲證。"既溺，里人載其屍歸，奉其母如己親。母感其義，以婦嫁之。一日大雨，里人笑指庭中積水，向婦語前事曰："今見水泡，竟何能爲。"婦訴於官，鞫實其罪而行法。婦恥二夫，亦赴淮而死。所記與此劇關目相似，而情節微異。王國維宋元戲曲史所列元曲出於古劇表，引此劇，謂出於宋官本雜劇，或所演實據宋事亦未可知矣。

玉清庵錯送鴛鴦被一卷

元曲選本

不著撰人名氏。太和正音譜古今無名氏劇目、天一閣鈔本續錄鬼簿、寶文堂目均載此本，實舊本也。演張瑞卿與李府尹女玉英姻緣，以鴛鴦被爲關目，故題名爲鴛鴦被。略稱李彦實者官府尹，被劾，逮京勘問，以盤纏缺少，浼玉清庵劉尼向劉彦明借銀錠。彦明以府尹離鄉，其文書須玉英畫字。彦明不得已，從之，登程而去。自此一年，杳無音信。彦明遂挾制玉英，逼使赴期。玉英以所繡鴛鴦被付尼，將會於庵中。及期，彦明犯夜，爲邏者所獲。士人張瑞卿應舉赴京,日暮,適投是庵,小尼誤以爲彦明,引之入室。玉英至,相會,凌晨,始知其誤,而委心瑞卿,以被贈之,誓不相負,別去。彦明復凌逼之,玉英以死拒,乃令當壚沽酒以辱之。已而瑞卿中狀元,除洛陽縣尹,微行至酒肆,見女狀異之,叩其家世,乃知爲玉英,因自承爲兄,早歲出游,今始歸,即喚彦明至,償其金。偕玉英至寓,以被示之,始知爲瑞卿也。時彦實已復原官,返至洛,則彦明方與瑞卿相爭,乃重笞之,以玉英酬瑞卿。曲海提要卷四録是曲,稱"小説有王玉英與韓慶雲事,與此李府尹女名同,而關目事蹟不合,作者或因此名憑空結撰耳"。按玉英、韓慶雲事,見明吳大震所編廣艷異編,凌濛初演其事於拍案驚奇小説中。劇是元曲,不得反取明人事。僅小字偶同,且事蹟無一相合,乃云因同名幻出此本,真迁生之見矣。

馬陵道一卷
元曲選本

不著撰人名氏。天一閣鈔本録鬼簿續編、太和正音譜、寶文堂書目、述古堂及也是園目所録無名氏傳奇,皆有此劇。此本標題正名云:"孫臏晚下雲夢山,龐涓夜走馬陵道。"録鬼簿續編所注同,唯"晚下"作"悔下",乃字之誤也。演孫龐鬥智事。稱孫臏、龐涓同師鬼谷先生。先生所居爲雲夢山水簾洞。二人習業十年,皆通曉兵事,約富貴勿相忘,其負心者,天厭之。涓先下山,仕於魏,封武安君,威服諸侯。念臏前約,請於太子申,徵之入魏。已於教場演兵,臏所爲,涓不能知,忌臏勝己,遂譖臏以官卑觖望,將謀叛,刖而館之於家,使傳寫鬼谷先生所授天書,俟寫訖,仍杀之。臏知其意,乃僞爲風魔狀,食穢,與羊犬同群。會齊大夫卜商以貢茶來魏，知其事，隱匿臏於館驛中，載之出魏東門。涓雖搜檢，而臏以智免。遂仕齊，爲田忌軍師。會韓、趙、秦、楚四國兵伐魏，偽敗，屢減其竈。涓窮追至馬陵峪，見白楊樹上有字，取火讀之，其文云："白楊樹下白楊峪，正是龐涓合死處。"大疑，欲遁。伏兵發，擒之。臏數其罪，命刖龐涓足而後斬之。明崇禎間吳門嘯客所編孫龐鬥志演義，情節與此全同，疑即本此也。

舉案齊眉一卷
元曲選本

　　不著撰人名氏。標題目正名云："梁伯鸞甘貧守志，孟德耀舉案齊眉。"太和正音譜古今無名氏劇有舉案齊眉，錢曾述古堂目、也是園目無名氏劇目中，並有孟光女舉案齊眉，知爲元本。天一閣本録鬼簿續編失名傳奇目有孟光舉案，注云："義烈士梁鴻作歌，賢達婦孟光舉案。"標題與此本異，蓋題目偶有改動，未必是二本也。大意稱汴梁扶溝縣人孟從叔以府尹致仕，妻王氏，女孟光，小字德耀。從叔與同學故友梁公弼善，因婦各有孕，指腹訂婚。梁生子鴻，已而夫婦皆歿，家貧甚。從叔悔婚，欲使女改字他姓，因置酒招富室張氏及宦裔馬良甫飲，使鴻亦與宴，命女隔簾窺之，使自言所欲適者。而女念前約，堅欲歸鴻。從叔因贅鴻於家。鴻厭錦繡珠飾，女即去之，布衣荊釵，怡然相得。從叔以爲辱，逐之。鴻乃去之富家皋伯通莊中居，賃春自給。光爲鴻具食，舉案常齊眉。從叔念女賢達，乃使乳媼暗以銀物餽鴻，使求官。鴻入京應舉，以第一人及第，授扶溝縣令歸。從叔夫婦來謁，鴻不肯相認。乳媼爲述其原委，乃大感激云。據後漢書鴻傳，鴻隱居著書，未嘗爲官，劇以及第授官結束，乃循傳奇家常例。其記鴻居皋伯通莊，張氏子及馬氏子前往調孟光，爲光所辱；及鴻榮歸，二人迎謁，皆痛責之，則形容過甚，不必如此點綴也。

抱妝盒一卷
元曲選本

不著撰人名氏。題目正名爲"李美人御園拾彈丸，金水橋陳琳抱妝盒"。全劇四折，第一折、第二折前均有楔子。演宋李宸妃事。略稱宋真宗無子，以三月望日於御苑彈金彈丸一枚，令嬪妃尋覓，得者即幸之。李美人拾彈，得幸有孕，旋生太子。劉后嫉之，命內監寇承御詐宣上命取太子，即害之，棄之金水橋河下。承御奉命行事，見太子身上有祥光，不敢害。適穿宮內使陳琳至，即畀之。琳即置之妝盒內，送楚王養之，及長，謂之十二世子。后以世子貌似太子，疑承御，命陳琳拷問之。承御不勝刑，因撞階而死。已而真宗駕崩，楚王第十二世子嗣位，是爲仁宗。仁宗素知妝盒之事，問陳琳得其實，乃奉李美人爲純聖皇太后，其劉后事姑置不問云。按宋史后妃傳，李宸妃生仁宗，章獻據爲己子，撫視甚至。仁宗立，年幼，太后垂簾。終太后之世，仁宗不知爲李宸妃子。太后歿，荊王元儼爲仁宗言："陛下乃李宸妃生，妃死於非命。"帝痛之。及改葬宸妃，見殯斂隆厚，面如生，始歎人言不可信，章獻之族賴以保全。劇謂后謀害太子不遂，爲楚王收養，按：楚王德芳，太祖第四子，非八大王。乃齊東野人之言。又據宋史章獻傳，真宗久疾，事決於后。入內都知周懷政與寇準謀廢后，請太子監國。事洩，誅懷政，貶寇準衡州司馬。當時內監大臣雖有因謀擁立太子而被誅貶者，而劇所述陳琳、寇承御事，皆以意捏合，全無其事。且仁宗親政時，章獻及李宸妃皆前卒，此謂二人見在，亦屬乖謬。曲海提要卷四抱妝盒條云："演宋真宗劉后事，與正史不合。其情節大類明弘治事。"卷三十九金丸記條云："元人抱妝盒劇亦演此事，然無撰者姓名，恐是明弘治後所作，嫁名於元人者。"按明憲宗妃紀氏生孝宗，懼萬貴妃之妬，不敢聞於上。憲宗廢后吳氏居西内，往來哺養之。久之，太監張敏乘間白於上，立爲太子。萬貴妃泣謂："群小紿我。"紀妃坐是暴薨，張敏亦吞金死。孝宗即位，尊紀氏爲太后，求太后之族終不能得。當時臣僚撰哀册云："覩漢家堯母之門，增宋室仁宗之痛。"帝燕閒讀之，輒爲流涕。是孝宗所遭與宋仁宗相類，撰劇者託之宋事，理所應有。然寧獻王太和正音譜所録古今無名傳奇目，已有抱妝盒，則抱妝盒自當爲元末及明初人作，何能預知成弘之事？提要所疑，毫無所據。今據正音譜目爲元人作，庶幾無大疵謬焉。

陳州糶米一卷
元曲選本

　　不著撰人名氏。其劇見收於臧懋循元曲選中。録鬼簿續編、太和正音譜、也是園目皆未著録。演包待制勘問劉衙内父子事。稱范仲淹爲户部尚書、天章閣大學士。時陳州亢旱，奉上命派清廉官二人至陳州開倉糶米，欽定細米一石銀五兩。劉衙内舉其子小衙内及壻楊金吾往，陰屬其子改爲米一石十兩，以八升爲一斗。恐百姓不服，請仲淹奏於上，賜紫金鎚以行。至則與吏相比爲奸，大爲民害。有張憿古者與子小憿古糶米，吏以十二兩爲八兩，因相爭，小衙内以鎚擊懊古死，小懊古因入京聲冤。時包拯自五南採訪回，仲淹請於朝，遣拯往陳州勘問，賜勢劍金牌，先斬後奏。拯微服至陳州，小衙内所暱妓王粉蓮者，方應小衙内召，騎驢赴官廳，見拯，屬爲控驢，拯亦從之。妓行至廳，留拯於門首，言於小衙内，賜拯以酒，拯斥之。小衙内怒，因縛拯於樹。已而拯屬吏張千至，責小衙内不法，謂包待制已至東門，何不迎之。小衙内與楊金吾匆匆去，終不知所縛者即待制也。於是拯按小衙内、楊金吾罪狀，執而殺之。劉衙内求旨來赦，已無及云。

合同文字一卷

明息機子刊元人雜劇選本

不著撰人名氏。清錢曾也是園目卷十録此劇在元無名氏類中，蓋元人所作也。劇凡四折，第一折前有楔子。標題作"狠伯娘打傷孝順姪男，包待制智賺合同文字。"按：元曲選作"劉安住歸認祖代宗親，包龍圖智賺合同文字"，蓋臧懋循所私擬。天一閣鈔本録鬼簿所附失名傳奇標注與息機子刊本同，知是舊題。演劉安住事。略稱汴梁人劉天瑞，生子安住，曾聘李社長之女，未婚。兄天祥，嫂楊氏。值歲饑，天瑞託產業於兄，攜妻子趁熟他州，行至潞州，寓州人張秉彝店中。未幾夫婦皆病，臨歿，以安住及產業文書託之秉彝。安住因冒李姓。及長，秉彝告以始末，因請歸葬父母，兼認其親屬。既抵汴，謁伯母楊氏。楊氏欲專其產，賺安住以文書畀之，而不認爲姪，且摘破其首。天祥惬怯，亦無如之何。李社長聞之，乃偕安住訴於府主包公。公知安住之冤，乃佯下安住於獄，呼楊氏謂之云："安住病創且死。如係嫡親，以長傷幼，當不至償命。否則須抵償。"楊氏懼罪，因出文書爲證，云是親姪。公得其情，因責天祥夫妻,而賞李社長,以安住爲開封令①,使即日成婚。考元史一九二觀音奴傳,載觀音奴知歸德府時,寧陵豪民楊甲夙嗜王乙田三頃,不能得值。王以饑攜其妻就食淮南,而王得疾死。其妻還,則田爲楊據。王妻訴之官,楊行賄僞作文憑,曰王在時已售我。觀音奴令王妻挽楊同就崔府君祠質。楊浼巫代禱神,曰實據王田,幸神勿泄。觀音奴詰巫,得其實,因坐楊罪,歸其田。其事與此相似,且同在河南,疑即本此敷衍之。史稱觀音奴知歸德,發擿如神,民有銜冤不直者,雖數十年前事,皆千里奔走來訴,皆立爲判決,一日悉清。是其精察明斷,負一時良吏之名。劇演此事,蓋由民間傳誦,因譜入樂府也。其託之包拯,則拯在宋金時已爲神話中人,按:元好問續夷堅志已稱包拯主東嶽速報司。稗官家於一切案獄皆依託之,所謂"龍圖公案"者,皆在虛實有無之間,亦不足爲怪也。

連環記一卷

明息機子刊元人雜劇選本

　　不著撰人名氏。劇凡四折,標題云:"銀臺門呂布刺董卓,錦雲堂美女連環記。"臧懋循元曲選亦收此本,標題改爲"銀臺門詐傳受禪文,錦雲堂暗定連環計。"非舊題也。劇稱董卓以何進薦入朝,官太師。太尉吳子蘭、按:子蘭元曲選改作楊彪。司徒王允與學士蔡邕謀誅之。允有義女貂蟬,本忻州任昂之女,小字紅昌。靈帝時入宮掌貂蟬冠,因呼爲貂蟬。後賜丁原,原以配呂布。黄巾之亂,與布相失,爲允所得,養爲己女。一日貂蟬於園中焚香祝

---

①編按:原劇實以張秉彝爲"本處縣令"(指潞州),劉安住"賜進士冠帶"。

告，願與布合。允聞之，因與密計，招布飲，令貂蟬侑酒，與布相認，即許歸之，約來日送女。已乃宴董卓，復出貂蟬，面許爲妻，_{按：貂蟬爲卓妻，元曲選改爲卓妾。}竟飾貂蟬致之於卓。布知其事，以詢允。允因謂輿爲卓所刼，强邀至太師府。布聞之怒，至卓所偵之。值卓醉，布與貂蟬私語，爲卓所覺，布因毆卓仆地，出投允。卓使李肅領騎追之，躧跡至允家，允以大義説之，肅感悟，許相助。允乃使蔡邕往謁卓，詭稱朝官候於銀臺門，請卓受禪。卓喜，將行，數有怪變。其黨李儒以爲不祥，邕皆飾詞以解之。卓抵門，門已閉，布以戟刺董卓死。乃奏於朝，梟卓首，族其家。其共謀靖逆諸人皆分別受賞。此劇也是園目錄之，目爲元本。今考所記貂蟬始末，與元至治本三國平話大致相同，蓋當時教坊按行之本。其文視他本特爲冗長，而詞意鄙俚，殊乏文采。臧懋循刊本於詞白多所改定，然亦未能一新面目，歸於雅飭也。

碧桃花一卷

元曲選本

不著撰人名氏。是本録鬼簿續編、太和正音譜皆不著録；明高儒百川書志卷六、晁瑮寶文堂目、清錢曾述古堂、也是園二目，均載此劇。錢目列入元無名氏類，不知是元本否。演張道南與徐碧桃兩世姻緣事。稱東京徐端，官潮陽知縣，有女長曰碧桃，次曰玉蘭。碧桃許字同里張珪之子道南。珪時爲潮陽縣丞，又同寮也。時當春暮，端夫婦應珪邀，至其署賞牡丹，留碧桃於家，與婢潛至後園游觀。而道南以尋鸚鵡至，突入園中，與女值。互詢姓名，喜出意外。方共語而端歸，尋女至園中，怒其無禮，責之，女羞憤而死。端悔無及，即殯女於園中。其後張珪任滿回洛，徐亦致仕，在洛陽城外莊上住。道南舉進士，授潮陽知縣，茬任居徐舊第。偶窺園，則一抔土阜，碧桃生其巔，花英正繁，即碧桃埋玉之所也。頓憶前因，誦崔護"人面桃花"之句，不覺愴然。及夕，乃有女子入齋中，與生歡會，自云鄰某氏之女。生惑之，贈以青玉案詞，天明別去。生自此遂感疾，辭官回里，久之不愈，生父憂之。適真人薩守堅雲游至洛，遂請救其子。真人知爲鬼所祟，爲設壇攝碧桃之魂至，問何鬼魅，敢害生人。魂自陳爲徐氏女，歿當返魂，而舍已壞，幽情不能忘生，非有他意。真人檢簿籍，知女與道南終當復合，而其妹玉蘭禄適盡，乃使女託玉蘭體還陽。玉蘭暴病，至是卒。忽蘇，父母慰問之，所答悉碧桃語也，疑不能解。真人踵至，告以故，其家遂以玉蘭歸生云。明息機子雜劇選亦選此劇，取校此本，此本唯多青玉案詞。此本"張道南"，息機子本作"斗南"。此本題目正名作"張明府醉題青玉案，薩真人夜斷碧桃花"，息機子本收句亦同，而起句作"斗南斷絃應再續"。又息機子本第三折云斗南授洛陽令，尋繹全文，碧桃葬潮陽署中，道南親臨其墓而致病，則不當作洛陽，息機子所錄實誤。又天一閣本録鬼簿續編載賈仲明有碧桃花劇，其標目作"王重巧謗青雲竹，丘長三度碧桃花"。按：疑當作王重陽、邱長春。按之此劇，無一事相涉，自當別爲一劇也。

百花亭一卷
元曲選本

不著撰人名氏。標目云："賞名園賀氏千金笑，逞風流王煥百花亭。"錢曾述古堂書目卷十元無名氏劇有逞風流王煥百花亭鈔本,其續編雜劇目又有朱太傅鈔藏本王煥百花亭,永樂大典目亦有風流王煥賀憐憐戲文,則此本當爲元劇無疑也。演宋王煥與洛陽妓賀憐憐姻緣。略稱汴京王煥,字明秀,早喪父,依叔於洛陽。煥美風姿,擅文藻,樂章、音律、騎射諸技,無不精妙,時人目爲"風流王煥"。值清明節,出城至陳家園游賞,有妓上廳行首賀憐憐者亦來斯園,憩於百花亭,相顧留連,俱不忍去。賀乃手折蘭花吟詩云:"折得名花心自愁,春光一去可能留。"唱迄又覆詠之。生乃續云:"東風若是相憐惜,爭忍開時不並頭。"女聞之悦懌。然皆不知爲何人。煥詢賣查梨王小二,得賀居址,即造其家,相狎暱。半載傾其貲,賀母甚厭薄之。時延安軍校高邈奉經略來洛陽采辦軍需,挾貲甚重,聞賀名,以二萬貫娶之,挾賀居承天寺中,自是與煥隔絶。賀念煥甚,乃作束製長相思詞,使王小二達於煥。煥讀詞悲咽,覘邈之出,易裝爲賣查梨人,之寺旁叫賣。賀聞聲出,與語。方叙情好,而邈至。賀託他事遮之,乘邈之醉,贈煥金,使赴延安投軍,約立功後相見,復賦南鄉子詞爲贈。煥入延安經略种師道幕,以功授節使。邈戀妓誤限次,師道使人勾之,並拘賀至,詢知爲煥妻,乃歸賀於煥,而治邈罪。按王煥,宋實有其人,與師道同時,劇所稱不謬。其與賀憐憐事,不知有據否。此劇詞平而關目甚佳,其第三折記煥唱賣查梨賓白數段,全肖市語,尤清新有致。

漢鍾離度脱藍采和一卷

明萬曆間續古名家雜劇本

不著撰人名氏。斯本亦在明陳與郊所刊續古名家雜劇中,明寧獻王太和正音譜所附古今無名氏劇目亦不録此本,唯錢曾

述古堂目及刊本也是園目卷十均載漢鍾離度脱藍采和劇，標名
與此本同。范氏天一閣鈔本録鬼簿末附失載名氏傳奇有心猿意
馬劇，注云："漢鍾離赴紫府瑶池，藍采和鎖心猿意馬。"與此本所
標題目正名不同，不知是一本否。劇演漢鍾離權度洛陽伶人許
堅事。大意謂堅金陵人，寓洛陽，樂名藍采和，攜妻子及其戚二
人在梁園棚演劇。鍾離權以其有仙分，降凡度之。堅之黨方收
拾劇場，權逕入棚中據樂牀坐不去，與堅鬨，因罷演。次日，堅生
日設宴，權又詣其門，且哭且笑。而堅仍不悟，乃示現變，使弟子
呂洞賓化州守，拘堅至署，謂其誤官身，將施杖。權至得解，因隨
之出家。返視其妻子，勸使作場，不應去。又三十年相遇村社，
則火伴皆晚暮，而堅顔猶不改云。詳其詞意安排，的是元人手
筆。其一折油葫蘆曲堅唱數劇目，如張忠澤玉女琵琶怨、老令公
刀對刀、三王定政臨虎殿按："虎"疑"湖"之誤，殆唐初故事也。等，可以
考見古劇名目。又緣劇情爲藍采和開場演劇事，故可考見當時
勾欄之制，近時人考古劇者多引之。雖元代演劇之事散在小説
雜記者多，其他諸家詞曲述勾欄樂工者亦不一而足，但據此一種
爲説，猶不免失之寡薄。要其設事敷文足資考證，其本之可貴有
不盡關乎文字之工者，則今日言此編，亦不得專以文字論也。

二郎神醉射鎖魔鏡一卷
明萬曆間刊續古名家雜劇本

　　不著撰人名氏。明季錢曾所自訂述古堂書目卷十有此劇，
注云鈔本，入元無名氏類，殆元曲也。此本爲明萬曆陳與郊所
刊，在所編續古名家雜劇中。近世所傳，祇此一本。劇四折，演
二郎神事，標題目正名曰："三太子大鬧黑風山，二郎神醉射鎖魔

鏡。"略稱嘉州太守趙昱得道,號清源妙道真君,居灌江口,偶出行,過玉結連環寨。連環寨者,那吒三太子鎮守之所。其地有天獄,懸鏡三:一曰照妖,一曰驅邪,一曰鎖魔。有怪曰九首牛魔羅王,與弟金晴百眼鬼恹犯天條,禁鎖魔鏡中。二郎神與太子酒後試箭,二郎神再射,適中鎖魔鏡,鏡破,二魔遂逃之黑風洞中。上帝命二郎神與那吒太子往收之,會戰,魔敗,擒魔獻於天庭。按灌口二郎神,故書或稱趙昱,或稱李冰,蜀人崇祀之。宋史五行志載政宣間京師人祀二郎神,則信奉乃及於中州。明錢希言獷園卷十二稱蘇州人家爭供二郎神,則更流衍於吳會。明吳承恩西遊記稱二郎神楊戩及梅山七聖,此劇指其神爲趙昱,梅山作眉山,可訂西遊記之誤。劇所云九首牛魔羅王,當即西遊記之牛魔王,第四折稱其神通廣大,變現多般,身長萬餘丈,腰濶數千圍,巨口獠牙,與西遊所描摹者亦相似。凡此皆可見故事傳聞嬗變之跡,雖詞曲敷演按行,以供羨賞,究亦非無裨考據也。

赤壁賦一卷

景印元明雜劇本

不著撰人名氏。標題目正名云:"王安石譏課滿庭詞,蘇子瞻醉寫赤壁賦。"演蘇軾事。稱軾與參政王安石同學。安石曾題扇,有"庭前昨夜西風起,吹落黃花滿地金"之句,軾爲續成二句云:"秋花不比春花謝,説與詩人仔細吟。"安石已銜之。軾擢端明殿大學士,安石設筵賀之,其夫人慕軾名,欲識其人,雜伎侍中出行酒。軾賦滿庭芳詞,語涉狎戲,安石又怪其輕狂。乃以二事奏聞,貶軾於黃州。秦少游、賀方回、邵堯夫餞之於驛亭,軾以堯夫通數術,問何日得還朝。堯夫不對,但述

己之家世里貫以及生年甚詳,使軾記之。軾不知所謂,漫應之
而已。既抵黄州,循例參刺史,刺史推故不相見。軾奮然去,
與黄魯直、佛印禪師游於赤壁。酒酣,佛印吹簫,軾即景作賦
數百言,介然不以得失爲意。居一年,邵堯夫卒,有勅表其墓,
詔其子以家狀進。其子奏唯軾知其詳,乃召軾還,復其原職。
刺史亦殷勤相送云。按元鍾嗣成録鬼簿、明寧獻王太和正音
譜均載元費唐臣貶黄州劇,説者因謂此本即費唐臣所作。然
考太和正音譜有醉寫赤壁賦劇,在古今無名氏雜劇目中,與費
唐臣貶黄州有別,其樂府引無名氏赤壁賦第三折之文在此本
中,而引費唐臣貶黄州文,此本無之,知此本自是無名氏赤壁
賦,與費唐臣劇了不相涉也。

殺狗勸夫一卷
元曲選本

　　不著撰人名氏。標題云:"孫蟲兒挺身認罪,楊氏女殺狗勸
夫。"天一閣鈔本録鬼簿續編附載失名氏傳奇目有殺狗勸夫,注
云:"王修然按:當作翛然。屏邪歸正,賢達□殺狗勸夫。"太和正音
譜上録殺狗勸夫,在古今無名氏劇目中,錢曾述古堂及也是園目
十並有王翛然斷殺狗勸夫劇,在元無名氏類中,似乎此劇乃元無
名氏所作。然考清曹寅刊本録鬼簿下載蕭德祥劇五種,中有王
翛然斷殺狗勸夫,則劇乃蕭德祥所作。德祥名天瑞,號復齋,杭
州人,世業醫。據録鬼簿稱,德祥"凡古文俱檃括爲南曲,街市盛
行,又有南曲戲文等",不言作雜劇,豈德祥所作五曲皆南戲,而
此殺狗勸夫雜劇自爲無名氏所作歟?演汴京孫榮妻楊氏事。略
稱榮字孝先;弟華,小字蟲兒。雖親兄弟,而華不見禮於兄,被迫

離家,居於城南破瓦窰中。清明,華上墓,值榮,謂華詛咒,復毆之。次日,榮與友柳隆卿、胡子轉飲於謝家酒樓,醉歸臥地,柳胡探其金,委之而去。時風雪甚,華見之,負之歸家。既醒見弟,猶疑弟盜其金,其刻薄不近人情如此。榮妻楊氏憂之,思回夫意,乃向鄰婦王氏買一狗,殺之,加人衣冠於其身,置之後門。榮醉歸,見之,以爲死屍也,大懼,乞柳與胡代移之於他處,皆辭。窘急謀於婦,婦謂宜求弟使移之。榮不得已,抱慚以往,而華欣然至,負屍埋之汴河隄上。柳胡知狀,則訟於官,謂榮殺人,兄弟皆被拘。華自承,謂不干兄事。府尹方欲施刑,而楊氏馳至,白其始末,引鄰婦王氏爲證。試發其屍,果犬也,乃杖柳隆卿、胡子轉,而旌楊氏,授孫華爲縣令。劇第四折稱斷案者爲宋仁宗時開封府尹王翛然,考翛然金史一百五有傳,章宗時曾知大興府事,以剛嚴果決稱,所記實誤。作者蓋元末南人,距金已遠,於翛然始末已不能詳,僅知其名,遂誤認爲宋人也。

凍蘇秦一卷

元曲選本

不著撰人名氏。是本爲明臧懋循刊本,在元曲選中,標題目正名曰:"冰雪堂張儀用智,凍蘇秦衣錦還鄉。"天一閣鈔本錄鬼簿續編載有無名氏衣錦還鄉,注云:"秦張儀爲官忘舊,凍蘇秦衣錦還鄉。"明晁瑮寶文堂書目亦有凍蘇秦衣錦還鄉,所著名稱,與此本收句合,當是一本。太和正音譜古今無名氏目則載蘇秦還鄉、張儀凍蘇秦二劇,疑其時自有二劇皆演蘇秦事,非複重也。此本大意稱蘇秦父曰蘇大公,兄曰蘇梨。張儀者少孤,寓蘇秦莊中,與蘇秦同學習業,投分甚深。值六國招賢,乃結伴應舉求官。

秦至弘農，患病不能行，資斧即竭，不得已還家。其父兄皆莊家慳吝，見秦落魄歸，大不悅之。妻亦怨望，不爲炊。秦憤快出門，聞儀爲秦右相，投之。而儀驕矜甚，時天寒雨雪，延之冰雪堂中，開軒揚雪以辱之，草草供食，即送客出。秦羞愧欲自盡，儀之僕陳用憐之，饋襆馬，使去。至趙成名，官六國都元帥，衣錦至洛。父母聞之，共家人迎至驛亭。儀知秦貴欲伐秦，亦馳至。秦懷前恨，不之禮，而獨拜陳用。用乃陳當年資送寶儀所指使，其時儀故相輕慢，乃激秦使自奮耳。秦大悟，乃與歡宴云。所設冰雪堂情景，未免俚淺。據史記列傳本秦激張儀，此謂儀激秦，適得其反。然觀其詞實是元人舊本，其白中多着偈贊之詞，與楊顯之瀟湘雨、鄭光祖王粲登樓同，可以見古曲體製。劇中點湯送客，亦宋元舊俗，王國維曾引之以爲説。斯其記事又可爲博聞多識之資，雖短劇，殊覺可貴也。

神奴兒一卷
元曲選本

不著撰人名氏。標題目正名云："包龍圖單見黑旋風，神奴兒大鬧開封府。"天一閣鈔本録鬼簿續編附載失名傳奇目有開封府，注云："包龍圖威振汴梁城，神奴兒鬼鬧開封府。"太和正音譜上古今無名氏劇目有大鬧開封府，疑亦此本，蓋元劇也。演包拯斷神奴兒母子冤獄事。稱汴人李德仁，妻陳氏；弟德義，妻王氏。兄弟同居。唯德仁有子方十歲，以賽神日生，名之神奴兒。王氏性情乖劣，强其夫與兄析産。德仁以家本義門，三世同居，勸弟勿萌此念。德義因稱嫂不賢，兄不肯析産，便當休妻。德仁憤懣而死，由是家産悉德義霸佔，陳氏與子別居。一日僕攜子出游，遇德義,抱之至家。婦乘德義醉,因勒殺神奴兒,德義隱忍不敢發。陳氏失子,訪至德義家,德義夫婦反誣陳氏因姦殺子。縣令受賄,逼陳氏招伏,置之獄中。包拯由西延賞軍回,見旋風突起,現形如小兒狀,知有異。及升廳,吏呈陳氏案請判,拘衆人問之,而陳氏詞因與案不符,固疑是德義所爲。初府役何正出迎拯,與德義爭,爲德義所辱,至是堂上見德義,挾舊怨毆之。拯惡其無禮,詰之。正以其事告,則正與德義相爭時,適見德義抱神奴兒回家也。德義不能辯,遂供王氏謀害事。拯乃誅王氏,杖德義,釋陳氏而還其家貲。

爭報恩一卷

元曲選本

不著撰人名氏。演梁山濼關勝、徐寧、花榮等下山報恩事,凡四折,第一折前有楔子。題目正名作:"屈受罪千嬌赴法,爭報恩三虎下山。"天一閣本錄鬼續簿載三虎下山,注云:"好結義一身繫獄,爭報恩三虎下山。"然則原本正名本簡稱三虎下山,此本作爭報恩,蓋臧懋循所改也。劇中大意,略稱梁山泊地近東平,渠魁宋江每月遣一人入府刺事。關勝首被命,久之不至;繼遣徐寧往,仍無回報;乃續遣花榮下山應接二人。有濟州判趙士謙者,攜妻妾赴任,以路梗,留妻妾於東平旅邸,隻身之任。其妾王臘梅與家人李都管有姦①,適關勝亦寓是店,乏資且病,與李都管爭,毆之。臘梅將縛之送官。趙妻李千嬌悉勝來歷,與勝認爲兄弟,縱之去。徐寧繼至,亦臥病是店,李都管、臘梅見之,亦以

①編按:原劇此人爲丁姓。

爲賊，將致之官府，千嬌又釋之，認爲弟。已而通判迎妻妾至署，千嬌居後園，夜深焚香祝天，願海内平安，夫主兒女無恙，及天下好男子勿遭羅網。花榮爲人追逐，遁經是園，踰垣入。千嬌聞步履聲，疑爲夫，開門納之。猝見榮，大恐，既知爲梁山濼首領，亦與認義爲兄弟。其李都管、臘梅聞千嬌屋内有人聲，走告通判，以爲姦夫。通判入室捉之，榮急出，傷通判臂，因逸去。臘梅等遂誣千嬌因姦殺夫，訴之府主。拷問，將置以法。勝、寧、榮三人聞之，下山刼法場，救千嬌入山。花榮並拏通判、都管、臘梅至，殺都管及臘梅，勸千嬌與通判相認，使率兒女還家。所演此事不見於今本水滸傳，劇中關勝白自稱"第十一頭領大刀關勝"，見楔子。徐寧自稱"第十二頭領金鎗教手徐寧"，見第一折。花榮自稱"第十三頭領弓手花榮"，見第二折。蓋當時所傳行第名號如此，亦資異聞也。

賺蒯通一卷
元曲選本

　　不著撰人名氏。標題目正名云："蕭何害功臣韓信，隨何賺風魔蒯通。"錢曾述古堂書目卷十錄隨何賺風魔蒯通，係内府穿關本，在西漢故事類中，名目與此本合。也是園目同。太和正音譜古今無名氏劇目有智賺蒯文通，據此劇稱蒯徹字文通，當即此本，則此曲亦元明舊本也。演蒯通事。稱漢得天下，封韓信爲齊王。丞相蕭何以信軍權太重，欲除之。張良勸阻，何不從，良因辭官而去。何乃與樊噲定計，詐稱天子游雲夢，召信爲留守，至即殺之。信得詔，欲往。客蒯徹阻之，信不聽，徹乃取紙錢水飯弔信。信以爲狂，揮之去，至長安，果見殺。徹懼禍，佯狂於市。何知徹曾勸信勿助漢滅楚，又阻信入朝，今雖風狂，未可信，知隨何多智，使偵之。何至齊，則徹臥羊圈中，方高歌，有句云："忠言反作目前憂，佯狂暫躲身邊害。"潛聽知爲徹，執之入朝。何設鑊欲烹之，徹無懼容，稱桀犬吠堯，各爲其主也。何稱信謀反當誅，徹乃述十罪三愚。叩之，則述信之功凡十事；漢未定楚前，信握雄兵百萬，可反而不反，失時機者三。陳詞慷慨，何等皆泣下。上聞之大悔，乃復信官而祀之，授徹爲京兆官。此劇所記情節，與元刊平話前漢書續集合，十罪之説亦見平話中，知當時雜伎演唱，自有此等語也。

謝金吾一卷
元曲選本

不著撰人名氏。標題目正名云："楊六使私下瓦橋關，謝金吾詐拆清風府。"太和正音譜、也是園目皆不著録，唯臧懋循元曲選收此本，不知是元劇否。演宋楊景、焦贊事。略稱楊景字彥明，楊令公第六子，奉命鎮遂城、益津、瓦橋三關，帶六使銜。其部下有岳勝、孟良、焦贊等二十四指揮，皆驍將，北番畏之。王欽若者本北人，番名賀驢兒，奉遼蕭太后命投南，實以偵宋。臨行時，太后以硃砂刺"賀驢兒"三字於欽若左足，以志不忘北朝。真宗景德初，欽若仕至樞密使，忌景之能，欲因事殺之，乃奏御街狹窄，車駕往來不便，宜展寬之。景有清風無佞樓，適臨官道，即命壻謝金吾拆之，以激景之怒。景母佘太君不能制，知欽若之意，使人送書於景，屬其不得聖旨，毋得入關。景得書憤甚，使岳勝代統其衆，私入關探母。焦贊知之，亦隨之行。贊入都至謝金吾家，盡殺其家屬，蘸血題詩粉壁云："多來少去關西漢，殺人放火曾經慣。一十七口誰殺來？六郎手下焦光贊。"欽若已於關隘截獲景，至是執贊奏於上，將並誅之。景妻母長國姑者，宋太祖、太宗之姊妹，真宗之姑，而周世宗之子媳也，聞其事，至法場逕放二人。欽若無如何，方奏聞於上，而孟良於邊界得遼臣韓延壽與欽若書，約欽若爲内應，執其使入奏。上驗欽若足，果有“賀驢兒”三字，因誅欽若，而赦景與贊，使復原官。明萬曆間秦淮墨客所刊楊家府演義載此事，與此劇大同小異，蓋即本此。曲海提要卷四録此曲，以爲本楊家將演義，不知楊家將演義乃明時書，而曲當爲明初舊本，不得反襲小説也。

小尉遲一卷
元曲選本

不著撰人名氏。標題目正名曰：“老尉遲鞭對鞭當場賭勝，小尉遲將鬥將認父歸朝。”錢曾述古堂書目卷十唐朝故事類載有内府穿關鈔本，名與此收句合。考藍采和劇一折油葫蘆曲數雜劇名目，有小尉遲鞭對鞭，即此劇，蓋舊本也。演尉遲敬德父子相認事。稱敬德初事劉武周，以介休之役降唐。其子保林方三歲，留山後，敬德僕宇文慶收養之。武周子季真乃取爲己子，取名劉無敵。及長，驍勇絶倫，季真乃倚之入犯，使當敬德，距敬德降唐時已二十年矣。保林臨陣，宇文慶與私語，謂敬德實其生父，出敬德先所用鞭一條付之，使陣前相見，以此爲信。既而兩軍相接，保林與敬德鬥將，佯敗，引敬德至無人處，即相認，且云將取劉季真立功以歸唐。語已，躍馬疾去。敬德回營，監軍言敬德釋保林不取，其事可疑，諸將亦疑之。已而保林果縛季真至唐營，乃信敬德有子，奏於上，以保林爲金吾上將軍。事憑虛編造，乃稗官家言。然據唐書敬德實有子寶琳，名不誤也。

漢相如獻賦題橋一卷

雜劇十段錦丁集本

不著撰人名氏。標題云:"王令尹敬賢有禮,蜀富家擇婿無驕。卓文君當壚沽酒,漢相如獻賦題橋。"演司馬相如事。稱相如隱居臨邛,縣令王吉重其才,館穀之。臨邛富家卓王孫有女文君色美,令知相如無偶,屬王孫治宴招相如,意女見之必有所諧。於是王孫盛設,相如赴之,樂雜進,便請相如鼓琴,作鳳求凰之曲。文君自屏後潛窺之,環珮鏘然。相如亦左右顧,微察之,仿佛豔絕,因託醉罷宴。王孫留相如止其家。相如遣媒行聘,贅於卓氏之第。久之,王孫怪相如即安,無意宦游,停其供張。相如乃攜妻另居,設酒肆沽酒。王孫旋亦悔之,供給如故。已而相如得令資助,將獻賦於朝,文君送至昇仙橋,相如即題橋柱曰:"不乘駟馬車,不復過此橋也。"入京,上聞其名,命內監楊得意問相如,子虛賦果是其作否?相如據實自陳已,復奏有上林賦。監聞其略已,嘉之,復奏有長楊賦、大人賦,乃以三賦進呈。上大悅,即授中郎將。旋奉命宣慰巴蜀,有司供給車馬,馳驛入蜀。至昇仙驛,使人逆文君至,與同乘駟馬車過橋。既抵臨邛,以上所賜金分贈前令及王孫。次日宣上諭,士民皆騰歡。夜郎諸乘亦來降,納版籍,悉編爲郡縣。此劇初記相如在蜀諸節,頗近凌雜,及四折記其獻賦慰蜀,則關目緊湊,鋪陳煊赫,詞亦典麗堂皇。元人曲末折多敗筆,而此則饒有風槩,蓋出名手無疑。考鍾嗣成録鬼簿載關漢卿、屈子敬並有昇仙橋相如題柱,此據刊本,天一閣鈔本關漢卿無此劇。明晁瑮寶文堂目、清錢曾述古堂及也是園目均有無名氏司馬相如題橋記。此本有王國維據趙清常鈔本校字,於正名題目下批注"題橋記"三字,是其劇他本有作題橋記者,與晁錢兩家書目所録合。古人編劇，往往一事數本，且劇名動經後人更改，不能一律，今據錢曾述古堂續編雜劇目，仍以末句標題，其作者則不能定，姑付缺疑云。

卷五　戲曲:明清

風雲會一卷
元明雜劇本

元羅貫中撰。演宋太祖受禪登基與趙普決策收四國事。稱太祖微時有異相,苗訓設卜肆於汴,識爲真主。旋以石守信薦,官殿前都檢點。周世宗晏駕,北漢合遼師入寇。太祖奉太后及幼主命禦之,至陳橋,鄭恩等擁立太祖,周太后及幼主聞之,知天命有歸,之陳橋禪讓,遂即帝位。趙普昔與太祖爲結義弟兄,曾任檢點帳下書記,至是以推戴功拜中書令。一日,暮雪甚,太祖微服訪之,普妻進酒。因共議削平區夏之策。普謂宜先四國,後北漢,與太祖意合。乃薦石守信征吳越,曹彬征江南,潘美征南漢,王全斌征蜀。太祖即命内侍傳旨召之,四人受命出師,皆成功,俘其君相獻於朝云。

按邵伯温聞見録一,載太祖微行雪夜訪普事。普語太祖,宜姑留太原,已削平諸國,則彈丸之地將無所逃。帝笑曰:吾意正如此。遂定下江南之議。帝曰:王全斌前平蜀多殺人,不可用。普乃薦曹彬,以潘美副之云云。劇"訪普"一折本此。然謂蜀與三國同時降附,則與史實不合,然戲曲點綴爲文,亦無妨也。其餘所記,大抵採史鑑野史,參合成章,不甚純粹。而詞意典皇,音節雄遠,最爲出色當行。孟稱舜酹江集録此劇,評爲語語揚屬,如鐘鼓嘈呟,大聲發於水上。於此劇傾倒甚至。至今"訪普"一折,猶爲曲家按行,亦可徵奇文之賞人有同然,不以時代異也。按貫中之名,實賴此劇而傳,小説如水滸、三國、隋唐等亦託其名以行。顧其里貫事蹟,諸書所述,皆在影響有無之間。唯天一閣本録鬼續簿載貫中太原人,號湖海散人,與人寡合,樂府隱語極爲清新,所撰曲有三平章死哭蜚虎子、忠正孝子連環諫與風雲會爲三種。記貫中始末甚爲詳悉,自屬可信。録鬼續簿作者又稱與貫中爲忘年交,遭時多故,各天一方,至正甲辰復會,別來又六十餘年,竟不知其所終云。是其人由元入明,與曾瑞、朱經同。惜所作祇存此一種,其蜚虎子、連環諫,僅賴録鬼續簿知其名目,其文字内容則不可知矣。

誤入桃源一卷
元曲選本

　　題"元王子一撰"。太和正音譜上"古今群英樂府格勢"有王子一,名在"國朝一十六人"中。陳與郊續古名家雜劇録是劇,題"國初王子一",則此本署元人者誤。王子一始末不詳,天一閣鈔本録鬼簿續編亦不載其人,唯太和正音譜稱其詞如長鯨飲海,又疏云:"風神蒼古,才思奇瑰,如漢庭老吏判辭,不容一字增減。其高處如披琅玕而叫閶闔。"所以推許之者甚至。正音譜録其劇海棠風、楚臺雲、元曲選卷首引作楚岫雲。鶯燕蜂蝶、元曲選卷首引作花間四友,注:"一作鶯燕蜂蝶。"劉阮天台元曲選引作誤入桃源,注云:"一作劉阮天台。"四種,今唯誤入桃源存。此本標目作:"太白金星降臨凡世,紫霄玉女夙有塵緣。青衣童子報知仙境,劉晨阮肇誤入桃源。"與續古名家雜劇本全同。劇中大意略稱天台縣人劉晨、阮肇同學,值朝政昏亂,共隱於天台山下。暮春入山採藥,迷路不能歸。

遇一樵夫指路,云有桃源洞人家,可往投宿。因詣之。至則笙歌
嘹繞,有二女出迎,呼其名姓。知遇仙,遂爲夫婦。越一年,二人
皆動歸思,求暫去。二女悽然,餞之於長亭,即席賦詩爲贈。晨
等抵家,則景物已非,家人存者皆其曾元,見晨不能識,蓋別家已
百年矣。憶仙境非凡,乃偕肇復入山,覓洞址不可得,各賦詩寄
慨,便欲投崖。太白金星現像喝止之,云昔化樵夫指引,今乃復
迷舊路。語次,手指其處,則桃花叢中,洞門已啟,復與二女相
會,同登仙位云。謂二女乃紫霄玉女謫降,其與劉阮因緣,太白
星命青衣童子先告之,故標目云云。考劉阮事,元明人所演有數
本,錄鬼簿載馬致遠有晉劉阮誤入桃源,續編載汪元亨有劉晨阮
肇桃源洞。太和正音譜下雙調篇引馬致遠誤入桃源第四折收尾
一曲,勘其文不在此本中,則此本署王子一,當不誤也。孟稱舜
柳枝集亦錄此劇,其第四折新水令曲"行不上巖巒臨澗,盼不到
宮闕倚天高",眉評云:"三句四句依吳興改本,較原本爲佳。"考
續古名家雜劇第四折此曲作"道不行乘槎浮海澗,時不遇攀桂仰
天高",則懋循於此劇曾加改定,不盡依原本也。

城南柳一卷

元曲選本

題"元谷子敬撰"。天一閣鈔本錄鬼簿續編載子敬金陵人,
樞密院掾吏,洪武初戍源時。按:字當有誤。[1] 又稱其明周易,通
醫,口才捷利,樂府、隱語盛行於世。母下堂傷一足,終身有憂
色,乃作耍孩兒樂府十四煞,以寓其意,極爲工巧。太和正音譜

---

[1] 編按:謝伯陽全明散曲谷子敬小傳作"戍源州","時"或爲"州"字之誤。

群英樂府格式,稱谷子敬之詞如崑山片玉;又稱其詞理温潤,如
璆琳琅玕,可薦郊廟。推許亦至。然列其名於國朝十六人中,不
目爲元人,則以子敬由元入明故也。斯本爲元曲選本,標題目正
名云:"岳陽樓自造仙家酒,截頭渡得遇垂綸叟。西王母重餐天
上桃,呂洞賓三度城南柳。"_{按:息機子本同。} 末二句與錄鬼簿續編
所注亦合,_{按:續編"重餐"作"重會"。} 蓋猶是舊題。劇演呂洞賓度柳
樹精事。稱呂洞賓游岳州,其地有老柳,生已數百年,欲度之,乃
埋桃核於地,成長後通靈,與柳精配爲夫婦。洞賓詣岳陽樓飲,
以劍質酒而去。而桃柳精夜樓樓中爲祟,酒保楊老以劍斬之,於
是柳精托生楊老家爲男,桃精托生李家爲女,仍爲夫婦。洞賓來
贖其劍,時楊老已死,其子不知其事,堅不肯承;而婦不昧前因,
猶能識洞賓。洞賓勸二人學道,婦即欣然相隨。子持劍逐之,追
至截頭渡,一漁翁渡之,稱曾見其婦,爲指其處。至一洞,果見
婦,拔劍斬之。忽有公人過,押送官府,問何殺人,則誣云洞賓誘
其妻逃,殺人者乃洞賓。官拘洞賓至,與對理。洞賓乃言殺人者
必有刀仗,此人現挾劍,何不搜之。及搜子,果得劍。官怒,即命
洞賓殺之。子方惶懼,而洞賓與衆仙忽現於前,乃省悟,入道,與
赴王母蟠桃宴云。錄鬼簿續編載子敬曲尚有枕中記、_{按:演呂公、}
_{盧生事。}昌孔目雪恨鬧陰司、司牡丹借屍還魂,今唯此本存。其
司牡丹還魂,雍熙樂府猶引其零折,他則不可知矣。

翠紅鄉兒女兩團圓一卷

元曲選本

　　題"元楊文奎撰"。考太和正音譜"古今群英樂府格勢"稱楊
文奎之詞如匡廬疊翠,名在"國朝十六人"中,則亦明人。錄鬼簿

續編備載谷子敬、湯舜民、賈仲明等始末,獨無文奎及王子一,故不詳其里貫。斯本演蠡州村民韓弘道棄婢生子事。略稱弘道家富而無子,待寡嫂及兩姪甚厚,而嫂乞析產,終日詬誶。弘道乃推家產什之九與之,自取其一,而嫂猶不厭。弘道婢春梅已通房有孕矣,嫂忌之,復構之於弘道婦,婦信其言,逼弘道棄之。春梅固有志操,丐食以生,終不肯嫁。會有俞循禮者亦無子,妻王生女,方懊喪。其弟王獸醫者來視其姊,途次見乞婦生子,方欲棄之,其人即春梅,乃贈金少許,抱其子送與姊,易姊所生女自養之。姊因詭云生子,循禮不知也。自此十三年,王獸醫偶因事與循禮爭,循禮詈其無後,獸醫亦詈循禮無後,相詬不已。獸醫忿甚,先問知乞婦姓名,將訪其人為證,未果行。一日偶至弘道家償所負金,弘道卻之,已感其意,俄弘道自言無子,且悔出婢事。獸醫問婢名,乃春梅也,乃具述十三年前事。弘道因至循禮家迎歸其子。獸醫亦還循禮女,使與弘道子婚配,復為弘道覓得春梅。子女皆復其舊,是為兒女團圓云。

梧桐葉一卷

元明雜劇本

元李唐賓撰。天一閣鈔本錄鬼簿續編載唐賓為廣陵人,號玉壺道人,官淮南省宣使,文章樂府俊麗,其曲有梨花夢及梧桐葉二本。其梧桐葉下注正名為"李雲英風送梧桐葉",今本題目為"任繼圖重匹鳳鸞交",正名為"李雲英風送梧桐葉",與錄鬼簿續編所記合,當即此本也。略稱繼圖字道統,蜀人,寓京師。婦李雲英,李林甫女孫。哥舒翰出守藩垣,辟繼圖參軍幕。安祿山反,天子幸蜀,雲英為亂兵所攎,有牛尚書者收得之,認為義女。

已而禄山平，上皇回京，繼圖至上都，按：此本賓白太簡略，以前後文考之，繼圖與雲英相遇於大慈寺，未及相認，後繼圖入京應舉，入寺仍讀雲英所和之詞，則寺當在上都也。游大慈寺，以經亂妻女離散，悵觸感慨，製木蘭花慢一詞題於壁。雲英游春至寺，與繼圖遇，呼與語，而繼圖遽去。雲英覩壁上詞不題名，亦不敢決爲繼圖，依原調製一詞和之，亦題壁而去。至秋，雲英於尚書家拾一桐葉，憶夫不已，題一絶於上，對天祝告，幸吹至夫所。祝已，風起颺去。是時繼圖方與花卿之子仲清應舉入都，重游寺中，入門拾其葉，異之。既而見壁上和詞，益疑爲婦作，而不知其居處。及試，繼圖、仲清中文武狀元，繼圖文，仲清武。牛尚書欲乘狀元游街時，使己女金哥與雲英抛球招婿，雲英不從，乃使伴金哥登樓。球落下，繼圖亦不接，仲清得之。雲英與繼圖相望，欲相認而未果。及金哥婚，繼圖作送客，雲英出見，乃知爲夫，慶賀團圓云。按太平廣記一百六十引玉溪編事，載侯繼圖秋日於大慈寺樓拾得木葉，上有詩云："拭翠斂雙蛾，爲鬱心中事。搦管下庭除，書成相思字。此字不書石，此字不書紙。書向秋葉上，願逐秋風起。天下負心人，盡解相思死。"後五六年與任氏爲婚，誦此詩，始知此詩乃任氏在左綿書。其事即劇所本。唯原詩十句，此劇第二折剪裁作四句，又以婦姓爲繼圖之姓，乃稍覺舛誤耳。

馬丹陽度脱劉行首一卷
元曲選本

　　題"元楊景賢撰"。考無名氏録鬼簿續編天一閣鈔本載楊景賢名暹，後改名訥，號汝齋，故元蒙古氏。因從姐夫楊鎮撫，人以楊姓稱之。善琵琶，好戲謔，樂府出人頭地，永樂初與舜民按：湯舜民。一般遇寵,後卒於金陵。其記景賢始末甚詳,是景賢本明人,不得云元。太和正音譜上"古今群英樂府格勢",稱楊景言之詞"如雨中之花",名在"國朝一十六人"中,"景言"似爲"景賢"之誤。是本演馬丹陽度妓女劉倩嬌事。稱倩嬌本唐明皇時管玉斝夫人,死爲鬼仙,一夕獨吟柳梢青詞,重陽真人王嚞遇而和之,知爲上真,因求度。真人謂須生人間爲女子乃得度。遂轉生爲汴梁樂户劉姓之女,名倩嬌,藝冠一時,爲上廳行首。重陽節官宴,倩嬌往承應。馬丹陽奉師王真人命來度之,倩嬌已昧前因,不之悟。又有富室林盛素善倩嬌,將嫁之,而丹陽復至,强使入道。倩嬌惡其糾纏,朦朧睡去,東岳案神見夢,告以前生公案,醒而了了,頓憶所賦柳梢青半闋。詠次,丹陽至,爲續誦其半,乃大悟,隨丹陽仙去。劇中柳梢青詞上闋"端止翠圍,黃雲衰草,漢家陵闕",下闋"改換朱顏,消磨今古,隴頭殘月",影印元明雜劇本即古名家雜劇本及元曲選本詞凡兩見,皆同。曲海提要卷三柳梢青提要錄其詞,"端止翠圍,黃雲衰草"作"斷址頹垣,荒烟衰草","改換朱顏"作"改換容顏",似較勝,而文不同,疑所據乃另一本也。

來生債一卷
元曲選本

　　按:元曲選錄是本,不著撰人名氏。其本凡四折,第一折前有楔子。標題云:"靈兆女點化丹霞師,龐居士誤放來生債。"考天一閣鈔本錄鬼續簿錄劉君錫來生債,注云:"靈昭女顯化度丹霞,龐居士誤放來生債。"即元曲選所錄本,則撰者乃劉君錫也。君錫名未詳。錄鬼簿續編稱君錫燕山人,故元省掾,性方介,隱語爲燕南獨步,人稱爲白眉翁。家貧不屈節,所作樂府行世極多。續編又稱君錫“與邢允恭友讓暨余輩交”。録鬼簿續編係明初人作，則君錫亦由元入明者矣。劇演龐藴事。略稱襄陽龐藴慈而好善，有李孝先曾向之舉錢，不能償，憂鬱成疾，藴即折券厚遺之。已而盡焚所藏積券。又一夕，藴過磨房，憐磨博士_{按：此殆當時呼磨粉人之語}工苦，給銀使謀營生。已而持銀來還，云得銀慮遺失，致終夜不成寐，不如無。藴聞而生感。又過厩院聞驢馬作人語，稱前生少龐居士銀若干，今變畜生填還。藴驚，以爲平日施與，無異放來生之債，益憎金錢爲造惡之物，因盡放其畜，焚田宅文契，復以巨舸載家所蓄寶物貨賄，悉沈之海，挈妻女入鹿門山，斫竹編笊籬以生，共矢清修，後聞天樂聲，全家證果。考陶九成輟耕録卷十九云：“世斥貪利之人，必曰：汝便是龐居士。蓋相傳以爲居士家資巨萬，殊用勞神，竊自念若以與人，又恐人之我若，不如置諸無何有之鄉，因輦送大海中，舉家修道，總成證果。又以爲居士即襄陽龐德公。考釋氏傳燈録龐居士傳，龐藴字道玄，衡陽人，元和六年北游襄漢。女靈照，賣竹漉籬以供朝夕。後靈照入滅，藴與子龐大俱無疾而化。據此知非龐德公。但亦不言其富，輦財之説，特恐後人所傅會耳。”據九成所説，知當時流行龐居士棄財入道事，君錫演以爲曲，亦不免採世俗傅會之言，唯劇作龐藴，不作龐德公，與九成所述稍異耳。

符金錠一卷

明息機子刊元人雜劇選本

不著撰人名氏。斯編天一閣鈔本録鬼簿續編、太和正音譜皆不著録，唯錢曾述古堂、也是園二目載之。清管廷芬重訂曲海目有符金錠，或曾見其本。錢目入元無名氏類。考此本第一折白有"崇文門買酒"之語，崇文門乃明時語，元無此稱，此白如非樂官私改之文，劇當非元曲，殆永樂都北京後明人所作也。演趙匡義事。稱周世宗時，符彥卿家有聚錦園，饒花木之盛。值春景暄妍，上命士庶縱觀之。彥卿預戒其女金錠勿得窺園。薄暮，游人多散去，金錠與婢入園中，則趙匡義與鄭恩在焉。匡義驚女之豔，爲詩以調之曰："姮娥離月殿，織女渡天河。不遇知音者，空勞長歎多。"金錠亦唱云："紫燕雙雙起，鴛鴦對對飛。無言勻粉面，只有落花知。"方互問姓名，而勢家子韓松者亦攜伴至，見女無禮，恩遽呵之，乃逸去。匡義亦別女而歸。自此匡義感病，父弘殷憂之，疑有暗昧，召女滿堂至，使叩之。女間弟得實，使壻王樸求婚於彥卿，值韓松亦遣媒至。彥卿不能決，乃搭彩樓，使女自拋繡毬以擇之。匡義得毬，爲松所奪。彥卿見之，知女當屬匡義，命匡義擇吉來娶。匡義計板轎經韓松之門，慮其刦奪，乃設計於吉日使人舁新婦間道先行，而使鄭恩居彩輿中，光義結義弟兄張光遠等左右擁护之。其日，韓松果糾衆攔截，揭簾見恩，懼反走，光遠等追繫之。謀既遂，成禮。弘殷乃大張筵置酒，召親情相賀云。按宋太宗后符氏不誤，而其事純然虛構，鄙誕不經。其詞唯第一折仙呂點絳唇一套粗可觀，餘甚平平，第四折新水令套，尤屬敗筆。

漁樵記一卷

明息機子刊本

　　不著撰人名氏。所標題目正名曰："王安道水陸會賓朋，王鼎臣風雪漁樵記"。略稱會稽郡集賢莊人王公，子鼎臣，贅於本庄劉氏爲婿。妻有色，人稱玉天仙。鼎臣幼習儒業，而家貧，樵採爲生。有友二人，曰楊孝先，曰王安道。孝先樵夫，安道則漁夫也。一日風雪甚，安道召鼎臣、孝先於舟中對飲，憐鼎臣之貧，相與唏噓。已而罷飲歸。鼎臣於路遇大司徒嚴助，奉命採訪賢良之士，鼎臣出萬言長策請助進於上。助與語，知爲宿儒，兼賞其文，勸使來年入都應舉，諄屬而去。初，鼎臣婦翁劉二公，怨鼎臣遯跡韜隱，不求仕進，疑其戀妻孥，思有以激之，至是逼女與鼎臣離異。鼎臣至家，婦乃詬罵之，乞休書。鼎臣不得已，以文書與之，羞憤出門去。劉二公乃懷十金謁安道，以情告，屬齎發鼎臣入都，約他日鼎臣發跡，證明其事。久之，鼎臣中狀頭，拜會稽太守。甫涖郡，其故鄰張懺古方以貨郎至郡城，遇之，鼎臣屬以己事告劉氏父女以愧之。懺古領其言，亦痛詆二公及女。已而鼎臣至故里，訪安道、孝先話舊。二公攜女至，鼎臣不相認，驅逐之，且以覆盆之水難再收爲喻。安道知事急，以實告，鼎臣乃感悟，謝二公，與玉天仙爲夫婦如初云。按漢朱買臣有爲妻所棄事。漢書本傳載買臣負薪墓間，故妻與夫上冢，呼飯飲之。後買臣爲同邑子嚴助所薦，拜會稽太守，入吳界，見其故妻、妻夫治道。買臣駐車，呼令後車載其夫妻，到太守舍，置園中，給食之。居一月，妻自經死。其大略如此，世人盛傳。此本所寫實是買臣事，而故晦其人名，改爲鼎臣，用意不可曉。明季臧懋循刊元曲選收此本，始作買臣，標題云：“嚴司徒薦達萬言書，朱太守風雪漁樵記。”然天一閣鈔本録鬼簿續編所注漁樵記，正名題目作：“王安道水陸會賓友，王鼎臣風雪漁樵記。”與息機子刊本正同。錢曾述古堂目卷十亦録王鼎臣漁樵記一劇，按：此劇舊鈔本。則作王鼎臣者實是舊本。又考此劇第二折旦白有“五軍都督府”之語，所述乃明制。按：見明史兵志。疑其劇乃明初人作，因避國姓，故作王鼎臣，不作朱買臣。懋循不知其故，疑其不典，乃改作朱買臣也。

馮玉蘭月夜泣江舟一卷

元曲選本

不著撰人名氏。劇凡四折。標題目正名云："金御史清霜飛白簡，馮玉蘭月夜泣江舟"。太和正音譜、天一閣本錄鬼簿、錢曾述古堂、也是園書目無名氏傳奇目中均無此本，唯臧懋循編元曲選收之。演女子馮玉蘭事。稱洛陽馮鸞，授泉州知府，攜妻田氏、子憨哥及女玉蘭赴任。舟至黃蘆蕩，與巡江官屠世雄相見，會飲。世雄見鸞婦美，乘夜殺鸞父子、僮婢及艄公，刼田氏以去。玉蘭當危急時，拋書匣于江，匿于船梢舵上，屠謂其投水，未加搜察，因得免。風吹纜斷，舟飄至江心，適都御史金圭奉命巡撫江南，乘舟至此，聞哭聲救之。玉蘭前訴冤，並以屠所遺行兇刀上呈。次日，金官舟抵清江浦，傳巡江官來見，令各以分巡之地上報。屠遞狀，獨無黃蘆蕩。又搜其舟中，得刀鞘，以玉蘭所呈刀入之，恰相合。而屠猶不服。乃命玉蘭就巡江官舟中呼其母，母聞聲果出，屠乃服罪，收其黨並斬之。曲海總目提要卷四錄是曲，以爲本宋無名氏撫青雜說所載徐倅事敷衍。今按其文，徐倅女遇救，嫁得金尉，而尉即爲復仇之人。倅與妻子遇刼後皆無恙。而劇玉蘭父與弟皆死，僅母得存，其情節爲小異，殆別有所本歟？又謂劇中有清江浦，乃明永樂十年平江伯陳瑄所開，巡撫都御史乃明官，元制無此官，以爲劇乃永宣後人所作，託之元人者。其言甚的。懋循刊是本題元無名氏作，殆未察也。

隔江鬥智一卷

元曲選本

　　不著撰人名氏。標題目正名云："兩軍師隔江鬥智，劉玄德巧合良緣。"清錢曾述古堂書目及也是園目録此曲，作諸葛亮隔江鬥智，在三國故事類中，不入元無名氏類，疑明劇也。演漢末孫劉締婚事。略稱劉備爲曹操所敗，棄樊城，走江夏，勢窘甚，使諸葛亮借兵于吳，大破操兵。備略定荆襄九郡，周瑜以破操乃吳功，數向備索其地，備拒而不與。瑜大憤，乃獻策于孫權，請以權妹許備，嫁時令甘寧、凌統各將軍五百爲送親使，乘機掩取之。計不遂，則令權妹刺備。權然其計，即令魯肅爲媒。諸葛亮勸備允之，及婚期，命張飛屯兵荆州城外，唯夫人輿及婢一騎得入，餘止于城外，不得入。權妹與備成禮爲夫婦，重備之威容，委心事之，更無行刺之事。瑜所計皆不得遂，乃更設計迎備與夫人回門，因而羈留之。亮知其謀，亦勸備允之。備既渡江，亮使劉封賫一錦囊于備。備與權宴，佯失其囊。權啟視之，乃亮書云："操兵且至，請留吳，亮當復來借兵拒之。"權欲備當操師，因不留。備與夫人悉得歸，而操固未興師。瑜聞大恨，乃自將追之，而亮已使張飛逆備。備與夫人換騎先行，飛在後護送之。瑜追至，見鸞輿，以爲夫人也，方跪拜啟事，而飛揭簾叱之。瑜羞憤猝倒地，凌統擁之回營。備返荆州，乃會諸將慶功歡宴云。劇中設事，率以意製作，不根史實。其稱權妹名孫安小姐，尤爲可哂。按元刊本三國平話中卷亦演此事，尋其情節與此劇大致相同。曲海提要卷四録此本，謂與演義不合，舊時三國演義通行明本，故所言如此，不足怪也。

九世同居一卷

明息機子元人雜劇選本

　　不著撰人名氏。標題目正名云："忠孝門三朝旌表，張公藝九世同居。"斯編明晁瑮寶文堂目始見著錄，其後錢曾述古堂、也是園二目並載之，清管廷芬重訂曲海目亦有其本。錢目以爲元無名氏，然天一閣鈔本錄鬼簿續編附載失姓名傳奇及太和正音譜古今無名氏劇目中均無此本，疑明人舊本也。演張公藝事。稱壽張縣張公藝，其家自北齊至隋九世同居，曾受兩朝旌表，號爲義門。公藝三子，長悦，次珝，次英。珝習文，英習武，已命之應舉。更以家事付悦，使置義學義田，以給寒素，闢亭館爲老年習靜之所。端居樂道，怡如也。有王澄者，父喪不舉，以父原舉與公藝有一面之交，來稱貸。公藝厚賙之，更資以鞍馬，使赴京應舉。澄對策稱旨，授黄門侍郎，奉命知貢舉。公藝二子適與試，澄知爲公藝子，且才略過人，並擢狀元。復奏公藝宿德名門，九世同居。上異之，勅使問以何法治家得如此。公藝無他言，但書百忍字授之。使者回奏，上大悦，詔旌其門閭。唐張公藝書百忍字，九世同居，世所共知，此演爲雜劇，事既純簡，無可發揮，但可資勸善而已。

野猿聽經一卷

影印元明雜劇本

　　不著撰人名氏。斯編錄鬼簿續編、太和正音譜無名氏劇目均不載，唯清錢曾述古堂及也是園目錄入元無名氏類中，管庭芬重訂曲海目亦有其本，明陳與郊曾選入續古名家雜劇中。此影印本標名元明雜劇，實裒合陳與郊正續古名家雜劇殘帙爲一編，此劇即續古名家雜劇本也。演龍濟山老猿聽經成道事。略稱龍濟山大慈寺脩禪師者，自幼出家，修持多年，道業甚高，忽有余舜夫者來訪。其人儒者而隱於樵，脩公以禮接之，導翫山景，旋辭去。其言甚清，脩公心異之。一日默坐，聞佛殿有聲息，潛出窺之，則有玄猿方披袈裟、執幢幡，於經案前就經文誦之。念其有善緣而未居人類，恐經典損毀，召山神驅之使去。已而有儒生袁遜者，叩關求見，自稱峽山人，字舜夫。唐明宗之世，官於端州。抵任未踰年，妻女盡死，惟憔悴一身，遂不復仕，往來江湖間，以參禪向道爲務。側聞尊師名，願求皈依。言訖，出所製疏啟呈脩公，閲之，詞甚修整。大抵言世事靡常，祈指示覺路云。脩公知爲玄猿所化，即闢僧舍居之。次日升座，集僧俗説法。聽者以次設問，一一通之。次及袁，問如何是正法。公爲説偈云：“泉石煙霞水木中。皮雖異，性靈通。勞師爲説無生偈，悟到無生總是空。”袁聞偈，乃自承爲得道老猿，實非人類，前樵夫入山，亦其所化。頻云省悟，即坐化於講席，蓋爲聖僧接引登淨土云。按劇第一折樵夫白爲余舜夫，第三折脩公白乃云野猿先化樵夫，託名侯玄，與上文異。同是一劇，參差如此，疑必有誤。又考明李禎剪燈餘話一卷有聽經猿記，事與此劇同，劇中白文詞句，且多直襲剪燈餘話之文，似劇出在餘話書成之後，疑此劇乃明永樂以後人所爲也。

善知識苦海回頭一卷

雜劇十段錦戊集本

不著撰人名氏。標目云：“丁公言奸邪譖謗，胡仲淵貶竄雷州。聖天子賜還官職，善知識苦海回頭。"演宋胡仲淵事。稱壽春胡仲淵，字伯泉，世爲鼎族，性耿介。下第歸，行囊蕭索，父友馮拯方爲河中府尹，僕勸使投之，不聽逕歸。旋以李迪榜登第，授秘閣修撰，赴慈恩寺宴，與李迪、丁謂賦詩畢，題名于雁塔。仲淵見前人舊題處，稱"此皆前輩，賢佞相雜，吾等今日豈可不懼也"。謂疑仲淵譏己，怒相詆，迪排解之，然終不歡而散。仲淵於崇政殿説書，語涉諷規。謂知之，乃藉内臣鄭端言于上，謂仲淵賣直沽忠，意存欺罔。上怒，乃貶仲淵爲雷州團練副使，謂仍餞之於都亭。居雷一年，上意悟，貶謂於雷州，勅召仲淵還，復原官。仲淵謝使臣回鄉里，入霍山從黃龍禪師學道，卒成正果云。劇情甚簡直，詞意亦不甚超拔。又北曲四折，雖多以一人唱，而諸本每折開場人物往往不屬之一人，所以避免重複，兹則每折皆以末胡仲淵開白，實非當行。其劇諸家書目皆不録，作者亦不知何人，觀其借丁謂、胡仲淵寄意，殆爲逐臣遷客所作無疑。此本爲雜劇十段錦本，亦無簡稱。錢曾述古堂目續編雜劇目取其標題末句作善知識苦海回頭，今從之，與前人著録標名之例，亦不相違云。

黃孝子二卷

舊鈔本

不著撰人名氏。明沈璟南曲譜、沈自晉南詞新譜、徐子室九宮正始皆引黃孝子。徐譜録南戲甚多，於元人作例注"元傳奇"，此黃孝子注"明傳奇"，知爲明人作，蓋明初舊本也。其書無刊本流傳，此本爲梨園舊鈔本，書二卷，每卷十六齣，合爲二十八齣，不知是全本否。另一鈔本題節孝記，録二十六齣，比此本少二齣。蓋録者以意省併，凡伶倫輩所鈔者皆然，不足異也。演元末南城人黃向堅尋母事。略稱江西建昌府南城縣清綏峰人黃普，字文博，宋時官統制。妻陳氏，子覺經。元兵至江西，普與鄉人胡楚材招集義兵，圖恢復，兵敗，爲元將哈迷失麾下萬戶木華黎所殺。陳氏被擄不屈，木華黎將殺之，賴萬戶母太宜人救之，得免。普死時，覺經僅五歲，僕陳容夫婦收養之。及年十八，捨宅爲寺院，隻身訪母，所經行之地幾遍區夏。最後至梁縣汝州春店①，母適居此，因得相遇。時朝命放俘虜還鄉，覺經遂奉母別萬戶母太宜人而歸。先是，覺經聘同里曾友之之女慶貞。覺經背鄉有年，友之將改嫁之，女不從，投江，爲江西提舉衢州人樂善所救，以爲義女。至是覺經回，遂爲夫婦。所記覺經苦行至孝，以及一門義烈，皆委曲中竅，足勵薄俗。考元史八十四孝友傳有黃覺經，附羊仁傳後。傳稱其爲"建昌人。五歲，因亂失母。稍長，誓天誦佛書，願求母所在。乃渡江涉淮，行乞而往，衝冒風雨，備歷艱苦，至汝州梁縣春店，得其母以歸。"一統志所載全襲元史，惟載覺經字一真，及至治中旌表門閭，爲史所未及。曲海提要三十五錄此曲，稱"孝子事志乘所載甚略，而此本頗詳，或其鄉人細核事蹟爲之"，殆或然也。

誠齋傳奇二十六種
國立北平圖書館藏明周藩刊本

　明周憲王有燉撰。有燉，周定王橚長子，自號錦窠老人，又

---

① 編按："梁縣汝州春店"，底稿如此。人民文學出版社版作"汝州梁縣春店"，似據孫先生下文所考元史列傳八四孝友傳作"汝州梁縣春店"改。然元史係以地系言(謂此春店爲元時汝州郡梁縣地)，查原劇白曰："前日在梁縣地方經過，見一所汝州春店裏面……"，則係當地店名，茲照錄底稿，不改。

號全陽子、全陽老人。太祖高皇帝之孫，洪熙元年嗣封，正統四年薨，明史附定王傳。按：王以正統四年薨，據明史。錢謙益列朝詩集云景泰三年薨。考明史憲王薨無子，弟簡王有燼嗣，景泰三年薨，則謙益誤合簡王、憲王爲一人矣。斯編凡存雜劇二十六種，皆王自撰。其成於永樂間者六種：曰張天師明斷辰鈎月，永樂二年甲申作，以元吳昌齡張天師劇近於誣蔑神靈，重爲此本；曰甄月娥春風慶朔堂，永樂四年丙戌作，演宋范仲淹眷妓甄月娥事，本俞文豹吹劍録；曰惠禪師三度小桃紅，永樂六年戊子作，本小桃記小説；按：據自序。曰李亞仙花酒曲江池，永樂七年己丑作，病元石君寶劇叙事不明，另爲新劇，唯此本曲文全缺，僅存序録；曰關雲長義勇辭金，永樂十四年丙申作，演關羽辭曹操歸劉備事；曰李妙清花裏悟真如，永樂二十年壬寅作，演汴中妓女山秀按：妙清樂名。學道事。其成於宣德間者十三種：曰群仙慶壽蟠桃會，爲四年己酉王初度日宴集而作；曰美姻緣風月桃源景，六年辛亥作，演武涉妓女桃源景從良嫁舉子李剣事；曰瑤池會八仙慶壽，曰孟浩然踏雪尋梅，並七年壬子作；曰紫陽仙三度常椿壽，演仙人張紫陽度椿樹精事；曰宣平巷劉金復落娼，演汴梁妓女劉金兒從良後狡黠無狀，色長判令復爲娼事；曰豹子和尚自還俗，演梁山濼諸寇事；曰劉盼春守志香囊怨，演河南樂工女嫁周生，誓不他適事；曰趙貞姬身後團圓夢，演山東濟寧軍士之妻，夫亡自縊事，皆八年癸丑作；曰東華仙三度十長生，演松鶴等動植十種得度事；曰十美人慶賞牡丹園，演金母宴牡丹仙事；曰清河縣繼母大賢，改前人無名氏繼母大賢劇，皆九年甲寅作；曰呂洞賓花月神仙會，演洞賓度張珍奴事，十年乙卯作。其成於正統朝者二本：曰南極星度脱海棠仙，因移太行山海棠於苑中而作；曰河嵩神靈芝慶壽，因宮中生靈芝而作，皆正統四年己未作，是時王年已六十有一矣。其年月無考者五本：曰四時花月賽嬌容，演花仙事；曰蘭紅葉從良烟花夢，自序謂

"洪武辛酉,河南陽武妓蘭氏適人不辱,與夫終老,愍其志,爲作傳奇",實洪武十四年事。然憲王生於洪武十二年,其時不能作傳奇,必後來追述其事。唯序不署年月,不詳其始末。曰小天香半夜朝元,演元時長安楊氏妓小天香早寡修道事;曰搊搜判官喬斷鬼,演當時伴讀徐行冤報事;曰文殊菩薩降獅子,讚菩薩法力,皆不知何時所作。錢謙益列朝詩集乾集,稱:"憲王勤學好古,留心翰墨,製誠齋樂府傳奇,音律諧美,傳流內府,至今中原弦索多用之。李夢陽汴中元宵絕句云:'中山孺子倚新裝,趙女燕姬總擅場。齊唱憲王新樂府,金梁橋外月如霜。'嘉靖時牛恒撰周藩王宮詞云:'夜來行樂鴈池頭,侍女分行秉燭游。唱徹憲王新樂府,不知明月下樊樓。'皆爲王而作,可見一時風流之盛。"又雍熙樂府載時行歌曲,於憲王劇幾全收入,則流傳內府之言誠爲不虛。蓋其詞尚自然,而風華和婉,實足以媲美元人,故爲當時所重如此,非徒以人貴也。又憲王生當明初,去元未遠,其曲白體製可資考據者亦多。如劇中多串入院本,可徵知當時院本與雜劇之關係;八仙慶壽劇有"做院本,拴焰爨"之語,知院本與爨非一事;又此劇新水令套科白有"辦四仙童唱蟠桃會第三折內青天歌一折了"之文,考青天歌詞在蟠桃會第二套端正好之後,第三套一枝花之前,乃隊舞唱詞,知蟠桃會此隊舞一折與一枝花套合稱第三折,雖刻本不明標折數,而其時自有折數之稱,可正近時淺學者謂元明舊曲不分折之失;諸詞調有雙唱合唱之例,知合唱之制在明初實不限於南曲;義勇辭金劇記科段有"正末騎竹馬上"、"四探子騎竹馬上",與元刊本雜劇合,知明初舞臺制度猶與元同;桃源景末折端正好套,全以胡語爲曲,先於尤侗弔琵琶劇者數百年,知侗此格並非自創;皆有裨劇學。至如蟠桃會末折載八仙名,豹子和尚劇載梁山盜三十六人名單,而宋江在外,斯又關於小説掌故。其沾溉無窮，固不得徒以文字論矣。

誠齋傳奇二十四種

上海商務印書館印奢摩他室曲叢第二集本

　　明周憲王有燉撰。是本存周憲王劇二十四種，核其目唯天香圃牡丹品、福禄壽仙官慶會、神后山秋獮得騶虞、黑旋風仗義疏財、洛陽風月牡丹仙五種爲北平圖書館藏刊本所無。然刊本曲江池僅存序録，此爲全帙，是此本可補刊本之缺者實有六種。考明高儒百川書志卷六外史類，載慶朔堂等雜劇三十一種，末有釋題云：“皇明周府殿下著，凡三十一種，總名誠齋傳奇。”今合刊本二十六種與此本多得之五種計之，恰爲三十一種。憲王樂府傳本甚稀，今以二本併合，居然完備，亦藝林之盛事也。此本牡丹仙、牡丹品皆記花事；仙官慶會記鍾馗驅鬼、福禄壽三星獻瑞事；仗義疏財記李逵、燕青拯李懊古女及受招安平方臘事；得騶虞記鈞州神后山見瑞獸，州官得之以獻藩府，貢於朝事。考憲王嗣封開封，時當承平清暇，有牡丹之好，故其散套雜劇以詠牡丹者爲多。牛恒周王宮詞：“蕭蕭修竹映池寒，分汲銀瓶灌牡丹。報道花朝開内宴，競持金剪遶朱欄。”亦道其實也。其牡丹仙劇以宋歐陽修串入，文甚俊麗。孟稱舜柳枝集謂元虞伯生有咏十花仙曲，載於雍熙樂府。此劇出虞作無疑，斷此本爲憲王改本，則與辰鈞月、曲江池等同例。然文人撰作鬥勝爭奇，即元劇亦多次本，固無妨也。其得騶虞劇，吳梅跋以爲“吉祥文字，劇情無勝人處”。蓋以尋常鋪張頌揚之詞目之，然所記本實事。考明史周定王傳，記定王爲惠帝錮於京師，成祖入南京，復爵。永樂元年，詔歸其舊封。明年來朝，獻騶虞。帝悦，宴賜甚厚。憲王此時年已二十歲。其河嵩

神靈芝慶壽劇第二折白中亦云：“永樂二年秋八月鈞州神后山生
騶虞，進貢於朝，曾受重賞來。”與此劇皆符，知非虛構。而此劇末
折白文云：“騶虞上貢朝庭，欽蒙恩寵，賜以金勅，衛士三百，樂章
七奏。”較明史所記爲詳，亦談明代掌故者所宜知也。至仗義疏財
末折黃鍾醉花陰一套，雍熙樂府錄之，題曰征方臘。王國維撰曲
錄不知爲仗義疏財之一折，因於卷三元明無名氏雜劇中，著錄征
方臘一本，與上文錄周憲王仗義疏財劇抵牾，此則亟宜改正焉。

樂府餘音一卷

明嘉靖刊本

　　明楊廷和撰。廷和字介夫，新都人。成化十四年進士。正
德中官吏部尚書兼大學士。武宗崩，與梁儲等定策迎立世宗。
以議禮忤帝意，致仕歸。七年明倫大典成，詔削爲民。八年卒，
年七十一。隆慶初復官，贈太保，諡文忠。事蹟具明史本傳。是
編乃廷和歸田後所著散曲，凡套詞六首，小令一百一十首，自題
曰樂府餘音。廷和風節勛業，矯矯不群。其子愼，又以諫謫滇，
以記誦博洽著稱。父子皆一代聞人，爲世所重。然愼文富而失
之矜博騖遠，其陶情樂府雖傳誦一時，實非佳作。廷和文名爲政
事所掩，然史稱其文簡暢有法。其爲詞亦自然流露，如其朝天子
戲筆云：“做詩，做詞，人道我閒淘氣。消閒只用這些兒，此外別
無事。靜裏乾坤，淡中滋味。想當初年少時，醉裏，夢裏，費盡了
千般力。”風致殊不減元人，在明人集中亦未易多得也。

東郭先生誤救中山狼一卷

盛明雜劇本

　　明康海撰。海有武功縣志、對山集,四庫全書總目已著錄。此所作雜劇四折。劇中所演,悉本其師馬中錫所作中山狼傳。_{按:文見東田集。}世傳中山狼傳及海此雜劇並爲刺李夢陽而作。清焦循劇説卷三云:"康對山之中山狼則指李空同。"引何良俊語云:"李空同爲韓道貫草疏極爲切直,劉瑾切齒,必欲置之於死,賴康滸西營救而脱。後滸西得罪,空同議論嚴刻,馬中錫作中山狼以詆之。"王士禎池北偶談卷十四云:"對山集有讀中山狼傳詩云:'平生愛物未籌量,那記當年救此狼。'則此傳爲馬刺空同作無疑。"朱彝尊靜志居詩話則云:"中山狼世傳訾獻吉者,數其負德涵也。考之康李未嘗隙末,黄才伯有讀林見素救空同奏疏詩云:憐才不是雲莊老,愁殺中山獵後狼。然則當日所訾乃負見素耳。"其說不同,要之有爲而作無可疑也。錢謙益列朝詩集丙集卷十一稱海與王九思同里同官,罷官後相與談讌,徵歌度曲以相娛樂。海尤妙於歌彈。酒酣以往,搊彈按歌,更起爲壽,老樂工擊節自謂弗如。其風流可想。王世貞藝苑卮言謂海與九思俱以詞曲名一時,秀麗雄爽康大不如。然觀海此曲,激揚焕發,實躋元人之席,未見其不如九思者。世貞蓋兼小令套數而言,抒一人之見,不專指劇本也。沈泰評海此劇云:"獨攄澹宕,一洗綺靡,直掩金元之長而減關鄭之價。"稱許雖過,然亦可見海詞曲之工,其爲後人贊揚非偶然者。雖所作只此一本,譬之明珠美玉,因稀有而彌覺珍貴矣。

游春記一卷　中山狼一卷

明崇禎刊本

　　明王九思撰。此爲九思所撰雜劇，在張宗孟所刊全集中。
游春記四折，演杜甫事，標題目正名曰：“唐肅宗擢用文臣，曲江
媼不識詩人。岑評事好奇邀客，杜子美沽酒游春。”前載正德己
卯沂東漁父按：即康海。序，蓋正德中所作也。稱甫至德初爲右拾
遺，暮春，官閒無事，游于曲江，向賈婆婆沽酒。有衛尚書子，亦
來斯肆，與甫會，盛稱舊相李林甫之詩。甫嗤之，因相忤。賈婆
婆亦嫌甫酒錢無多，送之出肆，意悵然不樂。次日，岑參邀游渼
陂，招妓泛舟，飲酒樂，頓忘世情。而丞相房琯將上命，拜甫爲翰
林學士。甫念朝士多闒茸，任非其人，謝不奉詔云。中山狼僅一
折，演東郭生救狼事，與康海誤救中山狼劇情節略同。蔣仲舒堯
山堂外紀卷九九思傳，稱“敬夫按：九思字。有儁才，尤長于詞曲。
劉瑾以擴充政務爲名，諸翰林悉出補部屬。敬夫與瑾同鄉，獨爲
吏部郎。不數月，長文選。瑾敗，謫同知壽州。人或讒之李文
正，謂敬夫嘗譏其詩。御史追論敬夫，褫其官。敬夫編少陵游春
傳奇劇罵，所謂李林甫者蓋指西涯也。李聞之，益大恚，遂不復
用。”錢謙益列朝詩集丙集十一，稱“敬夫之再謫，以及永錮，皆長
沙秉國時。盛年屏棄，無所發怒，作爲歌謠，及杜甫春游雜劇，力
詆西涯，流傳騰涌。嘉靖初，纂修實錄，議起敬夫，有言于朝者
曰：游春記，李林甫固指西涯，楊國忠得非石齋，賈婆婆得非南塢
邪？吏部聞之，縮舌而止。”是九思游春一劇，指摘時人，頗以招
忌。今按劇中詞，如三折綿搭絮云：“不怕你經綸奪世，錦繡填
胸，前擁後擠，口劍舌鋒。眼睜睜難分蛇與龍，烈火真金當假銅。
似這等顛倒英雄，不如咱急流中歸去勇。”四折離亭宴帶歇指煞

云："你看那薄夫菲才誰是個廟堂臣，怎做得湖海士，羞慚殺文章伯。紫袍金闕中，駿馬朝門外，讓與他威風氣概。我子要沽酒再游春，乘桴去過海。"詞牢騷激烈，誠非無因而作，使讒夫得以藉口，設爲揣摹影響之詞，遂至終身廢墮。雖小人之害君子千古一轍，要不可不謂九思有以自致之也。何良俊四友齋叢説卷三十七稱"康對山詞迭宕，然不及王蘊藉，如渼陂杜甫游春雜劇，雖金元人猶當北面，何況近代。"其推許甚至，然游春劇情節失之太雜；中山狼納馬中錫中山狼傳諸節目于一折，亦覺過于繁碎，不如康海中山狼劇之善。唯其詞特軒爽雄麗，爲不可多得耳。李開先詞謔稱九思"設宴扮游春記，開場唱賞花時，予即駁之曰：'四海謳歌百姓歡，誰家數去酒杯寬'，兩韻脚走入桓歡韻。因請予改作安、乾二字。至'唐明皇走出益門鎮'，又駁其益字去聲，不足取。復請改。上句乃'太真妃葬在馬嵬坡'，以拘於地名，無以爲應"云云。今此本賞花時仍作"百姓歡"、"酒杯寬"，不用"安"、"乾"二字，蓋未改之本也。

陶情樂府五卷

明嘉靖刊本

明楊慎撰。慎字用修，四川新都人，少師廷和子，正德辛未賜進士第一，授翰林修撰，嘉靖初以議大禮泣諫，杖謫雲南永昌衛，歷三十年，卒於戍所，年七十二。世宗忌刻殘忍，深惡諫臣，慎雖遠謫，意猶不能遽忘。慎聞之，乃以放縱自晦，嘗醉傅粉作雙丫髻插花，諸妓擁之，游行廛市，酒間乞書，醉墨淋漓。其倚聲製曲，傳遍滇南。是編即慎在雲南所作曲集也。書凡五卷：卷一爲套數，卷二爲重頭兼帶，卷三爲重頭，卷四爲小令，卷五爲拾

遺。卷後又有拾遺，乃慎所作七犯玲瓏詞，只一首。慎記誦博
洽，學問詞章，籠罩一時，在明代最負盛名，而實亦足以符之。唯
其詩文欲以博麗見長，瑕疵互見，不能純粹。其製曲亦蹈此習，
殊非當行，以視其父廷和所作樂府餘音不及遠甚。特舉世重其
名，流傳廣遠，無敢非議之耳。是本爲滇中刻本，末有張愈後序，
稱慎之所作可謂曲史，稱許不免太過。至所贈慎詩："事到東京
須節義，地當西晉且風流。"可謂了然於慎之境地者。愈自謂爲
慎之知己，誠足當之而無愧也。

玲瓏唱和一卷

明嘉靖刊本

　　按：此本首載楊慎七犯玲瓏詞四首，次爲顧箬溪、張石川、李
丙等和詞。其張石川詞有序云："社長箬溪司寇頃以中丞再起撫
滇，爲升菴先生構廣心樓於旅次。先生七犯玲瓏四闋，索余和
之。"署"嘉靖癸丑"。知慎詞及諸人和詞皆爲廣心樓而作。次又
載慎七犯玲瓏四首，後爲慎弟惇、憳和詞，又李鈞、李一元和詞，
又劉大昌和詞。慎詞有自序云："湖州南坦劉公、箬溪顧公、石川
張公、半谿李公，因木涇周公來滇，和余廣心樓詞四首，率爾口占
以謝。惜往日，悲回風，感知音，懷良友，不知老淚之橫集也。"云
云。知慎此作仍續前詞。其首作四闋，陶情樂府拾遺已載之，次
作四闋則未錄，疑慎詞作不同時，故未及收入也。此本卷後又附
刻畫眉序"花月可憐宵"一套，乃請正於慎者，末署小字"棷頓首
頓首具"，不知爲何人，疑此本即此人所刊矣。

四聲猿

徐文長全集附刻本

明徐渭撰。渭初字文清，改字文長，自號天池生，亦別署田水月，諸生，山陰人，所著有路史、天池秘集等五種，四庫全書總目已著録，並附存目。渭負異才，十二三歲賦雪詞，十六擬揚雄解嘲作釋毀，而八舉於鄉不售。胡宗憲總督浙江，招至幕府，筦書記。汪直、徐海之平，並預秘謀，甚見寵遇。宗憲下獄，渭懼禍發狂。已以殺繼妻繫獄論死，里人張元忭力救之得免。旋游金陵、上谷，客京師，病發歸里，潦倒以卒。生正德十六年辛巳，萬曆二十一年癸巳卒，年七十三。殁後二十年，袁宏道哀其遺稿，評而合刻之，即今全集本。此四聲猿附刻全集之後，凡北雜劇四種，曰狂鼓史漁陽三弄，祗一齣；曰玉禪師翠鄉一夢，凡二齣；曰雌木蘭替父從軍，亦二齣；曰女狀元辭凰得鳳，凡五齣。崇禎間沈泰刻盛明雜劇全收之，即用袁宏道評本。孟稱舜輯酹江集則僅取其漁陽三弄、替父從軍二劇，云："翠鄉夢係渭早年筆，微有嫩處，而女狀元晚成，又多率句。"又謂"曾見渭手改本，多所更定。渭自言女狀元當悉改，以無心緒故止"云。今以酹江集本所收二劇勘全集本，果有不同處，如漁陽三弄點絳脣一調、天下樂一調，替父從軍第一齣油葫蘆一調、六幺序後幺篇一調，皆有異文。稱舜輯柳枝、酹江二集，凡稱舜自改正之處皆疏明，此所云渭改訂者，決非僞託，稱舜殆實見其本矣。渭所作四劇以漁陽三弄最有名，平心論之，此劇通篇皆是鬼語，冥間重排罵操，亦近滑稽，世之稱之者第取其雄快，實非純粹之作。至木蘭劇則詞格高絶，實與木蘭樂府伯仲。蓋渭嘗客上谷，親歷塞北風土，故能出以真摯，質而不俗。稱舜評是劇，以爲詞雄筆老，追躅元人，殆爲公論。史稱渭天才超軼,詩文絶出倫輩,當王李倡七子社,謝榛以布衣被擯,渭憤其以軒冕壓韋布,誓不入二人黨。蓋其風骨稜稜,故詩文獨斥僞體,自抒所欲言。即其爲劇,亦不屑句模字擬,恥以琱琢爲好,異於當時浮豔之格。其翠鄉夢二折收江南長調、漁陽三弄小令三闋,清以來曲家遞相倣效,爲後世開一法門,宗匠之目亦自不虛。雖其填詞時不免生硬之句,要其所詣固駁駁爲明代一作手,不至以微眚掩所長也。近人輯曲海提要卷五載渭四劇,題解頗詳,於狂鼓史謂渭以自寓,兼爲盧柟、沈鍊洩憤。於玉禪師引世人傳説,謂渭憾一杭州僧,因取妓家睡鞋入幕以示胡宗憲,云得之僧房。宗憲取寺僧二三輩斬之。渭娶小婦,每見俊僧入婦室,怒而殺之。一日閒居,忽悟僧報,賦述夢詩二章。按:詩見全集五。自是絶不復娶,劇之作即借以自喻。於雌木蘭云影射明初四川女子韓氏從軍雲南事。於女狀元云渭自傷不第,以譏世之掇巍科如婦人女子之流,不足爲重。所論甚辨晰。按渭嫉俗忿世,與沈鍊晩交亦厚,今文集二十六有鍊傳,詞意激昂,謂狂鼓史劇以有所憤懣而作,不爲無見。至謂玉禪師爲渭自喻,則事屬渺茫,且徵之事實不合者多。孟稱舜稱翠鄉夢作於早歲。渭因殺婦繫獄時,年已四十有五,如稱舜所言屬實,不應預記殺婦之事。陶望齡作渭傳,謂渭坐誤殺後婦繫獄,憤懣欲自決,爲文自銘其墓。今文集卷二十七載其文,自云死於嘉靖乙丑,齒四十五云云,渭生正德辛巳,至嘉靖乙丑,年四十五不誤。且陶望齡、袁宏道作渭傳,均云所殺者後妻,明史亦然,傳者乃云小婦。宏道渭傳中記殺僧事,云有沙門負貲而穢,酒間偶言於公,按:謂宗憲。公後以他事杖殺之。則渭之訴僧,並非有私嫌詭計,如世俗傳説所云者。且述夢詩二首見文集卷五,詩但傷離異,無懺悔報應之詞。渭髮妻潘氏死後,所棄婦非一,安知不爲彼而作,謂入夢者即手殺之婦,渭未嘗自云,傳者何以知之,殆不然矣。至謂雌木蘭影射韓氏女從軍事，則尤近附會。明自嘉靖以來，虜患日深，渭自負知兵，不見用於時，其爲此曲，自是客塞外時感木蘭事，借以寄慨。其第二折尾聲云：“經過了萬千瞧，那一個解雌雄辨，方信道辨雌雄的不靠眼。”實爲己而發，非爲一女子也。且果有意譜韓氏事，可直書其姓名事蹟，豈必以木蘭當之乎？其女狀元謂以譏科第之人，亦揣測之詞，今俱不取。唯四劇總題曰四聲猿，似有取於峽猿哀怨之旨，非無寓意者。凡古人託物含諷之作，詞多隱約不顯，有非後人所能盡知者，此固宜通其大意而止，無庸過事推求也。

詞臠一卷
清康熙二十九年庚午刊本

　　明劉效祖撰。效祖字仲修，別字念庵，濱州人，寓宛平，嘉靖庚戌進士，除衛輝推官，徵授户部主事，歷員外郎中，出爲陝西按察副使，罷歸。效祖負經世略，曾預修四鎮三關志。晚年齟齬仕途，以詞曲自娱，昭陵嘗遣中使索其題册，呼爲念庵而不名，因感慨賦詩云：“更生雙鬢已蕭騷，敢謂文章擅彩毫。過誤偶承明主問，因緣不是鬱輪袍。”一時盛傳都下，以爲列朝所未有。所撰詞曲甚富，有都邑繁華、閒中一笑、混俗陶情、裁冰剪雪、良辰樂事、空中語等集，均先後刊行。歿後散軼不存，其子集其僅存者刊于京師，題曰詞臠。其後從孫芳躅以康熙九年刊于山左；外曾孫胡介祉以康熙甲戌重刊其本；康熙庚午從孫芳永又重刊于大寧，皆是詞臠本。此本即芳永所刊，以較介祉刊本，所收悉合，知同爲一本。其文字間有異同者，疑介祉重刊時所潤色也。今檢其目，如首載“管氣飛灰”一套，標曰良辰樂事,知即效祖原著良辰樂事集之文,而僅存其一。小令雁兒樂帶得勝令注云:"和元學士汪雲林一百首之三十二。"掛枝兒下注云:"二十首之八。"雙叠翠下注云:"二十首之八。"鎖南枝下注云:"一百首之十六。"醉羅歌下注云:"閩中一笑三百首之四十八。"今按此本醉羅歌僅四首,自醉羅歌"輕寒輕暖"首數起,至卷尾一江風"爲多情門掩黄昏靜"首止,恰爲四十八首,知所注非僅指醉羅歌詞言之,乃謂自此以下四十八首皆摘録閩中一笑之文。觀此諸注,知詞臠所録,不及原詞什一,其所漏略實多矣。朱彝尊靜志居詩話極稱效祖曲,曾舉其沈醉東風"東華路塵沙滾滾"及"門巷外旋栽楊柳"二首,又朝天子"喜碧山日親"一首,以爲不減元張小山樂府,今檢悉在此本中。然效祖諸作皆清暢流利,得元人家法,但即此本所載稽之,猶美不勝收,彝尊所標舉尚未足爲盡也。

牡丹亭箋注不分卷

清乾隆壬午刊本

不著撰人名氏。前載序署"笠閣漁翁",審其文即注釋之人,其姓名則無可考。其書分二欄,上欄録釋水滸之語及雜文,下文録牡丹亭原文及注,其體頗蕪雜。按湯顯祖牡丹亭負一代盛名,後人於其書大抵推崇文詞,而疾其不合繩墨,如臧懋循之删改,鈕少雅之格正,皆推闡此旨,獨葉堂服其才思藻豔,製四夢譜,以意逆志,仍其文而不改。凡此雖途逕不同,要皆論格律者也。其專論文章,則吴吴山三婦之合評與此箋注牡丹亭。三婦本已嫌空疏,此則尋文逐句,旁注側書,有類乎坊間高頭講章之體,議論尤多酸腐,在注釋詞曲書中,此其最俗者。然其第四册"淮泊"齣上端，載笠閣批評舊戲目，録明清人傳奇至一百四十餘種之多，較高奕所録不啻倍蓰。每一劇名下皆仿呂天成曲品之例，一一爲之品第，其撰人可考者，且注其姓名及別號，殊有裨于曲學。其戲目後附南部要曲，搜集嘌唱小曲注之，亦可爲研究俗曲者之資。是其書雖無裨牡丹亭之學，而其功不可没反在注釋牡丹亭曲之外，棄短用長，亦不可以執一論之矣。

閔刻邯鄲記三卷　南柯記三卷

明天啟刊本

按：二書皆朱墨本，其每書分三卷，以及行款形式悉同。邯鄲記載有小引云："刻是傳者地在晟溪里，其室曰隆恩堂，主人夢迷生曰：臨川説夢，夢也。余贅之繪像、批評、音釋，可謂夢中尋夢，迷之甚矣，因自號曰夢迷生。夢迷者誰？吳興閔光瑜韞孺氏。"末署"天啟元年"。知書乃吳興閔光瑜所刊。其書以湯顯祖與臧懋循訂本合而爲一。正文悉依湯原文。其懋循所删，則上下乙識之；懋循所改，則用小字刻於本文之右；其懋循原評，亦録於眉端。凡顯祖原文以及懋循所删所改，皆一望而知，甚便學者。其南柯記無刊書序，然其並收湯臧二家之文與邯鄲記同，知爲一人所刻無疑。按臧懋循於"臨川四夢"一一改訂，疑光瑜所刻尚不止此二本，其還魂、紫釵或亦有刻本，唯今所見只此二本，不敢謂其必然耳。

鬱輪袍一卷　真傀儡一卷

盛明雜劇本

　　明王衡撰。衡字辰玉，太倉人，少傅錫爵之子，萬曆辛丑賜進士第二，授翰林編修，有緱山集。此衡所編雜劇二種。鬱輪袍演王維事。稱唐岐王範愛文學，多與士人周旋，聞王維名，欲致之，寓書于維，謂來日九公主設宴，請衣樂工服，與某俱往，得主道地，當得狀頭。維面授詞于來使，婉辭之，而不肯爲回書。有秀才王推者，遇使聞其事，即冒王維名謁岐王，與俱赴公主宴。至則彈琵琶，爲主奏鬱輪袍新曲。時教坊曹崑崙在旁，疑其伎淺，推盛氣凌之。公主不疑其僞，即以一札諭監試官趙履溫，使留意拔擢，又書字付推，使面懇履溫。履溫阿主意，見推，試詩，即面許狀元。讀維詩，評拔之，命即出場。已而主考宋璟覆閱試卷，拔維第一，黜推。推忌之，伺維赴瓊林宴，衝筵詆之，謂維以關節得狀元，且出公主書字爲證。禮官信之，即剝維衣冠，等候參奏。岐王聞其事，來解之，及見維而不相識；視推，則奏琵琶、請公主關節皆其人也。禮官知其假冒無禮，命懲之，而復維冠帶。維辭，浩然竟去，與裴迪隱于輞川。文殊菩薩化西僧來度，與説因緣，謂維前身乃維摩居士，迪乃儒童菩薩。以世過重科目，三百年後，使維再化身，改姓而不改名，不由科目，不立文字，而相業赫然，爲有志男子吐氣，其人即宋之韓維云。按王維以鬱輪袍進，見于集異記。劇則翻案，爲維洗發，可謂一新面目。據錢謙益列朝詩集，丁集十五。稱衡以萬曆戊子舉順天鄉試第一，父錫爵方執政，言者攻之急。錫爵陳辨甚屬，而世人不以是短錫爵，以辰玉真才子，不愧舉首也。據此則劇之作乃衡以掄元被謗，鬱鬱不平，藉以抒其憤懣，實自寓也。真傀儡演宋杜衍事。

稱衍以祁國公致仕,閒游市井中。嘗着道服騎驢至桃花村,觀傀
儡戲。有小鄉宦趙某在座,矜倨自得,衍默然而已。及扮衍故
事,趙指點疏説,往往不典,衍亦微正其誤。已而勅使至,尋杜
衍,傳旨問以治道。衍未攜朝衣,遂借戲衣着之,謝恩訖,條答甚
晰。俄又有使賫密勅至,則有聖諭云:"頃諫官入奏,云杜衍三公
入市,有失相體,宜賜貶逐。朕知其妄,已留中不發。卿此後亦
宜檢點出入"云。衆覘使,始知爲相公,競前謝罪,且盛稱其德
云。據所記即韋絢劉賓客嘉話所載杜佑事,蓋移屬杜衍。此劇
盛明雜劇本署"緑野堂無名氏編"。考孟稱舜酹江集收真傀儡,
有注云:"相傳王荆石相公壽日,辰玉作此爲尊人壽。其曲詞雋
爽,不在馬東籬、喬夢符之下,較鬱輪袍爲更勝"云。則亦衡作。
沈德符顧曲雜言稱"近年獨王辰玉太史衡所作真傀儡諸劇,大得
金元本色,可稱一時獨步。然北劇但四折,用四人各唱一色,或
一人共唱四折,故作者得呈其長,歌者亦盡其技。王初作鬱輪袍
乃多至七折,其真傀儡諸劇又只以一大折了之,似尚隔一塵"。
所論雖是,然録鬼簿載元張時起賽花月秋千記即六折,則衡劇打
破四折,非無前例,以文言固無妨也。清王士禎香祖筆記稱"王
扞工詞曲,其大父緱山先生作鬱輪袍及裴湛和合二曲,詞家稱爲
本色當行"。黄文暘曲海目又載衡劇有長安街、没奈何①。今裴
湛劇已佚,世有李丹記演裴湛事,疑非一書;長安街、没奈何雖有
傳本,亦不易得,今通行唯此二曲云。

————————————

① 編按:揚州畫舫録卷五記黄文暘曲海目曰"鬱輪袍、哭倒長安街、真傀儡、没奈何四
種,王衡作",然"長安街、没奈何"實爲一劇。全明雜劇(臺北鼎文書局 1979 年版)
有没奈何哭倒長安街劇標目,不出正文,而於題下小字注曰:"該劇見陳與郊袁氏
義犬雜劇劇前附演本,兹不分列。查同書袁氏義犬第一齣所出之"大中書令王獻
之老爺編葫蘆先生"演本,有"没奈何哭倒長安街,彌勒佛跳入葫蘆裏"題名(日本
内閣文庫本明人雜劇三種標此劇題曰"新刊葫蘆先生雜劇"),可知"没奈何"實即
"哭倒長安街",曲海目誤列爲二。

目連救母勸善戲文三卷

明萬曆刊本

　　明鄭之珍撰。之珍字高石，徽州人，諸生。據卷首倪道賢
序，稱其"性至孝，自童至壯，左右志養，無絲毫違父母心。喜譚
詩，兼習吳歈，宏詞奧義，一於調笑中發之。顧數奇，趻踔場屋垂
三十年，晚謝博士去。自謂大丈夫不能秉時策勳，以自表見於
世，孰若秉仁義，竊風雅，默挽人心，爰摘目連救母事爲劇，使偷
薄者有所省悟"云。末有甥胡元禄跋，稱其"弱冠補邑庠，較藝屢
冠諸士，人以異材目之。里人有不決之事、不平之鳴，得其一言，
靡不渙然冰釋瓦解。所爲勸善記參册，好事者不遠千里求其稿。
謄寫不給，乃繡之梓以應求者"。記之珍始末及著書之事爲詳。
蓋一庸行淳謹之士，久困諸生，託之戲曲以自慰者。其書凡三
卷，上卷三十二齣，中下二卷各三十四齣，計全本戲文有百齣之
多。古今傳奇，除清代内廷承應大戲外，殆以是本篇章爲最繁
矣。然大目犍連事，本出釋藏，其事關神變，閭巷盛傳，之珍本之
演爲戲文，關目尤多增飾。至於尼姑下山等目，則褻語諢詞，供
當場笑謔，與勸善之志亦不符，殆亦爲戲情所役，渾忘其本初者
也。至其曲白鄙俚，全不修飾，當時風氣實不如此，豈俯就伶工，
冀其通俗易曉邪？此本爲原刊本，前後序跋皆完全無缺。至通
行富春堂坊刻本，只載本文，盡削其序跋，之珍著書始末遂不明
晰。今以原本著録，庶不失其故云。

靈寶刀二卷

明萬曆丁巳刊本

　　題"浙汜任誕軒重編"，不著姓名。考孟稱舜殘唐再創雜劇有卓人月序，稱"陳廣埜之麒麟罽、靈寶刀、櫻桃夢、鸚鵡洲爲南曲之最"。廣野乃陳與郊字，知與郊所著矣。是編取李開先寶劍記原稿重加删潤，凡過曲引尾二百四隻，内修改者七十四，重撰者一百三十，以非始創之本，故曰重編。其書演林冲事，自游春、啟釁、賣刀、設計、被陷、發配，以及燒草料場、入梁山濼等，悉與小説水滸傳合。唯於林冲入獄後增冲妻貞娘送饘、使女錦兒問卜事；又謂貞娘擊登聞鼓陳情，徽宗召李師師游艮嶽，直鼓官代奏，府尹爲平反其事，得以輕罪配滄州。自第八齣至第十一齣皆極寫冲妻，爲水滸本傳所無。又稱冲去後，衙内逼娶貞娘。貞娘自縊，家人救甦之，錦兒請代往，而勸貞娘逃。錦兒至衙内家，竟自縊死。陸謙識非貞娘，衙内意貞娘必取河北路尋其夫，使王進追殺之。進縱貞娘去，而自投延安經略帳下，不復歸京。貞娘乃匿一尼庵中。謂貞娘不死，爲後日團圓之地，亦非水滸所有。又稱魯智深入梁山，向宋江乞師，爲林冲復仇。江使扈三娘改妝下山，贈貞娘金，慰藉之。已而冲殺陸虞候等，太尉命徐寧追捕，冲窘急投梁山。宋江乃爲出師，設伏擒高俅父子，命冲自誅之。已乃受撫，冲與貞娘復合。凡三十五齣，以林冲事爲主，而智深鬧桃花山、李逵喬坐衙、燕青干李師師求赦事，亦映帶其間。其潤色增飾頗費經營，然水滸小説寫英雄失路不平之事，本不必以團圓爲結局，劇於此加意，令其夫婦復合，未免落俗，蹈時曲蹊徑。又南曲宛轉，以之描摹壯烈，本不甚相宜，而與郊於此等筆墨又非所長，故所譜殊不足爲壯夫生色。雖重編舊本，而持與開先本較，實亦無大勝處，卓人月顧盛稱之，以爲南曲之最，非至論也。

帝妃春游一卷

明萬曆刊本

明程士廉撰。士廉字小泉，休寧人。是編演唐明皇幸上苑賞春事。稱武惠妃薨，明皇冊司户楊玄琰女爲貴妃，寵幸絶倫。其姊妹亦出入宮掖，封韓國、虢國、秦國夫人。春日與貴妃幸華清宮，宣三夫人至，使歌李白清平調新樂府，遞飲作樂。安禄山聞内宴趨至，以海南助情香進帝。帝大悦，賜御酒三巵。禄山謝恩訖，爲上作胡旋舞。三夫人亦共舞霓裳。酒闌日暮，三夫人留宿宮中，詔禄山迴避云。情節極簡，乃一折南雜劇。明錢曾述古堂目卷十續編雜劇載程士廉帝妃春游、秦蘇夏賞、韓陶月宴、戴王雪訪四劇，據彙刻書目、陳與郊古名家雜劇木集皆收之，其目爲幸上苑帝妃春游、泛西湖秦蘇賞夏、醉學士韓陶月宴、憶故人戴王訪雪，與述古堂目合，惟題目作七言微異。此本即士廉所作四雜劇之一。據所載萬曆己丑跋，稱"小泉程君，漁獵百家，縱步詞林，舊矣。間者出是製示余，而程仲子、吳伯子綴之以語。余閲之，晉唐汴宋，千載目前，天子公卿，賞心樂事，奇節快人視聽，以小雅名堂，夫誰非然"云云。是其書本合四劇爲一集，以小雅堂標名，今佚其三，已非完帙。王國維曲録二據彙刻書目録此四劇於無名氏類中，於泛西湖秦蘇賞夏劇下注云："疑即金仁傑之蘇東坡夜宴西湖夢。"於醉學士韓陶月宴劇下注云："疑即戴善夫之陶學士醉寫風光好。"不知此四劇乃明萬曆間程士廉所作，與元曲無涉也。錢曾述古堂目稿本與此本，均晚近始出，非國維著書時所能見，宜不足爲國維病矣。

霸亭秋一卷　鞭歌妓一卷　簪花髻一卷

盛明雜劇本

　　明沈自徵撰。自徵字君庸，吳江人，璟從子。崇禎乙亥，辟賢良方正，不就。所編雜劇三種，合刊本稱漁陽三弄，此為盛明雜劇本，皆一折雜劇。霸亭秋演宋杜默哭項王廟事，本洪邁夷堅志。丁集卷十五。鞭歌妓演唐張建封事，事見唐張固幽閒鼓吹。簪花髻演明楊慎謫滇南事。慎以議大禮謫戍，懼罪自放，嘗醉敷粉，作雙丫髻，插花，諸伎擁之，游行城市。諸夷酋以精白綾作裓，遣諸妓服之，酒間乞書，醉墨淋漓，諸酋輒購歸，裝潢成卷。慎聞亦自快。有規之者，曰：“老顛欲裂風景，聊耗壯心耳。”其事明人盛傳，錢謙益列朝詩集傳、尤侗擬明史樂府注皆載之。自徵負才任俠，而功名不得志，劇拈此三人事，蓋自況也。明萬曆以來，吳江沈氏多能曲，而自徵北劇特為擅長。鄒漪啟禎野乘自徵傳稱：“明南北劇不下數百家，唯徐文長四聲猿稱獨步，君庸與之並駕。”朱彝尊靜志居詩話稱“君庸善填詞，所撰鞭歌伎、灞亭秋諸雜劇，慨當以慷，世有續錄鬼簿者，當目之為第一流”。孟稱舜酹江集評鞭歌伎，稱“君庸灞亭秋、簪花髻及此劇，欲與元人頡頏，近日詞人鮮出其右”。所評皆非過譽。啟禎野乘又稱自徵“詩文散佚，冬青樹一劇亦復不傳”。知自徵尚有冬青樹劇，顧亡佚已久。今行世亦唯霸亭秋等三劇，其冬青樹則無人知之矣。

翠屏山二卷

舊鈔本

　　明沈自晉撰。自晉字伯明，又字長康，號鞠通生，明諸生，璟之姪也。斯編演楊雄、石秀事，爲自晉所撰傳奇三種之一。略稱石秀金陵人，出游經過桃花山。劉太公以女一娘妻之，相待甚厚。越年餘，返鄉，挾貲北上，以販馬寓薊州。一日，薊州吏楊雄爲無賴張保所辱，秀不平，助雄毆保。梁山泊首領戴宗以訪公孫勝來薊州，見而義之，説使上山，秀辭，乃贈金而別。雄感秀，與結義爲兄弟，留寓其家。雄妻潘氏乘間調之，秀不從。潘氏旋與僧如海通奸，秀知其情，以告雄。雄信婦言，反見猜疑。秀乃殺僧以自明，與雄設計誑婦至翠屏山，殺之。秀之別劉太公也，山寇周通强聘一娘爲婦，擇日迎娶。事方急，適戴宗、李逵再訪公孫勝北游，來主其家，知其事，遂匿洞房中，俟通入室，痛毆之，一娘得免。秀、雄殺人懼罪，入梁山。張叔夜來招安宋江等，乃與江等出降云。所記與水滸傳無大異同，而謂秀有妻即劉太公女，且扭合花和尚鬧桃花山事假名於逵，似覺無謂。此本爲雍正九年鈔本，所録僅二十七出，事蹟不完。其記劉一娘事，至打周通止，後遂無照應。據家門有“劉氏尋蹤遠遁，遇英豪指引重逢”之語，始知劇中尚有一娘遠遁與秀復合之事，而此逸之。蓋書本優人所鈔，故任意删節不顧情理如此。世無刊本流傳，今亦不能一一訂其失也。自晉承其家學，研究音律，所撰南詞新譜，參伍考核，甚爲詳贍，爲有用之書。其詞曲亦見重當時。散曲如賭墅餘音、越溪新詠、不殊堂近稿，今俱不傳。傳奇唯望湖亭及此本存；其耆英會，隻詞零曲，時見於南詞新譜中，今亦失其本矣。

紅梅記二卷

清初刻本

明周朝俊撰。俊字夷玉，鄞縣人。是編演裴禹與女子盧昭容事，二人姻緣以折梅題詠起，故曰紅梅記。稱錢塘裴禹與社友郭穉恭、李子春游湖上。有盧夫人孀居，女昭容，貌妍能詩。時春景暄麗，紅梅盛開，女登樓眺望，折得梅一枝，方吟哦間，禹於牆外攀枝，忽踣於地，女即取折枝贈之。賈似道乘舸游湖，適見之，驚女美，求爲妾。禹訪夫人畫策，云以女已字人對，當免。夫人聞其言，以爲是，又重其風貌，即以女許之。似道聞之，怒，拘禹於家，私禁之，陽言已贅於相府，復向夫人求女。女知其謬，誓不從，懼禍及，與母避之揚州，寄於姨母曹氏之家。初似道之游湖也，其姬李慧娘於船上見禹，偶失聲贊其美。似道歸，即手刃之。至是拘生，姬之鬼乃就禹與歡會，自云爲禹而死，情緣未絕，猶不相忘，爲生引路使出走。似道失生，拷其姬侍，而慧娘忽現於前，似道惶駭失次，以是禹竟得免。久之，禹應試，與郭穉恭俱登上第。時似道已敗，禹念昭容，訪之於揚州，則女因曹姨子數求婚，已易裝爲道服，示不他適。生至，姨子更忌之，控之於官。時江都縣令適爲李子春，知禹之情，不受理，潛送昭容母女至臨安，爲執柯，使婚配云。此本爲袁晉評本，其上卷末折總評摘其拷伎時諸妾跪立，而鬼旦出場，一人獨唱長曲，合場皆冷，當依新改一折名"鬼辯"者方是，附刻改本題云："劍嘯閣改紅梅記第十七折。"知晉曾改此劇。又評云："此部情節新，曲亦諧俗，但'解難'似張生，'幽會'似夢梅耳。雖然，有此情節，有此詞曲，亦新樂府之白雪也。"所評論皆甚允。甬上耆舊詩傳卷三十，稱朝俊"少有才，

詩慕李長吉，工填詞，所撰有李舟、香玉人、紅梅花十餘種，唯
紅梅花最傳，蜀中嶺外伶人，莫不唱紅梅花云。”今朝俊曲唯紅
梅記有刊本流傳，餘本大率無聞。明本止雲居士所輯萬壑清
音曾選李丹記，世傳鈔本亦有李丹記一書，傳中“李舟”疑“李
丹”之誤，然則朝俊曲傳於今者，殆有二種矣。

雙鳳齊鳴記二卷
明萬曆間刊本

　　按：是本上卷題“陸華甫甫纂”，審其文義，似謂其人姓陸，字
華甫。考清魚翼海虞畫苑略有陸昞傳，稱昞字華甫，居畢澤，因
號畢淵生，少從文待詔游，書畫得其遺意。與此編所署姓字合，
疑即其人也。演南宋趙方子趙范、趙葵兄弟平李全事，所記多據
史書爲之，於茲役始末甚爲詳核。曲海提要卷十一録是本，稱劇
中所記，如言李全妻途遇范葵贈之以馬，及全與范葵爭功成隙
事，皆增飾；平李全時，趙方已歿，而劇出方；賜婚爲李燔壻，亦不
實；全妻楊氏有婢海棠，係憑空撰造。所摘皆是。然戲曲之道，
通於小説，原不必以記實爲勝，其牽綴離合，事所當然，毋庸深
責。葵范淮陽之役立功頗偉，自來曲家無以之入戲文者，華甫是
編獨拈其事，其表彰前人功烈，固亦有足多焉。

尋親記二卷
明富春堂刊本

　　不著撰人名氏。此本爲富春堂刊本，題“劍池王鍨重訂”，蓋

曾經鋟校訂之本也。演周瑞隆事。稱開封封丘人周羽，府學生，妻郭氏。家甚貧窶。會河決，派夫役，黃里正派羽役。羽欲行賂求免而無錢，令妻貸銀于同里張敏。敏固無徒，瞰羽妻美，署券未付銀，而命僕索償于羽，與羽詬。敏乃殺里正，置其屍于羽門首，誣以殺人罪。經官，以事無確證，得減罪配廣南。敏復賄解卒中途殺羽，解卒憐而釋之。敏謂羽已死，逼娶郭氏。郭氏毀容以拒之，茹苦自活。生子瑞隆，俾就學義塾。及長，成進士，授平江路吳縣尹。解卒見羽子成名，乃告郭氏，謂羽在鄂州固未死。瑞隆痛哭，棄官尋父。初羽遁之鄂州，館于李員外家，甚相得。至是遇大赦，辭李返開封。瑞隆至則羽已行，急追之。李員外知羽離家後生子，恐瑞隆不識父容，以羽集授之曰：“逆旅輒誦之，認此詩者即汝父也。”瑞隆如其言，果遇于旅邸。父子皆垂垂老矣。時開封府尹爲范仲淹，瑞隆往訴父冤，仲淹爲懲張敏云。劇作者不知何時人，然沈璟等曲譜皆屢引之，蓋萬曆前舊本。清李調元雨村曲話下稱“尋親記詞雖鄙俚，然讀之可以風世”。近人姚華菉漪室曲話亦謂其“情事骨幹近雙珠記，穿插處則不及。然曲爲舊本，其詞格律度，往往爲後世楷模，且記事真摯，足以動人，是以歌詠不輟。其‘旅店遇父’等折，至今猶按行于劇場，亦其風徽素著，有不可泯没者矣”。

劉漢卿白蛇記二卷

富春堂刊本

明鄭國軒撰。此本爲金陵富春堂刊本，卷首題“浙郡逸士鄭國軒編集”，知爲浙江人，然字里始末皆無可考。其一齣標題云：“劉漢卿遭冤受苦，張繼母嫉妒偏心。遇龍宮三般寶貝，白蛇記萬古流傳。"劇中大意稱華陽劉相，字漢卿，早歲喪母，繼母張氏所生子曰漢貴，雖異母兄弟，而甚雍睦。張氏惡漢卿，每欲害之。漢卿奉母命索逋得銀十兩，路逢一農夫捉得白蛇將斃之，漢卿不忍，以金贖蛇，縱之去。然蛇乃龍所變化，漢卿偶救之，不知其爲神也。及歸，益逢母怒，復與僞金，使出貨易，爲吏所糾。官詢得其故，釋之，使持金歸，與母質證。母又責其誆，漢卿憤懣投水，龍感其德，救活之，並贈以寶貨，使詣長安獻於李斯。斯得賄，即奏爲官，使監修長城。先是漢卿自沈，母謂其已死，逐漢卿妻王氏及其子女，使別莊居。漢貴往視其嫂，中途爲吏所勾，驅往臨洮築城，適遇漢卿。漢卿以其事奏聞，皆受官而歸。母方告王氏殺其叔，坐繫獄，至是漢卿與弟歸見其母，母大悔，王氏亦釋罪寧家，合家完聚云。

觀世音修行香山記二卷

富春堂本

　　不著撰人名氏。演觀世音菩薩成道事。稱妙莊王第三女妙善者，及年當嫁，王爲結彩樓擇壻。有儒士張瓊得彩毬，當嫁之，而妙善欲辦道修行。王怒之，幽之御苑中，謂善能使菊春開、桃秋放，乃得薙髮。善以佛力，皆如其言，遂辭王入庵園爲尼。王又設種種苦事迫難之，而善措置裕如，皆如王之命。王命焚庵，則甘雨下注；命行刑，而刀盡折。如是爲神呵護，屢免於厄。旋往香山紫竹林住，爲衆説法，咸得歡悦。時王體不安，善化醫告於王，謂詣香山女仙處，得其手眼，療之當愈。王命勇士往取其手眼，皆自脱落。王感之，率眷屬詣山謝，善忽現千手眼爲父母説法。王知爲己女，即大悔悟，於是王與后皆同時得道。妙善即

觀世音菩薩,其二姊乃文殊、普賢二大士云。其設事荒誕不經,
而與世所傳香山寶卷多相合,疑即據僧尼講談爲之。曲海提要
卷十八錄是記,稱前有萬曆二十六年戊戌羅懋登序,疑即懋登所
撰。按懋登字登之,曾編搜神大全,多採里巷之説,又撰西洋記
小説,其書與此記皆類,謂爲懋登所作,殆近實歟。此本爲富春
堂重刊本,不載懋登序。然今所見富春堂本戲曲皆無序跋,即撰
人亦往往不書,殊不足爲考訂之資,曲海提要所據既爲懋登序
本,所言當可信也。

和戎記二卷

富春堂本

　　不著撰人名氏。演昭君出塞事。稱元帝欲選后,聞王嬙
美,使畫工毛延壽圖其貌以進。嬙急于見知,乃自爲圖。既失
延壽意,又拒延壽之請,不予金,延壽乃改毀其圖進于上。上
披圖不悦,浸疏之。頃之,上閒行後宮,聞有琴聲甚怨,召其人
問之,乃嬙也。視之,明眸皓齒,光明漢宮,大悦之,即册爲后。
以延壽爲臣不忠,將誅之。延壽乃挾嬙所自爲圖走匈奴,獻于
單于,唆使按圖索取。漢主不忍以嬙降匈奴,使宮人蕭善音代
行。延壽又指爲僞,於是單于出兵款塞,聲言欲得真王嬙。上
不得已,許之。嬙出塞,使人言于單于,請先誅毛延壽乃相見。
單于重違其請,即爲誅延壽,而嬙竟投烏江以死,託夢于上,請
念舊恩,納其妹秀真。上從之,即以秀真爲后。按昭君事後世
盛傳,自唐時已有昭君變講談,元馬致遠有漢宮秋,其詞盛行
于世。此本記昭君彈琴,延壽懼誅,以昭君圖獻單于等事,皆
與漢宮秋同。漢宮秋作彈琵琶。漢宮秋謂昭君死,單于悔禍,送毛

延壽于漢，使漢帝自誅之，此則謂單于徇昭君之請而殺之，又云昭君有妹，姊死節而妹代之，意謂如此則可補昭君之恨，事較美滿，乃不免俗人之見。清小説有雙鳳緣演昭君事，與此本合，蓋即據此傳敷衍者也。

袁文正還魂記傳奇二卷
文林閣刊本

　　按：此明弋陽調舊本，不著撰人名氏。凡二十七齣，題云"新刻全像包龍圖公案袁文正還魂記"。劇中大意略爲潮州潮水縣人按：潮州無潮水縣。袁文正，字惟賢，攜妻韓秀真赴京應舉。至京，寓黃婆店，始知朝廷因蒼山草寇作亂，科場罷開。因端陽節看放龍舟，皇親曹二國舅見韓氏色美，召文正夫婦至家，飲文正以酒，酖死之，棄之花園井内，覆以石板，上植芭蕉一株，以掩其跡。欲犯韓氏，韓氏不從。國舅母聞之，收爲義女。而文正死後，曹氏家中常有鬼怪，遂於鷄兒巷築新第移居之，留韓氏於舊邸。其新第成，包公往賀，忽有旋風圍繞馬前，即命捕役捉風。役隨風行至曹氏園，芭蕉樹上落下，以聞。公即派人下井偵之，得文正死屍，舁至衙，灑以甘露水酒。是晚，公赴城隍廟勘問，果有袁文正寃魂來告，云妻在曹氏舊第。公即謁國母，請覽其園景。國母恐事發，遂命人殺韓氏。其人遇鬼顯示，竟縱韓氏使逃。是時曹國舅兄弟已貶至柳鎮二州爲刺史，公即僞爲國母家書分投二人，云國母病重。二人至，公要之至府衙，强飲以酒。韓氏已受公之屬，至是來訴。公即執二人重責之，尋釋大國舅寧家，而置二國舅於法。奏於上，開金庫取温涼帽，救袁文正還魂。其大國舅則厭世，往鍾南山修煉，遇張果老仙去。其設事荒唐，詞亦鄙俚，似就元曲生金閣改換爲此本，其後雪香園、雙蝴蝶、瓊林宴等傳奇又脫胎於此劇，今尚有瓊林宴俗曲云。

想當然二卷

明末繭室刊本

　　題"款思居士編次"。前載嘉靖丙子款思居士序，稱："大江以南有一君子，一日偶閱稗乘，見劉一春覓蓮事，按其事爲歌，閱數月而盡。此三十八折者，非劉郎蓮姊之詞，而予之想也，遂命曰想當然。"又載譚元春序云："想當然相傳爲盧柟所著，而自異其名。吳人客游於楚，篋中攜此，乃得讀之。盧濬人，序稱大江以南，殆因書成時客於吳之故。其死之歲，弇州先生遭家難，故遺文散而不收。或曰此本陸尚書按：陸光祖，平湖人。少年所爲，以其官高不便以詞曲傳，又不忍廢，故託之門生後輩云。"以書中載此二序，世人遂多信而不疑，以爲真盧柟所作。考周亮工因樹屋書影，稱"予門人邗江王漢恭名光魯，作想當然。其曲分視之則小令，合視之則大套，插入賓白則成劇，離賓白亦成正曲，不似今人全賴賓白爲敷衍也"。又王龍光次和淚譜稱"嵇永仁揚州夢，櫟園先生擊節其妙，云與王漢恭想當然並傳"云云。按：龍光此文載永仁集中。櫟園先生即周亮工，然則此曲本王光魯所作，託之盧柟者，其款思居士、譚元春二序，殆亦光魯所自爲也。曲演劉一春及孫碧蓮事，本明人劉生覓蓮傳小說。稱一春會稽人，欲求佳偶，詣黃谷老人問卜，得偈云："覓蓮得佳偶，折桂倚嬌紅。"因詣錢塘，訪其師趙思智。有孫莊者，女碧蓮，婢勻箋，寓蘇州人金維賢園中，與思智姻連外戚。碧蓮方以視舅來錢塘，爲生所見，慕之。久之寂然，生意不自得，乃辭去。將游汴洛，路經蘇州，與金遇，乃父執也，召生至家，館穀之。先有<u>耿生</u>亦寓其家，遂同游處。一日，生與<u>耿</u>出游，大醉倒地，妓女<u>許文仙</u>踏青遇之，扶之醒。知爲才人無偶，乃盛贊<u>碧蓮</u>之美，謂今在<u>金</u>家，何不求之。生始悟<u>蓮</u>即在是，且密邇也。<u>蓮</u>亦知生雋士，乘機相會，與訂盟約。而<u>耿生</u>忌之，譖於<u>金</u>，謂生與女有私。<u>金</u>訪問知其誣，而生不安，乃入都應舉，中進士。時<u>耿</u>爲<u>馬</u>平章門客，又薦生知軍，因授代州僉判兼參軍。久之平章意悟，爲言於上，擢翰林學士，迂道至<u>蘇</u>訪<u>蓮</u>，則<u>金</u>已故，舍其宅爲寺，<u>蓮</u>全家他徙。生返家，路出<u>錢塘</u>，訪<u>趙思智</u>。<u>思智</u>言有甥女，欲爲媒，生不知即<u>蓮</u>，拒之。會於後園晤<u>蓮</u>，乃成婚。並以勻箋媵之。<u>勻箋</u>本名<u>桂紅</u>，始知"覓蓮折桂"之言有因也。<u>周亮工</u>甚稱此書，至擬之<u>元</u>人。今按其本，不唯詞采無甚可稱，即情節安排亦至草草，如妓女<u>陳文仙</u>曾關心生之婚姻，又之<u>長安</u>訪生，乃後來全無照應，叙<u>金</u>老亦多贅筆。<u>亮工</u>非知曲者，所言不足爲定論也。又<u>漢恭</u>爲是曲託名<u>盧柟</u>，後來曲目如<u>黃文暘</u>曲海目、<u>王國維</u>曲錄皆習而不察，並時人如<u>沈自晉</u>南詞新譜所附徵引詞曲目，亦以爲<u>盧</u>次楩作，是知考證之難，雖當時事猶有不能盡知者。近世學者好言疑古，實則時代愈近者，其史料愈多，其事可疑者尤多，不獨遠古爲然也。

縮春園二卷

蜋麟齋刊本

題"<u>四海孚中道人</u>編"，"<u>新安右子居士</u>次"。<u>王國維</u>曲錄四錄息宰河、幻春園、宰戍記三本，釋云："<u>沈孚中</u>撰。"<u>焦循</u>劇說卷四引<u>陸士雲</u><u>沈孚中</u>傳云："<u>沈嶸</u>，字<u>孚中</u>，居<u>武林北墅</u>，填詞奪<u>元</u>人席，所存者獨息宰河、縮春園傳奇，尤爲詞場稱豔。"據此知<u>孚</u>

中名嶸，"幻春"乃"縮春"之誤。此本題四海孚中道人即嶸自署，其右子居士乃汪淇也。曲演楊珏與崔倩雲遇合事，而以同名之阮蕡筠互相映帶，倩雲先後寓縮春園，故以名書。大意謂秀水楊珏應省舉下第，滯於西湖僧寺。有揚州崔固者，官御史，攜妻及女倩雲詣杭，假寓威遠伯阮翀之縮春園。時方重九，倩雲閒步園中，與珏相遇，心愜之，遺帕於地，上題所製菊花詩，有琥珀墜一枚繫之。珏得帕，驚喜。頃之，崔氏合家徙去，遂迷其蹤。尼靜照者，嘗出入阮家，珏所素識。珏一日過靜照，悉園主乃阮翀，其妹蕡筠，美秀而文，疑園中所遇即其人，乃和其詩題於帕後，託尼致之。蕡筠得詩，詫其無由，而憐其才，因易其帕，亦題詩寄之。珏得詩則又喜過望，而終不悟其爲另一人。其後阮氏家有難，避地揚州，寓崔氏之園，倩雲因得與蕡筠相見，相慕結爲姊妹。倩雲一日檢其書，得先所遺帕，珏署名題詩其上，大疑不解，密藏之。未幾，阮翀以事解赴京，倩雲亦應其父召入都，珏亦領解北上，遇崔氏之舟。倩雲推窗見之，知爲生，不及語，擲帕還之。珏驚重逢，而仍以爲阮氏女。已而珏中進士，擢翰林，託其友韓生宛轉求婚於阮，阮即許之。合巹之夕，爲婦話往昔相遇事，而蕡筠全昧始末。次日，以帕與兄共參詳之，始憶崔女名倩雲，其音同字異，珏始遇者倩雲也。筠感其事，勸夫並娶之，於是珏請假往揚州尋訪。時崔固歿於王事，妻女流轉至杭，仍寓縮春園，珏乃媒聘之。劇中蕡筠、倩雲二名相犯，似從拜月亭出。其記珏與二女始末，迷離恍惚，而始終以詩帕爲關目，雖變化萬端，仍出一源，其精思有足多者。然情節太幻，未免眩人耳目，方以古人製曲之意，猶未足爲上乘焉。

崖山烈二卷

清康熙二年鈔本

　　明朱九經撰。九經字里未詳。此劇記宋亡諸烈士，似有所爲而作，蓋明遺民也。是本所録凡二十九折，劇中所叙，於文天祥始末特詳，其他如趙昂發、張世傑、陸秀夫、苗再成、鄭虎臣等事，亦貫串於其間。略稱元將伯顏、史天澤、張洪範等侵宋，陷平江，逼池州，僉判趙昂發死之。天祥爲江西提刑，應詔率義師赴行在。時元兵已逼臨安，執政忌文天祥，使往元營議和。議將成，而呂師孟等以降表至，謝太后及幼主蒙塵北上，天祥亦爲元人所囚。張世傑、陸秀夫奉楊太后、益王奔閩，王崩，復立廣王。元兵入廣，御舟移崖山，陸秀夫抱幼主赴海死。先是天祥入北，乘間逸去，由海道南歸，糾兵與元戰，又敗，被擄，服藥不死，至燕就義。其日風雷大作，世祖悔殺忠臣，賜天祥子昇黄冠歸故里，且命於崖山立烈士祠，祭宋君臣，即以昇主祭。時鄭虎臣已削髮爲僧，聞祠祭來會，因求得帝后及諸臣屍，爲立墓，植冬青樹表之云。所演與史實無甚出入。鄭虎臣於宋亡前見殺，此謂與祭非是，且立祠之説亦屬虛設。然全劇關目頗緊湊，氣魄亦沈雄，實在西臺記、冬青樹之上。其詞如川撥棹曲尾："看龍君水部迎王駕，儀仗翩翩相迓，萬古崖山烈可嘉。"筆意亦不減前人也。

步雪初聲一卷

明刊本

　　明張瘦郎撰。瘦郎，湖廣黄州人。據馮夢龍序，知其字曰野青，其名則未詳。夢龍序又稱“野青少負儁才，所步花間集韻，既已奪宋人之席，復染指南北調，感詠成帙，浪仙從而和之，斯道其不孤矣。楚人素不解冰青，得此開山，尤爲可幸，因名之曰步雪初聲”云云。是其初學製曲，集名乃夢龍所擬。其書録散曲二十四章，自題情以下至徒相思二十一章，皆張瘦郎作；以下春游、春閨、詠楊花三章，注“席浪仙”，即夢龍序所謂“浪仙從而和之”者。其春閨題下又注“龍子猶改”，疑二人皆從學於夢龍者也。

衣珠記二卷

舊鈔本

不著撰人名氏。其本演成都趙旭事，凡二十七齣，自第一至第十四爲上集，自第十五至第二十七爲下集。今本如斯，不知有所删略否。略稱宋成都人趙旭者，其姑母乃同郡劉廷輔之妻，女曰湘雲，婢曰荷珠。旭來省姑母，不見禮，湘雲見而悦之，使荷珠約旭以夜三更伺於園亭，將贈以貲。及生至，而荷珠睡熟，湘雲自往會生，勿遽失足，墜池中。荷珠適醒，冒湘雲名贈旭金飾，且與之私。湘雲爲水神所救，得不死，神遺一衲，屬翌日正月十二巳時，有貧士來倩縫衣衲，則以此贈之。因攝之至夷陵，有王媪者，憐而納焉。旭得貲，不辭即行。已至夷陵，遇湘雲；湘雲憶神言，贈以衲，而各不相識。別後入汴，方元宵張燈，仁宗夢金甲神坐太平車子，手捧紅日九輪，其光眩目，心爲之摇，以語后及侍臣，咸以爲飛熊之兆。上乃微行訪其人，至一旅舍，見壁上題詞云：“羽翼將成，功名欲遂，姓名已趁男兒志。東君爲報牡丹芳，瓊林賜與他人醉。唯字爭差，功名落策，天公誤我平生志。問歸來何處是天涯，水遠山遥，三千餘里。”署“錦里趙旭”。問作者誰,旭乃自承,訴云:"曩曾應試,誤書唯字從厶旁,坐是落第,今再來而科試停。"上憫之,旋詔旭爲陝西安撫,代范仲淹,與仲淹俱入蜀討蠻獠,其夷陵女子即以配旭。既平蠻,得荷珠。廷輔夫婦遵荷珠屬,咸認爲親女。已乃湘雲至,與廷輔夫婦相認,事乃明,旭因並娶之云。按曲海總目提要卷十三錄珠衲記,解題云:"一名衣珠,未知何人所作。"所記關目全與此同,唯云旭祖姑適劉氏,今此本云姑母,稍異。解題又稱其本曾經湯顯祖批改,疑所據乃刊本,其本或題湯顯祖評訂,或自有題識,今不可知。然以顯祖名標榜,知作者當爲明人。又綴白裘九集卷四錄此劇"折梅"、"墮水"、"園會"、"埋怨"、"關粮"、"私囑"、"堂會"七齣,知此本在乾隆間猶盛演。顧全本久佚不傳,此爲梨園子弟傳錄本之僅存者,其事具首尾,大致完整,殊爲可貴。曲海提要引尉遲偓中朝故事所載唐宣宗微行遇淮南趙某事,謂此本旭事當據以敷演;又引高彥休唐闕史,進士單長鳴自辨不姓單事,爲此本旭自訴場屋事所從出,以爲此本紀事皆憑空撰出,所論甚確。然宋元小説本有趙伯昇茶肆遇仁宗一本,馮夢龍曾錄入所輯古今小説中,此傳奇殆本小説演之,亦不可謂無據也。

白羅衫二卷

舊鈔本

　　不著撰人名氏。演蘇雲父子事。稱永樂間涿州進士蘇雲授蘭谿令,攜妻鄭赴任。舟行至黃天蕩,船户徐能刧之,投雲於水,掠鄭氏還儀真,其鄉里也。能弟徐用,素不直能之行,私縱鄭使走。鄭投茅庵,分娩得子,恐賊來尋覓,以所衣羅衫裹兒棄於路,轉之當塗爲尼。徐能果來追,不及,得兒,撫爲己子。及長,名之曰繼祖。年十五，領鄉薦，會試入都，經涿州，投一老嫗求宿。嫗見繼祖，不覺泣下，問之，因自言："有二子，長子雲，之任蘭谿，死於賊；次子雨，探兄，亦客死。今見君酷似老婦長子，是以悲耳。"繼祖將行，嫗取羅衫贈之曰："衫有二，其女衫已與冢婦矣。今以男衫贈君。他日南旋，幸爲訪蘭谿舊令事。倘得其實，生死不忘。"繼祖授而志之。及試，登進士第。久之，擢監察御史，奉使金陵。將便道省親，至當塗，有尼俗姓鄭氏者來訴冤，所控即徐能也。頓憶向所遇涿州老婦之言，召嫗公姚大至，問之。姚不敢隱，以實告。知有羅衫在儀真，命姚往取之。其蘇雲沈江遇救，流落江介，爲塾師，至是亦來南京，控徐能於操江御史。御史亦以告繼祖。繼祖乃誑徐能及其黨來署，並誅之。釋徐用不問。以羅衫爲證，與蘇雲相認，並迎祖母及母鄭氏於署。考馮夢龍警世通言有蘇知縣羅衫再合小說一首，所記與此本全合，其結尾云："至今京師盛行蘇知縣報冤唱本。"疑此本所據非通言小說，即蘇知縣唱本也。

再來人二卷

舊鈔本

　　按：是本不題撰人。演裴諶、王恭伯及唐高祖將天水趙朏之女趙瑤娟登仙事。僅存十八折。略稱河東裴諶字信玄，瑯琊王恭伯字敬之，同入終南山學道，師梁芳。諶志甚堅，得道。恭伯志不忘功名，下山去，詣長安，遇馬周，共撰太平十二策獻之朝。上悦，授周監察使，恭伯左武衛曹參軍。紅陽侯趙朏賞恭伯才俊，欲以女瑤娟妻之。恭伯至趙家行聘，瑤娟自屏後窺之，識其丰采。先是，徐勣爲子求婚于趙朏，朏拒之，勣以爲恨，時恭伯已陞評事,乃奏淮揚等處應恤刑,薦恭伯往,限期赴任。恭伯因是不能行婚禮。既行,經高郵湖。裴諶作漁夫裝,挈舟相訪,約恭伯抵揚日,當於青園橋櫻桃園相見,恭伯諾之。已至揚府,造其寓,見園中饒瓊花奇景,供張之盛,所未曾見。諶與恭伯飲,列女樂,復以術攝瑶娟入座。瑶娟見恭伯,大驚愕,恭伯亦豔其色,取筵上李實投之。瑶娟不懌,繫李于裙帶上,將俟他日質之。文至此止,不復知其究竟。然所演實本太平廣記卷十七所引李復言續玄怪錄之文。按:今傳本續玄怪錄不載此條。其異者,廣記稱王敬伯,此作恭伯字敬之,文中子之姪。廣記梁芳乃諶、敬伯之友,學道不成而死,此謂梁芳即敬伯等所師。廣記稱敬伯婚于趙氏數年,奉使淮南,此謂未及行婚禮而之淮南任。又廣記但稱裴諶登仙,無敬伯成名後復入道事。此劇第三折載許真君詔梁芳之言云:"瑯琊王恭伯,天水趙瑶娟,謫在人間,配爲夫婦。今差你先度裴諶,即令裴諶度彼二人。"又稱真人以九轉靈丹三粒埋于終南山白鹿洞千年不結子李樹下,依期結成三李,付與三人,則劇尚有王恭伯、趙瑶娟婚配登仙等事,爲此本所缺。蓋劇所演大致雖本廣記引續玄怪錄之文,而關目稍有竄改,不盡依之,亦曲家演古之常習也。又考明止雲居士輯萬壑清音卷七錄李丹記二齣;其一爲"梁芳證道",即此本第七齣;其一爲"裴諶再度",記裴諶度王恭伯事,文在此本之外,爲此劇軼文。以此知劇本名李丹記。此本作"再來人"者,乃傳寫者所私改也。陳繼儒白石樵真稿卷十九有題李丹記文一首,稱"浙東海日先生,嘗以建言出部曹,又以神明宰名邑。按:據下文知其人曾爲合肥令。一旦掛冠,逍遥山水間,憫一切群生沉五慾,昧三生,非莊語格言所能覺,乃借裴諶、王敬伯故事,作李丹傳奇"云云。據此,則作者乃浙東人,號海日,曾作合肥令者,唯未詳其姓名。清王士禛香祖筆記卷十二,稱"王抃大父

緱山先生作鬱輪袍及裴諶和合二曲，詞曲家稱爲本色當行"，
是王衡有曲演裴諶事。然衡太倉人，據繼儒所稱乃浙東人，知
當時裴諶曲當有二本，不得認此本即王衡所作也。

吐絨記二卷

上海涵芬樓藏舊鈔本

　　不著撰人名氏。王國維曲録四所録明無名氏傳奇目有吐絨
記，即此本也。凡二十齣。略稱唐潤州有皇甫冉者，以進士授蘄
水尉，攜弟曾赴任所。時河中盧綸授山東廉訪，妻陳氏，女忘憂，
婢凌波，同行。舟至夏口，綸登岸訪舊知識，女憑窗刺繡，偶唾絨
花于鄰舟，即皇甫之舟也。曾拾其絨，作詞裹絨中投女；女和其
章，反投之。曾少年輕脱，逕登廉訪之舟。女方驚詫，而綸返，急
匿之艙底，舟旋發。曾在舟中不得食，女即以家傳善藥曰鬱金丸
者，使曾含之，得不死。既而舟附岸，急遁去，爲家人所見，遮之
已不及。會武相元衡有疾，使客冷朝陽持書向綸求丸。綸覓之
不得，叩女及婢，得前情，大怒，榜之。女登岸將覓死，爲金焦留
守盧尚忠所救，養爲義女。婢追女，附漁舟至蘄水，稱盧廉訪女。
皇甫冉方爲尉，即送之于綸。綸杖斃之。尋甦，夫人私釋之，爲
擇配，冉即納爲妾。曾入上都舉進士，得狀頭，歸視其兄而婢在，
尋知女在尚忠家，乃媒娶之。按盧綸及皇甫冉兄弟唐書有傳，皆
以文筆著，綸與德宗賡和，有大曆才人之目。然元衡作相在憲宗
時，其時盧等皆前卒。又唐諸道無山東，按：山東乃唐太行山以東之通
稱，今河北省地。據劇稱綸爲山東廉訪，與皇甫冉舟相值於夏口，則
山東宜稱江南西道，不應作山東也。

買花錢一卷　　大轉輪一卷
浮西施一卷　　拈花笑一卷
坦庵詞曲六種本

　　清徐石麒撰。石麒字又陵，一字坦庵，江都人。按李斗揚州畫舫錄稱又陵畫花卉有天趣，工詩詞，有坦庵六種，又著蝸亭雜記、青白眼諸書。則石麒詩詞之外亦兼工繪事。此雜劇四種即在坦庵詞曲六種中。其買花錢四折，演宋士人于國寶事，與馮夢龍警世通言俞仲舉題詩遇上皇篇所寫爲一事。考宋周密武林舊事載孝宗每奉德壽三殿游幸湖山，以安太上之心。一日御舟經過斷橋，旁有酒肆頗潔雅，中飾素屏風，書風入松一詞於上。光堯停目稱賞久之，宣問何人所作，乃太學俞國寶醉筆。上笑曰："此詞甚好，但末句不免酸寒。"因改"明日重攜殘酒，來尋陌上花鈿"，爲"明日重扶殘醉"云云，即日宣命解褐云。是事本實有，唯其人姓俞，劇書作于；孝宗奉太上游賞同閱此詞，劇只書孝宗，亦是省文。其欽賜翰林及楊震贈伎、帝后頒賞等事，皆劇中增出，妝點煊赫，爲書生吐氣耳。大轉輪亦四折，演司馬貌斷獄事，其事本宋元評話，明清以來文人亦喜言其事。浮西施一折，則云范蠡沈西施於江，不取五湖同載之説。大抵事取奇瑋，而詞律諧暢，有激揚發越之音，在清初實堪與西堂、梅村諸樂府伯仲，非如孟稱舜英雄成敗，欲以雄奇見長，而往往竭蹶不能自振也。其拈花笑劇寫妻妾相爭，本游戲之作，非傳奇正格，出詞亦不免鄙俚。然詞曲之作，不難於雅而難於俗，此劇所寫不過家人婦女俗情，而排擊怒罵之語以韻文寫之，揮斥縱橫，幾與口語無別。在小説，唯蒲松齡醒世姻緣有此魄力，戲曲則明以來絕不可見。語其伎，亦可謂滑稽之雄矣。

倒鴛鴦傳奇二卷

清順治間玉嘯堂刊本

　　題"簡社主人編次"，"淡生子較定"。王國維曲録四録醉揚州、鬧烏江、倒鴛鴦三曲，釋云："明朱寄林作。"又云："寄林字樹聲，蘇州人。"此本前載順治庚寅序，署"雲間朱英寄林氏識於江寧玉嘯堂"。沈自晉南詞新譜卷首所載參閱人姓氏中有朱英，注云："寄林，上海人。"與此序所著合。知寄林是字，蘇州當作上海，國維所録誤也。是編演花鏡與水素月事。略稱鏡字夢華，金陵人。明末清兵南下，鏡倉猝出走，路遇常州女子水素月與妹素萍偕行，話言相契，遂訂盟約。時清兵下薙髮之令，不從者死。鏡懼薙髮，而素月以女子奔波非便，乃互易其裝。兵旋至，因相失。素月行次，遇花鏡親情，以爲即鏡也，偕之行，送詣其父花朝所。弟花露審其人非是，而衣是兄之衣，白父留之，朝乃認爲義子，改名花逢。其花鏡攜素萍逃至蘇松境。素萍寡母金氏方尋其二女，遍貼召狀。鏡見狀，即與萍詣其家，金氏亦優遇之。其後兩家結好，金氏以鏡爲女，花氏以素月爲男，使相配偶，成親後始知男爲女、女爲男，各復其舊云。劇中記事，出奇變幻，其長在乎場面不冷，其失處在過違人情。然明季傳奇家氣習，大率如此，無足爲異。唯鼎革之際，稗官家語涉當時，多不肯直書，如丁耀亢之西湖扇必託之金，即其例。兹乃明著爲清兵，且以"留髮不留頭，留頭不留髮"之語入文，乃爲毫無顧忌耳。

化人游一卷　赤松游三卷
西湖扇二卷　表忠記二卷

清順治刊本

　　清丁耀亢撰。耀亢有續金瓶梅小説,已著錄。是編乃耀亢所撰傳奇三種,皆成於順治時,標曰"野鶴齋傳奇"。

　　化人游十齣,託言浙中士人何皋訪道出游,成連導之入海,上仙如王陽、左慈、李白、杜甫、易牙、陸羽、西施、趙飛燕等,皆來會之,爲設宴,遞飲射覆,極盡款洽。舟行至弱水,皋改駕小舟垂釣,其舟忽爲鰲魚所噬。皋葬魚腹中,而其中自有天地,屈原先居之,因與論詞騷。已而別去,諸仙復集,同赴龍王宴。至蓬萊登岸,則只皋一人,諸仙忽不見云。其情詭幻。皋字野航,似即自寓。

　　赤松游四十六齣,演張良事,實爲其友王子房而作。王負大志,慕張良之爲人,死流寇之難。耀亢因作此曲以伸之。卷首有耀亢赤松游始末一文,述其事甚詳。

　　西湖扇演武林顧史與女子宋湘仙因緣始末。湘仙嘗題宮扇,游湖失之。顧得扇,與所眷妓女宋娟娟共和。後金南侵,二宋皆被擄,湘仙旋爲尼,娟娟配正黃旗織坊。生游皇姑寺,皆遇之。已而生中探花,奉上命娶二宋。前載宋娟娟題清風店詩及宋蕙湘原詩,知曲爲二人而作。其詩清初盛傳,乃當時實事也。

　　表忠記三十六齣,乃耀亢官容城教諭時所作,正文標題作"擬進呈楊忠愍蚺胆表忠記"。據郭棻序,世祖嫌鳴鳳記演椒山事太略,欲求一改定之本,馮銓等以屬耀亢。曲既成,銓等以其"後疏"一齣指陳前代弊端,過於刻露,欲令改之,而耀亢不肯,因不復進,故曰擬呈。考楊恩壽詞餘叢話載吳綺奉敕譜忠

愍記，由中書遷武選司員外郎，即以椒山原官官之，可謂極儒
生之榮遇云。是同時吳綺亦有此作，綺曲曾進呈，以稱旨遷
官，而耀亢曲則未進。今吳曲已佚，不知與耀亢此曲有何不
同也。

雲石會傳奇二卷

清順治刊本

　　題"惕三道人編次"，"肉芝先生訂閱"。據卷首朱益采跋，
及喬鉢雲石會因一文，知作者乃寧波包惕三，評定者即鉢也。
鉢直隸內邱人，字文衣。父中和，曾撰元韻譜。鉢順治間官寧
波，得奇石于寶雲寺側。相傳石上時有雲氣，明有杜言者，結
廬石上，顏其齋曰"雲石"，遂有雲石之名。鉢邀文士置酒寺
中，各爲詩詠之。惕三復據余僧杲省心錄所載杜言事，演爲傳
奇。其本二卷，凡三十六齣。略謂言家貧，鬻山房于鄰人，寓
父執郭秀才家。郭有女影雲，值言出，偶至其齋，見言題詩于
壁，未成章，女代續之。郭疑女與生有私，訟之，女投水而死。
郭訟生于官，已擬死罪，學使吳松人喬因皐來校士，釋之。其
後言中進士，因皐則辭官歸里，維衛佛化尼謁因皐，贈以銅，勸
其鑄佛像送于明州。是時言已返籍，共至寺中，佛乃履石爲眾
說法，言始悉雲石乃支機石所化，己與影雲亦是天上星辰，登即
隨佛昇空而去。其因皐係王子喬後身，經米元章點化，亦仙去。
泉石愛好，本文人逸興，被之歌詠，亦屬一時之盛，唯劇關目鋪陳
不免稍疏。

三報恩二卷
滑稽館原刊本
竹葉舟二卷
清康熙四十九年鈔本

　　清畢魏撰。魏字萬後，吳縣人。王國維曲録卷五載畢萬侯曲六種，注云"字晉卿"。考刊本清忠譜署李玉撰，其同校人署名有"畢魏萬後"，馮夢龍序三報恩亦稱"萬後氏"，不作"萬侯"。考左傳"賜畢萬魏"，又稱"萬盈數，魏大名，畢萬之後將大"，則其人名魏，字萬後，自取義於左傳。至晉卿當是別字，諸書率稱其字，又作"萬侯"，不免小誤。國維亦因仍其舊，未能核正，今幸得刊本正之。目録之學貴多見原書，此亦其一端也。魏著傳奇六種，曰紅芍藥、竹葉舟、呼盧報、三報恩、萬人敵、杜鵑聲，今唯三報恩與竹葉舟有傳本。

　　其三報恩題"姑蘇第二狂筆"，"同邑龍子猶竄"。演鮮于同事，凡三十六齣，與馮夢龍老門生三世報恩小説全同。按：夢龍小説在警世通言中。唯於鮮于同外加陳名易負恩事以相形容。又第四齣添氚賭一事，撮撰多人姓名，點綴場面。蓋劇扮演與小説體異，不得不略加變動。而其曲本事本出馮夢龍小説，魏爲是曲，曾與夢龍商略，經其潤色，故題曰"龍子猶竄"也。

　　竹葉舟演晉石崇事，凡二十九齣。其間架全倣唐人陳季卿小説，而易其人爲石崇。謂崇本漁夫，遇樵夫王質，與參支道林法師。師知崇心慕榮利，意有所不足，取竹葉使踐之，其竹葉即化爲舟，以龍王贈寶驟富。次記崇發跡致禍等事，均採史傳。既而驚覺，乃是幻夢，因悟道，隨支道林出家云。其出石崇，以實事虛寫，將有作無，亦莊周寓言之體。唯崇實閥閱，而謂之漁夫；崇死於色貨，而謂夢中之境，以是製曲，未免支離怪誕，太與本事相違，要屬優戲，固無不可也。

其三報恩載崇禎壬午馮夢龍序，稱“萬後年甫弱冠，有此奇才，將來豈可量”，知魏於夢龍爲後輩，其填詞製曲度亦得之於夢龍者不少也。

陌花軒雜劇七種

清初刊本

明黃方胤撰。方胤號醒狂，字未詳，金陵人。清李斗揚州畫舫録卷五據焦循曲考於張國籌脫穎等五劇下録曲七種，曰倚門、再醮、淫僧、偷期、督妓、變童、懼內，注云：“七種按：今本作六種。然勘其目實七種，知六字乃七字之誤也。題陌花軒雜劇，黃方印作。”所載七種名目與此本同，而書作者作“方印”，不作“方胤”。考焦循劇説卷五亦載陌花軒雜劇，云：“黃醒狂作，凡十折，曰倚門四折，再醮一折，淫僧一折，偷期一折、督妓一折、變童一折、懼內一折，皆舉市井猥俗描摹出之。”所記折數與此本亦合，唯此本作齣不作折，僅一字之異。畫舫録引曲考載其人作方印，劇説載其人作醒狂，今此本題“醒狂黃方胤著”，而“醒狂”與方胤名字殊不相應，疑醒狂乃其自號，取漢書“次公醒而狂，何必酒”之意。其作“方印”，蓋傳寫以音近而誤矣。又考明顧起元客座贅語載黃方儒事有二條：其一，卷八“黃蟄南父子”條云：“吏部黃公甲，字首卿，蟄南其晚年自號。生四子，皆負雋才，伯祖儒，仲成儒，叔方儒，季復儒。方儒落魄廢其業，有陌花軒小集，曲巷詞餘，調世嘲俗，殊令人解頤。諸子雕龍競爽，而名跡不著，士論甚爲惜之。”其二，卷九“傷逝”條列作詞曲之人凡五人，其第四人爲黃上舍方儒，注云："文學，著陌花軒詞小令。"起元書成於萬曆四十五年丁巳，所記黃方儒軒名及習業甚悉，似當與方胤爲一人。王國維謂以軒名推之，當以方儒爲是。或方胤本名方儒，後改是名，亦未可知也。是編所載七劇，皆鄙褻之事，雅人所不忍道。調世嘲俗，用義當爾。唯有時堆砌典故，不盡本色，所作殊不如徐石麒拈花笑之善。蓋戲曲代言之體須適合其人，譜鄙俗人言語行事，而猶存雅語，則不入格。樂府子夜、企喻諸詞，其事鄙，其詞淺，而人反以其鄙淺而好之，亦由其不失真耳。觀方胤是編，殆落拓不遇，故作猥語，藉以破其牢愁，與李開先罷歸後之作一笑散諸劇用意實同。此本前載一序，稱"醒狂黃四君，按：據客座贅語方儒第三，此云四君，意不可曉。翩翩佳公子也。儂竊辱一日之雅，風晨月夕，舉白命歌，多君稱賞，因出陌花軒雜劇示儂"云，末署"秦淮盈盈馬麗華志"。玩其詞意乃爲妓女之筆，則其頹然自放，寧以倡伎文冠之卷首，不作元晏之求，亦有所激而然矣。其書七劇，而今本標齣數，自一齣起至十齣止，不以每劇爲起訖，其劇名標識只記於某齣之下，用小注側書之，殊非著作之體。或本自如此，或後來書坊誤刻，今不可知。至王國維曲錄卷三錄方胤曲僅六本，遺督妓一本，後附釋題云："右六種李斗揚州畫舫錄引焦里堂曲考"云云，此殆誤據畫舫錄本小注，信爲六種，而上文正書曲目實是七種，因以意刪其一。以國維平日著書務慎而有是誤，殊不可解也。

四大慶

舊鈔本

按：是本分四段，以一事配一節令，與沈采四節、葉憲祖四豔、許潮泰和之體同，而以伍景一人貫串之。第一段爲春景福，

凡八出。謂趙宋時有大夫伍景，妻故，有三女：長女生而眉髮俱
白，立意非男子白眉白髮者不嫁；次女能文而啞；三女右手拳曲不
能舒展。其次女曾有異人言，謂遇奇花方能開口。有秀才花緣扶
者，性癡，禱於泰山松樹五大夫前，欲得妻。伍攜女上山尋花，遇
此癡生，呼丈人，而女即能言，因贅爲婿。第二段爲夏景禄，凡七
出。謂伍移鎮南昌，息於廬山。其三女湘娥梳頭，失所戴金雀。
有挑水夫錢姓，名山雲子者，拾得之以獻，而女手忽能自展。是時
太子來廬山行香，遇盜，山雲子又有救駕之功，太子即官之，命娶
伍女。第三段爲秋景壽，凡六出。謂伍辭官游至岳陽樓下，其長
女玄珠乘船遇風。有漁翁牛八老曾網得玄珠，珠能避風，至此救
女於厄。伍召見，悉其年逾七旬，而筋力甚健，且皓眉白髮與長女
同，因納爲婿。第四段冬景喜，亦六出。謂伍出家於峨眉山，有華
陽趙廣陵憤妻之妬，亦遁跡至山。伍下山勸廣陵之妻悔過，而廣
陵所出之妾及婢寄居人家，各生二子，並歸宗團圓。次各述其因
由，謂伍三婿及趙廣陵均來峨眉聽因果，悉次婿花緣扶乃福星降
凡，以其癡，故有福根；三婿山雲子上應天禄星，故食禄皇家；長婿
牛八老乃天壽星臨凡，以善養天真，故享大年；趙乃天喜星臨凡，
以前生嗜利，故半世無兒，以能改過，故得多男之報云。此因由一
節爲第七出，附於冬景之後。其四大慶，以泰山、匡廬、岳陽、峨眉
四大景爲津梁，所謂按節選勝是也。然命意設事不免弔詭。蓋文
人嗜怪爭奇，因有此本，實非曲家之正格也。其冬景第七出沽美
酒曲云：“葉穉斐泰山奇寫，丘原誤作立。嶼雪匡廬妙結，朱素臣岳
陽巧設”，其下文缺，不知何人。① 據此四慶當由四人分撰，朱、

---

①編按：古本戲曲叢刊五集影印梅氏綴玉軒鈔本附四大慶此後尚有“盛濟如峨帽弄
拙”一句。中華書局出版王紹曾主編清史稿藝文志拾遺集部收錄“四大慶無卷數”
條著錄爲“朱佐朝（良卿）、朱㿜（素臣）、邱園（嶼雪）、葉時章（穉斐）合撰”。

丘、葉三人皆吳下勝流，其設峨眉之另一人則不可知矣。

錦衣歸二卷

上海涵芬樓藏舊鈔本

按：此本亦不著撰人，其卷首題云"笙庵先生傳奇"。考笙庵乃朱素臣號。王國維曲録五録素臣傳奇十八種，中有錦衣歸，知此本即素臣所撰矣。斯編所録凡二十三齣，演明人毛瑞鳳事。大意謂松江毛瑞鳳，字九苞。父番禺令雲路，母郭氏。瑞鳳藝兼文武，幼聘南海白木賓之女，名筠娥。已而雲路死，瑞鳳奉母歸里，家計日拙，而木賓宦游，累遷山東布政使司參政，分守東平，浸登華貴。郭氏乃使子往投之，兼覘其意。及至，而木賓還其聘金，強令退婚。瑞鳳憤然反其金，不辭而去。是時東阿解餉銀三千，爲鳴石山女盜十八姨部郝崑崙所刦。木賓乃使人追生及之，以女筠娥意贈以金，旋指爲盜之黨羽，繫獄論死。郭氏念其子不至，自來東平尋之，亦爲木賓禁錮署中，筠娥竊奉侍焉。先是瑞鳳北上，路經滁州，遇嘉興人程衍波，貌與己類，而病困將死，瑞鳳厚濟之。聞瑞鳳有難，踵跡至東平，請以身代死，而使瑞鳳冒己名，投其舅丁總憲者。瑞鳳感其義，從之，乘間出獄。而衍波爲吏押赴法場，十八姨遣其黨救之，刦入山中，又掠郭氏及白筠娥至，使就山寨成婚。衍波乃自白實非瑞鳳，將代死，冒其名耳。十八姨義之，乃委身事焉。瑞鳳以丁總憲力，奉旨檢校東平道事，以代木賓，並按其縱寇之罪。瑞鳳至，乃以尺書招衍波夫婦來降，奏原其罪，官之。衍波復以瑞鳳始末上聞，上乃賜瑞鳳錦衣一襲，俾歸娶，且宥木賓，使親致女於松江云。

萬年觴二卷

上海涵芬樓藏舊鈔本

　　按：此本演劉基事，不著撰人名氏。王國維曲録五載朱素臣傳奇有萬年觴，則亦素臣所撰也。劇中大意略謂基家居日郊行，於丘阜側拾得瑶觴一、劍一、天書三卷。其觴上鐫“天子萬壽”四字。天書皆古文，不可辨識，而末有楷書一行六字，曰：“欲貫通，訪卧龍。”基乃訪道名山，遇諸葛孔明之靈，爲指示大意，乃盡通之。乃杖策謁太祖，太祖禮之幕中，多所擘畫。先是基辭妻出游，久之不歸，妻念之甚，風聞基已道死，爲之持服。是時張士誠據江淮諸郡，勢張甚，尋陷青田。基妻倉猝挾瑶觴出走，爲游騎所獲，送之於蘇州。士誠不敢犯之，囚之於承天寺。已而徐達克平江，執士誠，吳地悉平，搜得基妻，送之於基。太祖慶成開宴，基以爵劍進，蓋素知天命有歸云。按基佐明祖成帝業，自明時已多怪迂附會之談，而稗官家尤暢言之。斯編記基得天書等，猶非毫無影響，其言基妻袁氏爲張氏所虜，不知何據。考基初娶富氏，繼娶陳氏，賜章氏，徵之志傳，絶無袁氏之説，亦可知其荒誕不實矣。

琥珀匙二卷

康熙鈔本

　　清葉雉斐撰。雉斐字子章，吳縣人。是本記吳人胥塡事，稱塡游西湖，寓拾翠園。園與采帛商陶南洲宅第相接，陶女佛奴方與妹彈琥珀匙，按：樂器名。遺釵而去。生拾得之，撰減字木蘭花詞，以錦箋書之，署名訖，繫於花枝上。次日，佛奴得箋，亦依前

韻製一詞以酬之。已而私相見，約以科場事畢來議親。時有金
髯者，來陶肆購彩段。其人本盗魁，而陶不知。官偵得其情，乃
指陶竊賊贓，已於陶家括得巨金，仍勒索不已，陶之次女媚姑乃
代父入獄。佛奴願賣身以贖父，有揚州束御史買爲妾。佛奴臨
行，請於父母，俟胥生至，使妹嫁之。而買佛奴者固非御史，乃金
陵舊院妓家，佛奴恥之，請日爲書畫，鬻之以償其值。鴇知不可
强，從之。然束御史本有其人，官山東，方以事回籍。陶南洲來
揚州省其女，束御史知其誤，且素識胥生，乃使南洲移家於揚以
待生。居頃之，束升南京御史，聞閭里彈唱佛奴事，知在舊院，痛
斥妓家，使善待佛奴，意使南洲來取之，而己無嫌。是時生已中
進士，由杭之揚州，以求佛奴，南洲夫婦訴其故，使與媚姑成親。
然生念佛奴甚，仍易裝訪之。束御史遣使至揚州，與夫人書戲云
"將納佛奴爲妾"。夫人怒甚，使繡娘女專諸僞扮金髯，馳之金陵
舊院，刼佛奴以歸，鎖禁南樓。胥生至金陵，聞佛奴被焚死，痛
甚，已而知其在揚州束御史家，遽往尋之。時御史回籍，固云無
其事，使生自搜檢。夫人大恐，使女專諸引佛奴至江岸，將殺之。
金髯適至，射女專諸死，款御史門，數其罪，並縛其妻，將殺之，胥
生勸釋之。御史亦自慚，以佛奴事聞於朝，乞旌其節。生與佛奴
姊妹備吉禮成親。旋奉旨授生爲翰林學士，佛奴封節孝夫人，媚
姑封孺人。而金髯遠去，竟不知所終。雉斐此本關目緊湊，極便
場上，故舊時伶人喜演之。呂士雄南詞定律卷二曾録其薔薇花
一曲示範，則詞韻亦有可取。唯所記胥生與佛奴拾翠園互調，形
容太過，殊欠大雅；女專諸一段亦太突兀，皆不免疵累。唯雉斐
本戲曲名家，高奕新傳奇品稱其詞如漁陽三弄，意氣縱橫，甚推
重之。其所撰女開科、開口笑、三擊節、遜國疑、英雄概、八翼飛、
人中人，今雖偶存零齣，俱無全本流傳，獨此本完整無缺，得據之
以窺見雉斐作風，則亦稀有可貴矣。

笠翁新三種傳奇

清初刊本

　　按：此編所收傳奇三種：一曰補天記，一名小江東；二曰雙瑞記，一名中庸解；三曰四元記，一名小萊子。三種並二卷三十六出，其補天記首小齋主人序，標曰小說。雙瑞記首長安不解人自序，四元記首燕客退拙子自序，皆不署姓名。補天記演關羽應魯肅召赴宴，周倉追之，舟覆，溺於水，而伏皇后魂附其體，自訴爲曹操所弒狀。羽歸救之，仍作后言。繼乃託之果報，謂后乃呂后轉生，操乃韓信轉生云。以關羽用兵襄陽，劉備稱帝止。其設事荒唐，用意亦無足取。雙瑞記演晉周處事，謂周處改行改相，其婦翁時謙亦化迂腐爲圓融，以二女妻處，子時中，亦登華貴，天子獎之，賜堂名爲“雙瑞”。四元記演宋再玉以解元兩中會元，又中狀元。再玉卻王安石之婚，易女裝爲尼，而安石女及婢易男裝應試，中榜眼、探花。上知之，使再玉娶二女。蓋慶祝之辭，故又名小萊子。三曲設事均不脫時曲蹊徑，科白亦未能照應細密，惟雙瑞記場面不冷，頗便場上耳。

笠翁傳奇五種

芥子園刊本

　　按：此編收傳奇五種：一曰萬全記二卷，一名富貴仙；二曰十醋記二卷，一名滿牀笏；三曰雙錘記二卷，一名合歡錘；四曰偷甲記二卷，一名雁翎甲；五曰魚籃記二卷，一名雙錯鴛。其中唯萬全記三十出，餘亦皆三十六出。萬全記序署“四願居士”，十醋記序署"西湖素泯主人"，雙鍾記序署"看松主人"，偷甲記序署"秋堂和尚"，魚籃記序署"魚籃道人"，亦不著姓名。其萬全記演卜豐妻賢子孝，子帙登上第，尚公主，一舉三男，上錫名曰得富、得貴、得仙。云南宋時事，無所據。十醋記演唐節度使龔敬懼內事，事亦係假託。雙鍾記演張良遣力士陳大力擊始皇，後王琉球事。其事自序云"本逢人笑小說"，其本未見，唯今坊刻醒世恒言尚有琉球國力士封王一回，疑同一本也。偷甲記演水滸傳時遷盜甲事。魚籃記演于粲生與尹若蘭、聞人傑與秦婉娘婚姻始末，其事本載花船小說。云中宗復辟，狄仁傑尚在，亦取小說所記，以爲如此可令人心稱快也。凡傳奇五本，刊本標笠翁傳奇。姚燮今樂考證第五本"著錄"九錄此五曲，附按語云："十醋記或云係范希哲作，或又以萬全一種爲范氏作。近得五種合刻本，署曰四願居士，按：今所見五種皆無署題。笠翁無此號，殆爲希哲無疑耶。然讀其詞，則斷非笠翁手筆也。"所言甚是。又稱補天記署范希哲名，其本今在新傳奇三種中，然則八種皆希哲所撰歟？黄文暘曲海目載滿牀笏，注云："龔司寇門客作。"無名氏傳奇彙考謂"龔鼎孳嬖其繼室顧媚，門下士作滿牀笏，於媚生日演之。媚無子，劇云'夫人生子妾生女'者，祝其妻之本指也。"考余懷板橋雜記，載顧氏無子，至雕異香木爲男，內外稱小相公；又稱順治丁酉，鼎孳與夫人顧氏游金陵，寓市隱園，值夫人生辰，開宴召客，命老梨園郭長春等演劇，門人楚嚴某褰簾長跪，稱賤子上壽云。所記與傳奇彙考亦合。觀劇稱龔節度，則直出其姓，云龔夫人師氏，則謂師之夫人，其爲門人所作，以悦其夫婦之意，實無可疑。然顧本名媚，事鼎孳爲亞妻；彙考謂繼室，誤。鼎孳失節事異姓，其人無足取，徒以居顯要，揮霍好士，遂令門下諂附若斯，亦可見當時士風之壞，足以垂戒方來矣。

載花舲二卷　香草吟二卷

曲波園合刊本

　　按二書俱題"若耶野老填詞"，載花舲題"鹿谿居士評閱"，香草吟題"湖上笠公鑒定"。王國雜曲録載二曲，釋云："徐士俊撰。"考刊本香草吟首載李漁序，稱"戊午春，朱子修齡持若耶野老雙鯉并所撰香草吟填詞，索余言弁首"云云，此序今笠翁一家言全集亦載之。一家言集又載漁與徐冶公書，謂其香草吟宜改名香草亭，方是傳奇名目云云。考冶公乃會稽徐鍊字，則作者非士俊也。載花舲三十二齣，演荀詠事。稱詠陳留人，寓上谷，父官尚書。詠南游至吳門，聞名妓王朝霞之名，欲見之，而朝霞厭風塵謝客，乃故致醜妓，大會伎樂以動之。朝霞義姊錢端端聞其事，往窺之，驚生丰采動人，歸以語朝霞。朝霞心動，乃潛往訪生，一見相契，因留宿。然同室異榻，各不相犯。已而生北行，朝霞遠送之於無錫，約三五年後成名來娶。有行人司正皮瀛者，以册封暹羅過蘇州，欲强娶朝霞。朝霞矢不從，遁跡荒村以避之，日夕望生至。初生撰古史新編，經館臣進呈，稱旨，徵爲翰林學士，至是以暹羅阻命，奉詔征之，凱旋過吳。朝霞知之，而不欲自見，乃以己所歷編爲載花舲詞話，使鄰女喬大姐沿街彈唱，冀生聞之。生聆其詞，果微行訪之，已詢知朝霞住處，召至，與配爲夫婦。其香草吟亦三十二齣，乃集藥名編爲故事，演桑寄生、劉寄奴事，實游戲之筆。其載花舲末齣漿水令尾聲云："曲波園七種新編定，還有香草吟未曾求政，待我回到稽山續請評。"是香草吟成在載花舲之後。所謂曲波園七種，不知皆是傳奇否，今所見唯此二種，餘無可考矣。

西堂樂府六種

西堂全集本

　　清尤侗撰。侗字展成，號西堂，一號悔庵，又號艮齋。江南長洲人。少博聞强記，年十八游庠，據西堂剩稿自序。時爲明崇禎八年。自此五試棘闈不售。見西堂三集亡室曹孺人行述。順治五年戊子以拔貢廷對，按：嘉慶一統志云恩貢生。九年壬辰授永平府推官，凡三年，坐撻旗丁罷歸。自是屏居者二十一年。據右北平集及看雲草堂集自序。康熙十七年戊午以博學鴻儒徵，十八年御試授翰林院檢討，分修明史志傳，多至三百篇。居京師五年告歸。按：清國史列傳云三年，誤。生明萬曆四十六年戊午，見看雲草堂集生日志感詩。以康熙四十三年卒，年八十七。此西堂樂府六種附刻於全集之後，爲讀離騷、弔琵琶、桃花源、黑白衛、清平調、鈞天樂。唯鈞天樂一種爲傳奇，餘皆雜劇。侗才名傾動當時，而困頓風塵，不能得制科，逮謁選佐郡，屈首下僚，猶以細故罷斥，牢落不偶，故以樂府寓其感慨。諸劇所寫雖人事不同，要皆爲己而發者。觀侗看雲草堂集卷三所載放歌第三首云："世上負心十八九，了此只須一匕首。嗚呼安得季布朱家結爲友，更有紅綫隱娘娶作婦。"徵之侗黑白衛劇收場詩"娶婦當如聶隱娘"之句，其用意甚明。焦循劇説卷五稱侗鈞天樂始扮鬼狀，如繪畫塑像形，後則白面扮之，謂奎星之位向爲鬼奪，以爲譏科名之不公，與西遊記黃袍怪爲奎宿所化同一用意，所解甚是。然侗清平調甫出，即有指爲罵狀元者，西堂雜俎二集有侗答王士禛書，痛詆試官受金，謂"閨閣憐才勝試官十倍。假使太白果中狀元，出林甫國忠之門，可恥孰甚。何如玉環一顧，榮於朱衣萬點乎？"謂其意指試官，世人誤解非是。是亦爲科第而發者。侗作鈞天樂爲梟使大索，幾至構禍，而清平調亦遭世謗,其遇可憫,然亦激切之詞有以啟之,非無因而至也。其讀離騷第四折,寫神女人夢事,不依楚詞作襄王,改爲宋玉,友人金壇蔣超曾移書責之,侗覆書引陳思感甄及李群玉遇湘夫人事自解,且疑高唐賦文字有誤,其言甚辨。至鈞天樂傳奇,錢塘汪允莊自然好學齋詩鈔卷三亦稱其意指葉璐章,語多輕薄,文人口孽又過臨川。是則綺語造作,亦貽人口實。然戲曲小説,其事多詭變,其詞意隱而不顯,古今所同,必課其實,以悠謬爲非,則責不勝責矣,似此可置而不論。侗樂府詞曲超拔入古,深得元人心法,故當時名士皆重之。其讀離騷一劇曾流傳宮掖,清世祖歎其才,將起用之,未幾帝崩,事遂已,時人歎惜其榮遇。王士禎贈侗詩,所謂“南苑西風御水流,殿前無復按梁州。飄零法曲人間遍,誰付當年菊部頭。”侗讀之泣下者也。士禎最喜黑白衛劇,嘗攜至如皋,付冒氏家伶演之,親爲顧曲。其所撰古夫于亭雜録、池北偶談又盛稱桃花源、黑白衛、李白登科等曲,以爲激昂慷慨,可使風雲變色,自是天地間一種至文。周亮工序雜俎二集,亦稱侗曲響激飛湍,氣吞崇嶽,慷當以慨,有元人遺意,並以徐渭、吳偉業、沈自徵匹之。其評論皆允。蓋承先啟後,駸駸爲一代作手,當時才子之目,洵爲不虛焉。

孔方兄　賈閬仙　十三娘笑擲神奸首
狗咬呂洞賓
清順治友聲堂刊瀜函本

　　清葉承宗撰。承宗字奕繩,山東歷城人,順治三年丙戌進士,授臨川縣尹,遇難卒。此雜劇四本,載承宗所撰瀜函第十卷中。其孔方兄託士人金莖讀晉書魯褒傳,因而推衍其論,只一折。賈閬仙演賈島祭詩事,據其自記乃乙酉除日所作,攜之而南,將以授梓,遭兵亂竟失其稿,憶句尋調,復綴成完曲,則順治乙酉後客中所作,亦只一折。十三娘笑擲神奸首演俠女荆十三娘事,本宋孫光憲所撰北夢瑣言,凡二折,其前有大題,標目曰“稷門四嘯”,又于十三娘題目前標曰“一嘯”,則本有四劇,今僅存其一,蓋非完本。狗咬呂洞賓用俗諺標題,託宋事,謂石介犯夜,爲蔡京弟蔡奇所拘,感洞賓殊變縱之。介尋中狀元還鄉,洞賓度爲仙。其蔡奇所畜之犬,爲洞賓所度,亦得人身仙去云。劇多憤世之詞,蓋有所感,意不能平,乃形之歌詠耳。據灤函目錄,則承宗所爲劇,其“四嘯”除十三娘見存外,尚有猪八戒、金玉奴、羊角哀;又有“後四嘯”,目爲狂柳郎、莽桓溫、窮馬周、癡崔郊。單本零劇尚有沈星娘花裹言詩、黑旋風壽張喬坐衙,皆北曲;南曲尚有百花洲、芙蓉劍。是所撰甚多,惜今本皆缺佚不存,不能知其文字矣。

龍舟會一卷
清同治刊船山遺書本

　　明王夫之撰。夫之字而農,湖廣衡陽人,與兄介之同舉崇禎十五年鄉試。順治四年,清兵下湖廣,夫之入桂林,依大學士瞿式耜。會聞母病,間道歸,築土室石船山,杜門不出,以著述爲事。康熙三十年卒,年七十四。是本爲夫之所作雜劇,凡四折,其第一折前爲楔子,全效北劇。劇演謝小娥報仇事,大致本李公佐所爲謝小娥傳,按:見太平廣記卷四百九十一引。而兼取李復言續幽怪錄所載尼妙寂傳之說。按:今續幽怪錄無此文,此據太平廣記卷一百二十八所引。事關貞烈,詞亦慷慨激昂,其第三折內着寄生草小令九首,點綴生情,似徐渭漁陽三弄之格,而筆酣意足似尤過之。夫之學問氣節照耀當時,世之人皆知之,至以儒碩工曲,則在有明實爲僅見。雖平生僅此一劇,足光藝林,不必以多爲貴也。惟夫之之意不唯詠事,實以寄慨,觀其詞云:"王右丞稱觸在凝碧池,源少卿拜舞在白華殿。破船兒没舵隨風轉,棘鈎籬逢人便待牽。……叩頭蟲腰肢軟似綿。堪憐翻飛巷陌烏衣燕,依然富貴揚州跨鶴仙。"又云:"假男兒洗不淨妝閣舊鉛華,戴鬚眉的男兒元來是假。"又云:"大唐家九葉聖神孫,只養得一夥脂花賤。"此指當時失節諸臣,語意甚明。至云"卻欺咱半生半生問天,空熬得鬢邊鬢邊霜練",則直以自道。是其哀故國,惡僉壬,感慨激楚,與屈子離騷同一用意,豈如山人墨客耽玩聲律,徒以詞曲爲娛樂者哉!唯據李公佐謝小娥傳,公佐始遇娥在元和八年,娥爲尼在元和十二年,本非貞元時事,劇第二折公佐登場乃云"貞元皇帝"、"皇帝爲逆賊所逼,駕幸梁州",與本傳不合。然非上移至德宗朝,則戲中傷時之語將無所施此,自屬作者組織苦心,不得指爲偶疏也。

瑶臺夢一卷　立地成佛一卷

清止閣集本

清趙進美撰。進美字巘叔,一字韞退,號清止,山東益都人,明崇禎庚辰進士,入清徵授太常寺博士,康熙中官至福建按察使,三十一年卒,年七十三,著有清止閣集。此雜劇二種附清止閣集後,在第十三、第十四二卷中。其瑶臺夢演許瀍遇許飛瓊事,本唐人所撰逸史,按:逸史今佚,此條見廣記卷七十引。乃一折雜劇。立地成佛四折,第一折前著楔子,演豐干禪師住新安休寧寺説法度葉屠事。目曰"施菝口到處逐人來,放屠刀立地成佛去"。略

謂葉屠入寺聽講，師以偈諷之，唱云：“九牛拽山，一綫繫磨。走
的自走，坐的自坐。”屠惡其語，因而鬧堂。旋悔之，欲施以齋飯。
已而師至，勸其入道。屠宰牛，牛忽作人言，云是葉屠之父，因屠
殺受畜生身。屠大感動，乃隨師出家云。其事宋贊寧高僧傳卷
十九、景德傳燈錄卷二十七豐干傳均不載，不知何據。而詞古樸
遒壯，綽有元人之風，與馬致遠任風子劇差相伯仲。王士禛池北
偶談稱進美“工詩，與錢謙益等倡和，聲調高華，爲藝林貴重。早
通二氏之説，髪未燥，作瑶臺夢、立地成佛諸傳奇，論者謂不減張
小山、貫酸齋”云。知此二劇在當時已負盛名。明季河朔風雅，
以山東爲盛，進美早年登第，有才子之稱，入清以還，馳騁仕途，
詩名與錢、龔抗衡，及出其餘伎爲金元樂府，亦著聲稱，觀其所
詣，視尤侗、吳偉業亦無多讓，宜士禛之稱道不置也。

雙蝶夢二卷
清初原刊本

　　清王鑨撰。鑨字子陶，號大愚，河南孟津人。兄鐸，明天啟
二年進士，入清官至禮部尚書，卒諡文安，清國史貳臣傳有傳。
康熙孟津縣志稱鑨於順治元年應豫王考，授貢生，歷知鹿城、崑
山二縣，升刑部河南司員外郎，出秉山左文衡，所至有政績。又
稱其工詩賦，崇禎己卯以禮經擬魁，以詞富見遺，人爭惜之。著
有大愚集詩文及紅藥壇諸奇書行世。年六十五，殁於家，崇祀鄉
賢。是其人亦有足述者。考清國史豫親王多鐸傳，順治元年以
多鐸爲定國大將軍南征，值河南奏流賊肆掠，詔先剿河南賊。十
二月至孟津，二年三月河南平。所至撫兵民，設官屬，疏請速鑄
給印信，以防詐僞。則鑨以本省人令鹿城，當在此際。其兄鐸在

南京事福王，爲大學士，以順治二年五月與錢謙益迎降豫王，鑪乃於順治元年應試授官，其附清尚在鐸之先。鐸固無恥，即鑪亦非以名節自屬者矣。鑪此傳奇凡二卷三十三齣，曲中已稱明朝，當刻於清初。卷首題"雙蝶夢"，而板心魚尾上皆題"紅藥壇"三字，此本書衣亦有墨書"紅藥壇詞"四字，似爲總題。考鑪所撰曲尚有秋虎邱一種，凡二卷五十齣，亦傳奇，疑亦紅藥壇之一種。以縣志稱"紅藥壇諸奇書"推之，似所著尚不止此二種，其詳則不可考矣。此本所演爲陳留人沈端與杞縣女子董璃蝶姻緣事。謂端館於董氏，於其園中遇女，相愛殊甚。旋與王生俱赴太原投軍，依參軍張維翰。張薦於朝，授統帥，剿流寇，河決，賊敗去。母與董氏俱避地杭州，因掛冠往尋之。時維翰已升兩浙巡撫，因浼維翰求婚於董氏。與母會，母並爲聘王生之妹。以完配結局。按：此本"完配"一齣已殘。其云"雙蝶夢"者，則女母夢雙蝶而生女，又與生先後會合皆以蝶爲之介也。鑪所填詞，分別觀之，亦間近圓潤，唯根柢不厚，不免瑣屑薾弱。其構局設事亦散漫冗雜，前後多不照應，殊欠完密。曲中賓白殆爲草草撰就者，如沈端往依張維翰時，已改名陸彪，後於浙相會，乃忽知其爲沈端。其他大率類此。又第十九齣以副末扮黃門，而呫俞問答則實爲天子，如非有意譏明朝宦官擅政之失，舛漏亦可駭異。其二十三齣記黃河決口，爲崇禎十五年九月十六日子時事，考明史流賊李自成傳，崇禎十五年賊圍開封，巡撫高名衡決朱家寨口河灌賊，賊亦決高家口河灌城。九月癸未，二口並決。所言時日爲不誤。然史言城中百萬戶皆没，得脱者不及二萬人，賊亦漂没萬餘，乃拔營西南去。傳奇謂人民死者八百四十八萬，逃生者五萬四千三百二十八人，淹死賊人三十二萬有奇，記生人及賊死人數皆過實，而所載山陰朱士曾評以爲本史。又其時奉命援開封者，總督爲孫傳庭，督師爲侯恂。此無端造出沈端一人，亦不知何意。蓋隨意撰曲,漫無宗旨,亦非哀時感事有所爲而作者,本無義理可言,亦不加以追求矣。前載鐸序,不記年月,亦僻澀殊甚。

秋虎邱二卷
康熙鈔本

清王鑨撰。鑨孟津人,有雙蝶夢傳奇,已著録。是本前載平原董訥及康熙丙辰同里薛奮生二序,正文題"山陰朱士曾評",與刊本雙蝶夢同,蓋同時編次刊行者,此其傳録本也。凡上下二卷,二十五齣,演汪璞事。略稱璞楚人,翰林,游吳,與蘇州于桂娘相契。值倭亂,桂娘爲徐海所掠,王翠翹救之,得歸。與母會,復爲軍校刧去,送於軍將齊世昌。世昌妻妬,逼桂娘自縊,棄屍門外。船户劉翁救活之,旋與璞會合爲夫婦云。此本目録葉有咸豐辛酉嚴秋槎評云:"不事雕飾,不尚詞藻,專以白描擅長,此是得元人三昧者,可與牡丹亭、長生殿諸院本分壇樹幟。"正文第一葉又有秋槎題處,文云:"間有略加改易處,請質知音,非門外漢所知也。"云云。是此本曾經秋槎點定。秋槎能度曲製詞,當時號爲知音,其於此曲推許甚至。然鑨所撰曲,皆組織未工,雖偶有俊語,實傷纖弱,秋槎所評特一人之私見,不得爲定論也。

翻西廂二卷
原刊本

題"古吳研雪子編","燕都傻道人評"。正文標目曰"識閒堂第一種翻西廂",蓋自著總集之一種也。斯編演會真記事,其關目稍取元人西廂記附益之，而云崔鶯鶯與鄭恒配合。其張珙即元稹，一名方假。“元”借“圓”音，與“方”義相反；“稹”讀爲“真”，與“假”義相反。言稹求婚於崔不遂，有憾於崔氏，因爲會真記以誣蔑之，故曰“假方”也。劇中叙事皆推闡此意，略稱鄭恒聘崔氏，值相國之喪，安頓崔氏母子於蒲州，往依杜確。張珙者以鄭得婚而己見拒，乃投河東寇孫飛虎爲參軍，誘使掠蒲州以求崔女。尼法本設計以寶貨賂孫，請緩兵三日即送女，而使歡郎間道求救於杜。杜與鄭以師至，孫解圍去。鄭遂寓寺之西廂，與崔隔牆贈答。崔和詩云：“兩地慇懃望，清光共一天。年年十二度，何用此回圓。”蓋慰藉之，謂婚期有待，不可有逾分之行也。已而鄭上京應舉，珙意不甘，乃撰會真記鏤板行之，謂崔曾私於己，將以離間崔鄭之姻。鄭父見其文果疑崔，致書崔夫人，請離婚。夫人詢紅娘，而知女行甚正，然事已乖離，無如何。於是諸少年與珙並來求婚，而女不從，刺血寫詩以見志。時鄭中進士，授庶吉士。尼法本乃齎崔氏詩赴京，謁鄭訴之。鄭微行至蒲，仍寓西廂，而女怨切病將死，鄭遽呼之，因蘇。是時飛虎猶跳梁河東，杜確復征之，誅虎，珙亦被擒。緣此本只存三十三齣，尚缺一齣，不知其究竟，然鄭當畢婚而珙受辱，則可揣想而知之也。是本前載翻西廂本意一文，述意甚詳，謂稹果私於崔，不應反暴其醜行，其爲此必以求婚不遂之故。其言極辨。然男女私好，往往情不自禁，形之於篇章，所疑實未是。且唐人撰小説往往稱崔盧，稹所私未必實爲崔氏，即果姓崔，其爲文亦不必以崔氏爲嫌而避之也。然西廂明以來續者甚多，大抵陳腐，此從人情立説，乃獨標新意，其詞與元西廂亦無一句相犯，洵爲能手。考沈謙東江別集卷四，有北曲套數一首，序云：“是日演余新劇翻西廂。”其詞有云：“俺將西廂孽案平反盡，費幾許移花鬥筍。止不過痛惜那雙文，根究出微之漏網元因。”似此劇即謙所作。或者以周公魯錦西廂亦名翻西廂，乃以此劇屬之公魯，不知公魯書今具存，謂紅娘代鶯鶯嫁鄭，其關目與此本大異，何得混而爲一也。

祭皋陶一卷

安雅堂集本

　　按：此雜劇四齣，收於宋琬安雅堂集中，不署本姓名，題曰“二鄉亭主人新編”，“海上隨緣居士評”，其前載康熙十一年季春杜濬序，今變雅堂遺集卷三收之，題曰宋荔裳雜劇題詞，則實琬所作也。琬字玉叔，山東萊陽人，清順治四年進士。順治八年爲浙江按察使時，登州于七爲亂，琬同族子因宿憾思陷琬，遂以與聞反謀告變。立逮下獄，圜門縲繫者三載，至康熙三年始得旨免罪放歸，自是寓江南者七載。此劇作於出獄之後，故記范滂事，至事釋南歸，汝南士夫迎迓爲止，其建寧二年大誅黨人，滂及禍事，則略而不書。杜濬序謂“以辛辣之才構義激之詞，呼天擊地，泗涕橫流，作者其有憂患乎？夫無孟博之憂患，決不能形容孟博直氣，使千載之上宛在目前，至於如此”。爲琬而發，實道其實也。琬詩名動當時，王士禎嘗以之方施閏章，有“南施北宋”之目。然賦命不猶，頻經憂患，其康熙十一年再起授四川按察使，入覲，值吳三桂之亂，成都不守，全家陷蜀，至驚悼致疾以卒。其息女流離患難，境尤可悲。王培荀聽雨樓隨筆卷一，謂查慎行集中有中山尼長歌一篇，情詞悱惻，即指其事。琬爲此劇，雖極寫境事，然亦慶更生，頌恩澤，蓋不料後日之妻孥被難，己仍以身殉也。今述其曲，仍詳論其事，溯其遭際始末，蓋彌足以增惆悵矣。

醉畫圖一卷　訴琵琶一卷
續訴琵琶二卷　鏡花亭一卷

鈔本柴舟別集本

　　清廖燕撰。燕字人也，廣東曲江人，諸生，有二十七松堂集。此所著雜劇四種，皆自出其名，以己身登場，乃純然自述之詞。後來作家如徐爔寫心雜劇承用此體，論者以爲創格，而不知自燕始也。醉畫圖一折，稱燕於齋中懸杜默哭廟、馬周濯足、陳子昂碎琴、張元昊曳碑四圖，舉酒酹之。訴琵琶標曰："遭偃蹇窮鬼苦纏人，訴琵琶醉丁甘乞食。"其第一齣爲"乞食"，自稱酒米俱空，詣城西密友黃少涯家索酒，製詞權作募疏事。以下文缺，似非完本。續訴琵琶標目爲"鬧麯蘖窮鬼永潛蹤，談因果道人新贈句"。凡二齣，第一齣爲"送窮"，第二齣爲"悟真"。自稱窮乏已甚，託詩伯、酒仙代驅窮鬼。詩伯係文人出身，未能禁鬼；酒仙至而鬼自去，因與詩伯、酒仙暢飲。已而太上真人至，謂燕前身乃靈瀧寺僧，宜參大道，不可因詩酒二字忘卻本來，因大悟。鏡花亭稱燕閒游至水月村，遇水月道人。道人引其女文蒨相見，出詩稿求正。燕收爲女弟子，並題其亭曰"鏡花亭"。此劇在四劇中尤爲簡質。張維屏國朝詩人徵略卷十四引嶺海詩鈔，稱"燕性簡傲，邑令歲周餽之，求一詩不可得"。以負才不羈之人困頓風塵，鬱抑無聊，故四劇直抒胸臆，皆嗟貧怨卑之詞，然以劇曲體格繩之，殊未爲擅場也。

金瓶梅傳奇二卷
舊鈔本

　　按：此梨園弟子傳鈔本，不著撰人名氏。王國維曲録五録鄭小白金瓶梅一本，注云：“小白佚其名，江都人。”當即此編，則本小白所撰也。斯書傳本不一，互有詳略，即標目亦多歧異，詞白文字亦不能盡同，凡優人鈔録曲本大抵如斯，不足爲異。綜各本觀之，全書當得四十餘齣，實大本傳奇。此本雖亦有删節，而所録者三十三齣，大致完備，視他本爲善。其事則自西門納潘氏爲妾，武松誤殺，以及李瓶兒始末，皆據小説演之。其瓶兒死後，則接以西門慶之死及武松殺嫂事。雖於小説後半稍略，而小説重要節目已隲括爲曲，去原書不甚遠。金瓶梅本穢書，賢者所不忍道，小白一一據之爲曲，未免好事。然小説寫市井小人以及妻妾相爭之狀，淋漓盡致，小白此曲第演其事，其詞白之妙尚未足與原書頡頏。知詞曲不難於工穩，而難於本色，導達俗情，其事正復不易。使如徐石麒之拈花笑則善矣，然人之才智不能盡同，拈其題者，或未必有其才，此則天資有以限之，亦無可如何者也。

四韻事四卷
玉湖樓原刊本

　　題“慈谿廢莪子編”。其正文第一行標題云：“玉湖樓第三種傳奇明翠湖亭。”其前載自序一首、南江笠叟序一首，又馮家楨序一首。家楨序稱“裘子殷玉，詩古文妙天下，尤酷好填詞，所著玉湖數種藏之家，今又讀其四韻事”云云。考玉湖樓乃裘璉藏書樓名,殷玉亦璉字,則裘璉所作也。璉慈谿人,少孤,年未壯,著作已等身。康熙二十六年修一統志,總裁徐乾學訪士於黃宗羲,宗羲舉璉。志成,乾學善之。五十四年舉進士第,改翰林院庶吉士。時璉年踰七十,遂乞歸,以山水自娛,著作日富。雍正七年卒,年八十六。著有復古堂集、橫山詩文集、玉湖詩綜等書。斯編所録凡四劇:曰昆明池二折,演唐中宗幸昆明池,群臣應制賦詩,命昭容上官婉兒衡其甲乙,以宋之問詩居首。曰集翠裘二折,演狄梁公與張昌宗雙陸,賭得昌宗集翠裘事。曰鑑湖隱四折,演賀知章天寶初乞歸四明,賜鑑湖剡川一曲事。曰旗亭館三折,演唐開元中王昌齡、高適、王之渙飲旗亭,聽伶人歌所爲詩事。以所譜皆士人韻事,故曰四韻事。其曰"明翠湖亭"者,則四劇名目各取其一字以爲總名也。

陰騭還金記不分卷　鴛鴦墜二卷

舊鈔本

不著撰人名氏。還金記凡十四齣,前載張瑀序,稱:"記事皆真實,窮巷悉知。唯石麟誕瑞,玉詔頒恩,頗涉虛僞。詞人蓋無嫌於藻繪,余復托此以自逌。"觀其記即涉瑀事,稱瑀父與直正梁翁爲親串,臨歿,以妻孀子幼,寄銀於翁。瑀七科不中歸,翁偕崔游擊桂以金還之,銀封上瑀父筆跡尚可認識云。據此可決此劇爲瑀所作,其還金者則梁夢龍之父也。瑀正定諸生,清乾隆修正定府志卷三十四有傳,入文苑。志稱其"多讀書,能文。以數奇寓意聲歌,每即席度曲,未脱口,燕趙間已遍傳於旗亭。梁侍郎清遠摘其還金記'紅雨青莎'之句,比之馬東籬、王實甫云。"所舉還金記即此本。

鴛鴦墜乃五折雜劇,標題云:"霍先生輕透鬼神機,老夫人錯配鸞鳳儔。梁大郎苦結生死緣,黃小姐硬認鴛鴦墜。"稱梁高秀聘黃玉鸞,玉鸞祖母忽悔婚,女因鬱鬱成疾。高秀入京,試畢歸省,途次遇女游魂,屬其訪塾師霍先生求救。如言求之,霍先生即升座閱牘,命吏送玉鸞還陽。其人蓋攝冥王也。高秀異之,猶未敢遽信,歸,至女家訪問,則女病垂危而復蘇,乃以所遇告。女祖母感其事,即以女歸生云。此本無序跋,亦不署名,查其筆跡,乃與還金記同時所鈔者,標卷數曰"真定梁氏直譽集卷十五、卷十六",與還金記同演梁氏事,疑亦瑪所著。今附著此本於還金記之後,目爲瑪作,或無大誤云。

容居堂三種曲六卷

書帶草堂原刊本

清周穉廉撰。穉廉字冰持,華亭人。據徐釚詞苑叢談卷十一,稱穉廉爲"吾友鷹垂才子,喜爲詞曲",知穉廉於釚爲晚進,亦康熙間人也。斯編所收傳奇三種,曰珊瑚玦、元寶媒、雙忠廟,各二卷二十八齣。其珊瑚玦演陝西安定人卜青事。青與妻祁氏爲寇所刼,臨別分珊瑚玦爲二,各持其半,爲後日表記。尋官軍進勦,妻爲總鎮晏竿所得,以其有身,送之濟南原籍。竿戰没,祁氏生子,遂冒晏姓,名繼光。及長,從軍破賊。卜青陷賊,至是投降官軍,而繼光固不知爲生父,憐其老,送至濟南使爲園丁。祁氏游園識其玦,未敢相認。子授官給假回里,氏使子詰之,果其父,因歸宗焉。此事清人記載亦有其事,殆當時傳聞也。其元寶媒記明時一丐者尚義好善,曾救一劉姓女名淑珠。後女流落至大同爲妓,丐行乞至大同,遇之。時武宗微行至妓家,知其人,賜以元寶。丐至大名滑縣，以元寶施陶氏女湘珠，爲富人計成所陷，誣爲盜贓，被繫獄。武宗聞之，親雪其獄。時劉氏已入宮，因賜丐姓劉，封爲皇親，以計成家產賜丐，使妻陶氏女。所演與李漁無聲戲“乞兒做好事，皇帝作媒人”一回同，蓋即本之。其雙忠廟記明時豐潤人舒真與御史陽羡人廉國寶，忤焦芳、劉瑾，同時被難。舒氏子方幼，家人王保攜其子私逃，恐人識之，與子皆易女妝，保男子忽渾乳，子得不死。廉氏有幼女，乳媼石氏亦攜女出京。媼死，女無所依。時太監駱善以選秀女至，憐其冤，因縱諸女與之逃亡，使女爲男妝。駱內監尋亦生鬚，人不能辨。二姓男女同棲於雙忠廟旁，已而舒氏子與廉氏女相稔，互言始末，結爲婚姻。後廉氏女以寫真徵入宮，乘間白于后，冤得雪。駱與王保皆爲朝廷録用，而舒子、廉女至是始各易其妝云。清初五色石主人撰八洞天小説，其勸匪躬一篇，亦演此事，唯易明事爲金事稍異。此劇末齣收場詩云：“逐利求名念盡灰，唯餘文興未全衰。一生不拾人牙後，顯處俱從深處來。”其自賞如此。八洞天所演事本取戲曲，其補南陔一篇即取百鳳裙傳奇，則勸匪躬當本此劇無可疑也。穉廉夙秉異慧，十歲即能填詞，愚谷老人序珊瑚玦、范纘序元寶媒均稱其著傳奇數十種，今唯傳此三本。即其劇觀之，其嗜新好奇，與李漁途徑相類，而填詞穩愜，以及關目排場配搭之善，實不愧爲詞場老手焉。

雙叩閽二卷

清寧府鈔本

清女士張繁撰。繁字采于，蘇州人。是本演馬大騏妻汪氏叩閽始末，託明萬曆間事。略謂成都馬大騏，奉旨與皇甫謙監修河工。爲謙所害,坐以贓罪,繫獄。上南巡,大騏設計賺出監門,之金山迎駕,面奏冤枉。上着余何二大臣拘拏皇甫謙,明白質審。而問官受謙之賂,仍將大騏問成逆案,虛詞覆旨。妻汪氏咬指寫血疏叩閽。上方幸南海子,親詢之,得昭雪。大騏本武進士,奉命出征有功,其子亦中進士云。前載繁自序,謂“丙戌應徵北上,設帳王府。按:寧府。館課之暇,奉内主命撰雜劇數種,悉付家優。今有姻親授余馮氏伉儷叩閽情節,大聳耳目,屬余爲劇。以避嫌,故易其朝代,更其姓氏”云。據此,知其劇乃在寧府所作,且記當時之事。劇以爲萬曆間汪氏夫婦事者,乃不欲明言之。按女子製曲,明以來不多見,如葉小紈、梁孟昭、林以寧、王筠、吳蘋香,及道士姜玉潔、妓女馬守真等,曲家稱引,並傳爲佳話。其本存佚者半,世之人已不能盡覩。繁女子,工詩文,兼有斯劇,今錄存其目,使世之言文藝者有徵焉。

後一捧雪二卷

天樞閣刊本

　　清胡雲壑撰。雲壑字士瞻,一字蘅洲,杭州人。是編繼李玉一捧雪傳奇而作。以原書記莫懷古事,其義僕莫成、貞姬雪娘,皆爲主捐生,戚繼光仗義爲友,誼亦可欽,而懷古於此數人皆無所報,以爲作者之疏,乃續爲此編,補懷古脱禍以後之事凡二十八齣。大略謂懷古子昊,冒業師方士弘之姓,中巍科,授御史,巡按九邊,遇繼光於薊門,悉其父母俱生全,迎至署中侍養。於莫成,則云懷古念莫成代死之恩,撫其子文鹿爲姪,改名莫景,使昊以叔母禮事景之母,延方士弘教之,旋爲景聘士弘之女。於繼光,則謂繼光側室有女歸莫昊,結爲媾親。其雪娘與莫成,以生前忠烈並爲神。湯裱褙之妻則流落爲丐，寄食於養濟院，嫁其家奴傅恩，而使嚴嵩爲贊禮。及吴歸朝復命，以父事奏聞。上矜之，懷古着以太常卿原官起用，雪娘與莫成俱賜褒封。其莫景，夢父授以天書兵法，北番倭倭羅國王鐵力莽入犯，其國師呼必薩有神變，景與方志弘子並立戰功，滅寇而還。至一捧雪，則懷古以繼光勸，懍懷寶之戒，埋之於祖塋，示不復珍惜云。大抵於原書各節一一歸結，而大旨在於受恩思報，忠義不虛，使世人知所勸，命意未嘗不善。唯古來忠臣烈士，舍生取義，斷脰絕頸而不悔者，行其心之所安而已，身後之名，子孫之報，非所計也。原本但記義行，未爲疏漏，今補其文，不免畫蛇添足之見，於義可不必也。

鴛鴦塚一卷
清康熙刊本

清沈玉亮撰。玉亮字瑶岑，一字亦村，錢塘人。斯編爲八折雜劇，標目云："吴秀才玉樓修文，戴烈婦金鐶矢節。蝴蝶夢證果完因，鴛鴦塚吟風嘯月。"其劇爲吴錫妻戴氏而作。錫卒，戴氏殉之，玉亮與錫同學，因有是作，凡七日而成。戴氏事見浙江通志二百二烈女傳。志稱氏"十歲父死，哭泣過哀，幾至失明。十六歲歸錫。錫因鄉試下第致病，淹忽遂死。氏求死者七，然後畢命。年二十二。里人建祠於西湖葛嶺下，曰吞金祠。康熙二十七年事也"。與劇所演合，知皆實錄。玉亮此劇詞頗流暢不俗。前載康熙己巳序，署"薇嚴德滋"，不出姓氏，稱玉亮"於音律之學獨得妙解，傳奇五種，膾炙人口。亦有以不治舉子家言規之者，故曲終有詞場馮婦之語，深歎知音之難云"。據此，知玉亮所編傳奇有五種，今唯此一劇存，其名亦未見諸家著錄。

萬花臺二卷

康熙間凝馥齋刊本

　　清張瀾撰。瀾字觀生，別號張猷，會稽人，始末不詳。據此本所載瀾巧十三傳奇識語，稱"年屆服政，甫任曲陽，不諧於俗，爲官所累，乞休歸里"。知其曾官曲陽，然查曲陽志無其名，殆偶遺之歟？是編演于楚與宮人尹婉兒事。稱婉兒奉則天密詔，假太監服裝游行州郡，訪求男寵，與魚籃記所演同。又稱則天幸萬花臺，婉兒進賦稱旨，驟擢清要。後李多祚、于楚等，奉中宗子重茂，斬武三思於萬花臺，故以萬花臺名曲。此本卷首載有巧十三筆意一文，乃瀾所作傳奇目，其名稱爲一笑緣、二箆媒、三世因、四才子、五色旗、六國終、七寶釵、八洞天、九華山、十錠金、百歲坊、千里駒、萬花臺，知瀾所作傳奇實有十三種，總名巧十三，此萬花臺不過其中之一。今此本僅存，其他大抵散失，不能悉詳矣。

紫瓊瑶二卷

清康熙四十一年鈔本

　　清張大復撰。是編演燕脆事，大略謂燕脆字公宿，長安人，官建康刺史。妻王，以脆無子，爲買二妾，一陳氏，一李氏。陳氏進御，脆察其有戚容，問之，始悉氏父爲漕運官，以虧課抵罪，氏之賣身將以贖父罪。所字士人鄒文，方議婚配而家難作。脆聞之，召文，配爲夫婦，且賙濟之，使入都應舉。俄成進士，歷任至大官，薦脆於朝，即擢巡撫。先是脆嫁陳氏，其妾李玉娘旋有孕生子,而有文在其股曰"瓊瑤",即以瓊瑤呼之。及長出獵,遇異人授以瓊瑤,使佩之,謂可避邪祟。脆在巡撫任,奉命勤王。其賊首曰解橫行,有妖法。脆方列陣,而賊火龍烏雅軍出,勢不可當。方危急,而子瓊瑤突至,以懷至寶,其賊兵敗滅,父亦得救。上嘉其功,乃褒其父子,使瓊瑤娶鄒文之女。其始末如此。至謂瓊瑤爲關尹喜降凡,天帝以紫瓊瑤賜老子,喜誤碎之,因謫降人間,則明以來傳奇開端,例敷衍因果,亦不必以瀆犯先哲責之也。

四才子四卷　忠孝福二卷

康熙刊本

清黃之雋撰。之雋字石牧,華亭人,康熙六十年進士,著有唐堂集。此爲之雋所編戲曲。四才子乃雜劇四種:曰鬱輪袍,演王維事;曰夢揚州,演杜牧事;曰飲中仙,演張旭事;曰藍橋驛,演裴航事,皆四折雜劇。前載康熙丙申王吉武序及叢澍序。澍序稱"大中丞建牙西粵,石牧黃君載書東閣,以才子傳奇,借古事而揮豔藻"。知劇乃在廣西巡撫陳元龍幕中所作。忠孝福凡二卷,三十齣,演後周殷旭事。云旭當宋代周之際,守濟南不降,自到死。長子儉尋其骸骨不得,招魂而返。宋嘉其忠,褒美之。及開科,三子儉、恪、疇皆中進士。據康熙戊戌陳元龍序,稱"余署督兩廣,內兄宋觀察澄溪適至,愛其所撰杜牧劇,因誦先芬以求新樂。蓋祖孫三世,前後八十年,人積緒紛,黃子一日而構局,一月而脫稿,題曰忠孝,以核其世"云云。據此知傳奇所述乃宋氏家事,其稱殷氏在後周之世者,託言之耳。元龍序又稱"忠孝福成,澄溪攜歸吳閶,大合樂於虎邱。其四才子詞,太倉相國每讌會必奏之,浹辰不厭"。蓋諸劇並付歌部按行,亦傾動一時云。

馮驩市義雜劇一卷

倚玉堂原刊本

　　清周樹撰。樹字起辛,一名之道,字次修,蕭山人。曲海總目提要卷二十三録此劇,釋題作"蕭山周起編"。此爲倚玉堂原刊本,與倚玉堂詩選及壁上詞合刻爲一編。其倚玉堂詩選前載山陰王端淑序,云"次修幼以詩聞,今易名樹"。則樹是名。提要誤作周起,蓋刊本題"蕭山周起辛樹編",撰解題者誤以字爲名,又誤以辛字屬下讀,合辛樹二字爲字,失其實矣。端淑序又稱樹父宦遠省,樹年十九,自驅驢往省,父與俱歸。則亦篤行之士,非華而不實者。此劇演馮驩事,開端楔子略記孟嘗君好士及入秦始末,次以驩彈鋏爲第一折,驩爲孟嘗君收債爲第二折,焚券爲第三折,孟嘗君就國于薛,百姓親之爲第四折。詞白格調,均力摹元人,差得其似。其不尚詞藻,唯以俗語鑄詞,亦是元人家法。唯音節瀏亮似仍不及,而賓白擬元太過,反欠自然。蓋有意追古,而未臻純熟者也。劇末附樹自記,力闢元時以曲取士,及作者只撰詞曲,賓白由伶人爲之之謬。謂賓白爲關目所係,曲文往往有上句此意,下句彼意,絶不相關,賴賓白接續之,此白當出作者之手,非伶人補綴可知。其議論甚爲有識。按文人撰曲,未必便于場上,其賓白,伶人扮演時圖自便,以私意改易則有之。若謂古來撰曲者,但填詞而不綴賓白,萬無是理。樹此言明暢事理,足以破蔽,世之信虛妄之詞者亦可以熄矣。

菩提棒五齣
傳鈔本

　　題“渥城陳薏榮廷彦氏填詞”。薏榮始末未詳,蓋清初人。是本譜小青事,乃五齣雜劇。其第一齣無題;第二齣“聽雨”,本小青“冷雨幽窗”一絶句;第三齣“拈香”,演小青在孤山,夫往尋之,爲大婦所掩,小青因赴觀音廟禱告;第四齣“病雪”,演小青之死;第五齣“西歸”,演小青没後,面觀世音菩薩,誦所爲絶句,菩薩二棒喝之。大致與情史小青傳相出入。其云小青姓喬,夫姓褚,與療妬羹同。唯不取改嫁之説,較爲得體。至畫真事本哀豔,故春波影與療妬羹並以入曲,此亦不取。其關目未盡善,其曲亦間不入格。小青事自明以來作曲者甚多,其雜劇今僅傳明徐士俊春波影,來集之挑燈二劇,並此而三。今存其目,著於録。

拜針樓一卷
清康熙己丑刊本

　　清王墅撰。墅字北疇,蕪湖人。是編記女子豐采蘋規夫改行成名事。略稱吳江後客,字賓王。父名後裔興,官華亭教諭,卒于官。客幼而聰俊,以才名動一時,前太守重其文,薦入泮,聘孝廉豐簡庵之女名采蘋,亦擅文藻。客爲匪友所誘,爲狹邪之游,識妓女紅曉烟,大好之。曉烟入子虛班爲女弟子,生亦入班串脚色做戲,又嗜博,負債纍纍,至爲人剥其衣以取償。戚友皆痛之。母欲其回心向善,亟爲娶妻以慰之。於是采蘋入室,屏生不與同寝。母更憂之,乃使夫婦居一樓,而禁生使不得下樓。生晝夜攻讀其中，采蘋則針黹以伴之。一日，生與戲，采蘋乃以針毀其容。生感憤自勵，越歲中狀元，榮歸，拜其婦，題所居樓曰"拜針樓"云。其關目情節似脱胎繡襦記，稍以意變化之，而詞渾脱瀏亮，不愧名筆。雖僅八折短劇，實勝繡襦記之繁。清人製作詞曲往往有高出明人之上者，此其例也。

海烈婦傳奇二卷

清道光辛丑刊本

題"餘不鄉後人撰"，"樊圃老人評"。前載康熙九年作者自序，稱傳奇之作始于康熙六年五月，時常州毘陵驛有海烈婦死節一事，思顯其事，於是有此丈夫之作，至七年正月成書。又載海烈婦祠堂歌云："毘陵道旁烈婦祠，我來停舟一拜之。昔我曾有樂府作，摹寫烈婦情依稀。梨園子弟一回奏，滿堂觀者淚交頤。今來敬拜婦祠下，掃筆爲婦重題詩。"署"太倉沈受宏"，知即作傳奇之人。受宏字台臣，號白漊，著有白漊先生集，隱居教授，歿祠鄉賢。子起元，康熙六十年進士，官至直隷布政使，轉光禄寺卿。按海烈婦殉節事甚爲壯烈，江南通志及常州、武進諸志均載其事，而陸世儀所作海烈婦傳所記最詳。據陸傳：烈婦徐州人，夫陳有量，貧不能自給，丐食毘陵。有惡少楊二驚其色，挑之，爲婦所拒，乃導旗丁林顯瑞與有量交，餌以金，使往蘇州，乘間逼婦，婦自縊死。篙師藍廷發其事於監兑司李，司李屬經歷繆明偵之，盡得其實，林論斬，楊二亦死獄中。土人競捐貲，爲婦立祠於毘陵驛旁云。烈婦死在康熙六年正月，受宏斯編即於是年五月開始，其所述稱，堪爲詞史。其本凡二十八齣，初以海氏、藍廷、繆明皆著風節，名曰三異記，後改名此丈夫，又逕稱海烈婦傳奇云。

繡衣郎二卷

康熙鈔本

不著撰人名氏，卷末有題識云："康熙己卯年荷月下浣二日，平江朱君采重錄繡衣郎全本終。"知亦舊本。按曲海提要卷四十五錄繡衣郎傳奇，據解題知所演乃洛陽縣皂役子白回贖官巡按御史事，與此本所演不同，而曲海提要卷二十九所載獺鏡緣傳奇演獺精變化事，與此本合；又高奕新傳奇品記張心其所著傳奇有獺鏡緣，是其書本名獺鏡緣，乃張大復所撰此本題繡衣郎者，因劇中獺精自稱繡衣郎，因用爲傳奇別稱也。其本記董七郎有女具姿色，全相國欲強娶之，爲俠客所救。女在家，有獺精化男子來調之，自稱名繡衣郎，女爲所祟，已而有孕。其舅田伯疇射精殺之，即化爲獺，伯疇臠而食之。女私藏其骨，遺腹生子曰蟒兒。按：提要作"莽兒"，云以性魯莽得名。兒因母告，知所生，葬父骨於龍穴。獺骨得地氣，旋化爲龍，攝董氏去。其田伯疇與董七郎嘯聚山林，殺全相國，旋據海島，奉蟒兒爲首領云。與曲海提要所述，大致相同。唯提要不出董七郎、田伯疇之名，此本俱載之，蓋提要偶然省略。提要又謂劇借許真君殺蜃精事附會成編，考之許真君傳，殊不相似，唯摘其設事太荒忽，則頗中其失耳。

珊瑚帔二卷

清康熙丙戌鈔本

不著撰人名氏。演夏少康復國事，凡二十六出。謂太康無道失國，其后憚氏於古廟中生子，逃向孟津，病不能行。太史麋

妻棄其女而抱太子。后感其義，以珊瑚帔分爲二，一裏太子，一
裏糜之女。后渡孟津覆舟，爲漁父所救，而漁父先拾得太史糜之
女，后即因而撫之。其太史糜妻抱太子爲斟鄩所救。其後少康
中興，以太史糜女爲后，而帔復合。所記與古傳不甚背馳，而加
以緣飾點綴。至以珊瑚帔爲關目，則不脱稗官窠臼，亦當時習尚
使然也。

齊天樂二卷

清康熙四十九年鈔本

　　按：是本演佛成道事，僅存下卷，缺上卷第一出至第十五出，
然重要節目存者泰半，尚可悉其始末。其文略記佛出家往雪山
修道，其父淨飯王按：本文誤作梵。命内相陳琳往，諭其還朝，不從。
又命大將王珍率三千騎往，受旨謂太子不從，則斷其手足。珍抵
雪山，求太子不得，因縱火，而雷雨驟降。既見太子，以其不應
詔，即斷其手足，而太子呼佛天，手足即復生。珍覩神變，當即皈
依。王又自率宮眷往，太子以劍劈山，分爲兩道，仍不能回其意。
時文殊、普賢化鷹與虎來試太子，太子割肉飼鷹，舉身向虎，鷹虎
皆引去。而太子妃以太子臨行時以鞭指之，已而有孕，至是生
子，懼王之譴，登百尺樓上。王命焚樓，文殊來救妃，乘鶴昇天而
去。於是佛修行圓滿，其父淨飯王，其母摩耶王后，其妃耶須，其
子羅候，三千采女，八百朝臣，俱成正果，而將軍王珍爲韋馱云。
所叙亦稍本本緣部諸經，而參以俗語，不倫不類，如内相陳琳、太
子妃李娥雲之類，往往可哂。

爲善最樂不分卷

清康熙六十年鈔本

　　不著撰人名氏。是編演宋王曾父子事，分三段，其第一段十三出，二段五出，三段十出。標出數皆自爲起訖，不相銜結。其分段之意亦不可曉，蓋伶人自記其作場節次，非有典據也。略謂王曾父宗元平生敬惜字紙，多積陰功。生曾，連中三元，宰相畢士安妻以女。宗元亦得金十窖，其家大富。曾爲翰林學士，旋巡撫應天，多善政，而善才童子復投胎爲曾之子，是爲王繹。繹生而精爽，太白金星下降爲學究以教之，長遂嫻韜略，英武過人。先是契丹内犯，寇準用大將尹繼倫禦卻之。至是復内犯，繼倫爲帥，奉命開武科。繹應試得狀頭，將兵擊契丹，奏凱而還。天子嘉之，命妻繼倫之女。是時曾已入相爲大學士，天子悉其家世，乃封曾爲沂國公，繹爲平靖伯，曾妻畢氏、繹妻尹氏皆封夫人，賜曾父母爵如其子，詔地方官爲曾父建坊，旌其陰德，更賜“爲善最樂”匾額，使懸於其家云。按傳奇演曾事，明有百順記，曲海總目提要卷十四指其本所記金蓮燭送曾歸第，乃借蘇軾、王珪事附之；謂楊億女爲曾次室，曾子繹中武狀元，皆不經。此本无以楊億女爲次室事，而入對、送歸及繹中武狀元事則同，蓋清人潤色舊本爲之。然據宋史，繹本曾之姪，出繼爲曾後，則謂曾有子者亦非實。蓋作者欲以全福歸曾一門，因而飾張其事也。

爛柯山二卷

清康熙六十年鈔本

　　不著撰人名氏。此本分上下二卷，自第一齣家門至第十四齣爲上卷，自第十五齣至第二十七齣爲下卷。卷末有字一行云：
"康熙花甲蒲月古虞陳益儒録於邗江金德堂，時年已七十有三"
云云，蓋老伶工手鈔之本也。其曲演朱買臣事，略據史傳敷衍，
稱買臣妻曰崔娘，與買臣共事樵採。買臣一日夢一老嫗携一少
女，旁有仕人語買臣云："他日富貴，當續此姻緣。"醒而自幸，因
之鐵慶庵求籤卜之。有王嫗者①，大將軍竇嬰子太常卿竇宓之
妻，方寡居，僑寓于越。其女名娟，未字人，夢其婿乃一衣衫弊舊
白面微鬚之人，異之，母女亦詣是庵求籤。猝遇買臣，與夢中所
見合，私識之。其鐵慶庵尼某與張木匠名西樵者有染。一日尼
至買臣家抄化，買臣毆辱之，大恨，與張木匠謀所以報之。值買
臣入山樵採，乘間至買臣家唆崔氏改適，云有張百萬者喪偶，當
爲撮合。崔氏爲所惑，允之，遂與買臣詬誶，逼其寫休書，竟改適
張氏。其人即張木匠也。買臣頽喪無聊，間行至竇嫗門首。嫗
于簾内見買臣有憂色，叩其故，贈以金，屬往長安應舉。買臣至
都，時張騫爲五經博士，薦買臣明春秋、離騷，上召試稱旨，即拜
會稽太守。初崔氏改適後，見門户蕭條，知被騙。而張木匠迎娶
日傷足，婦雖入室，未通歡好。至是聞買臣蒞郡，迎呼夫。買臣
試使收潑水以拒之，婦恚，投水而死。時東甌甬東有倭夷之擾，
買臣奉旨討平之。其張木匠復與尼合，爲倭引路，獲得，並殺之。
竇嫗爲女求婚，買臣德向之餽金，因結婚媾。所演大致不悖于史
書，與明初王鼎臣漁樵記以團圓結者異，而關目穿插，甚爲拙鄙。
其記買臣將兵定亂，忽稱東越，忽稱倭酋，亦未免過于疏率。考
清焦循劇説六稱張南垣精于壘石。吳梅村起用，士紳餞之，演爛
柯山傳奇，至張石匠，伶人以南垣在座，改爲李木匠。梅村以扇
敲几曰："有竅。"及演至買臣妻認夫，唱"切莫題起朱字"，南垣亦

①編按："王嫗"，下文以夫家姓氏呼之，稱爲"竇嫗"。

以扇敲几曰："無竅。"梅村失色云云。此本作張木匠，不作張石匠，蓋猶是改本也。按朱買臣事通俗易曉，爛柯山劇至今劇場猶扮演之，唯久無完本，選本如醉怡情卷二，綴白裘初集第三卷、二集第三卷、五集第四卷、十二集第二卷，亦摘錄"寄信"、"相罵"及"潑水"等零齣。此爲康熙間鈔本，猶爲完帙，亦不可多得云。

四名家傳奇摘齣四卷

清雍正間刊本

清車江英撰。江英始末不詳。是本前載雍正乙卯浚義散人序，稱"江右車子江英，負雋才，寢食於韓、柳、歐、蘇之文者數十年于茲，乃以慧心繡口措意敷詞"云云。據此知江英爲江西人，其名里則不可知矣。斯編所錄凡四雜劇：曰藍關雪，四齣，演韓愈事。稱愈姪湘子成道後，與愈相遇，從愈命回家，仍與妻會生子。愈在州，奉詔參裴度幕，與李愬雪夜入蔡，取吳元濟，平之。後貶潮州，經衡嶽，值陰霾雲封，得神佑，雲開峰現，乃作詩云云。所錄始末不備，與標題藍關雪不合。曰柳州煙，亦四齣，演柳宗元、劉禹錫事。其賓白詞意不甚明，似謂宗元登第後，宰相王叔文以二女許配宗元與禹錫。宗元至叔文邸唔女，與唱酬詩句。其後禹錫貶連州，宗元貶柳州，以風謠寄贈，旋奉詔入京，途中遇叔文二女，各於驛中成婚云。曰醉翁亭，五齣，演歐陽修事。稱修妻善病，修寂坐書齋，感秋聲爲賦。既而入京應舉，妻繾綣送別。修成名久宦，妻存亡不知。好友石曼卿適死，營奠哭之。曼卿爲芙蓉館主，而修妻之魂至，查其籍應臥病三年，仍得還陽，命送之回，於是修妻復生。問修，已中進士云。玩其語意亦不完結。游赤壁，亦五齣，演東坡事。稱坡女弟小妹招秦觀爲壻，婚

夕，三試其才。坡官翰林，奉旨入内，上爲設樂，賜金蓮燭送之
歸。既而觀貶郴州，坡貶黃州。坡與佛印、黃魯直游赤壁弔古。
觀由郴州内召，過長沙，訪先所遇女黃義姑，猶守貞相待云。劇
似亦不完。其書以摘齣標名，或本爲傳奇，不及全刻，僅摘其中
數齣録之歟？

酒色財氣四卷

清雍正七年鈔本

　　不著撰人名氏。其本以一劇包四事，皆包拯所理公案。一
曰酒案，自第一出至第八出屬之，演臨川人高陽事。謂陽以元宵
觀燈，醉後與富户雷士春相忤。士春有姪曰應元，出家爲道士，
圖士春之財，令人暗殺士春，而誣指高陽殺其伯父。陽已誣服，
而包拯按臨至江西，訪知其情，抵應元罪，釋高陽而恤之。二曰
色案，自九出至十四出屬之。演揚州人柳衣事。謂衣販易至江
州，羨縫衣匠妻江氏之色，啗其夫以利，冀得一會。夫已允之，而
婦爲牛皮匠所殺。其夫疑衣所爲，訟之。而衣是夕爲父間阻，實
未嘗出邸舍。賴拯至雪其冤。三曰財案，自十五出至二十出屬
之，演南康人賀金蘭事。金蘭失金一篋，夢人告其金在四聖廟
旁，黎明將取之。而村民單大、趙三先拾得之，單利金殺趙，置其
頭於篋中而去。金蘭至取篋，爲吏所遮。吏覩異狀，疑爲盜，啟
其篋，見人頭在焉，因繫之於獄。拯按部至，閱牘至金蘭，擬判斬
字，而雁哀叫不已，旋集於單大之舍，案因大白。雁叫者，以金蘭
曾放生，報其德也。四曰氣案，自二十一出至二十六出屬之，演
壯士養素事。謂瑞州有國戚龐姓，修長生劑。山人海東青以術
干之，將殺一薛氏子以合劑。壯士養素聞其事，劫而救之。而東

青利龐有辟寒犀，乘亂殺龐，奪其寶，棄其屍於井。養素追至，誤墜井中。龐之家人因指素爲殺人犯。拯至，理其獄，設計獲東青。而養素固龐之婿，先有婚約，尋親至此，拯即命其完婚云。以上二十六出記四案已訖，其二十七出則記拯還朝，高陽、柳衣、賀金蘭、養素皆感恩相送，拯以四扁額分賜之，一曰"酒不可縱"，二曰"色不可迷"，三曰"財不可貪"，四曰"氣不可使"云。所設四案皆在江西，疑作者乃江西人，或寓江西者。至四案始末，坊間龍圖公案小説亦未載，蓋扭合他事，以意爲之。然龍圖公案雖集包拯之事，而皆掠自他書，率非實錄。戲曲假設事端固無不可，唯關目牽強構合，終未愜人意耳。

新曲六種
清乾隆癸亥刊本

　　清夏綸撰。綸字言絲，又字惺齋，諸生，錢塘人。斯編收綸所撰傳奇六種，皆取忠孝節義之事入曲。六種各立品目，其褒忠傳奇曰無瑕璧，闡孝傳奇曰杏花村，表節傳奇曰瑞筠圖，勸義傳奇曰廣寒梯，補恨傳奇曰南陽樂，式好傳奇曰花萼吟，並二卷三十二出。其南陽樂以上五種，稱"惺齋五種"。蓋無瑕璧、杏花村、瑞筠圖、廣寒梯四種，皆乾隆十二年丙寅至十四年己巳四年間所成，其南陽樂雖乾隆甲子已有刻本，己巳復重訂之，與原刻稍異，故編次統稱五種。迨壬申花萼吟續出，始有"新曲六種"之目，即今行本是也。無瑕璧演鐵鉉二女事，本谷應泰明史紀事本末，特録其文於卷首。杏花村演王世名報父仇事，事見明史。瑞筠圖演章綸母守節，及綸直諫事。廣寒梯演士人王蘭芳母子行善，信奉廣寒梯，按：即功過格。故命薄而及第。其表兄解敏中先人澤厚，本應及第，以多行不善而落選。其云蘭芳夢中五名，敏中誣其曾得關節，訴之監臨。發榜時，監臨命抽去五名，而別以一卷補之，而抽者正敏中，補者乃蘭芳。考宋周密齊東野語載三山蘇大璋事，正與此同，蓋即繪所本也。南陽樂謂諸葛亮平吳蜀，北地王諶即帝位，乃翻案之文。花萼吟演宋姚居仁與弟姚利仁事。利仁爲賈似道所陷，下獄論死，居仁至欲代死，以江萬里救得免。後兄弟同登第，並賜旌獎。焦循劇説卷四，謂繪所演事雖皆有所本，然章繪母金氏"誰云妾無夫"一詩，或謂高季迪作；鐵司馬二女入教坊後所作詩，乃吳人范昌期題老妓卷作，見張士瀹國朝文纂。是繪所記亦不盡徵實，然施之戲曲固無妨也。其南陽樂一種，據吳兆鼎跋，九江、海寧、吳下諸名部皆先後開演，蓋人情所喜在是，故傳播獨廣。然意取美滿，故作誑語，究屬無味，特傳奇家風氣所尚，不自知其非耳。至繪所撰曲，詞意頗屬穩諧，楊恩壽詞餘叢話卷三乃謂南陽樂不如周文泉丞相亮祚延東漢劇之善，非篤論也。

無町詞餘二卷
清乾隆丙子五畝園原刊本

　　清曹錫黼撰。錫黼字誕文，號菽圃，官太常寺所牧，裁缺，改補員外郎。年二十九卒于官。生前藏書甚富，晨夕披覽，學甚該博，所著有碧鮮齋詩集二卷、詩餘一卷，見同治上海縣志二十一人物傳及二十七藝文志別集類。藝文志詞典類又載錫黼無町詞餘，注云："又有四色石、桃花吟。"然考此本無町詞餘即桃花吟、四色石之總稱，作者殆未見原本，致有此誤也。桃花吟爲四折雜劇，演崔護事，謂所遇女謝氏，小字婷婷，大抵依本事詩敷衍，無所出入。四色石乃以一劇分演四事，每事一折，其目曰：張雀網廷平感世、序蘭亭內史臨波、宴滕王子安檢韻、寓同谷老杜興歌。廷平感世一名雀羅庭，演翟公罷廷尉復起，題門志感事。內史臨波一名曲水宴，演王羲之宴蘭亭事。子安檢韻一名滕王閣，演王勃作賦事。老杜興歌一名同谷歌，演杜甫寓同谷作詩事。其滕王閣櫽括王勃賦，同谷歌櫽括杜甫詩，雖不能如鄭瑜滕王閣、尤侗讀離騷之囊括原文，魄力沈雄，要亦穩愜可觀。其雀羅庭翟公門客白一段，集千字文句，長幾千言，形容炎涼世態，頗淋漓盡致，在清人劇中亦罕見之例云。

烟花債一卷　情中幻一卷　雙仙記二卷
清乾隆原刊本

清崔應階撰。應階字吉升，號拙圃，別號研露樓主人，湖北江夏人。父相國，處州鎮總兵。應階以父蔭授順天府通判，歷官山東巡撫，閩浙總督，乾隆三十七年入爲刑部尚書，四十一年調都御史，尋以年老致仕。此應階所作曲三種，烟花債、情中幻二種爲雜劇，雙仙記爲傳奇。其烟花債刻於乾隆九年甲子，演宋人摭青雜說所記單符郎、邢春娘事，與明梅鼎祚長命縷傳奇所演同，而以四折雜劇出之。其自序稱“僕本恨人，久居散地。傷春杜牧，空羸薄倖之名；恨引江淹，未有銷魂之句。因翻南部，竊效西崑”。又稱“汝海投閑，繁臺僑寓”，蓋是時應階方以求官次開封，羇旅無聊，未免有情。其譜春娘之事，蓋亦有所感矣。情中幻亦四折，所演乃鄭六遇妖狐事，本唐小説任氏傳。宋金大曲諸宮調均曾以之入曲，唯自元以來未有譜爲戲曲者，有之自應階此劇始。唯任氏雖妖而貞，劇中於此未能摹繪盡致，致落寞臼。其雙仙記三十六齣,病明陸采記所演未暢,增以李晟勤王、段秀實擊朱泚二事。題“鄂渚研露老人編著”,“淮陰郁州山人分填”。按研露老人即應階自號,郁州山人乃淮陰吳恒宣。恒宣字來旬,其自撰曲有義貞記。據應階自序,稱“丁亥邂逅來旬吳子,知其長於音律,煩其捉筆,余亦以餘暇分填數闋,不逾月而稿成”。是此記大部出恒宣之手,而以應階居其名。恒宣題詩所云:“親承指點按宮商,花底分題續瓣香。今日梨園新譜出,龍門何幸附詞場。”言其事亦明也。情中幻載乾隆辛巳王昇跋,雙仙記應階自序在乾隆丁亥。考辛巳爲乾隆二十六年,丁亥爲三十二年,應階以乾隆二十四年官山東布政使,尋遷山東巡撫,至三十三年調閩浙總督。是二曲之成皆在膺方面重任之時,亦可見當時承平,疆吏雍容,得以筆墨自娛,倚聲填詞,付之歌部,其風流掩映,亦一時之勝矣。

畫圖緣二卷
清乾隆丁亥刊本

　　題“汾上誰菴手編”。前載吳元煐、劉大懿二序,亦僅稱誰菴,不言其名氏。其自署里貫曰汾上,蓋山西人也。此傳奇凡二十六齣,譜張靈、崔瑩事,與十美圖所演、黃九烟所傳皆同。唯舊文言張靈以憶崔瑩而死,瑩爲宸濠進於上。宸濠敗,放歸,詢知靈葬于元墓山麓,往哭之,亦自縊以殉。唐寅合葬之,爲植碑,題其上云:“明才子張夢晉佳人崔素瓊之墓。”按:夢晉,靈字;素瓊,瑩字。其始末如此。傳奇乃謂張病時自署墓碣曰才子張靈之墓;瑩歸,往哭之,遇唐寅,悉靈固未死。寅乃媒合之,俾爲夫婦。改舊傳殉情爲團圓,不免使事蹟減色。又填詞亦多澀句,不足云斯道當行也。

琵琶行傳奇一卷

清乾隆間琴鶴軒原刊本

　　清趙琴齋撰。琴齋，連城人，名未詳。據卷末跋，其弟名繼曾，字鶴軒，則琴齋派名或當爲繼字，然究不能知爲何名也。其曲據白居易琵琶行詩意，演爲四折雜劇，曲皆北調，詩俱集白，與元人青衫淚同演一事，而文不相襲。其第三折前着楔子，謂風神暗助，使居易聞琵琶之聲。據繼曾跋，本出繼曾之意，使場面不至冷淡，而曲成反爲一幕關鍵。一家兄弟皆能曲，亦異事也。其兄弟始末今俱不詳，唯觀其乾隆丙午自序，及弟繼曾題詞，知其兄弟同寓九江，杜門終日，相對愁苦，作曲以自況，其拂鬱感傷之意，見之詩歌。按：琴齋自序附蝶戀花詞，繼曾有七律題此劇，俱載卷首。其第三折白云：“凡在九江的人，那個不勢利，和尚何足爲奇！”譏世亦明。蓋處境厄塞，中有所爲不得已而爲此。至四折填詞，秀逸高爽，實不愧前人。其末折後自跋云：“或謂蔣太史清容有琵琶亭雜劇，謂之四絃秋，倘亦爲遷客商婦寫照，恐彼吳楚人不能作燕趙語。”其自負不淺。然合二曲觀之，覺斯曲差勝，亦非誇大之詞也。此本傳世甚稀，其封面有何紹基題記，謂“之涿以數十文購此，無意中得金玉如拾芥”。是紹基亦珍其書。顧世知之者少，清中葉後文人，亦從無提及之者。文人寂寞生前，身後之名亦不可期，殊可歎息。又此本尚載乾隆五十一年碧雲子琴鶴軒同懷稿序，則爲詩集而作，深悲其兄弟懷才不遇。此本有劇無詩，蓋散亡之餘，僅能有此，亦不幸中之幸矣。

江花夢二卷　芙蓉城記一卷
清乾隆丁酉刊本

　　清龍燮撰。燮字二爲，一字理侯，又字石樓，號雷岸，又號改
庵，望江人。康熙時舉博學鴻詞，授檢討，左遷大理寺評事，改水
曹，督通倉。聖祖南巡回，過通州，燮蒲伏迎謁道左。上憐之，有
“汝是好翰林，如何改職”之語。然終困仕途，不得志以卒。燮負
才名，江花夢乃未第時所作，以寄慨者，尤見稱於時，王士禎曾爲
十絕詠之，所謂“江東唯有阿龍超”者是也。劇演荆州江霖事。
略稱霖夢中得詩箋，署廣陵袁氏作，擬訪其人，會爲俗吏所嘲，指
爲名士盜虛聲，乃憤焚儒冠，投种世衡幕，與籌邊事。既不得之
廣陵，以所録詩箋與家僮，屬往訪之。有惡少党連城知其事，盜
得生詩冒名往。果有袁氏女名餐霞，詩成而失其稿。党至，女審
其僞，逐出之。既而僮至，知生從軍，矢不他適以待之。党銜恨，
授防禦使某，使納袁爲妾。袁氏懼，求救於鄰生鮑雨臣。雨臣仗
義設計，間防禦之妻，事得解。袁乃請婚於鮑，鮑亦允之。餐霞
入門，以己情告，且云不背負江生。然鮑實亦女子，幼爲男裝，人
無知者，曾西行從軍遇江生，知其必成功，贈劍而還。至是以語
餐霞，約共侍江生，餐霞因留鮑第。已而江生立功，西夏平，授文
職，賜翰林，官至臺閣，乞假歸，訪鮑質其事。鮑自承不諱，謂餐
霞尚有妹，請以己之妹與袁妹歸生，以贖奪妻之過。生勉從之，
及成婚卻扇，其人即雨臣與餐霞也。爲言始末，始悟。芙蓉城記
只七出，演石曼卿爲芙蓉城主，管領仙姝，以許廷輔、孫秀、武承
嗣、元稹、李益等五案奏帝。帝降旨，其許、孫、武三案使閻羅寇
準判斷，皆罰爲畜生。其元、李二案，使曼卿自發落。曼卿因判
元稹轉世爲僧，而使李益轉男身得醜婦云。蓋一時游戲之筆也。

珊瑚鞭傳奇二卷
清乾隆戊戌刊本

　　清胡業宏撰。業宏字苣塘，安徽桐城人。是編爲乾隆甲午業宏寓天津時所作，演小説玉嬌梨故事，凡四十二齣。前載乾隆戊戌蔣士銓序，極稱之。其曲情節有矯原書之失者，如盧夫人爲白太常胞妹，蘇友白爲蘇巡按之姪，小説前半部皆未叙明，至十數回後突然説出，其文不密，是編則先爲斡補。小説後半稍嫌潦草，是編則綴叙加詳，如"訪舊"、"鞭圓"等齣，皆賈餘勇，力求照應。他如盧夢梨贈蘇友白金，事嫌唐突，則謂夢梨先知友白之名，借鞭事但涉紅玉一面，於夢梨太冷，則撰"當鞭"一齣以聯絡之。穿穴組織，頗見匠心。至於權輕重而去其重沓，據正史以糾其誕妄，皆爲不苟。蓋斟酌損益而成此本，非泛然取材者。而要其大旨則有感於造物忌材，知音難遇，王公大人之失士，反不如閨閣女子之具特識，與尤侗李白登科同一用意。蓋業宏春官下第，淹滯津門，不能無慨，其第一齣"提綱"蝶戀花詞云："氣節如今支不住，一領青衫，賢士難迴護。到得榮歸夫與婦，可憐走遍天涯路。"詞含幽憤，知其託詞曲以寫意，非真有取於小説之文也。

鏡光緣二卷
清乾隆間夢生堂刊本

　　清徐爔撰。爔字鼎和，號榆村，吳江人。祖釚，康熙間舉博學宏詞，以詩詞著名。父大椿，長於醫，亦有文譽，所著樂府傳聲及洞溪道情曲,爲世傳誦。爔承其家學,通曉醫理,亦雅好詞曲。斯編爲爔所撰傳奇,乃爲所眷妓李秋蓉而作者。凡二卷十六齣,卷中稱余義,即爔自託。其稱李秋蓉爲尼靜元外生女,以秋蓉嫁廖氏爲妾,其人乃倡家,因流落爲妓。余集秋蓉傳稱尼鬻之於狹斜間,情節稍異。其秋蓉矢志嫁義,避之義友山陰人沈世雄家,爲沈妻義女,與俱之塞下。義後侍父入京,而秋蓉已死。據集所爲傳,收留者乃浙人潘某,是所演與本事不盡相同。蓋集傳乃紀事之文,據實録之;爔作乃傳奇,不能無所掩飾也。其稱“鏡光緣”者,乃爔初見妓時,妓方對鏡,爔云:“此鏡中花。”妓云:“或是鏡中緣。”因取以名劇也。卷首載爔自撰凡例,稱“傳奇十六齣,比諸小傳一篇。其登場另填三十二齣,已付梨園矣”云云。知爔所撰有二本,其三十二齣付梨園演唱之本已不傳,今惟行十六齣本。又云:“此十六齣,止生旦貼三脚色。其餘偶見,不成戲矣。此本原係案頭劇,非登場劇也。”按劇本之作,原以供演唱。後人謂不便登場者爲案頭戲,此品評之詞,非謂劇本有此一體也。爔乃目爲二體,使各別並行,此古今人詞曲中絶無之例,實不可爲訓也。

寫心雜劇十八卷
清乾隆間夢生堂刊本

清徐爔撰。爔有鏡光緣傳奇,已著録。是編爲爔所撰雜劇,凡十八種,皆自述之詞。曰游湖,記與姬人游湖泛舟事。曰述夢,記入東嶽帝君殿,自以死未可悲,欲留不返,而帝君以其陽算未盡辭卻之,醒覺乃知爲夢。曰醒鏡,記對鏡自嘲年邁事。曰游梅遇仙,記游開元墓,遇丐跛一足,即鐵拐李事。曰癡祝,記赴呂

祖廟燒香事。曰蠱談，記捉蠱殺之，蠱鬼來問事。曰青樓濟困，
記蘇州妓何媚娘與王蘭生訂好，已生一子，蘭生去久不返，燨賙
濟之。曰哭弟，記祭弟星燦事。曰湖山小隱，記游石湖遇范成大
示現事。曰酬魂，記平生醫人有死者，請僧普照追薦事。曰祭
牙，記六旬誕日，取所落牙祭之。曰月下談禪，記中秋節與四姬
賞月，以佛法喻之，四姬皆學佛事。曰問卜，記家中落問卜事。
曰悼花，記花落傷感事。曰原情，記與友人飲，友少年時所眷妓
二人來，皆年老龍鍾，因悟世情皆幻事。曰壽言，記七十壽辰陳
摶來訪，勸之入道，辭之，謂當從俗任化，仙不足羨。曰覆墓，記
嘉慶十年自營生壙訖，往按之。曰入山，記移居畫眉泉習靜事。
諸劇敘己事皆以生登場，直呼自名，在劇中為創格。燨家世清
華，晚年家中落，不能無感，故諸作雖多曠達之詞，以淡泊自持，
而亦追往事，歎暮景，騷楚之音亦流露於不自覺。蓋情動於中不
能已於言，而晚年疏放，終不肯為激烈之態，故其詞蕭瑟夷曠兼
而有之，雖非奇至之文，亦往往可誦。然戲曲扮演事實，貴乎波
瀾節次，燨諸作皆情節過簡，用於戲曲，殊不相宜。其名雖為劇，
實當以散套視之，然則何如竟作散曲也。

雷峰塔二卷

清乾隆刊本

　　清黃圖珌撰。是編題"峰泖居士填詞"，不出姓名，然卷首載
乾隆三年自序，私印文云"圖珌字容之"，知乃圖珌所作。其書二
卷，凡三十二齣，演許宣遇妖事。稱宣乃佛座前捧鉢盂侍者，謫
降塵俗，為許氏子。以父母俱亡，依姐夫李仁以居。偶游西湖，
遇婦人偕一雙鬟借傘，約為婚媾，贈以金使行禮。仁審其銀錠，

乃邵太尉庫中之物，疑其行竊，乃詣臨安出首。宣配蘇州，而婦
踵至，旅舍主人勸宣納之。已而宣游承天寺，所由見宣衣着乃周
將仕所失物，拘之。又配鎮江，依李仁父執李將仕者，爲之執役
於藥肆。婦尋至，宣又惑之。婦出金，使宣自置肆生理。一日，
宣游金山寺，法海喝之，指其爲妖所祟，宣頓悟。已遇赦返杭州，
海亦掛搭淨慈寺中，宣往求之。海乃命揭諦收妖，埋蛇土中，命
宣托鉢，建塔以鎮之。塔成，宣亦歸元生淨土云。所演與警世通
言所録白娘子永鎮雷峰塔篇無大出入。伶人按行，乃增益節目，
如宣子中狀元、祭塔等，皆非圖泌本所有，方成培又即通行本改
訂之。然白蛇故事演爲傳奇，自圖泌始。今通行成培本，而圖泌
本不爲世人所知。斯本爲看山閣原刊本，讀成培曲者不可不數
及此編也。

殘本如意緣傳奇一卷

舊鈔本

　　題"信天齋癯道人編次"。姓名無考。前載自序一首，署乾
隆壬寅，知作者乃乾隆間人。其本演小説喬太守亂點鴛鴦譜篇
所載孫潤與劉慧娘事，詞意工新，關目排場亦俱屬當行。惜此本
已不全，僅存"題略"、"賞春"、"問疾"、"延醫"、"問卜"、"强訂"、
"改妝"、"譎遣"、"病婚"、"姑陪"十齣，其事則止於孫潤代嫁、慧
娘伴嫂，計不及全本二分之一。按明沈璟有四異記，演孫潤事。
作者於自序中未提及四異，當未見其本。今璟曲已佚，不知與此
曲如何。然觀此本，其妝點描摹均有可取，必出能文之士，而自
晦其名，他書亦未有記録，幸賴此本存其梗概，是雖殘編，亦可貴
矣。其自序稱"人率性以成天之理，而命有以限之。孫潤與劉慧

娘得父母撮之於前，太守成之於後，兩人者不費一謀，安然遂其意，天之佑人如斯，亦命也夫。因感而有斯作"云。玩其語意，似其人情有所感而不得遂其志，因有是曲也。

一斛珠傳奇二卷

舊鈔本

按：此傳鈔本，未著撰者名氏。前載凌廷堪序，稱"余友程君時齋取曹鄴梅妃傳譜作傳奇，雜取少陵事附之，名曰一斛珠。歲在丙申，始屬草焉。時余在海上，時一過相商定。未二年，各以事他去。中間或離或合，然晤時必問是書。癸丑冬，余自京師歸，時齋始出定本見示。蓋至是稿凡八易，忽忽幾二十年矣。時齋將以付梓，屬余作序"云云。末署"乾隆五十九年甲寅同郡愚弟凌廷堪序"。廷堪校禮堂文集卷二十八亦載是序，唯序後署題不錄，其文字皆同。按時齋名枚，海州人。李斗揚州畫舫錄卷五載程枚爲海州板浦監生，長於詞曲，有一斛珠傳奇最佳。即此本也。廷堪籍徽州府歙縣，而生於海州板浦場，此序作於乾隆五十九年，是時廷堪尚寓海州，故自謂與枚同郡。廷堪博學嗜古，通曉音律，枚尤詞曲擅長。當乾隆庚子，兩淮巡鹽御史伊齡阿奉旨刪改古今雜劇傳奇，以黃文暘爲總校，而枚與廷堪皆任分校。枚斯曲創始丙申，尚在開館之前，而累易其稿，後十八年，廷堪始讀其書而序之，知其經營造作甚爲不苟，異於造次編成，供優伶之用者。此本凡二十齣，述梅妃事全本梅妃傳。唯云安禄山之亂，妃殉難，爲金衣仙子所救，居梅花庵，賊平與明皇團圓，與傳言死亂兵之手者異。其插入杜甫事，謂妃使高力士以千金懇杜甫作賦，甫不從，妃乃自爲樓東賦。按：傳云高力士畏楊妃勢，詭報曰無人解賦。

其後甫以獻三大禮賦賜狀元及第，授京兆府兵曹司户參軍。禄山之叛，甫奔靈武，授右拾遺，奉命赴軍，參房琯軍政，以車戰平賊，琯封王，甫拜同平章事，亦非事實。蓋曲兼寫梅妃與杜甫事，而傳奇多以美滿結局，不得不如此。至梅妃傳今本題曹鄴撰，實宋人所託。廷堪序乃引杜甫麗人行"楊花雪落覆白蘋"，以爲詩爲太真忮梅妃而發，楊則太真之姓，蘋則梅妃之名，怪説杜詩者不見及。此信梅妃爲實有，不免少疏。而枚初爲此曲，曾與廷堪商定，其牽合杜甫事，必因杜甫此詩無疑。則斯曲關目結構，實用廷堪杜詩之解也。至枚此劇，詞采俊逸，實可接元人之席。廷堪序謂"近時曲家未覿東籬、蘭谷之面目，但希青籐、玉茗之矉笑，折腰齲齒，自以爲工，得時齋此劇以藥之，庶幾其有瘳"。今讀其詞，知所評皆不謬。雖只此一本，而以少見長，勝於博而不精者，實不愧爲一作手也。

玉尺樓二卷
清乾隆刊本

　　不著撰人名氏。王國維曲録五録旗亭記與此曲，釋爲盧見曾撰。考清汪啓淑飛鴻堂印人傳，載朱夰館於運使盧雅雨署齋，月餘成玉尺樓傳奇一部，授之梨園，揚州人爭購之，於是有井水處莫不知有朱公放云云。則本夰所作，國維所記誤也。夰字公放，初名杏芳，字雲裁，歸安人。弱冠補湖州府學官弟子，有聲庠序。久困場屋，甲子後不再赴棘闈，遂改今名，字山漁，自號黃稗道人。嗜金石篆刻，尤精音律，能指析其毫芒，雖身落江湖，而名蜚京國。著有摹印傳、印律、山漁刻印稿、宮調譜等書，具見汪啓淑所作傳。斯編演沈韻與女子韓豔雪、馬停雲事，本平山冷燕小説,而參合他事,改易人名,攢簇新鮮,關目亦極緊湊。略稱臨安沈韻,鄉薦第一,與友翰林李旭及客宋信游於西湖。忽有白燕飛於前,韻詠詩云:"瑶光分影是耶非,故國何年換雪衣? 宜向梨花枝上宿,水晶簾動月中飛。"旭稱善,詩布於京華。左相韓嶽者,有女豔雪,閨中見白燕,爲詩云:"奇毛止許雪添肥,柳陌經過絮染衣。未必當時王謝種,日長故傍玉臺飛。"嶽賞之,納其詩於袖中。適被召赴玉津園宴,入座,則有白燕舞於殿前。上命學士賦詩,無當意者,李旭以沈韻詩進。嶽亦呈其女詩,上閲而嘉之,授女爲女學士,勑有司爲造樓,顔曰"玉尺",賜玉尺及金如意,尺以衡量人材,如意以擊臣民之擅上樓者。是時太尉黃鉞子雲,欲委禽於韓,以須考試,商之宋信。信意韓必以白燕命題,乃授以韻詩,使照寫。女先聞韻詩於父,知其攘竊,笑置之。雲遽登樓,女使婢以如意擊之,狼狽而退。太尉怒,乃劾女非真才,韓嶽欺君。上自命題,令内官偕太尉往試,諸作無不稱旨,更寵錫之,由是才名益著。韻挽李旭求婚於左相,相許之,命登第後來娶。是時有馬氏女停雲者,才貌與豔雪等,亦有白燕詩云:"不染梁塵迥出群,玉釵飛去影雙分。江邊鷗鷺無相妒,十二仙峰翦白雲。"詩題扇上,遺於路。韻拾得之,詢知爲停雲作,以還扇爲名,親詣其家,見女驚其美,欲並娶之,懼爲韓氏所知,乃詭云爲弟定親,已行聘矣。左相聞之怒。豔雪設計,密遣人與馬氏議婚期,及期,豔雪改裝稱沈韻之弟,親迎停雲於家。卸裝相見,結爲姊妹。太尉子聞停雲美,往刼之,已無及矣。已而韻中狀元,使李旭言於左相,請踐舊約。相以韻私娶馬氏,辭之,云已别贅馮雲爲壻,其才貌過韻遠甚。韻聞而愧悔,求一見其人。停雲乃易男裝出,復出白燕詩云:"瑶圃雙飛映玉壇,湘江雲影落坡寒。珠簾月下都相混,寄語凭欄莫誤看。"韻審其容貌字蹟,酷似停雲,大惑不解。旋知爲豔雪之計,乃更煩李旭求左相。相許歸二女,贅於玉尺樓云。

五虎記二卷　四友記二卷　三世記二卷
雙兔記二卷　度藍關一卷

清乾隆間刊漪園四種本

　　清禮親王永恩撰。永恩字惠周，康良親王傑書曾孫。永恩能騎射，雅嗜經籍，尤喜賓客，遇人甚厚，而己常不給，當時儒學名士如劉大櫆、姚鼐、王文治、朱孝純等皆與之游。論文以義法爲宗，詩亦澹遠清約。襲封康親王，後復烈王封號曰禮親王，卒謚恭。有誠正堂稿、律呂元音等書行于世。是編爲永恩所撰傳奇四種：曰五虎記、四友記、三世記、雙兔記，各二卷，標曰"漪園四種"。漪園者，永恩邸中之菉漪園也。五虎記大抵本隋唐演義敷衍，以秦瓊、尉遲恭、羅士信、王君廓、段志玄按：原書作元。爲主，故曰五虎。其記太宗放宮女事，謂時宮人有二韓氏：一題紅葉，出配李茵；一題詩置纊衣中，出配軍士。太宗感其事，因盡出宮人。二事非太宗時事，特借以點綴耳。四友記合元吳昌齡張天師斷風花雪月及東坡夢二劇爲一劇，云陳世英乃東坡轉世，丹桂降凡爲褚家女，即儋州女子。四友惱坡于前，又與桂有宿憾，故相率來戲弄之。後陳中狀元，與桂結婚。三世記演邵友梅事，本池北偶談，其第一齣家門滿庭芳曲，所謂"莫言三世無由，傳自貽上漁洋"者也。雙兔記演木蘭事，劇中辛平帥、王青雲，用徐渭雌木蘭替父從軍姓名，蓋即本是劇而加以敷演。末附度藍關一劇，演韓愈貶潮州，遇湘，驅鱷魚，及登仙事，乃八齣短劇。永恩際昇平之世，詩酒從容，負一時文藻之譽，間寄情聲律，亦風流自賞，其所詣雖未必與明之涵虛子、錦窠老人抗衡，要之文采志尚亦先後輝映矣。

玉燕堂四種曲

清乾隆刊本

清張堅撰。堅字齊元，號漱石，別號洞庭山人，金陵人，諸生。堅少工詩，受知於藩司鄂爾泰，選其詩入南邦黎献集。鄉舉屢薦不售，作江南一秀才歌以自嘲，因有“江南一秀才”之目。歷游齊魯燕豫，皆不得志，年八十三，卒於陝中。袁枚隨園詩話卷六，稱點定其集，録其見贈詩，及偶成“細雨瀟瀟欲曉天”詩一首於篇，以示標舉。徐孝常序夢中緣，則稱其客京師時，方開音律館，勸其應召，堅恥以伶官之事希榮利，竟不就，蓋亦名士之有守者矣。斯篇收所著傳奇四種：曰夢中緣二本，四十六齣，演明姑蘇人鍾心與女子文媚蘭、陰麗娟婚姻始末，前載自序，述其緣起，云感夢而作，蓋以自寓；曰梅花簪二本，四十齣，演明嘉靖時徐苞妻杜冰梅義烈事；曰懷沙記二卷，三十二齣，演屈原事；曰玉獅墜二卷，三十齣，演黄損、裴玉娥事，本馮夢龍情史。四種流傳，人稱“夢梅懷玉”云。其夢中緣爲少年時所作，久負盛譽，唐英爲九江關監督，召入幕，曾爲刊行。其梅花簪初出，爲金陵弟子購去扮演，易名賽荆釵，亦傾動一時。懷沙、玉獅後作，其事曲家皆先已採掇，然如鄭瑜汨羅江、尤侗讀離騷，皆據楚詞，皆用雜劇之體，堅乃鑄爲長編，與之角逐上下，而文字不相沿襲，其工力實不易得。梁廷柟藤花亭曲話卷三，稱其文詞光怪，全部楚詞檃括言下，爲曲海巨觀；又稱其玉獅墜“毁奩”一折，筆力可透紙背，亦非過譽。蓋憔悴江海，不合於時，唯以倚聲自遣，精力所注，唯在此等，固不同率爾操觚、勉强效顰者，宜其爲後人所傾倒也。

溫經室游戲翰墨二十卷

北平孔德學校圖書館藏稿本

　　清孔廣林撰。廣林字幼髥，山東曲阜人。廣林爲廣森之兄，精研經學，所著説經五稿共三十六卷，儀禮士冠禮一卷，皆闡釋禮經，用力至勤。又服膺鄭玄之學，輯鄭氏遺書爲通德遺書所見錄七十二卷。一生矻矻窮經，可謂敦樸好古之儒。斯編爲廣林晚歲所作劇本散曲，以之自娛，故曰"游戲翰墨"。其書自卷一至卷四爲東城老父鬥雞懺傳奇，事本唐陳鴻東城老父傳，凡四十二折，嘉慶十六年作；卷五爲璿璣錦雜劇，演竇滔、蘇蕙事，凡四折；卷六曰女專諸雜劇，演左儀貞事，本天雨花彈詞，亦四折，嘉慶五年作；卷七曰松年長生引，乃乾隆三十三年祝其母徐太夫人壽所作舊稿二折；自卷八至卷二十，爲令章散曲；又續錄一卷，則全書編次後一年所作，亦爲散曲。其最後北黃鐘刮地風二首，一記河南滑縣天理教匪之事，一記匪犯禁城，仁宗下罪己詔事。是時爲嘉慶十八年，廣林已六十有八矣。廣林幼即喜曲，讀臧懋循所編元人百種曲而好之。晚年親故凋零，所歷坎坷，遂專以詞曲自娛。而天性篤實，反復推敲，尤事苦吟，其東城老父傳奇，自嘉慶十年成書，至十七年稿凡十有四易，始寫爲定本，舊稿改者十之八九，其不苟如此。尤斤斤於曲律，每折皆自爲注解，詳引舊譜，比較前人文句而折衷之。自來曲家撰曲，未有計較毫釐，用力如是之深者。唯詞曲之妙出於性靈，廣林但墨守繩尺，而施之於文，往往不能暢其意。是以集中諸詞，除散套隨意吟咏，詞意稍顯外，餘大抵塞拙，以視桂馥後四聲猿殆尤甚焉。蓋經典、文學，判然兩途，自非天才卓異，鮮能並美。孔尚任爲廣林族祖，當康熙之際，以詞采風流，照映當時，其經學功力誠不得與廣林比，若

以桃花扇與東城老父傳奇衡論短長，則不可同日語矣。此雖風
會不同，亦才有以限之，斷不可勉强學步者也。

花間九奏九卷

花韻庵原刊本

題"花韻庵主人著"。考沈起鳳報恩緣等傳奇四種，爲石韞
玉所刊，其卷首所附樂府解題四首，署花韻庵主人，勘其板式，與
此本全同。韞玉詞集有花韻庵詩餘，在獨學廬二稿中，知即韞玉
曲也。韞玉字執如，號琢堂，吳縣人。乾隆庚戌恩科進士，以一
甲一名授翰林院修撰。歷官四川重慶府知府，山東按察使。告
歸，曾主蘇州紫陽書院，入揚州書局校勘全唐文。以道光十七年
卒，年八十二。按：見陶澍撰墓誌銘。此集爲韞玉所編雜劇九種：曰
伏生授經，演晁錯受尚書於濟南伏生女事；曰羅敷採桑，演秦氏
女羅敷採桑拒趙王使者事；曰桃葉渡江，演王獻之納桃葉爲妾
事；曰桃源漁夫，演武陵漁夫向陶淵明說所遇桃源人家事；曰梅
妃作賦，演唐明皇江妃寫樓東賦進呈事；曰樂天開閣，演白樂天
年老放侍姬樊素、小蠻，樊素獨留事；曰賈島祭詩，演賈島受知韓
愈，爲僧還俗，除夕祭其詩，與孟郊、李賀同享餕餘，愈舉爲長江
尉事；曰琴操參禪，演東坡宴西湖，喚妓女琴操承應，與共游僧
寺，坡說法，琴操參究，僧參寥證明，妓因悟道出家事；曰對山救
友，演康海救李夢陽干劉瑾事。皆一折雜劇。其桃源漁夫不能
方尤侗之桃花源，梅妃作賦亦甚遜陳枚之一斛珠，蓋情文並簡，
少所安排，特文人消閒餘事，非當行之作也。

軟羊脂二卷

舊鈔本

　　題"闕里補閒齋蜨庵填詞"，"梁溪辟疆園湘槎參訂"。不著
名氏。考闕里孔氏私鈔載孔傳鋕字振文，號西銘，別號蜨庵，襲
五經博士，著有補閒集二卷、清濤詞二卷。知蜨庵乃孔傳鋕別
號，傳奇即傳鋕所作也。是編演李兆騫事，以軟羊脂玉杯爲關
目，而攢簇新鮮，關目亦屬緊湊。略稱絳州人李濬業骨董商，子
兆騫已游泮，甚有文藻。濬有玉杯曰軟羊脂，爲友人阮思顯見
之。時河東防禦使完顏蓋有女曰蕊瓊，嗜古玉，防禦鍾愛之。思
顯欲有以媚防禦，乃導濬與防禦交，以弈召濬入府，留三日不出。
使報兆騫，謂父賭棋敗，所負甚鉅，須以軟羊脂玉杯爲抵。兆騫
言須見父乃出杯，則釋濬而質兆騫，拘之園中，指爲盜以求杯。
蕊瓊適游園，見生悅之，私訂約，贈金使應舉，乘夜縱之出。防禦
不甘，使巡兵僞爲盜，入濬家搜括，刼杯以去。然所得他杯，其
真者已爲兆騫攜至京，防禦不知也。防禦既得杯，以賜女。女不
義父之行，又念生致疾。先是女母鐵里氏入京，省其兄樞密和
思，留女侍父，至是託思母甚，防禦乃送之至京。京師正陽門外
骨董商洪礦者，與李濬友善，其人乃大俠。時順宗爲靜江王，懼
燕帖木爾見害，匿礦肆中。兆騫以礦介謁帝，帝以所憂告，兆騫
乃設計布流言，云帝星照礦肆。燕帖木爾果疑，自來搜之。兆騫
以礦所蓄徐夫人匕首刺死之。順宗即位，賜兆騫狀元，拜樞密學
士。濬失杯，訴於太原帥張珪，收防禦，削其官。阮思顯入京營
救，至則新主立，兆騫已貴。阮念非兆騫無可解救者，乃身爲媒，
合李氏與完顏氏之好。兆騫喜，出真玉杯爲聘，擇日娶蕊瓊。防
禦藉壻力，得復官如故云。劇中南北曲詞諧暢者多，雖不盡純

粹，然大致出於自然，非專以堆砌爲工者。以方孔尚任桃花扇似不足，然較孔廣林温經室游戲翰墨諸作，則遠勝之矣。

青溪笑二卷

原刊本

題“蓉鷗漫叟填詞”。前載自序，稱“性愛填詞，往往爲小樂府。稿甫脱，即爲人持去。己未秋客白門，羈邸無聊，取青溪近事之可供談噱者各填一曲，共成十六曲，總名曰青溪笑。言情叙事，無所虚僞”云。其諸家題詞有孫星衍，有仲雲礀，必與仲孫爲同時之人，然不著姓名，不悉爲何人。其書上卷收八劇，曰贖雛鬟司業義捐金，曰棄微官監州貪倚玉，曰桃葉渡吴姬泛月，曰海棠軒楚客吟秋，曰謝秋影樓上品詩箋，曰王翹雲閣中擲金釧，曰解語花浣溪自歎，曰侯月娟贈蝶私盟；下卷收八劇，曰紗帽巷報信傷春，曰牡蠣園尋秋説豔，曰排家宴四美祝花朝，曰勸公車群賢爭雪夜，曰鵝群閣雙豔盟心，曰田雞營六姬識俊，曰莫愁湖江采蘋命字，曰鷲峰寺唐素君皈禪。皆一折短劇。所譜多金陵妓女之事，而邊幅既狹，詞亦未能暢茂。其前有“標意”一章，每劇自爲序解，然亦飾詞，無關宏旨。自序又稱嘗作聯珠記、夢瓊圓、金帶圍、渡花緣傳奇數種，是所編傳奇甚衆，今唯存此青溪笑一集，其他則不可覩矣。

後四聲猿散套

清嘉慶甲子刊本

　　清桂馥撰。馥字東卉,山東曲阜人,乾隆五十五年進士,選雲南永平知縣,居官多善政,嘉慶十年卒於任,年七十。馥博涉群書,尤精小學,所著説文義證、札樸等書,俱盛傳於世。是編乃馥撰雜劇四種:曰放楊枝,譜白居易遣家妓樊素事;曰題園壁,譜陸游游沈園與出妻唐氏相遇因而題壁事;曰謁府帥,譜蘇軾爲鳳翔判,不見禮於府帥陳希亮事;曰投圂中,譜李長吉殁後,詩稿爲其中表所毀事。皆一折。中放楊枝、謁府帥二本爲北曲,其題園壁、投圂中二本皆用南曲。馥以老師宿儒,孤宦天末,暮齒窮年,猶蕞爾一令,沈埋下僚,抑鬱不伸,故取古之賢哲軼事以自況,其境可悲,其寄託感慨亦足以增人惆悵。雖經師製曲,未必當行,而憔悴行吟,實爲詞林掌故,爲劇曲生色,固當因其人而重其書也。唯陸游題壁一事,兒女之感,無關升沈,馥乃以之入曲,疑非偶然。王定柱序稱此劇之作,意於戚串交游間當有所感,而先生曰無之,是其事馥不欲明言,後人亦不能以懸揣得之。至四曲科白完整,本雜劇之體,題以散套,實爲不妥。今附定其誤,仍以原名著録,庶不失其真云。

寬大詔一卷
清嘉慶刊本

　　題"涂陽嘯岩居士填詞"。前載嘉慶二十年王祁一序,稱"吾
友王嘯岩先生弱冠游庠,名噪一時。先君宰榆次,始識之。屢困
場屋,鬱鬱不得志,晚年悟道,習性命之學"云云。據此知作者姓
王,乃諸生困厄不得志於時之人,嘯岩蓋其號,其名字則無可考。
斯編爲四齣雜劇,演陸賈諭降南越王趙佗事。其事甚單簡,詞亦
近乎,無甚可稱。祁序又稱"余筮仕中州,與嘯岩相同數載。其
負病時,猶復以持身律己諄諄相勉。言猶在耳,而良友不再覿,
覓其遺稿,得寬大詔一書,知吾嘯岩以陸賈自喻。其抱負不凡,
惜乎其不得志也,遂爲校刻云。"則此本即祁所刊。其書衣題澹
雪齋外集,或祁所刻尚有嘯岩詩文集歟。

歲星記二卷　奇酸記四卷
永報堂下集本

　　清李斗撰。此爲斗所撰傳奇二種。歲星記演東方朔事,凡
二十四齣。謂朔爲東方歲星降凡,妻細君乃晨星降凡。大抵本
東方朔外傳敷演,亦間取偷桃記,而史、漢所載朔事,亦分別掇
取,點綴其間。據卷首嘉慶九年自序,稱"癸亥冬,東園主人倩予
製灯戲,因作歲星記,次年演於園中"。則本爲元宵節宴而作,用
作奇賞,不必核實也。奇酸記演金瓶梅事,除開端楔子外,凡分
四折,每折六齣。其第一折曰梵僧現世修靈藥,第二折曰內相呈
身啟秘圖,第三折曰邪尼種子授奇方,第四折曰禪師下山超孽

業。其設事綱領，不盡依小説，關目稍嫌不清。又曲白全用小説
中語，取其口吻逼肖，詞意切合，用意固甚善，然斗南人，不嫺山
東土語，以有意裝嵌，有時反覺生硬，未臻渾融，是其所短。故所
作以事言，不如鄭小白金瓶梅之實，而詞采勝之；以文言，則以俚
語入曲固是上乘，然不如徐坦庵拈花笑之圓轉流利。蓋一則以
人工鬥巧，一則出以自然，離朱罔象，其間固大有區別也。

漱玉堂三種傳奇
國立北平圖書館藏稿本

　　清孫郁撰。郁字雪崖，直隸大名人。是編爲郁所撰傳奇三
種：曰繡幃燈二卷二十齣，演浙人費隱公設策醫妬婦淳于氏事。
李漁無聲戲小説載其事，此全本之，第一齣“談概”所謂“稗翁稗
史天下聞，無聲戲作有聲戲”者是也。曰雙魚佩二卷二十四齣，
演蘇州人柳應龍與女子花想容相悦。其戚奚氏兄弟忌之，屢設
計陷害，而反以福之。如：戲擬試題云得關節，而柳生果以其題
中式；僞爲情書欲間阻婚姻，而女父反嘉生之拒約不赴，竟以女
許之；戲爲捷報，而生竟掄元。以生會試及第，娶花氏女及妓女
喬衣雲結束。其事無所本。其曰雙魚佩者，則生夢與花氏女相
會，各出所佩玉魚爲贈也。曰天寶曲史二卷二十八齣，演明皇
事。取太真外傳、梅妃傳及雜書小説所記當時遺聞，攢簇成編。
如虢國夫人入宮、李白承制作樂章、旗亭畫壁、雷海青死節，以及
道士晤貴妃於仙山事，皆譜入曲中。綜其關目，與同時錢塘洪昇
所作長生殿大致相同，而知之者少。至繡幃燈與沈起鳳伏虎韜
同演一事，而其本先於起鳳者將及百年，且其規模排場亦極相
似。雖其人不著，其詞亦尚非二家之比，要亦言清代傳奇掌故者

所宜知也矣。

苧蘿夢一卷　紫姑神一卷
維揚夢一卷
清道光三年刊北涇草堂外集本

清陳棟撰。棟字浦雲，會稽人，諸生，績學不遇，歿後，門人
周之琦爲刊其集於成都，此雜劇三種入外集，皆四折。苧蘿夢演
書生王軒感遇西施，郭凝素聞而悦之，泊舟浣紗石畔，冀有所遇，
乃遇東施。紫姑神演魏子胥侍妾阿紫爲子胥婦曹氏所虐，死爲
紫姑神事。維揚夢演杜牧客揚州，爲使主牛僧孺所重。牧夜出
狎游，僧孺輒使州將暗中維護之。其後牧舉進士，授御史，至洛，
僧孺亦謝政居東都，牧往過之，而先所眷揚州妓紫雲在。僧孺知
其情，即飾紫雲送於牧。玩三劇詞意，皆寄慨之作也。

殘本玉勾十三種十二卷
原刊本

不著撰人名氏。前載書後一篇，署“東城旅客”。私印二：曰
“玉勾詞客”，曰“三讓王孫”。其書後直錄余澹心聞歌記一文，及
叙自作，則云：“今錄太平樂府，恨不得知音識曲、風流跌宕如諸
先輩者一序之。”度亦清中葉人矣。斯編板心上題“太平樂府”，
而每卷標目作“玉勾十三種”，自第一種至第十二種皆完整，唯缺
第十三種。其第一種曰換身榮，演戰國時蜀人鄭袤變女見幸於
蜀王事；第二種曰天降福，演漢宣帝時平陽人荀賓妻宮嬪母王

氏,躋顯貴事;第三種曰世外歡,演三國時蔡瑁妻趙嬈孫女,貨殖致富,不求仕進事;第四種曰秦州樂,演李金源以義姊李氏入宮得幸,官至秦州刺史事,不明言何代;第五種曰成雙譜,演元魏時鄧州人李冲娶姚素娥,上書授都督,敗南軍事;第六種曰樂安春,演徐紇事,不詳何代;第七種曰生平足,演北周時李遷哲及子李奇事;第八種曰萬年希,演隋煬帝時柳習事;第九種曰鬧華州,演唐德宗時李忠臣子李國士敗叛兵於華州事;第十種曰臨濠喜,演五代時劉崇俊事楊行密爲濠州知府事;第十一種曰人難賽,演宋真宗時張耆事;第十二種曰三多全,演明趙輝事,謂輝乃太祖之壻,歷十朝至嘉靖時猶存。所記不根史實。其劇中諸人雖皆歷貴顯,然多醜行可鄙,似爲憤世譏俗之作,然詞意隱晦悠謬,究不知其是何用意也。

味蔗軒青燈新曲二種
清道光刊本

　　清黃治撰。治字今樵,台州人,始末未詳。此編所載二劇,一曰雁書記,四折,演蘇武事;一曰玉簪記,亦四折,演明武宗與寵妃劉氏事,與明高濂玉簪記名同而事異,與清李漁玉搔頭事同,唯一爲傳奇,一爲雜劇。據其自序,稱"二劇於道光乙未與兄壼舟泊淮揚時所作。客中各拈二事爲燈劇,兄得蕭史、柳毅事,而余得蘇武、明武宗事"。是其兄弟並能曲,治此二劇,由其門人襄平李鉥刊於京師,而其兄作則不知其名目。此本末載李鉥跋,述治語,謂其劇"五日而成,中或疏略,如繡帶兒以下係正宮,即不用隔尾,亦宜標以過宮名目。以將有閩海之行,無暇及此,屬鉥審定之"云云。今按鉥所言在玉簪記第三折,此折繡帶兒以下爲白練序、醉太平、尾三曲,宫調不同。鉏自以不知曲,未爲修飾。又據鉏跋,則雁書記首折當時燈節曾演之。其他無聞云。

喬影一卷
清人雜劇二集本

清吴藻撰。藻字蘋香,號玉岑子,仁和人,著有花簾詞、香南雪北廬集。斯編爲藻所撰雜劇。託名謝絮才者,以身爲女子,雖懷奇抱異,而閨閣銷聲,不得與鬚眉男子馳逐名場,抑鬱無聊,乃懸所寫飲酒讀騒圖於書齋,易士人衣冠,以酒酹之,感憤傷懷,謂屈平遜世尚留身後之名,今爲女子實不得與屈平比云云。考藻曾製飲酒讀騒圖,一時詩人多題詠之,則劇之作實藻自喻也。梁拱辰兩般秋雨盦隨筆,稱藻父夫俱業賈,兩家無一讀書者。據此知藻以閨中翹秀而適非其倫。觀其劇詞意,感慨悽涼,幾若乏生人之趣者。則其牢騒失意,當無可如何之時,抒情寄恨,唯有託之詞筆,劇中女子名謝絮才,殆亦"天壤間乃有王郎"之感也。施淑儀清代閨閣詩徵略八引杭郡詩三輯吴藻小傳,稱藻嘗寫飲酒讀騒圖,自製樂府名曰喬影,吴中好事者被之管絃,一時傳唱,幾如有井水處必歌柳七云云。則藻此曲當時按行,流布極廣,雖其詞尚未能臻雄健,而以女子得此,亦非易易矣。

逍遥巾一卷
舊鈔本

清湯貽汾撰。貽汾字雨生,常州人,道光間官靈邱路都司。

先是,貽汾官嶺南,以逆匪祝現等通緝多年,久未弋獲,乃易道士裝私訪,詭姓名曰易一仙,字貝水。嘗遇道士江瀛濤,以梅花衲及逍遥巾贈之。至是移靈邱,會以事之蔚州,縣尉徐廣緒與貽汾相傾慕,而未嘗謀面,惡主客禮煩,乃用黄冠舊名,巾衲訪之。既相見,詩畫報贈,留飲甚歡,而廣緒固不知爲貽汾。其厨役靈邱人,識貽汾,私以白廣緒,乃相與大笑,定交而别。臨歧,以巾贈廣緒。既歸,作劇,即以逍遥巾爲名。貽汾有自叙,記其始末甚詳。是本爲四折雜劇,目曰尋春,曰卜夢,曰衲訪,曰巾盟,而冠楔子一首於前。以個人登場,與徐燨寫心雜劇之體同。貽汾武將,而儒雅風流,長於詞翰,所作尚有劍人緣傳奇,姚燮今樂考證著録十録其目,上元孫雨霖雙紅豆閣詞卷三題劍人緣傳奇,有乳燕飛詞四首詠之,其第三首注稱其劇拜月一折,有"梨花飄"一曲,情文雙美,玩其詞意,乃兵戈兒女之事,其本未見。今傳逍遥巾雜劇,其文采猶可見一斑云。

江梅夢一卷　曇花夢一卷
圓香夢一卷　斷緣夢一卷

清道光壬辰刊藤花亭十五種本

清梁廷枏撰。廷枏字章冉,廣東順德人。此所作劇本四種,曰江梅夢、曇花夢、圓香夢、斷緣夢,皆四折雜劇。江梅夢演明皇妃梅妃事。曇花夢演毛奇齡姬曼殊事。圓香夢演莊生與珠江姬李含烟情事。莊以舉人赴京應試,夢李死。急歸,則果死矣。因爲寫經超度。後李降乩與生對答。似是實事,唯諱其真名姓。斷緣夢則託嶺南人高仰土與珠江妓陶四眉夢中相會,其緣空幻,故曰"斷緣"。自序謂"秋試新返,客履絶稀,枯坐短檠,若有所感憶,輒爲斯编"。蓋以秋試赴<u>羊城</u>，曲中偶有所眷，試罷歸來，感而爲此，實自寓也。<u>廷柟</u>負才名，著作甚富，所作藤花曲話二編，專論南北曲，雖鮮精義，引據亦稱繁博。<u>嘉應李黼平</u>序其藤花亭十五種，亦稱其"著作粲然，成童即工製曲"，似<u>廷柟</u>亦深於此道者。乃觀所製曲，殊非當行，其<u>江梅夢</u>末折用九轉貨郎兒，蓋繼<u>洪昇長生殿</u>而作，而嘽緩之音不堪卒讀，信其才力有限，不足以方駕前人也。<u>廷柟</u>初作<u>江梅</u>、<u>曇花</u>、<u>圓香</u>三劇，皆以夢名，其師<u>李黼平</u>謂宜更添其一，爲"小四夢"，遂作<u>斷緣夢</u>應之，今坊肆猶稱"小四夢"云。

玉田春水雜劇[①]

清道光間刊本

　　清<u>張聲玠</u>撰。<u>聲玠</u>字<u>奉玆</u>，一字<u>玉夫</u>，又字<u>潤卿</u>，號<u>蘅芷莊人</u>，舉人，官<u>元氏</u>知縣，有蘅芷莊詩文集。是編爲<u>聲玠</u>所編雜劇，標曰蘅芷莊人外集，凡九齣，每齣演一事：一曰<u>訊盼</u>，演<u>梁吉盼</u>以父置吏議，請代父死，廷尉<u>蔡法度</u>嘉其孝而釋之。二曰<u>題肆</u>，演<u>南宋于國寶</u>題詩得官事，與<u>徐坦庵賣花錢劇</u>所演爲一事，而情節較簡。三曰<u>琴別</u>，演<u>南宋</u>琴師<u>汪水雲</u>自<u>燕南</u>歸，宮人<u>陳真淑</u>等十三人餞之於<u>梁家園</u>，賦詩贈別事。四曰<u>畫隱</u>，演<u>宋趙孟堅國</u>亡不仕，以畫自娛。弟<u>孟頫</u>應召授官，給假歸里，<u>孟堅</u>痛責之，弟抱慚而去。五曰<u>碎胡琴</u>，演<u>唐陳子昂</u>入上都不遇，有客賣胡琴，索價百萬，<u>子昂</u>購而碎之，因稱"文筆不爲人知，何屑樂工之事"，由是知名。六曰<u>安市</u>，演<u>薛仁貴</u>征<u>高麗</u>事。七曰<u>看真</u>，演<u>宋党進</u>命畫工畫

---

①編按：今所見<u>鄭振鐸</u>輯清人雜劇二集所收<u>清道光</u>二十四年賜錦樓藏板蘅芷莊人外集，此編題作"<u>玉田春水軒雜齣</u>"。

像事。八曰游山，演謝靈運游山開路，人驚爲盜事。九曰壽甫，演賀知章等八酒仙慶杜甫生日事。中唯壽甫一齣爲幻設，餘悉有所本。

絳綃記一卷

鈔本

清黄燮清撰。是編所演乃聊齋志異卷八所録西湖主事，分八折記之，曰“龍游”，曰“蛟變”，曰“遇獵”，曰“題巾”，曰“玩巾”，曰“尚主”，曰“探營”，曰“蕩寇”。關目大抵本聊齋而略有變動，如劇中陳弼教，聊齋但稱其曾爲副將軍賈綰記室，舟行經洞庭有救猪婆龍之事，以下專記弼教遭遇，不復及賈綰；此劇則稱賈綰奉旨討楊幺之孫楊蛟，軍校射猪婆龍，弼教救之，既而兵敗舟覆，弼教飄流著岸，因遇公主成婚，公主助平楊蛟，其饋食婢阿念復有探營之功，凡所設諸事，皆係增出，聊齋所無。又聊齋弼教與公主婚後尚有歸家致富生子，及友人梁子俊宦歸過洞庭遇弼教贈金等事，劇亦不採。蓋增征寇事所以救場面之冷，而聊齋弼教與公主婚後諸節，一一納之劇中，則關目殊不緊凑，此則文各有體，詞人翦裁運用不必盡同，亦不關小説之得失也。聊齋諸篇清人譜爲曲者不下十餘本，然不過勉强爲韻文，庸沓猥瑣，不足與小説並駕齊驅。燮清詞曲名家，負一代作手之名。此劇詞意警新，超然絶俗，其裁製不盡襲聊齋，其意境亦非聊齋所能掩，且自來無刊本，殊堪寶貴，今亟爲著録。倚晴樓曲只傳七種，得此而八，世之稽燮清著作者，亦有所資取焉。

生辰綱不分卷

上海涵芬樓藏清道光鈔本

　　按：此本不見各家著録，其末題云"金蕉雲編"，而書爲道光五年鈔本，蓋即道光間人所作也。其本演水滸傳晁蓋取生辰綱事，而分爲四節：一曰英雄迫，演林冲詣梁山濼入夥，爲酋王倫所忌，限其三日内刧殺一人以難之。已而楊志至，二人武藝相等，倫欲並留之以抑冲，而志不肯留，辭去。志入京謀復官，不如意，賣刀於市，與無賴牛二爭，因殺之。凡四齣爲一節。二曰雙雄鬥，演楊志配北京，留守梁中書奇其貌，因校閲，使與周謹、索超鬥將，用爲軍校。會中書爲蔡京賀生辰，即使志押寶貨以行，而晁蓋等遂謀刧之。凡三齣爲一節。三曰漁家樂，演公孫勝、劉唐等集會，使吳用説三阮於石碣村。凡三齣，亦爲一節。四曰七星聚，演公孫勝、吳用、晁蓋等七人與白勝謀，使勝僞爲酒販，於途中誘楊志飲。志中毒昏迷，因而刧之。七人者懼罪，因入水濼爲盜。亦三齣爲一節。按此本所演以刧生辰綱爲主，只是一事，既非如四節等記容納四事，似不必分立四目。然清初如四大慶雖分隸四節，實則一事，明人刊王實甫西廂記亦判斷爲四目，則又不必以形式責之矣。

三義節傳奇不分卷

清道光二十年庚子鈔本

　　不著撰人名氏。大意謂河南汝寧人姚燕，字世龍。燕以清明掃墓，遇二龍山盜魁梁彥章，奇其相，約爲兄弟。梁以珠串贈姚,而串本徐太師家中物,彥章刼得之者。有羅應者至姚燕家見之,因指姚爲賊黨,引役捕之。獄定,擬斬,解京。羅又與妻馬氏定計,引姚妻楊氏入山,將殺之。虎驟至,負楊而逃,至山西,有楊天榮者救甦之,與結爲兄妹,而使楊氏撫其女繡蓮。羅應乃入據姚之室。姚子寶童生數月,即撫爲己子,易名羅秀成。及長,中進士,巡按山西。楊氏來訴冤狀,子母即相認。姚燕至京,臨刑,爲梁彥章所救,旋受撫爲山西總兵,燕留居幕次,至是亦來相見,於是一家團圓。其羅應夫婦,使人詐迎至署,數其罪。寶童則與楊天榮女繡蓮結婚云。劇後半極似白羅衫傳奇。

桂香雲影樂府一卷
刊本

題"秋綠詞人填譜",不著名氏。前載鷗夢詞人序,署"柔兆敦牂序於珠湖小滄浪館",知序作於丙午歲,亦不知何朝。斯編記山陰人汪夢桂以省試之杭州,偶游湖上,遇妓女劉桂雲,驚其佚麗,詢知妓家住吳山脚下十五奎巷,因訪之。桂雲贈金牌,汪以白玉和合報之。已而倭寇告警,生獻策於朝,授元戎。桂雲避亂山中,心不能忘生,託顧老蹤跡之。顧老行至滻墅關,爲官兵所遮。汪鎮淮揚,亦遣家將往迎桂雲,而輾轉傳誤,亦竟不能得。生思之甚,乃摹擬其容,爲桂雲寫一像,題曰"桂香雲影"。其夜桂雲入夢,自此杳不相知。劇凡八折,乃雜劇之體,其設事當爲自寓,而不知其人。鷗夢詞人序稱"秋綠詞人司馬題橋,士衡入洛,往往攜花入座,擲果盈車,將爲打槳之迎,復動棄纁之想。乃中途多梗,好音不傳,登雲有梯,補天無路,此恨緜緜,爰引商刻羽爲此劇"云,雖隱其人,而所敘情事甚明。其序作於丙午,考有清一代,康熙、乾隆、道光、光緒四朝均值丙午,疑此丙午乃道光二十六年丙午,所記兵事乃鴉片之役,倭夷即英吉利之託詞也。

秋聲譜三卷
清咸豐刊本

清嚴廷中撰。廷中字秋槎,雲南宜良人。是本首載周樂清序,稱"秋槎二兄,地毓昆明,家承屛翰",其末有朱蔭培跋,則稱"秋槎才名馳海內,顧淪落天涯,吞花卧酒,消耗壯心,良足慨歎"云云,皆不著其行蹟。考上元孫若霖雙紅豆閣詞二金縷曲注,稱"嚴秋槎滇南人,著紅蕉吟館詩集,任山東萊陽丞,歷權七縣事,有政聲,上官欲擢用之。一日辭官去,過揚州,留一載。今歲來金陵,與余一見如舊識"云,知其曾爲萊陽縣丞。又卷三杏花天影注云:"十月與秋槎游紅板橋。秋槎行將歸滇南,向後此會,恐不易得,不覺惘惘有惜別之意。念秋槎萬里歸程,歲除尚未能抵家也。"知廷中棄官曾游揚州、江寧,由江寧南返。考廷中序若霖此集,在道光十七年,序稱"丁酉與若霖遇於白門",則若霖詞中所記,皆道光十七年之事。此秋聲譜載廷中道光十九年己亥自序,稱"故山歸後,忽忽寡歡,落葉秋聲,助人淒惻。秋以聲爲譜,吾因以秋爲譜"。則廷中所譜三劇,乃道光十八年歸家後所撰。而其咸豐甲寅後序,復稱"昔里居製秋聲譜。壬子冬在萊陽,寄正於周文泉刺史。甲寅秋以事赴萊州,則已付之手民矣"。考光緒山東通志六十五職官表,載樂清以道光三十年任披縣知縣,咸豐八年卸任。是樂清爲刊此編,正其任披縣知縣之時,與廷中所記合。然則廷中於咸豐初復返萊陽,其是否還任,則不可知矣。

斯編乃廷中所編三劇：一曰武則天風流案卷，只一章，謂則天死後爲冥官，典女鬼，上官婉兒副之，所斷爲趙雲娘等六案，皆怨女思婦，一一判斷之。其文憑虛架設，無實事可指。二曰沈媚娘秋窗情話，亦只一章，演揚州妓沈媚娘因兵亂避地至山東茌平，常州舉子商金錫應試北上，遇之，與款談訂好。其情節亦甚簡。三爲洛城殿無雙豔福，凡四齣，演唐閻朝隱奉大帝及武后命典試，考取名士才女。朝隱受來俊臣、傅游藝之託，取其子女入選。已而太平公主、上官婉兒奉旨磨勘，知朝隱主試不公，乃擢男子蔣文、女子盧梅仙等高第，使以次婚配。其女狀元花冠芳，選爲豫王旦次妃。閻等舞弊，各罰金助鑄天樞云。三劇皆爲女子而發，而末劇以刺科場之弊，尤爲顯然。蓋亦尤侗李白登科記之類，而用意不同，風格亦不相似，蓋彼爲才子吐氣，而此則側重女流也。廷中諸作，大抵詞多於事，邊幅稍狹，在詞曲中未爲能手。然廷中詞章文采，頗爲一時所重，雖薄宦沈淪，而風華自著。斯編洛城殿曲後有字一行，曰"鏡波李菱娥正譜"。據孫若霖雙紅豆閣詞所附小注，知菱娥乃廷中之妾，能歌，工文墨，其字曰鏡波。按：見卷二金縷曲、卷三雙調望江南小注。斯其豔冶風流，亦不下於姜夔章之小紅低唱矣。

一合相二卷

鈔本

題"萊涇居士填詞"，"蔣山樵者評點"。考王國維曲録載邱園一合相一本，明沈自晉南詞新譜所録徵引曲目清笠閣漁翁評曲目，並有沈君謨之一合相，是一合相有沈君謨及邱園二説。曲海提要卷二十八録一合相，據其解題乃演方孝孺及女瑤草事，云近時人作，亦不言何人。此鈔本一合相一名破鏡圓，所演乃元時尤雲與余佩珊兩世姻緣事，與曲海提要所記不合，提要所錄如爲邱園所作，則此本非邱園之一合相明甚。按曲海提要本係鈔本傳奇彙考改題。鈔本傳奇彙考目有邱園一合相，無沈君謨曲。又南詞新譜卷十八引沈君謨一合相中二鶯兒一曲，不見此本，知此本亦非沈君謨所撰曲。而此本卷末有不署名七律一首，後載識語云："右題一合相傳奇七律一首，久未錄出。今少雲丈已宿草矣，撫今思昔，悵然於懷。丙戌立冬日補鈔並識。"據此題似作者字少雲，其姓名里貫均無可考，殆邱沈以後人所作，乃又一本歟？略稱浙松陽人尤召者，元至正初官左樞密，第二子雲幼聘德清余太保女名佩珊。太保方致仕家居，雲奉父母命回家就婚，贅於余之家，夫婦和睦甚，誓世世爲夫婦。久之佩珊病垂危，屬雲再娶，雲矢守誓言。請以妹佩玉代，亦不可。珊竟請於母，母憐而許之，而珊竟不起。初雲父召以耶律珠在山左擾民，奏撤之。珠附權相帖木不花，復得擢用，將復仇。值召夫婦卒於京邸，乃逮雲兄弟之留北者，知雲在德清，使校尉跐緝，亦就逮，兄弟四人並下大理寺獄。大理寺掌刑官脫脫材與雲父同年，知事急，假巡夜爲名，領雲兄弟出城，並縱之逃。方雲之就逮北上也，太保夫婦皆悔婚，將以佩玉適富紳王氏，而玉堅不可，抱石投於水。處州聞妙庵尼濟道救之，收爲弟子。是時天下大亂，吳會數被兵，明祖已定金陵，雲應試中進士。上以劉基言，以雲爲平吳大都督，使討張士誠，平之，奏凱於朝。虞廷者，官司農，女壽媛，自記前生，云爲余氏女，尤氏婦，必得雲乃嫁之。上知其事，強令行聘，雲不敢違，然心念佩玉，乃請假省墓，將過德清而問焉。至則余氏之室已墟，太保夫婦已不知所往，聞佩玉爲尼，遄往訪之，請踐舊盟。而佩玉向道志堅，無復世情，斯須雲霧坌繞，揮手令去。雲悅然自失，知無如何矣。於時虞廷夫婦將女詣杭，召雲行婚禮於西湖之上。卻扇之夕，雲試誦舊詩，詭云新作，以覘其異。乃云此是當年定情之作，何云新句。雲大爲驚異，始信兩世姻緣不謬也。已而壽媛復訪玉，以姊妹禮見，約同歸，不可。雲乃以玉事奏聞，上嘉其志節，詔有司立坊旌之。雲年四十，佩玉來賀之，時已得道云。此本卷首載王世貞尤雲傳一文，爲是曲出處。曲文殆全本之，無所更易，唯雲就逮時，佩玉以錦囊贈詩，劇出"三生夙因未遺忘"一絶，乃王傳所無云。

如夢緣傳奇二卷

清同治十一年鈔本

　　清陸和鈞撰。和鈞字伯和，舉人，杭州人。是編演聊齋志異所載連瑣事，凡三十齣。以本傳有"十餘年如一夢"之語，即取以名劇。前載咸豐十年庚申和鈞自序，稱"東坡謫居黃州，喜人說鬼。僕十餘年來客處都門，窮愁之況，殆更勝於東坡在黃州時。當夫斗室婆娑，孑影自弔，無論覓一說鬼之人杳不可得，即欲如聊齋志異中最劣最下之鬼庶幾伴我於無憀，亦莫我肯來。然鬼棄余，余何棄鬼哉？於是借其陳跡，譜我新聲，題曰如夢緣，亦借以自況云。"其自敍如此，詞意悱惻，增人惆悵。其後有同治間金陵傅遇昌一序，記其鈔是本始末，謂和鈞撰是劇，尋鬱鬱以死。是其窮途落魄，區區說鬼，不啻文字之讖，尤爲可痛。聊齋志異自乾隆以還，詞家多譜爲戲曲，如仙人島、辛十四娘等，不下十餘本，獨連瑣一篇未見氍演，今錄存之，亦有裨於文學掌故也。

十全福五本

清同治鈔本

　　不著撰人名氏。其書演林俊事，事狀紛繁，大致與十全福彈詞同。計分五本，凡四十三齣。其間有併二齣爲一齣者，亦不知果全否。略稱林俊中進士，授刑部員外郎，以劾僧繼曉，忤上意，革職。其聘妻之父言吉交乃繼曉之黨，聞俊得罪，欲絶其婚，而女如玉固不從。俊因寄居舅王恕家，恕家有婢曰愛玉，又有痘司殿尼曰妙玉，皆爲俊所悦，二人亦心嚮之。愛玉探知如玉之操，與如玉謀，僞爲王恕之子求婚於言。言許之。及吉期，使恕之側室賈氏僞裝新郎，娶得如玉。時繼曉以採藥來揚州，寓瓊花觀，使其黨刼俊，將害之。愛玉復與尼妙玉設計救俊，得停刑不死。恕討徐海有功，奏繼曉之奸。上微服幸揚州，亦知繼曉擾民，命校拏問繼曉，並其黨皆殺之。俊爲揚州守，娶如玉，以愛玉及妙玉爲側室。其名十全福者，以俊初聘言氏，及俊舅家王氏僞求婚於言，均以首飾十全福爲聘禮也。

儒酸福傳奇二卷

清光緒甲申原刊本

　　清魏熙元撰。熙元字玉巖，舉人，杭州人，官桐鄉教諭。是編凡十四齣，前有“家門酸意”一齣，後附“餘味酸情”一齣，皆寫教官風味。其假設姓名皆可指其人以實之，如劇中華柴君，即石門教諭高學治；郳蟄齋，即桐鄉訓導倪星垣；文照蔾，即海鹽訓導劉文燦；白家駒，即嘉興縣訓導王震元；殷夢良，即海鹽教諭傅賚予；周蝶仙，即嘉興府學訓導莊振英；和子鶴，即嘉善教諭林夢枏；而畢朗山則爲熙元。蓋八人皆府縣儒學教官，世所謂冷宦，時因公事至府，同類相遇，熙元乃因之作劇，人占一事，雖一時雅謔，亦自道其甘苦。據凡例謂其中惟“酸鸞”一齣實有其事，餘皆虛設云。

玉獅堂十種曲

清光緒辛卯刊本

清陳烺撰。烺字叔明，號潛翁，一號玉獅老人，江蘇陽湖人。斯編所收傳奇十種：曰仙緣記，演孫恪遇猿事；曰蜀錦袍，演明末石砫土司秦良玉事；曰燕子樓，演唐張建封妾關盼盼事；曰海虯記，演明永樂時水寇海杰事；曰梅喜緣，演聊齋志異青梅事，以上皆二卷十六齣，稱前五種曲；曰同亭宴，演秦始皇求仙事；曰迴流記，演明寧王宸濠妃婁氏事；曰海雪吟，演明季酈湛若殉難事；曰負薪記，演聊齋志異張誠事；曰錯姻緣，演聊齋志異姊妹易嫁事，以上皆八齣不分卷，稱後五種曲。其中唯仙緣記、同亭宴事涉幻怪，海虯記憑虛不實，其餘盡見於傳記雜說，揄揚風烈，足以勸世。然詞不入格，語意亦欠警切，實非當行之作。俞樾序前集，稱其蜀錦、海虯二種，音節蒼涼，可以頡頏尤西堂黑白衛四種；譚廷獻序後集，則稱其直逼古人，愈唱愈高，蓋酬應之作，理唯稱許，皆非篤論也。其仙緣記、蜀錦袍、燕子樓、海虯記四種先刊行，稱“玉獅堂四種”，及梅喜緣續刻，合爲五種。至光緒辛卯復重刻之，並後五種爲十種曲，文字視前刻間有更動，今據以著錄焉。

迷樓現不分卷

清寧府鈔本

　　不著撰人名氏。演隋李友梅與谷蘭芬姻緣始末,而煬帝事
串合其間。標目云:"李友梅患中遇美,谷蘭芬走盡天涯。隋煬
帝綱常都絶,迷樓現換出新芭。"其文大略記宇文述忌郕公李渾,
使裴仁基奏其謀反。檢察無據,復誘渾姪李敏妻出首,謂敏小字
洪兒,渾以其名應圖讖,將乘大駕度遼,奉敏爲帝。煬帝因族誅
渾。渾子友梅先因僧覺迷勸告,避之他方,並與錦囊一,屬臨難
乃啟之。至是聞家變,啟囊讀其文書訖,即易女妝急遁。適朝廷
選秀女,爲總甲所録,選詣京師。其谷騰蛟女蘭芬,因父爲煬帝
所殺,亦没入宮掖。友梅與蘭芬相識於患難之中,中經磨難,離
而復合,卒爲夫婦。其因由則友梅爲善才臨凡,蘭芬即龍女臨
凡云。

神虎報一卷

昇平署鈔本

　　不著撰人名氏。核其本乃弋陽調,爲六折雜劇。略稱宋祥
符縣有畫工劉成金,其舅母生日,與婦梁氏騎驢往祝,中途犬出,
驢逸。成金旋爲知縣傳去畫壁,其婦在家,犬因化成金之貌來調
之。已而成金至,相鬨,氏亦不辨真僞,訴於官。又有韓二者,與
牛保入山斫柴。二浴於澗,爲虎銜去,牛保拾其衣歸,以告其母,
其母疑保殺之,亦來訴。是時縣令爲包拯,審劉成金案,以照妖

鏡察之，犬精吐氣噴鏡，鏡失其效，猝不能辨。適牛保案至，公意當拘虎審之，問誰可進得山者？有所由名靳得山，謂公呼其名，即應喏。公命捉虎，靳禱於山神，虎尋至，隨靳至衙。問殺人否，則點首。詢二之母，則子實不孝，虎噬之，乃誅其罪也。公以爲神虎，即出兩劉成金，令虎辨之。其犬精見虎悚懼，虎即銜之去。公因賞牛保而釋成金夫婦。按龍圖公案元人雜劇已屢演之，好事者彙爲小説，而明以來劇本所演，亦往往託之包公，名曰公案，此亦其一云。

無底洞一卷

上海涵芬樓藏鈔本

　　按：是本演西遊記陷空山事，題"春山乙卯重訂"，蓋舊本經承應伶人所改訂者也。劇凡六齣，目曰灰婆巧説、妖玷清修、心猿識怪、徒弟尋師、姹女求陽、天王獲鼠。略稱陷空山無底洞鼠妖曰地湧夫人。灰婆者乃灰鼠之妖，勸夫人媚男子，行採補之術。而玄奘名德，方以求經西來，堪爲良對。夫人乃變現，自縛於樹上，若蒙難之狀。玄奘不察，命八戒釋之。奘旋至鎮海寺宿。其寺有二沙彌，先爲妖所噬。行者覘妖至，與鬥，而妖以計脱，攝玄奘而去。行者拘山神問之，知是陷空山無底洞妖，乃往搜之。其妖聞行者至，偕玄奘遁去。行者見洞中供托塔天王神位，知與天王有親，即上天詬之。天王乃率神兵收其妖，而救奘歸。其記事與西遊記無甚出入。

不夜天二卷

上海涵芬樓藏舊鈔本

　　不著撰人名氏。凡三十二齣，諸曲目亦未見著録。演言可
行姻緣始末。略言梁武時有言可行者，應試赴都，路遇胡裘，其
人乃俠客，相見款洽，結爲兄弟。可行至都，眷妓山醉桃，爲朱异
子伯獎所奪。胡裘救妓，寄於人家。而可行不之知，乃易名改裝
投朱第，與异女翠霄倡和，翠霄以南溪蠻所獻不夜天珠贈之。既
而可行報中狀元，帝詔可行與翠霄成婚。异知女私情，恥之，矯
詔戍可行海南，復遣人殺之。可行途中又遇胡裘，救免。翠霄憤
激投河，爲御史秦重所救，藏於家。已而南溪蠻叛，秦重持節海
南。可行遇救，避居父友會稽太守劉惠幕中，緣惠内升御史，至
是亦隨之北上，與秦重於潤州相值。翠霄聞生至，私易男裝訪
之，自云重子，話言別去，可行亦不察。重至海南，聞可行有弟寓
此，即使翠霄依之，然實妓醉桃尋可行至此，冒稱其弟，重不知
也。重征蠻不利，詔劉惠往撫之。惠舉可行，仍懼异，詭稱爲姪
劉可行。及蠻就撫，謁重，使視其弟，至則識爲醉桃，並碧霄皆
在，大喜。奏凱還朝，詔可行復本姓，其翠霄與妓醉桃互爭封誥，
帝乃並畀之。

名花榜二卷

上海涵芬樓藏舊鈔本

　　不著撰人名氏。凡二十七齣，演公孫楚事。略稱洛陽莘桓
卸任總兵，與妻兄翰林白之珩同居一第。皆喪妻，遺有一女，桓

女瓊蕊，玠女琪英。易女而教，瓊蕊冒白姓，琪英冒莘姓，故瓊蕊擅文藻，而琪英精武藝。會中條山蠻酋作亂，起桓爲雍州都督討之，偕琪英往。桓射虎，遇一奇婦人曰母天蓬者，醜惡而擅武伎，奇之，因請其赴洛，代經理其家。瓊蕊在洛，須一婢給使。中州士人公孫楚僞裝易姓以往，以詞呈女，女嘉其才，賜名伴影。旋知爲男子，私訂盟，令生入都應舉。會有冒僕射子，知生之行而慕女之色，乃囑媒冒生原姓名，向女父之玠求婚。之玠不察，許之。婚有日矣，會天蓬至，知女意不可，乃代之嫁。及期往，大鬨，排門而出，逕詣白氏，則之玠與女均爲賊酋僞作莘桓書賺之入山。天蓬蹤跡至山，亦爲賊所留。生入都，探花及第，奉命監莘桓軍。桓重其器能，妻以女。生入山宣慰，賊亦禁之。天蓬乘間縱之，兼授以破賊之計。生乃與桓將兵搗賊巢，斬其酋，奏聞褒賞，各分別進官。生並娶瓊蕊，其琪英以瓊蕊年長，將讓封誥與之，瓊蕊苦辭，天蓬乃以己所得一品服色予琪英，入山修道，竟不返。初，生夢見仙人榜示，題曰“名花榜”，其狀元爲莘瓊蕊，榜眼爲白琪英，皆女子，獨探花龔伴影爲男子，不知其兆。至是娶二女，尋繹舊夢，乃知一一相合也。

續琵琶記二卷

上海涵芬樓藏舊鈔本

　　不著撰人名氏。演蔡琰事，凡三十五齣。略云蔡邕隱居養素，董卓強徵之。邕不得已應徵，偕弟子董祀行，而留女琰於家。卓擅行廢立，曹操合關東諸路兵討之，合戰不利。獨卓將華雄爲關羽所殺，呂布屯虎牢關，亦爲劉關張所挫。已而孫堅得傳國璽，懷異志，引去，義師遂自離散。卓挾駕遷長安，驕橫益甚。司

徒王允計懷呂布，使殺之。以邕與卓有舊，並收邕。邕知不免，
念弟子董祀可託，以女琰許之。既而卓黨誘匈奴左賢王入寇，琰
爲虜所俘，京師尋陷。琰飄零塞垣，意不欲生，忽感昭君夢，謂十
年後可回中土，宜姑忍之，乃變裝胡服，左賢王甚敬變焉。於是
曹操起師討卓餘黨，平之，奉乘輿遷於許都。左賢王出獵，爲烏
桓所刼，琰自虜中上表求救。操乃使子彰將兵討烏桓，往迎之。
彰破烏桓，竟以琰歸。操乃官董祀，使琰復歸董祀云。按文姬歸
漢，後世稱引，屢見於詩文，而演爲傳奇者少。明陳與郊有文姬
入塞，尤侗弔琵琶亦以文姬事入曲，然皆雜劇。至侗劇，以昭君
爲主，亦不專寫文姬事。此記敷演文姬始末，可謂善於擇題。然
小説三國志所載董卓、曹操等事，往往串入其間，頗嫌頭緒繁多，
喧賓奪主。至南匈奴左賢王去卑，曾侍衛天子，拒擊李傕、郭汜，
見范書匈奴傳，此謂爲李郭所誘入寇，與史相反。至文姬之歸，
緣曹操以金贖之，與曹彰討烏桓事本不相涉。姬先適衛仲道，夫
亡無子，自匈奴歸乃改嫁董祀，此謂邕在時曾以琰許祀，亦非事
實。蓋惡適二姓，故爲文姬諱。然唐以前，婦人原無夫死不嫁之
例，文姬没胡不足爲病，豈先適衛氏反足爲病乎？凡此乖違事
實，並失之扭捏。然劇屬詞多清拔，雖未能追蹤元音，固亦異於
俗曲靡靡之響，在近世曲中尚爲近雅者焉。

玉帶山一卷

中國戲曲音樂院藏舊鈔本

　　不著撰人名氏，記唐涪縣老人張載福事。老人年近八旬，樵
採自給，入山，偶逐一白鹿，見巖谷中金銀滿坑，悉取之，遂致巨
富。有楊氏者業錢商，女曰阿翠。老人時至其家，至是發跡，請

以三千金聘其女。楊夫婦皆不願，女意良愜，乃許之。既嫁，孿
生二子，曰惟賢、惟德。時山水暴溢，人民廬舍淹没者甚衆，皇弟
光王忱適奉太后命進香峨眉，息駕於張老之舍。老人請輸金十
萬兩、粟十萬石以賑災民，王嘉勉之。縣令李貫中亦高其義，許
以女歸其二子。旋有詔張載福可五品職衔，二子俱賜進士出身，
並賜“福壽康寧”匾額以褒之。按唐宣宗諱忱，始封光王，乃穆宗
之弟，據此當是穆宗時事。然其事無考，蓋隨意點綴，託之唐代，
非有實事也。至謂張老家婢侍主母游時，與主母言，疑主人八旬
生子事太奇，張老聞之，欲釋衆人之疑，乃以婢爲妾云云，則又襲
馮夢龍小説劉元普生子情節，益知其爲虚構之本也。

磨塵鑑二卷
舊鈔本

　　題“桃渡學者撰”，“姑蘇王徵夏閲”。按桃葉渡在江寧縣，似
作者爲金陵人，然其本第二十六齣紅繡鞋曲則云“荆溪叟豪興
發，即塢裏重將筆拏”，則又似宜興人，其詳則不可考矣。斯編演
天寶故事，而以黄旛綽進譜導戲爲綫索。謂旛綽本西方散聖降
凡，隱玉峰山。玄宗得寶書骷髏格，臣下不曉其意，募人解之。
旛綽因爲上述其意旨，以所編磨塵鑑傳奇進，教弟子爲上演之。
以下又記貴妃醉酒、明皇慶月、旛綽歸隱、安禄山反、明皇西幸等
事，而顔真卿、郭子儀等事雜出其間，以李猪兒誅安禄山，上皇返
京結束。謂猪兒即磨塵鑑中脚色，詐投禄山，實以報唐，似有意
爲伶人增氣。然磨塵鑑本串入之本，自第四齣起至九齣止，佔全
劇四之一，頗嫌主客不分。以之關合本劇，亦屬無謂。而所謂磨
塵鑑者，演范滂事。謂滂不爲人作壽文，不入文社，天上掉下一

金錢，衆爭扛之而虎至，以示金錢之無益。綴事屬詞，尤爲可笑。
其第三"興教"一齣，旛綽説骷髏格始末，乃全襲鈕少雅九宮正始
之文，據其末齣紅繡鞋曲自叙云"己未欣逢徵夏，見一部骷髏格"
云云①，則因讀九宮正始而爲此劇。蓋興之所觸，偶然爲之，非
有所藴蓄而然。此本標題"新編磨塵鑑第四種"，似所編當不止
此一本，今亦不能考其目矣。

金花記二卷

舊鈔本

　　不著撰人名氏。所演以周雲妻婁金花爲主，故標名曰金花
記。王國維曲録卷四據傳奇彙考録金花記一本，注云："明無名
氏撰。"疑即是本也。傳奇大意，略謂唐時有周雲字子龍，下第遠
游，久而未返。其妻婁氏爲暴徒所逼，以節自矢，天遣神醫救之，
死而復蘇，易男妝至京師，改名婁逞，應試中狀元，贅陶丞相之
女。是時夷酋阿尤彪内犯，有王樞密者，以婁曾拒其婚，心不平，
因薦婁爲帥以陷之。將出師，而婦翁薦一壯士至，相認，即其夫
周雲。已而立功回，以情奏知天子。天子乃拜雲爲參知平章事，
婁氏、陶氏並封夫人。

---

①編按：古本戲曲叢刊三集影印程氏玉霜簃藏鈔本新編磨塵鑑第二十六齣"酬功"用
　"家麻韻"，此句作"己未欣逢徵夏，見一部骷髏札"，孫先生引作"格"字出韻，當爲
　照應上文而改。

慶龍歸二卷
舊鈔本

不著撰人名氏。其本記唐末黄巢之亂及君臣恢復等事，凡二十七齣。略謂僖宗崩，吴后垂簾，田令孜專權亂政，立穆宗第七子郢王爲帝。后以太子付宫婢，刺其足成"慶龍歸"三字，使匿於民間。太子爲賣藥者梅姓所收養，即冒其姓，名慶龍。時黄巢造反，令狐綯勤王，太后東幸廣洛，遇太子。亂既定，太子正位，以綯女爲妃云。核其所演，皆荒謬不實。如僖宗后史失其姓，乃云吴后。穆宗子無所謂郢王，乃云郢王穆宗第七子。僖宗二子，建王震、益王陞並早薨，僖宗崩無子，壽王以兄弟嗣統，乃云僖宗太子嗣位。至令狐綯卒於僖宗初，本未預討黄巢之役，且巢平在僖宗之世，亦非僖宗以後事也。夫小説戲曲演説古事，固無妨假借，然如小桃園、倒精忠之類，皆意有所屬，顛倒爲之，原無不可。觀此本錯誤如此，蓋於唐事茫然無所知，非有意爲之者。故附記其誤，庶使閲者無惑焉。

百子圖二卷
舊鈔本

不著撰人名氏。記晉鄧攸事，凡上下二卷，合爲二十五齣。云攸棄其子賓，以己所佩古鏡繫賓胸前，以爲他日會合之證。攸去，子爲小民强思萱拾得，與俱歸平江。及長，爲秘閣校書，妻王導之女，官至太傅，有四子二十孫，其曾孫亦七十五人，共盈百數，元帝命繪百子圖以進。攸居江左，以子改名金，不知爲己子。

後遇思萱，見鏡識爲故物，知子猶在。於是思萱述其事於賓，使與父母相認云。據晉書，鄧攸行義無嗣，時人哀之，爲之語曰："天道無知，使鄧伯道無兒。"劇翻其事，不唯追念往哲，亦勸人以義，雖其實不然，而於世道有補。唯攸棄子在永嘉末，劇謂在元帝之世，時代少誤。又史載攸弟子綏爲攸服喪三年，其人殆非不知義者，劇乃謂攸抚其姪成長，姪富厚而不盡孝養。此則教人私其子，且於事理不合，殊可不必也。

萬珠袍二卷

舊鈔本

不著撰人名氏。演龐萬珠與妻梁鳳娟事。略謂萬珠名庭實，揚州人，父已亡，其祖曾封王南海，遺明珠萬顆，因以萬珠爲字。萬珠性放誕不羈，既承家蔭，無意功名，又屢欲納妾，其妻梁鳳娟憂之。鳳娟父開府山東，憐麾下佐領黄某之貧，爲家書屬家人存濟之。黄妻穆氏攜长女嬌鶯、次女嬌燕因移家於梁氏之第。鳳娟以夫意不可回，因與鶯燕約盟，結爲姊妹，期不相負，定計使嬌鶯歸萬珠爲妾，重索聘禮，幾傾萬珠之産。鳳娟則與夫析産另居，旋改嫁一男子黄又嘏。萬珠落拓，又見棄於婦，乃奮志進取，中狀元，榮歸，始悉前此皆鳳娟所設之計。其鳳娟所嫁男子黄又嘏，實即黄嬌鶯之妹嬌燕，因曾易男裝省其父，使依舊不改，因得冒稱男子也。於是萬珠、鳳娟團圓，而黄氏二女亦咸歸萬珠云。

龍鳳配二卷

舊鈔本

不著撰人名氏。其本演西晉時宮中雙生太子,一名乾慶,一名元慶。其行第難分,上以拈鬮定之,元慶當爲太子。乾慶忌之,與蔣濟謀,將醉太子以酒,並擬潛殺一宮娥,誣太子以淫姤罪。事爲宮人戚氏所知,乘機告太子。太子至,辭疾,不飲而出。懼終爲乾慶所圖,微服出宮。其戚氏則觸階而死。太子入其師傅詞中第求救,詞中教太子赴廣西前太傅褚天表家暫隱。至廣訪褚,爲門者所拒,遇漆匠蒲奉竹,引至其家,以女蒲姿妻之。太子既不得見褚天表,遂以實情告蒲姿,往建南依駙馬慕容華,將藉其兵復國。太子行,有富人毛得科觀蒲姿之色,欲奪以爲妾,姿拒之。而詞中以太子故被繫,子人專遁於褚天表所。下卷文多殘缺,不知其究竟,然第一齣家門述意云:“侯門閉,夜逢蒲匠,有女縉絲桐”,指太子遇蒲奉竹事。“驀遇豪奸試騎,嬋娟來會合,兩兩入牢籠”,似蒲姿爲富人毛氏所刼。其下云“俠士偶同,旅邸夜奔,長空山谷相逢。敵國穿楊箭巧,救重瞳。萬壽冠重起帝主,麟閣繪奇功”,似蒲姿遇救,太子終亦得忠義之助,正位還朝也。

景玉緣不分卷

舊鈔本

不著撰人名氏。演景星與李玉香、平蕙雲姻緣,云明時事。星父殉建文難,寓於姨丈李鳳崗家,鳳崗以女玉香許歸之。鳳崗

尋喪妻，繼娶錢氏。氏不禮於星，星因辭去。錢氏有姪名勿清，
居鳳崗家，冒李姓，乘鳳崗出鎮濟南，欲得玉香爲妾，屢欲犯之，
玉香皆以計免。其平蕙雲亦殉難忠臣之女，知兵法。高煦反，易
男裝投軍，路與景星相遇。慕星風華，欲以終身相託，而未便明
言，僅以隱語致意。其後高煦平，景星以李氏、平氏爲婦。其叙
高煦之叛，謂煦妃名飛英，師飛虎洞仙，屢以妖術取勝，殺臨城將
何定雷。帥李鳳崗及游擊翟義亦爲所擒，詭附之。而定雷妻穆
淑貞憤夫之死，將兵擊飛英，以臨陣產兒，血光沖起，竟破妖妃之
陣云。

天緣合一卷
舊鈔本

　　不著撰人名氏。演祝允明與周文彬事，凡八齣。謂允明、唐
寅蹤跡於杭州，寓解元周文彬家。文彬貌美，曾爲女妝，吴會有
美人之稱。已而二人相賭，文彬爲女妝，使允明辨之，允明不知
爲文彬。既不能勝，復慫慂文彬以女妝出觀燈，如杭州人不能辨
者，則甘拜下風。文彬出，婦女皆豔之。有王尚書子豔其色，刼
以歸。文彬辭以日不吉，請俟明日成親。王信之，送於妹所。妹
亦憐之，既寢而覺其爲男子，大驚，聞於尚書夫人，文彬自承爲周
解元。翌晨，允明來訪，啟白其事。夫人以子行不端而女有嫌，
懼干物議，竟贅文彬於家。所記情節與文星現後半同，唯略去唐
寅事，而以周文彬爲主人。或即取文星現之一部爲之，亦未
可知。

兩生天二卷

舊鈔本

不著撰人名氏。此本所録凡二十二齣，不知係全文否。劇演盧至、龐蘊事，以明徐復祚一文錢及明初劉君錫來生債合而爲一，二人以帝釋點化，同證阿羅漢果，故曰兩生天。略稱盧至、龐蘊前生皆佛弟子，以凡心未盡，墜落塵世。至爲西安人，蘊爲襄陽人，皆富翁。至性吝，家雖豐財，妻子至不免飢寒。嘗於路拾得一文錢，喜甚，購芝蔴一撮，恐犬鳥奪食，至入林谷幽渺處避之。帝釋適至，憐其貪，導之不聽，乃飲以酒，使沈醉，己則化爲至，入其家，盡出所藏散之。及至醒歸家，帝釋指爲慳鬼，命逐之。至憤，將訴於官。帝釋乃現神變，引至至佛所，遂感悟修行。其龐蘊好施，有舉錢者，悉焚其券。一日僧來見，勸蘊勿輕施，蘊不喜。僧謂不信吾言，行當自悟。及暮過馬厩，聞牲畜作人語，皆言前生負蘊債，不得償，致今生爲牛馬以償之。蘊聞之，始悔平日施人，適爲人造孽，乃沈其貲於海，與妻女入山修道，亦得帝釋接引見佛，與盧至同證本，復爲阿羅漢云。二人行踪不同，捏合爲一，不免牽强。其所叙關鍵情節，視舊本亦無大異處，唯於盧至增其家閙門神事，於龐蘊增養濟院夫婦行乞，歌忠孝節義四曲事，爲舊劇所無耳。

增廣歸元鏡四卷

舊鈔本

　　不著撰人名氏。其書不載序跋，不知其著作始末。然書名增廣歸元鏡，當更在釋智達之後，度亦清初釋氏所爲矣。今以舊本核之，其第一卷增天人送飯、天女散花、勸夫改業、群賢結社、念佛消愆、西方接引、陛任税司、慈航示警、錢王賞花、夢示前身，凡十章。除陛任税司以下四章外，皆慧遠之事。卷二增游湖招怨、老僕勸主、眼前果報、勸夫從善、諸姬演藝、回陽勸善、叩真飯正、廣修善果、遣官代請、萬法歸一，凡十章，皆涉永明禪師事。卷三增慶賀昇平、漁翁生子、受禪仁瓘、方朔救溺、三聖會悟、玉芳慕道、方朔隱訓、四夷侵麗、命女擇婿、打柴得金、祈天卜婚、天然佳配、藍相逐女、遺言掘金、道傳海外、遺囑傳燈、四夷遵化，共十七出，記高麗王傳位世子，訪永明師於杭，及永明師化去之事。卷四增登高遇主、欽詔恩榮、條呈進主、四國赴約、燻塔西歸、夫婦尋真、白日飛昇七出，記高麗王返國，及高麗田種文夫婦登仙事。所增倍於舊本，然語多枝蔓，詞亦未工，不若舊本之簡潔易觀也。

麟閣記二卷

舊鈔本

　　不著撰人名氏。演吉夢龍事。略稱蘇州人吉夢龍爲妻舅易任、易佑所陷入獄，遇赦遠游，於石壁遇仙猿，授以仙籙，遂曉風占禁呪之術。至平陽，與徽商汪氏遇。汪子萬鍾，納監北雍，時往視之，夢龍因與俱赴京。抵京而萬鍾死，汪氏因以夢龍爲義

子,使冒萬鍾名應試,竟得狀頭。大學士何用欲以女友鸞歸之,
而夢龍不從,乃禁之後園。尋以女勸,釋而禮遇之。先是,夢龍
家破,其子蘭生幼,過繼卞氏,名興祖,至是與夢龍弟夢桂並來京
應試,而不相謀。二人並以是榜登第,蘭生閱題名錄有叔父名始
知之,因與夢桂相見,詢悉其本生父始末,因棄官往尋之。而不
知父已改名,即本科狀元也。夢龍妻易素娥先遭家艱,憤投於
海。汪氏之妻進香南海,途中救得之。而汪氏還徽州,不敢以子
死告婦,已而報萬鍾中狀元,共相慶,而素娥亦不知萬鍾即已夫
也。是時萊陽牧牛人強大梁娶狐妻,狐以妖法惑之,導之作亂,
遂嘯聚貧民,據縣城,自立名號。思宗聞警,召大臣入對,閣臣范
景文薦萬鍾有將才。萬鍾者即奉命往討,召天兵降伏之。功成,
朝廷進官褒賞,妻素娥、子蘭生皆先後團圓。夢龍已復姓,感汪
氏夙昔之恩,待之甚厚,結姻親以報之云。

敬壽碑一卷　逍遙亭一卷　三緣報一卷

鈔本

按:三本皆不題撰人,每本板心下刊有"紅雨綠雪樓"五字,
又有私印曰"紅雨園",曰"小隱綠蘿村",曰"錦械",似皆一人,蓋
稿本也。其敬壽碑十二齣,記夏邑人陳太占寓徐州,夢文昌帝君
授以筆,遂工書。入都,名甚著,與部曹王某忤,即回家,書"敬
壽"二字於雲龍山崖,使工鑴之。蓋前夢謁帝君,有是屬也。旋
游揚州,遇倡藏素素,甚相敬愛。素素擬託以終身,而生竟去,趨
寧波,轉象山。及返,經過揚州,而倡以憶生死。既抵家,妻亡,
無子,依猶子以居,而所題敬壽碑猶在。其"渡海"、"水門"二齣,
記南海龍王與揚子江龍王爭邀太占作榜書,至相鬥,似隱有所

指。逍遥亭存十八齣,記趙人孟嘗<u>垣</u>爲帮閑<u>李桐</u>所誘,與桐游<u>揚</u>
<u>州</u>,<u>垣</u>納名妓<u>秋香</u>爲妾。婚後,<u>垣</u>忽病,偕妾回籍,舟行,爲妓之
故夫<u>楊祺</u>所刼,奪妓去。<u>垣</u>與桐皆落水,逃至<u>淮安</u>界。<u>垣</u>父<u>天祥</u>
方巡<u>淮海</u>,垣候選已得<u>甘泉</u>令,桐授<u>邵伯</u>司巡檢,俱赴任。<u>桐</u>至
<u>邵湖</u>,獲<u>楊</u>與<u>秋香</u>,拘繫之,將致之於<u>垣</u>,已先以書聞。而桐婦疑
桐納妾,乘桐出,私縱之。<u>垣</u>來迎妾,桐無以應,乃以己妾往。<u>垣</u>
察其人非<u>秋香</u>,詢之乃桐之妾,亦安之。以下文闕,不知其究竟。
<u>三緣報</u>記<u>杜香父</u>子事。云香<u>溧水</u>人,爲<u>永嘉</u>吏員,以捕盜有功,
升縣丞,卒於任。婦託子於婿<u>徐山</u>,<u>徐</u>誘使經商,吞没其産。復
命人殺<u>杜</u>氏之族,置其首於杜氏之第,以陷之。<u>杜</u>子誣服,減死
充軍,母亦病死。尋以平曹承運功得都司,及榮歸,<u>徐</u>已赤貧,獲
陰譴而死云。凡三本筆墨相似,知出一人。<u>逍遥亭</u>、<u>三緣報</u>以諷
世,<u>敬壽碑</u>則以自寓,蓋幕游文士述所經見之詞也。

人如願一卷
舊鈔本

　　不著撰人名氏。略稱<u>廬陵歐明</u>,父新授<u>彭澤</u>學博,舟泊<u>豫章</u>
<u>馬頭</u>。時<u>廣南</u>節度使<u>韋初平</u>入覲,亦泊舟於此。安撫使聞<u>韋</u>至,
邀往<u>滕王閣</u>張宴。其女<u>如願</u>,在舟中聞<u>興隆觀</u>張燈甚盛,與婢<u>春</u>
<u>櫻</u>易男妝往觀之。<u>明</u>亦以觀燈至,與<u>如願</u>猜謎皆中。因飲於觀
中,互贈詩而別。會大風雨,女與婢相失。<u>明</u>亦誤投<u>韋</u>舟,婢至,
亦未暇辨其人。已而節度知之,檢其衣,得<u>如願</u>贈詩,因誣爲盜,
投之於湖。爲湖神<u>青洪君</u>接入水府,款之,問所欲,生云:“但求
<u>如願</u>足矣。”先是<u>如願</u>爲神攝,認爲義女,至是聞生言,即以女許
之。屬生亟赴上都,揭招賢榜,倘有失意,即喚“如願”。生遵其

屬,奉命與尉遲寶林討八蠻,戰不利,唤"如願",如願即至,以陣圖授生,得勝班師,與如願團圓云。曲海提要卷四十一録求如願,所記爲歐陽明事,與此同。唯此本較略,謂爲唐事,與求如願作宋事者異。唯歐陽明得青洪君婢如願事,已見干寶搜神記,宋劉斧秀才青瑣高議亦載李公子獲稱心事,馮夢龍曾據之演爲小説,則事本一源,雖作者遞有衍變,而除增飾瑣事外,其旨要實同,究不能自掩也。此本第八出賺尾云"人人如願,慶豐饒,大一統萬載皇清賀聖朝",其第一出又稱上元佳節金公、木母遣祥麟童子、彩鸞仙子降凡爲歐氏子、韋氏女,蓋清人燈節所製詞,稍易舊本爲之,故與求如願不盡同也。

稱心願二卷

鈔本

　　不著撰人名氏。其本繼雷峰塔而作。云蘇州有秦繼元者,慕神仙感遇之事,以白娘子鍾情許宣,宣庸流自疑,惑於法海之言,致夫婦情好不終,慘遭禁錮,赴杭弔之。白娘子侍兒小青,與繼元有緣,逆之平望涉趣園中,相款會。其許宣出家,因水淹金山寺,溺死者衆,鬼相與祟之,不能安居寺中,出寺化齋,至涉趣園,青兒欲殺之,以繼元勸而止。其宣子士林,官江蘇學政,奉命巡海塘,慟其母。宣亦悔過,至塔前哭奠之。繼元患病,青兒詣萬迴師處盜芝草以療之,與繼元歡好者凡二年,緣滿別去,而繼元旋點探花云。

雙福壽傳奇二卷[①]

舊鈔本

　　不著撰人名氏。凡二十五出，演周勃事。謂勃子周勝尚主，勃平三十六國，封安定王，錫九錫。天子萬壽節，王母降於殿陛，致蟠桃於帝，而勃夫婦亦值八十雙壽，帝乃以蟠桃勅賜勃夫婦云。所記勃事不合乎史，蓋門客祝當路壽詞，偶傳於今，非搜奇索古以倚聲爲事業者比也。

福星照傳奇二卷

舊鈔本

　　不著撰人名氏。凡三十二齣，演周宗建、左光斗、許顯純等事，而皆荒誕不實。略稱宗建恥附逆璫，致仕歸，有子曰耀，女曰蓮玉。耀娶吳貞貞。其家有瑞芝生園中，蓋福德星君所賜。五軍中府許顯純聞之，欲取以獻魏忠賢，宗建不許，顯純深銜之。時阿南國女王賽花花恃強不順，其妹曰阿南月貌，弟曰鐵里牙波，俱善戰，能役使陰兵。帝命左光斗討之，敗績。顯純乃建議以宗建媳吳貞貞和番。帝竟采其言，詔以貞貞爲議政夫人赴邊。貞貞聞之駭甚，夫耀乃易女妝代行。既抵虜帳，曉以利害，賽花

---

①編按：此則據人民文學出版社版改補。底稿於此劇解題首句曰：“清張大復撰。大復有醉菩提、瀨鏡緣等，已著録。是篇凡二十五出。”末句曰：“所記勃事不合乎史，蓋祝當路壽詞，非孤詣獨造之本。”餘文字同。查古本戲曲叢刊三集影印梅氏綴玉軒藏舊鈔本“雙福壽二卷”演周勃事，上卷十三出，下卷十一出，計二十四出，著録爲“清張大復撰”。今作“不著撰人名氏”、“偶傳於今”云云，顯係後來改訂。

花大悦，已而知爲名臣之子，益傾心，與妹皆委身事之。顯純復誣夫人通番，詔逮其一家入獄，光斗憐之，使子粦入獄代周耀，及出，乃貞貞也。是時粦當應試，以入獄不果，貞貞乃冒名代試，竟中狀元，奉命撫阿南。賽花因與妹入朝，自陳始末，帝乃復宗建官，以耀爲兵部尚書，賽花姊妹與貞貞皆封夫人，左粦欽賜狀元，以酬其功。宗建感光斗之意，復以女蓮玉妻粦。其後鐵里牙波復叛，詔蓮玉爲帥討平之。蓋蓮玉曾受天心正法於福德星君，故能破牙波云。

南樓傳不分卷

舊鈔本

不著撰人名氏。演刁球事，凡十九齣。略稱襄陽人刁球，妻劉氏，妾李氏。球游揚州，識書生毛龍於妓柳氏家，投分最深，因結爲兄弟。時有安樂王世子聞柳之名，亦來尋歡，與球爭。球痛毆之，懼罪遽返鄂。而毛龍赴京應試。初球行後，妻與監生王文私通，球至家，相與謀，酖而殺之，託言以暴疾卒。家人知之而不敢言。時毛龍已成進士，巡按襄陽，夢球來訴冤，且云倘回京，請託"立里"申冤。醒而大異之，乃微服易姓名，至球家弔喪，詢其家人，悉得姦狀，乃自撰狀付球妾李氏，屬巡按來則控之。李如教。龍即拘人犯將嚴訊之，未及開審，而朝命忽調龍入京。龍憶夢中之言，即將全案移交襄陽理刑童侃。侃持正不撓，案遂定，劉氏凌遲，王文梟首示衆。毛龍旋升任湖南巡撫，奏球妾李氏撫孤守節。詔旌之，童侃升漢陽知府。曲名南樓傳者，以球字南樓，即以名曲云。

定風珠二卷

舊鈔本

　　按：此劇不著撰人。每册書衣皆有“外三學記”及“舊外三學”圖章，知其本乃昇平署寫本，蓋弟子傳習備供奉之用者，作者則不詳矣。劇演龐涓事。略稱齊、魏修好，魏王親至齊訂盟，筵上大風忽至，衆驚避，而魏王神色不變。齊王疑而詢之，知魏王身佩定風珠，欲强取之。魏王逃歸，齊遣田忌追及之。魏王被困窘甚，而龐涓方辭鬼谷子下山，行至此，救魏王於危，與並歸魏。魏王因以女妻涓，封涓爲輔國上將軍，伐齊復仇，大戰穆陵，掠地至紫金關，旋爲廉賽花夫人所敗云。

玉鴛鴦傳奇三卷

舊鈔本

　　不著撰人名氏。凡三十三齣。演明嘉靖時揚州人謝雲仙姻緣始末。略稱謝雲仙父瑩璧，官翰林學士，致仕。雲仙風貌秀異，兼負才名，已中解元。山東盜東方傑偕妹月娥，喬裝來揚州賣藝。雲仙見月娥而好之，出玉鴛鴦贈之，約相配偶。而傑恐雲仙以妹爲側室，遄攜妹還，擬俟雲仙會試晉京時刼之，即迫脅成親。有女子文霞仙者，貌與謝雲仙類，適易男裝過山，東方傑以爲謝雲仙也，刼之成親。而雲仙父瑩璧奉命征倭，過山，亦誤認爲己子，以託之山東巡撫徐階。階賞其資，復以女妻之。時階已內升吏部尚書，乃偕壻與女俱之京。已而瑩璧立功歸，知前之誤認其子。徐階亦知其壻本非瑩璧之子，乃女子也，而雲仙已中狀元,乃使徐小姐、東方月娥及扮男裝之文霞仙並適雲仙云。

金不換四卷

舊鈔本

　　不著撰人名氏。演揚州姚氏子破家悔過事。略稱姚彪世襲指揮,富甲一郡,妻亡,子曰英,娶同里上官宏之女,曰若素。英性揮霍,清客賈清夫、拳棒師趙能武導之畋獵,踏踐民田,則出貲賠償之,所費甚衆;又與豆腐店查十三謀,僞飾館舍,誘英來游,使其女蟾兒出見,勸英出財禮,聘定爲簉室。彪憤子不肖,病垂危,邀親家上官宏至,以子爲託。英父歿不二年,家產蕩然。宏則僞託友人管姓之名一一收買之。其賈清夫、趙能武者,更誘英賭博,貧無以償,則以指揮剳付相抵,能武偕清夫冒名之寧波任。時東海烏孫島倭婆犯浙,趙與倭遇,大敗,遁回揚州,寧波遂不守。總督胡宗憲因命軍校至揚州緝拿之。英自知不免,向婦翁言,請改嫁其妻。婦翁佯允之,詭云已改適管姓,而屬其僕姚勤往浙營救之。勤至浙,聞英即將處決,逕往軍門呼冤。時軍中試放西洋炮,勤願以身祭炮。宗憲審其冤,召寧波守標兵丁使認英,云非是,乃釋英使還,而行文緝捕假冒人犯。先是英被逮赴杭,所聘妾蟾兒者誓守節,聞若素改適管氏,往責之。若素告以情,且嘉其義,乃留蟾兒於家,使爲男裝飾管氏。英回益無俚,訪賈清夫及趙能武,皆謝絕之。婦翁上官宏聞之,乃使姚勤介英備於查十三豆腐店中,屬查勞辱之。英不能堪,遁去。之天寧寺,丐方聚飲,見英,又群辱之。英擬投河自盡,勤又救之,引英投管氏,俾守門,呼曰姚二。室中有錦蒲團一,除夕,英坐其上,憶往事不覺大悔。又於蒲團旁拾得父像,懸之,對像自責。僅攜賭具來與之博，英卻之不顧，蓋至是始悔矣。而若素壽辰，置酒堂上，命英侍酒，主人與若素語，又痛斥其前夫。英聞之，泣下。婦翁察其悔過，與女謀，將與英道其實，而英已出走。時宗憲與倭戰，久之，不能勝，聞童謡有"胡孫怕鷂英"之語，憶英名，使召之。英至，果獲勝，授官歸。其婦翁上官宏乃還其田産，英與妻復合，而納查蟾兒爲妾云。按曲海提要卷三十九録錦蒲團，釋云："一名金不换，係近時人作。"核其情節，與此本同，當即此本。提要又謂其劇本厚德録張孝基事，而又據小説情節更易姓名，按：馮夢龍有張孝基陳留認舅小説一篇，在所編醒世恒言中。以爲影射醒世恒言張孝基事，則殊不然。考明邵景詹覔燈因話載姚公子傳，記浙東姚公子以射獵征逐傾家，思鬻其妻。妻翁詐令人爲豪族聘其妻，而迎女養之别室。公子受聘金，不久復盡之，將自鬻其身。婦翁則詐令莊客收爲庸，以苦之。公子不堪，逃去，丐食市中，又令乞兒侮辱之。俟其艱苦備嘗，乃令其女築室於大門之旁，使人説公子曰："爾之故妻今爲豪家主母，吾與爾言，求爲門役。"公子感而從之。主人嚴其出入，竟不知妻之未嫁，終其身不敢一面，老死於斗室云。其情節關目與此劇全同，實此劇所本。唯因話記姚公子未嘗一面，劇則謂婦翁還其産，妻妾團圓，爲稍異。然元秦簡夫有東堂老雜劇，記敗子悔過，父執還産，亦是揚州事，似隱採其事入曲。至張孝基事與此不倫，情節亦大異，斷非傳奇所本，提要於劇中用事瑣屑辨證，務求其出處，獨於此乃泛引渺不相涉之事，於覔燈因話所録，反失之眉睫，亦可見考證之不易矣。

通仙枕二卷

舊鈔本

不著撰人名氏。是本所録凡二十八出，演劉弘敬事，本明凌濛初拍案驚奇劉元普雙生貴子篇敷衍。稱劉弘敬字元普,洛陽人,家富好仁,七旬無子,屬誕辰,快活仙奉陳希夷命,以仙畫仙枕贈之。有李遜者,子春芳,女瓊芳,病劇將死,封一函付妻子,使達元普,然與元普非故素。元普接書,即爲營葬,並安置其家屬。又有裴習者,曾劾丁謂,以事得罪,貧病死,女蘭蓀自鬻身以葬父。元普使姪天祐買妾得之,知名父之後,不忍娶,而認爲義女。已而倚枕得夢,有神告云:"瓊芳合配天祐,蘭蓀合配春芳。"遂擇吉令相配適。其内姪王文用本無徒,先求瓊芳爲妻,元普不可,至是恨甚,遂首元普有仙枕,指爲妖賊之黨。會春芳、天祐均中進士,蘭蓀母舅鄭公佐方入相,緩其事,元普得免。而文用先已爲瓊芳刺死。元普行善,旋亦得子。所記略依凌濛初小説爲之,而增通仙枕爲關目,頗無謂。其叙王文用諸惡狀,本小説所無,尤覺贅蕪。

金鸞配二卷

舊鈔本

　　不著撰人名氏,諸家劇目亦無此目。此本書衣題御殿圓,正文第一行則題金鸞配,蓋本名也。演江筆事。略稱筆字彩生,婁東人。有胡成之女名素娟者,當壚賣酒,生調之,女亦含情相契。又有致仕御史何天衢女玉娟,來寺行香,遺金鳳釵於殿上而去。生拾得之,持釵至何家送還之,與女見,未及款語而夫人至,女因匿生於笥中。成與妻弟貝戎來何家行竊,异笥去。素娟私啟笥,見生,因與潛逃,至淮安。忽遇貝,强奪素娟而去。時文安趙風子反,朝命起何天衢爲濟南兵備道討之。功未即奏,上以焦芳言,命錦衣衛拏問。夫人與玉娟赴濟南,遇賊騎,掠夫人而去。

玉娟爲衛卒所獲,送入豹房。其胡素娟亦爲劉瑾所得,獻之上。
二人者同憂患,居豹房,私相善也。上方微行,至洛遇雪,息周媪
家,問民情,悉芳、瑾等蒙蔽上聰,因官其子周元爲錦衣衛指揮,
使娶兵侍曹重女。駕還京,幸豹房,素娟、玉娟出金釵相訴,上偶
聞之,益信瑾等不法。時天衢計擒賊魁,檻送京師,上大喜,除天
衢禮部尚書。生先中舉人,至是應試點狀元,上已知生與素娟、
玉娟之情,乃以金鳳釵賜之,出二娟于宮中,使即金殿上成親。
按武宗遇周元事,別有劇。此本亦載其事,或採其事入文,或別
本自此劇摘出,皆不可知。姑附論之,以見劇曲互相因襲之
跡云。

再生緣一卷

舊鈔本

　　不著撰人名氏。演唐韋皋與玉簫事,凡十六齣。略稱皋應
舉下第,友人導爲北里之游,識名倡韓玉簫者,殊相得。時朱泚
僭號,招山賊尤雲光,用爲先鋒,北略代州。節度使李晟與婦殷
開山女定計拒之,而雲光悍甚,晟與戰不利,僅能自守。德宗幸
鳳翔,臨軒策士,擢皋爲狀元,知其才可用,俾率兵救代。皋師行
至五台,遇勇士搏二虎殺之,詢其人,曰范克孝,異之,即用爲將。
與泚兵遇,大敗之,擒泚及尤雲光。玉簫念皋甚,病瀕危,自寫其
容,使人致之於皋。及班師,而玉簫死。會同張延賞招皋飲,出
見其義女,貌似玉簫。皋頻目之,延賞不悦,因相爭,聞於上。上
詢知皋與女乃前世因緣,使配爲夫婦云。其第二齣"落衙"一章,
乃改玉環記爲之,第五齣"巧遇"、第九齣"描真"、第十五齣"鬧
宴"、第十六齣"重圓",則全用元曲玉簫女兩世姻緣,四章曲詞,

不自作一字，蓋伶工編次之本也。

睢陽節一卷

舊鈔本

　　不著撰人名氏。演張巡事，凡十出。略稱禄山盜竊京邑，遣
將略地淮南。睢陽太守許遠與御史中丞張巡、州將雷海青、弟萬
春繕兵固守，阻隔賊師，江淮路不得通。禄山乃擢其將尹子奇簡
勁兵來寇。巡使南霽雲乞師於泗川守賀蘭進明，進明但爲置酒
出歌伎，無出師意。霽雲於坐中抽刃自斷一指示之，痛恨而去。
睢陽食盡，許遠僕許義自戕以餉士卒。巡入白其妾，妾知其意，
亦自殺。已而城破，巡、遠、霽雲皆遇害。久之，上命張鎬出師復
睢陽，爲巡等復仇，虜子奇殺之。巡等死王事，咸贈官，降詔旌其
忠節。劇所演但以睢陽事爲主，不牽涉他事，體格甚爲簡要。其
張巡妾唱玄鶴鳴曲云："老爺，則你擎天手沾不得連城價，血淋漓
枉自洒黄沙。妾不曾墮金谷芳名高駕，又不能猛當熊血濺紅顏
相護遮，今日個情甘効死，任剁三花。"又巡唱撲燈蛾曲云："愧我
昂藏七尺，並無計保城堞。愧無端紅顏斷絶，洒血淚西風千里陣
雲遮。"亦頓挫有致也。

蟠桃會二卷

舊鈔本

　　不著撰人名氏。所演以宋陳摶事爲主，凡上下二卷，共録二
十三齣，亦不知係全本否。略稱摶得道隱華山，與呂洞賓爲友。

太祖受禪,徵摶入朝,問以治道及養生之術,摶奏對稱旨,賜號希
夷先生,放歸。摶子秉忠,妻歐陽氏。歐陽氏生子,洞賓相之,以
爲有貴相,且謂秉忠當得官。未幾,朝命果以秉忠爲司諫。太祖
將經營天下,以雪夜訪趙普,與定計分遣猛將,征江南、蜀、廣、吳
越,皆得之。天下已定,封禪山川,屢著瑞應。摶孫一鳳登高第,
爲趙普門壻,與父秉忠同時乞假祝摶壽,於是群仙並會,東方朔
偷桃亦臨其家,家祥國瑞,極一時之盛云。大抵牽綴捏合,集神
仙富貴事於一編,以供祝賀之用,而頗傷瑣雜,如劇出呂洞賓,遂
並洞賓點化張珍奴事亦及之,他皆類比。至十二齣演太祖微行
訪普議事,乃全録羅貫中風雲會之文,故卷中獨此齣爲長套,餘
盡短章,生吞活剥一至於是,亦可知其漫無體例矣。

氾黄濤二卷
舊鈔本

　　題"思齊主人編",不知其始末。演李光壆事。謂光壆字熙
亮,汴人,所聘妻曰吳蘭英,選入周王府。一日,蘭英與宮女童霜
華私歡,王私行聞之,因放出宮。時流寇猖獗,決河水灌汴,官民
皆逃散。童、吳於難中遇福王太妃,太妃重童氏之容,許以爲福
王妃。已而童没賊中,福王渡江稱帝。童由賊營中逃出,至南
京,自稱爲王妃,王怒拷之。時蘭英在宮中,知其事,以白福王,
乃留之。壆崎嶇至留都,蹤跡吳氏,事聞禁掖,詔使團圓。前載
作者自序,謂劇乃中州實事,所本爲明紀輯要、守汴志、崇祀録等
書云。

千里駒不分卷

舊鈔本

不著撰人名氏。演劉廷鶴事。其書傳鈔本非一，但多非足本。此本所録凡十餘齣，始末略備，亦不知是全本否。大意謂劉廷鶴揚州人，父俊，官吏部尚書。家有千里馬，廷鶴乘之入都省父。路上投寺宿，寺僧性空扃之室中，令自盡。廷鶴遁走，入一張氏宅。氏乃性空耳目，即往報僧。張有女曉烟，告廷鶴使急走，且令縛己於柱，若客爲暴行縛女，刼掠以去者，以此免嫌。以下歷叙武宗幸太山進香，劉瑾使性空刼駕，嫁禍於劉俊，俊與廷鶴入獄，廷鶴友李夢熊兄妹詣闕代俊訟冤，及曉烟得劉瑾約性空刼駕書，叩閽上奏，俊父子出獄，奉命討山賊萬人敵立功事。以曉烟嫁廷鶴，劉瑾、性空被誅結束。其頭緒甚紛繁，劇中曉烟救廷鶴一節，與醒世恒言張淑兒巧智脱楊生篇極相似，殆即本之，復增益多事，綴合爲此本也。

醉太平二卷

舊鈔本

不著撰人名氏。此本爲梨園傳鈔之本，所録凡三十齣，不知是全本否。全劇運用酒典故，人名皆與酒有關。稱宜興人黃封字鶴觴，寓青州，負才使氣。青州副將竹葉友反，朝命龍膏、米汁討之，水陸並進。竹妹翠濤有殊色，不直其兄之行，易裝私逃，依甘嫗以居。嫗女甘且清亦豔冶。未幾封入龍膏幕，數設奇計，破竹葉友軍。膏旋薦封自代，擢水陸統制，縱反間殺葉友驍將真一,更擒葉友,奏凱於朝,以翠濤不肯附逆事上聞。上嘉之,賜爵逍遙公,命與翠濤、且清結婚。日本京都帝國大學所藏鈔本傳奇彙考録此本,所記事蹟與此本全同,唯以黃封爲宣城人,又甘嫗女名紅友,不名且清爲異。蓋戲曲按行,伶工每以意改動,其所據之本不同,故記事稍異也。

順天時不分卷

舊鈔本

不著撰人名氏。所演乃封神演義所載鄧九公、土行孫事,以鄧與土行孫並殷將,效順歸周,故名曰順天時。此本爲梨園傳鈔本,不具始末,所録自"閨警"至"偷空"凡十餘出,恐非足本,以世無別本,亦不知原本究有若干出也。以此本現存者觀之,所演爲鄧九公奉殷命拒周師。子牙定計,大敗之。申公豹忌子牙功名,遂游說懼留孫門人土行孫,使盜師法寶往投九公。九公見其貌陋,不甚重用之。時周將挑戰,九公與女蟬玉並爲周將楊戩所畜神犬所傷。行孫治以金丹立愈,九公喜,授爲先鋒,陽許妻以女。行孫益奮厲,夜刼周營。楊戩示變現,擒之。然行孫通地遁法,纔就縛,即遁去。戩知非懼留孫綑仙繩不能制,即往求之。留孫欣然詣周營,使人誘行孫出戰,即擒之。行孫因降,以九公許婚事告於留孫。留孫以爲有夙緣,言於子牙,使人赴鄧營爲行孫請婚。鄧允之,謂須子牙親來納采,實欲誘子牙至,伏兵擒之也。懼留孫知其計,預爲部署,入鄧營,又大敗之,擒蟬玉以歸。文至此止,不知其歸結。然據曲海提要卷三十九所述,則蟬玉被擒降於周,知天命有歸,回營曉其父母,共棄殷歸周,以父命與土行孫婚配云。則此本所佚無多,雖不敢信爲足本,其大略猶可覽觀

也。劇演神怪，無特別勝處，提要亦第述其事而已，其釋題後附
按語一條云："封神傳相傳係元時道士陸長庚所作，未知的否。
觀傳內燃燈、慈航、接引、準提，皆稱道人，文殊、普賢、懼留孫皆
稱元始弟子，崇尚道家，疑必道家之作。"考元時道士無陸長庚，
明中葉揚州道士有陸西星，字長庚，喜談玄著書，能詩文。此所
稱元時必係明時之誤。清乾隆中於揚州設局，修改劇本，預其事
者多一時文士，今所見傳奇彙考，蓋當時別錄之本。此必陸西星
撰封神傳，揚州人多有知之者，校曲者熟聞其説，故記於此劇之
下也。封神作者，言者紛紛虛構，非誤即謬，得此而獲一解，孰謂
雜書不可以資考據哉？

元槧古今雜劇三十種

日本京都帝國大學景印本

　　按：此本原書爲黄氏士禮居舊藏，近人羅振玉購得其書，日
本京都帝國大學復據以景印者。其書不標卷第，諸劇錯置，亦無
倫次。蓋當時書肆刊印，供演唱之用者，故不暇編次條理耳。今
據王國維重訂目考之，其書收元劇三十種，應屬於關漢卿者四：
曰關張雙赴西蜀夢，曰閨怨佳人拜月亭，曰關大王單刀會，曰詐
妮子調風月；應屬於高文秀者一：曰好酒趙元遇上皇；應屬於鄭
廷玉者二：曰楚昭王疏者下船，曰看錢奴買冤家債主；應屬馬致
遠者二：曰泰華山陳摶高卧，曰馬丹陽三度任風子；應屬武漢臣
者一：曰散家財天賜老生兒；應屬尚仲賢者二：曰尉遲恭三奪槊，
曰漢高皇濯足氣英布；應屬紀君祥者一：曰趙氏孤兒；應屬石君
寶或戴善甫不能定者一：曰風月紫雲亭；應屬張國賓者二：曰公
孫汗衫記，曰薛仁貴衣錦還鄉；應屬孟漢卿者一：曰張鼎智勘魔

合羅;應屬王伯成者一:曰李太白貶夜郎;應屬岳伯川者一:曰岳
孔目借鐵拐李還魂;應屬狄君厚者一:曰晉文公火燒介子推;應
屬孔文卿或金仁傑不能定者又一:曰東窗事犯;應屬楊梓者一:
曰霍光鬼諫;應屬宮天挺者三:曰死生交范張鷄黍,曰嚴子陵垂
釣七里灘,曰輔成王周公攝政;應屬金仁傑者一:曰蕭何追韓信;
應屬范康者一:曰陳季卿悟道竹葉舟;不知名氏者三:曰諸葛亮
博望燒屯,曰張千替殺妻,曰小張屠焚兒救母。其中如西蜀夢、
拜月亭、單刀會、調風月、遇上皇、貶夜郎、介子推、東窗事犯、霍
光鬼諫、七里灘、周公攝政、追韓信、博望燒屯、張千替殺妻、焚兒
救母十五劇,今皆無傳本。如七里灘、追韓信等,後世選本如盛
世新聲等亦僅摘錄其一二章曲文,非有全本。餘十五種,雖與臧
懋循元曲選複重,然如楚昭王疏者下船,日本狩野直喜校其文,
知其曲名同而詞異;尉遲恭三奪槊,王國維校亦以爲全異,直是
二本。至於每曲詞句之異,尤不可勝數。且不唯臧本爲然,即以
他本校之,亦往往大異。今舉看錢奴劇爲例:元本此劇第一折寄
生草“你爺娘在生時常憂飯”一曲,後爲幺篇,又後爲六幺序,以
校息機子雜劇選本,則無幺篇;元本此劇第二折倘秀才“孩兒差
了一個字”一曲,後爲呆古朵“奶奶可憐見”一曲,又後爲倘秀才
“今有錢學不的哥哥五湖四海”一曲,今息機子本乃重倘秀才曲,
無呆古朵;又倘秀才“有錢學不的哥哥五湖四海”曲後,元本爲滾
繡毬、脫布衫、小梁州、幺、賽鴻秋、三煞、二煞、收尾煞等八曲,息
機子本乃於賽鴻秋前省滾繡毬、脫布衫、小梁州、幺四曲,於賽鴻
秋後省三煞、二煞二曲,其收尾煞曲雖同,然校其文,息機子本又
少“陷窮人的心兒毒”以下至“與他財交命不快”百四十餘字,又
改曲中“跋扈形骸毒害心腸”句爲“跋扈形骸你毒害”,直不成句。
按明刊息機子本多用原文,本較臧懋循元曲選爲善,核以此本,
乃差異如此,是知學者欲究元曲秘奧,唯元刊本爲可據。後人之

刊元曲,於元曲從違雖有矜慎與孟浪之不同,要不能盡依原文無所更動也。斯編爲元刊之僅存者,雖塵刧之餘,不過三十種,要爲人間秘籙,世有好學深思之士,其視此本固宜珍同拱璧矣。

雜劇十段錦十卷

武進董氏景印明嘉靖本

按此本原本爲明嘉靖戊午紹陶室刊本,近人武進董康得其書,以玻璃板景印,流傳始廣。其書不著編者名氏,自甲至癸分十集,每集一劇。其關雲長義勇辭金、李亞仙花酒曲江池、蟠桃會八仙慶壽、趙貞姬死後團圓、黑旋風仗義疏財、清河縣繼母大賢、豹子和尚自還俗、蘭紅葉從良煙花夢,均明周憲王有燉撰,今有誠齋樂府本。其丁集漢相如獻賦題橋、戊集胡仲淵貶竄雷州二劇,百川書志所録誠齋傳奇三十一種中無此目。考元鍾嗣成録鬼簿於關漢卿、屈子敬下,均録其昇仙橋相如題柱劇,錢曾也是園目明無名氏亦有司馬相如題橋記,此未知誰屬。至胡仲淵貶竄雷州,各家亦未著録。王國維謂此書既收周憲王劇八種,此二種恐亦出憲王手,亦臆度之詞,無他證佐也。按憲王雜劇,自來傳本頗稀,今則百川書志所録三十一種,皆有其本。斯編所録憲王八種已無足驚異,唯相如題橋、胡仲淵二劇,世仍無別本。元明舊劇久佚之本,賴此本而存其二,此則甚覺可貴耳。

殘本古名家雜劇五卷

明刊本

此本存雜劇五種:曰謝金蓮紅梨花,元張壽卿撰,板心題"二卷”；曰李雲英風送梧桐葉，不著撰人，板心題“一卷”；曰錢大尹智寵謝天香，元關漢卿撰，板心題“信卷二”；曰帝妃春游，明程士廉撰，板心題“一卷”；曰杜蕊娘智賞金綫池，元關漢卿撰，板心題“信卷一”。核其目悉在彙刻書目所錄明玉陽仙史編古名家雜劇中，其板刻形式與殘本續古名家雜劇亦同，則此乃陳與郊古名家雜劇無疑也。按彙刻書目載古名家雜劇八集，以八音標題，自金集至土集，集各四種，唯革集、木集集各八種。其分卷參差，疑非原書之舊。而據丁祖蔭所述常熟趙氏舊山樓所藏名家雜劇分文行忠信四集，其書名與彙刻書目所載同，其卷數與標題不同。此本金綫池標信卷一，謝天香標信卷二，與元明雜劇本酷寒亭標信卷三，還牢末標信卷四，恰爲一集，且與彙刻書目所載竹集雜劇名目次第全同，知見存信集即書目竹集。舊山樓藏之文行忠信四集，即書目之金石絲竹四集。帝妃春游書目在木集中次居第五，而此本實標一卷，知書目所載革木二集實各併二集而爲一集。然則書目所載八集，似原爲十集，前四集以文行忠信標題，後六集以何字標題則不可知矣。此本所存五卷，如紅梨花、梧桐葉，與元明雜劇本所收實爲一本；金綫池別有顧曲齋本，文亦同；唯謝天香，除元曲選外別無第三本，可以此本校藏本之失。至程士廉春游、夏賞、月宴、雪訪四曲，王國維曲錄卷三著錄，竟不能知其撰人，至疑夏賞即元金仁傑之蘇東坡夜宴西湖夢，月宴即元戴善甫之陶學士醉寫風光好。唯述古堂鈔本也是園目著程士廉之名，繫以四曲，可補曲錄之疏。然陳與郊古名家雜劇世鮮傳本，世人知其目而不能讀其文，今此本獨存春游一種，與續古名家雜劇殘本之鎖魔鏡並爲宇內孤本。與郊編刊雜劇，沈淪數百年，至今正續二編始顯於世，足以光照書府，雖殘缺不完，亦可謂人間之瑰寶矣。

殘本新續古名家雜劇八卷
明刊原本

　　明陳與郊編。是編楊守敬叢書舉要與顧氏彙刻書目均載其目，凡宮商角徵羽五集，每集四卷，共二十卷。此本前載總目與叢書目同，唯僅存宮集救風塵、羅李郎、蝴蝶夢、藍采和及徵集勘頭巾、魔合羅、鴛鴦被、鎖魔鏡八劇。中如藍采和及鎖魔鏡二劇，_{按：藍采和原題作“漢鍾離度脫藍采和”，鎖魔鏡作“二郎神醉射鎖魔鏡”。}也是園目卷十元無名氏劇內載之，元曲選未收。餘俱見元曲選中。王國維曲録於卷五總集部出此書，注云“陳與郊編”，其卷二元雜劇、卷三明雜劇目下所注板本，亦有續古名家雜劇，然其宋元戲曲史元劇之存亡一章謂“元人雜劇選與古名家雜劇至爲罕覩，存佚已不可知。”知所注僅據書目所記載之，實未見原書。此本僅存八種，八種中與元曲選複者又六種，未爲完帙。然元曲選文字多不可據，與郊所編刻，以他本考之，尚皆依原文，則其本可貴正不可以重複輕之。又藍采和劇錢塘丁氏尚有其本，至鎖魔鏡劇僅見此集，實爲宇内孤本，則雖殘本亦彌足珍貴矣。

元明雜劇二十七卷
江南圖書館影印本

　　此本原本爲錢塘丁氏八千卷樓所藏，其書歸江南圖書館，近時景印行世者。其卷第雜糅，板刻形式亦不甚一律，邊欄或作雙綫，或作單綫，板心或不標卷數，或卷字上空白，或標“一卷”、“二卷”等，或標“信卷三”、“信卷四”，唯行款字體大致相同，疑一家所刻,而非成於一時,亦非一書,書肆摭拾殘零,裝訂成帙,因漫題曰"元明雜劇",實非有此一集也。所收雜劇二十七種,元人劇得十九,明劇得八。以板心所記考之,如信卷三酷寒亭、信卷四還牢末、一卷梧桐雨、三卷兩世姻緣、二卷揚州夢、四卷曲江池、又一卷梧桐葉、二卷紅梨花、三卷對玉梳、四卷牆頭馬上,凡十種,俱在陳與郊古名家雜劇竹集、匏集、土集目中,按:古名家雜劇今佚,以上十種除對玉梳外皆元曲。如二卷羅李郎、四卷藍采和、又二卷竹塢聽琴、三卷金錢記、四卷劉行首、又□卷風雲會、三卷誤入天台、四卷猿聽經,凡八種,俱在陳與郊續古名家雜劇商集、角集、徵集目中。按:續古名家雜劇已著錄,八種殘本中羅李郎、藍采和二劇與此本複重。以上所舉八種,除風雲會、誤入天台外,皆元曲。以殘本續古名家雜劇所存羅李郎、藍采和二劇勘此本,其行款形式闕壞處無一不同,知確爲一本。其餘十六種與正續古名家雜劇重者,似即正續古名家雜劇之本。然如酷寒亭標信卷三,還牢末標信卷四,據叢書舉要所記,陳與郊古名家雜劇八集以八音標題,實無信字。唯近人王大隆所輯蕘圃藏書題識續錄卷四,載丁祖蔭名家雜劇案語云:"常熟趙氏舊山樓藏,分文行忠信四集。"以信字標集與此合,則此二劇必與常熟趙氏所藏古名家雜劇爲一本,或書名偶與陳與郊所署同,或本一書,以析出別行,更立標題,今不可知矣。餘如豫讓吞炭、赤壁賦、單鞭奪槊、王粲登樓、按:四種皆元曲。香囊怨、繼母大賢、團圓夢、曲江池、按:四種明周憲王撰。此本曲江池誤題楊誠齋。寒衣記、罵座記,按:二種明葉憲祖撰。板心皆不標卷數,亦不知其爲何本。其豫讓吞炭、赤壁賦二劇題下撰人名氏皆剗去。考豫讓吞炭,王國維曲錄二引元姚桐壽樂郊私語記楊梓有此劇,當即梓作。赤壁賦或以爲即錄鬼簿所載費唐臣蘇子瞻風雪貶黃州劇,今考明寧獻王太和正音譜卷下越調內引鬼三台、聖藥王、隨煞三調,均注云:"無名氏赤壁賦第三折。"清李玉北詞廣正譜卷三仙呂宮內引那吒令、鵲踏枝二調，注云："費唐臣赤壁賦。"按：此二調正音譜未引。卷十六越調內引隨煞一調，注云："無名氏赤壁賦。"按：此一調正音譜亦引。九宮大成南北曲譜卷五仙呂調內引游四門一調，注云："赤壁賦，不著撰人。"今悉取勘此本，正音譜所引三調稱無名氏赤壁賦第三折者，果在此本第三折；北詞廣正譜卷三所引二調注費唐臣赤壁賦者，在此本第一折；九宮大成曲譜卷五所引注赤壁賦者，亦在此本第一折；又九宮大成曲譜卷二十八引赤壁賦鬥鵪鶉套，與此本第三折亦全同，知所引皆是此本。至貶黃州，則太和正音譜卷下仙呂調內引寄生草一調，注云："費唐臣貶黃州頭折"；卷上正宮調內引端正好、滾繡球、隨煞、煞尾四調，注云："費唐臣貶黃州第二折。"北詞廣正譜卷二引正宮滾繡球一調，卷二十四引正宮煞尾一調，注云："費唐臣貶黃州。"按：此二調正音譜已引。九宮大成曲譜卷五仙呂調內引哪吒令一調，按：此一調正音譜、北詞廣正譜俱未引。注云："貶黃州。"悉不見此本，則赤壁賦與貶黃州實是二劇。且此二劇，太和正音譜並著錄，正音譜於貶黃州則屬之費唐臣，於醉寫赤壁賦則入古今無名氏雜劇中，分別甚明。然則此本所錄，自是無名氏之赤壁賦。其李玉北詞廣正譜卷三所引那吒令、鵲踏枝二調，本爲赤壁賦而題費唐臣撰者，蓋傳寫之誤也。此豫讓吞炭、赤壁賦二劇，世無別本；至野猿聽經，也是園目載之，題云"元無名氏"，亦無別本。其葉憲祖寒衣記、罵座記二劇，亦僅見此本。且以他本勘之，如牆頭馬上、梧桐雨、竹塢聽琴、紅梨花、兩世姻緣、金錢記、揚州夢、風雲會、誤入天台、對玉梳諸劇，凡與顧曲齋本複者，其文皆同；凡與柳枝集複者，以孟稱舜所稱引原本核之，亦一一相符，知與顧曲齋本同出一源，其書並依據原本，未嘗改竄。是此本"元明雜劇"之名雖虛誕不實，而其質可貴。今錄存其目而詳述其始末，庶剖判名實，各得其是，不相混淆。至原題則宜仍其舊，無事改稱焉。

殘本元人雜劇選三十種

國立北平圖書館藏明萬曆刊本

　　不知編者名氏。是本前載萬曆戊戌一序，署"息機子序"，文已斷爛不具原委，似即編刊之人。以目考之，所收雜劇凡三十種，其中如劉阮天台、城南柳、兩團圓三種，皆明人曲；元曲實得二十七種，而翰林風月、倩女離魂、竹塢聽琴、秋胡戲妻、老生兒五本又缺，實存元曲二十二種：曰馬致遠踏雪尋梅、陳摶高臥，曰關漢卿切鱠旦，曰高文秀諄范睢，按：此本不著撰人。曰鄭庭玉看財奴、忍字記，曰武漢臣生金閣、玉壺春，曰李壽卿度柳翠，曰宮大用范張鷄黍，曰曾瑞卿留鞋記，按：此本生金閣以下至留鞋記皆不著撰人。曰喬夢符兩世姻緣，曰秦簡夫趙禮讓肥、東堂老，曰羅貫中風雲會，曰無名氏連環記、九世同居、符金錠、合同文字、碧桃花、鴛鴦被、漁樵記。所收不及元曲選之博，而此本又非完本，然如孟浩然踏雪尋梅、張公藝九世同居、趙匡義智娶符金錠皆無別本。又見存明以來諸元曲總集皆殘闕太甚，如古名家雜劇，其書久佚，僅於近人影印元明雜劇中得五六種，續古名家雜劇亦僅存八種，若陽春奏雖有其本，然存者不過一二種，已不能成帙，唯此本與顧曲齋本所存較多，而此二編所收參差，相複者僅數種，合此二編以校臧懋循元曲選，實有珠聯璧合之妙。且即其複者考之，知此本與顧曲齋本文同，推而求之懋循以外各本，如元明雜劇本亦同，與柳枝集不依懋循改本者又同，知其本實依原本，而存元曲種數視他編較多，雖非完帙，反覺可貴。又宋元以來伎藝人上場表白語謂之"開呵"，其收場時表白語謂之"收呵"，水滸傳爲元人書，故所記白秀英說諸宮調、宋江於揭陽鎮觀賣藥人弄伎作場時，皆有"開呵"、"收呵"之文。變其文則曰"開念"，如周憲王得駟虞劇作"開念"是。省其文則曰"開"，如元刊本雜劇凡上場白皆標"開"字是。後人刻書，不知開字之義，槪改賓白中開字爲"云"，諸本貫習，大率皆然，而此本獨作"開"，即此一字之微尚不改原文，則其精愼可知矣。

殘本陽春奏三卷

明萬曆刊本

題"尊生館校"。前載萬曆己酉于若瀛序，稱"吾友黄叔，志嘐慕古，往所鑴草玄虞初諸書，懸之國門，紙價爲高；兹復選名家雜劇付之剞劂，乃以雜劇之名爲未雅，而題之曰陽春奏"云。黄叔不知何人，據若瀛所述則曾刊太玄經，餘則不可考矣。若瀛，濟寧衛人，萬曆十一年癸未進士，著有弗告堂集，集中不載此序。斯編叢書舉要卷二十六著録爲八卷，凡三十九劇。此本僅存宋太祖龍虎風雲會、西華山陳摶高卧、陶學士醉寫風光好三劇，所缺尚多。然明刻元曲存者甚少，此雖殘編，自亦可貴。其卷首凡例謂"曲中折白等語，皆金元習音，不必求其洞燭。若以己意强解，至或妄易佳句，反失其真，今盡依舊本考定"。是其刻書亦矜愼可取，勝於臧懋循之自作聰明也。

殘本顧曲齋元人雜劇選十六卷

明刊本

不著編者名氏。是編自來藏書家目及曲目皆未著録，亦不知全書若干卷。此本存十六種，曰馬致遠青衫淚、關漢卿金綫池、緋衣夢，白朴梧桐雨，尚仲賢柳毅傳書，石君寶曲江池，楊顯之瀟湘雨，石子章竹塢聽琴，張壽卿紅梨花，鄭光祖倩梅香、倩女離魂，喬吉兩世姻緣、金錢記，皆元人；羅本風雲會，賈仲名對玉梳、菩薩蠻，皆明人。惟關漢卿緋衣夢爲孤本，餘俱有傳本。然如青衫淚、金綫池、柳毅傳書、瀟湘雨、竹塢聽琴、紅梨花、翰林風月、倩女離魂、兩世姻緣、金錢記、蕭淑蘭十一劇，與孟稱舜柳枝集複者，凡稱舜所稱原本，皆與此本合；凡稱舜所稱吳興本增者，此本皆無之；稱吳興本刪改而稱舜不從者，皆與柳枝集文同，知此本確依元人之舊。元刊本雜劇今僅存三十種，如上所舉十一種皆元刊本所無，則此雖明人所刊，其本之善實與元刊本相等，不同臧懋循訂本之不可依據也。

元曲選一百卷

明萬曆刊本

　　明臧懋循編。懋循字晉叔，長興人，萬曆庚辰進士，授荊州府教授，擢南國子監博士，以任誕罷歸。所著有負苞堂稿、古詩所、唐詩所，四庫全書總目已著録，並附存目。是編選元以來曲。元人所著爲馬致遠、王實甫、關漢卿、白仁甫、高文秀、鄭廷玉、李文蔚、李直夫、吳昌齡、武漢臣、王仲文、李壽卿、尚仲賢、石君寶、楊顯之、紀君祥、戴善夫、李好古、孟漢卿、李行道、孫仲章、岳伯川、康進之、張壽卿、宮天挺、鄭光祖、范康、曾瑞卿、喬夢符、秦簡夫、蕭德祥、朱凱、王曄、李致遠、楊景賢、張國賓、李時中、花李郎、紅字李二等，凡三十九家，按：此編有不題撰人者。以上所舉係據各家記載，不盡據本書所題也。七十一本；又元無名氏所著十二本；元明無名氏所著十一本；明初王子一、谷子敬、賈仲名、楊文奎四家所著

六本,凡百本。在選集中搜輯最爲廣博,自明以來雜劇傳奇總集
無出其右者。然編次毫無倫次,如同屬馬致遠曲,分見於甲、丁、
戊、己、癸五集;同屬關漢卿曲,分見於甲、乙、丁、戊、辛、壬、癸七
集;同屬喬夢符曲,分見於甲、戊、己三集;同屬鄭光祖劇,分見於
戊、庚二集。即同在一集中者,亦前後錯出,如甲集下卷錄關漢
卿玉鏡臺劇,中隔兩劇而出關漢卿謝天香;丙集上卷錄武漢臣老
生兒劇,至下卷中隔五劇而出武漢臣玉壺春。其餘諸家亦莫不
如此,實乖體例。又元曲傳刻本及鈔本雖有不題名者,然錄鬼
簿、太和正音譜所記尚詳,可以考定。是編首卷所載“元群英所
撰雜劇目”,即本太和正音譜。是戀循已見其書,而作者有姓名
可稽,見於太和正音譜者,往往因傳本失題即闕而不載,如誶范
叔不著名氏,實爲高文秀作;度柳翠不著名氏,實爲李壽卿作;冤
家債主不著名氏,實爲鄭廷玉作。俱見所附目中,顧不一檢,未
免太疏。王子一、谷子敬、賈仲名、楊文奎,正音譜明題“國朝”
人,乃擅改爲元人,目與各劇下署題皆誤。又如氣英布爲尚仲賢
作,殺狗勸夫爲蕭德祥作,昊天塔爲朱凱作,桃花女爲王曄作,皆
不署名,失於不考。黃粱夢本馬致遠、李時中、花李郎、紅字李二
合撰成集,逕題馬致遠,亦爲小失。按:附目據正音譜注云:第三折花李
郎,第四折紅字李二。是亦知非馬致遠一人所作也。至於原本詞句,以孟稱
舜柳枝集、酹江集所注考之,或易以他調,或盡換其詞,甚者意增
意減,相差至數調之多,至於後庭花、混江龍、折桂令、新水令諸
調,其句字不拘、稍可通融者,則往往厭原文之繁複而大删之,故
所錄去原本甚遠,不可依據。其乙卯序自稱“若曰妄加筆削,自
附元人功臣,則吾豈敢”,直英雄欺人之語耳。明人習氣,好自作
聰明,勇於改古變古,於著作之業實非所長。當明清之際,元曲
存者猶多,如虞山錢氏,吳江沈氏,山陰祁氏,餘姚孫氏,並富藏
元曲。王驥德曲律卷四謂正音譜所列,今存者尚半。其言非虛。

懋循乙卯序稱"家藏雜劇多秘本,又從黃州劉延伯借得二百種"。

<small>按:朱彝尊靜志居詩話云懋循借得劉延伯雜劇二百五十種,不知何據。</small>是所見本已不少,倘旁蒐博採,如張溥漢魏六朝百三家集之例,以劇隸人,使人爲一集,則其蒐輯之功實可震耀古今,不愧爲元曲功臣。或更如元好問中州集之例,採其事蹟遺聞,人爲一傳,則且有裨掌故,殊便學者。乃不知出此,致選刻百卷,徒爲後人譏訕之資。其蒐訪與編次之法,不唯無後來顧嗣立元詩選之善,即持以與張溥所輯漢魏六朝人集度長絜短,亦似不如,雖斷斷論曲,睥睨一時,亦奚裨乎。唯所採既博,元人舊本多賴是而保存,百種之中尚多爲其他選集所未收者,今日元曲存者無幾,治元曲者仍不得不以是編爲林藪。王驥德曲律四摘其集中頗參中馭,不免魚目夜光之混,又句字多所竄易,稍失本來,即音調亦間有未叶,不無遺憾;又稱其蒐奇萃渙,典型斯備,厥勤居多,以爲功過不相掩。亦爲公論。此世人所以知其謬而不能廢其書歟。

柳枝集二十六卷

明刊本

　　明孟稱舜編。稱舜雜劇傳奇有殘唐再創、嬌紅記等,已別著録。是編每卷題"孟稱舜評點","潘可傳訂正"。前不載序,目已失去。所收曲以見存者數之,得元劇十六種:凡鄭德輝二本,曰倩女離魂,曰翰林風月;馬致遠一本,曰青衫淚;喬吉三本,曰兩世姻緣,曰揚州夢,曰金錢記;關漢卿二本,曰玉鏡臺,曰金綫池;白仁甫一本,曰牆頭馬上;楊顯之一本,曰瀟湘雨;張壽卿一本,曰紅梨花;李好古一本,曰張生煮海;吳昌齡一本,曰豬八戒;石子章一本,曰竹塢聽琴;尚仲賢一本,曰柳毅傳書;無名氏一本,

曰度柳翠。明初人劇七種:王子一一本,曰悞入桃源;谷子敬一
本,曰城南柳;賈仲名二本,曰對玉梳,曰蕭淑蘭;周憲王三本,曰
小桃紅,曰慶朔堂,曰牡丹仙。自著三種,曰眼兒媚,曰桃源三
訪,曰花前一笑。選前人詞以己作附之,亦王逸楚辭章句之比。
明人改元曲,由李開先開其端,至臧懋循而益甚。稱舜此編即以
臧懋循元曲選爲底本,校以他本而斟酌損益之,不盡依原文,其
失與懋循同。唯改定處多疏於上方,體例實較懋循本爲善。考
懋循擅改元曲,世人多知其謬。如沈德符及葉堂等,皆先後抨
擊。然自明以來,唯元曲選盛行於世。凡元曲選中文字,何者爲
原文,何者爲懋循所改,皆了不可知。雖今日秘本多出,如元刊
本雜劇,如尊生館刊本陽春奏,如息機子雜劇選,如陳與郊正續
古名家雜劇,皆選元曲,可資校刊。其間有重至三四本者,固可
援從衆之義,定懋循本之非。然考異之書,至今無之。讀元曲選
者,於其文之得失猶未能一一辨明之也。稱舜此編批注,詳載去
取始末。至今讀之,不唯稱舜之意旨可見,即懋循所增改者亦多
藉以證明。今略舉數例:如玉鏡臺三折耍孩兒曲後較懋循本多
六煞、五煞二曲。批云:"此二枝正説珍惜之甚,斷不可少。吳興
本盡删去,今照原本增入。按:稱舜所謂原本,即古名家雜劇本或顧曲齋本,
詳余所著也是園古今雜劇考第三板本篇。此二本乃明本之近古者耳,非真原本也。
但五煞原本全説在打造車子上,似無謂,略爲改正。"度柳翠第一
折天下樂曲批云:"曲白大率俱從原本。長老唱西方贊及呪語三
段,從吳興改本者,以此處太冷場,不便搬演也。"柳毅傳書第一
折油葫蘆曲批云:"原本'蘇武'句下接'黃犬又音乖'四句,而無
天下樂一枝。看來此枝似不可少,今改從吳興本。"瀟湘雨第一
折醉中天曲批云:"此枝原本所無,照吳興本增入"。第四折醉太
平、尾煞批云:"此二枝俱吳興本所增。"張生煮海第三折批云:
"'仙母作媒',吳興本改作'石佛寺長老'。今看曲詞與長老口角

不肖,仍改從原本。"竹塢聽琴第四折甜水令、折桂令批云:"此二枝與末枝按:指離亭宴煞。皆依吳興本增入。"翰林風月第一折混江龍批云:"'鄭康成'下'咱祖父'上,吳興本删此一段,但取中庸、論語二聯而貫易之。"倩女離魂第一折混江龍批云:"吳興本於此枝删去將半,殊覺寂寂。"金錢記第四折水仙子"今日可便輪到我妝幺",批云:"只此一語便了。吳興本衍出數枝,似贅。"對玉梳第四折落梅風後,較他本多水仙子一曲,批云:"此枝依吳興本增入。"又折桂令批云:"原本自此枝止,反覺精絶。吳興本增改數枝,又太繁冗。今特略爲删改。"按:折桂令後懋循增錦上花、幺篇、清江引、離亭宴四曲,稱舜只取其清江引一曲,又另作收尾一曲。以上所舉皆其犖犖大者。其餘字句之異所批注者尚多,無一不有關於考證。其書中偶有未批注者,如金錢記第一折天下樂後那吒令、鵲踏枝、寄生草三曲,他本皆無之,唯此本與懋循本有。醉扶歸一曲,此本與懋循本同,他本皆是青哥兒曲。此二條當皆據懋循本增改。又張生煮海第二折張生白前,此本有毛女歌出隊子一套,較正文低二格書之。此院本串入之體,誠齋樂府中多有之,當是原文。懋循棄而不録,此本保存之,亦爲可貴。按:張生煮海除此本與元曲選本外無第三本。又詩酒揚州夢第一折批云:"此折係楊升庵重訂,故後人混收入升庵黄夫人集内。其中間有異同,則出吳興臧晉叔本也。"風月牡丹仙頭折批云:"古質俊麗,與憲王他劇氣味稍别。若詠衆花仙折按:第三折。出元人虞伯生筆,而劇中略同。意元人原有此曲,此特是其改本耳。"第三折批云:"雍熙樂府載虞伯生十花仙。此劇俱出虞作無疑。"按:永樂大典目五十四載雜劇有十詠水仙子,今佚。稱舜所云虞伯生十花仙,見雍熙樂府卷六。核其文與牡丹仙第三折全同。牡丹仙凡四折,雍熙樂府全引。其引他折或依原名題牡丹仙,或私標題目曰歡賞。獨於此折題"虞伯生詠十花仙"。疑雍熙樂府此折據虞本録出,故仍其舊題。

稱舜之言殆不誤也。此二事，世人不盡知，賴此本發之。是其校勘文字極有裨於曲學，與戀循書不可同日而語。然亦有沿戀循書而誤者，如牆頭馬上二折一枝花曲“睡魔着末得荒”。“着末”本宋元人習語，宋彭汝礪詩、朱淑真詞，元耶律楚材詩，皆用之，清王士禎居易録所引甚詳。兹乃從戀循本改爲“纏繳”，不唯輕易古人語，亦殊嫌生澀。亦有戀循依原文而此本改之反失者，如揚州夢一折那吒令曲“雲無心雲也生愁”，改爲“山有眉山也顰愁”。金錢記一折金盞兒曲“嫦娥離月殿，神女出巫峽”，改爲“水仙離洛浦，湘女下巫峽”。皆不免雕琢失真。至吳昌齡西遊記本六本，稱舜乃截取其第四本爲四折雜劇，題曰猪八戒，亦嫌割裂，不出明人删節古書之習。又其書選元曲即以目之次第爲甲乙，以倩女離魂居首，而關馬之作反居其下，又謂翰林風月遠過西廂，評論亦未公允。唯今所取者在其注文字異同，不在其評訂，此等可勿深論。稱舜此編久無傳本，王國維曲録元曲下所注板本亦不引柳枝集，知未見其書。此本悮入桃源與對玉梳第一折，皆殘缺不完，其他亦間有殘葉，又其書附刻元鍾嗣成録鬼簿，此本亦無之，知尚非完帙。然存元明人曲已至二十三本之多，可資考核。即自作三種，亦完全無缺。其書韜晦數百年，至今日而始顯，亦可云希有之秘笈矣。

（一九三四年稿，一九六一年十二月改訂）

殘本酹江集十卷

明刊本

明孟稱舜編。每卷題“孟稱舜評點”，“劉啟胤訂正”。前有總目，載所收元人雜劇，凡馬致遠三本，曰漢宮秋、任風子、薦福碑；白仁甫一本，曰梧桐雨；宮天挺一本，曰范張雞黍；鄭光祖一本，曰王粲登樓；關漢卿一本，曰竇娥冤；岳伯川一本，曰鐵拐李；康進之一本，曰李逵負荊；高文秀一本，曰誶范叔；秦簡夫一本，曰東堂老；紀君祥一本，曰趙氏孤兒；王實甫一本，曰麗春堂；李文蔚一本，曰燕青博魚；武漢臣一本，曰老生兒；羅貫中一本，曰風雲會；孟漢卿一本，曰魔合羅；無名氏一本，曰隔江鬥智。明周憲王一本，曰仗義疏財；王九思一本，曰沽酒游春；康海一本，曰中山狼；馮惟敏一本，曰不伏老；梅鼎祚一本，曰崑崙奴；梁辰魚一本，曰紅綫女；王衡一本，曰鬱輪袍；徐渭二本，曰漁陽三弄、替父從軍；無名氏一本，曰真傀儡；沈自徵一本，曰鞭歌妓；附稱舜自著一本，曰殘唐再創。凡三十本。唯此本已殘，於元曲僅存漢宮秋、任風子、薦福碑、范張雞黍、風雲會、魔合羅六本，於明曲僅存漁陽三弄、替父從軍、真傀儡、鞭歌妓四本，僅得原書三分之一。核其體例，與柳枝集亦同。其別爲一集，名爲“酹江”者，以所選皆沈雄激壯之作，與柳枝集之主風情妍麗者異也。書中每劇訂正之處亦皆疏明，如漢宮秋第一折混江龍調云：“‘仙音院裏’以下，吳興本率多刪改，反不若原辭超逸，今仍舊。”三折梅花酒調云：“數枝情既悲愴，音亦弘暢，吳興本改數語亦頗有次第，而原本固自佳，不若仍之，存餼羊之舊。”任風子二折窮河西調云：“‘我待跨鶴來’二句，吳興本改作‘他不是跨鶴來，怎生有這般翅羽’，非。”又煞尾一調云：“‘酒醉沙陀’四句，吳興本刪去。”三折要孩兒後三煞注云：“此枝吳興本無之。”范張雞黍三折元和令調云：“北人樹上凝霜謂之掛白，見則國有大喪，故曲云‘樹掛盡汝陽城外柳’，吳興本改爲‘劍掛’云云，殊失本旨。”所注諸條於臧懋循擅改文句皆明白指出。又漁陽三弄、替父從軍所據爲徐渭改定本，與通行本亦有異同，皆有裨考證，其功用與柳枝集同。稱舜此集傳本亦稀，清以來言曲者多不引，唯李調元曲話上卷記羅貫中風雲會云："醉江集載之。"是調元曾見其書。後王國維撰曲録，於雜劇目、總集目均不注醉江集，知未見此本。蓋二百餘年來亦晦而不著，斯雖殘本斷帙，固當爲學者珍惜，與柳枝集一律視之矣。

殘本醉江集六卷

明刊本

按醉江集原本三十卷，今僅存殘帙。其一爲十卷殘本，存漢宮秋、任風子、薦福碑、范張雞黍、風雲會、魔合羅、狂鼓史、替父從軍、真傀儡、鞭歌妓十曲，已著於目。此又一殘本，僅存元明人曲六種，其中狂鼓史、替父從軍、真傀儡、鞭歌妓，皆與十卷殘本複重，唯燕青博魚及殘唐再創爲十卷殘本所無，實存醉江集遺文二卷。殘唐再創乃孟稱舜自撰，以盛明雜劇二集所收英雄成敗一本校之，盛明雜劇本用末上開場，沿南曲形式，此本無開場而有楔子；又盛明雜劇第一折鄭佃上醉花陰一套，此本在第二折，第二折黃巢上點絳唇一套，此本爲第一折之文，皆不同。按稱舜柳枝集、桃源三訪劇，盛明雜劇初集亦收之，其本去楔子而着副末開場，與此亦同。沈泰評謂"桃源諸劇舊有刻本，此本出子適手自改，視前本更爲精當"云。則英雄成敗一本與殘唐再創不同之處或亦出稱舜所自定。蓋二本一主鄭佃，一則鄭佃、黃巢並重，觀標題名目，可知意既微異，其脚色登場次序自不能不有所更改也。又此本於六劇外尚有録鬼簿殘葉，審其行款形式，與醉江集諸劇同，蓋即附刻以行者。通行本自董解元至張洪範宣慰目爲前輩已死名公，自郝新庵至王繼學中承爲方今名公，此本則

以郝新齋、按：不作"新庵"，與太和正音譜同。曹以齋、劉時中並入前輩
已死名公目中，方今名公自李溉之起，亦足以廣異聞。酹江集全
本三十卷今不可覯，即此殘帙零簡，實有裨於考校，故存其目以
備世之留心近代文籍者采擇焉。

玉夏齋傳奇十種

明刊本

　　不知編者名氏。其書收明人戲曲十種，曰：喜逢春二卷、春
燈謎二卷、鴛鴦棒二卷、望湖亭記二卷、荷花蕩二卷、花筵賺二
卷、長命縷二卷、金印合縱記二卷、鳳求凰二卷、四大癡四卷。其
春燈謎署"百子山樵"，乃阮大鋮撰；鴛鴦棒、花筵賺署"吳儂荀
鴨"，乃范文若撰；荷花蕩署"上黨擷芳主人"，乃馬佶人撰；望湖
亭署"鞠通生"，乃沈自晉撰；長命縷署"江東勝樂道人"，乃梅鼎
祚撰；金印合縱記一名黑貂裘，不署名，乃蘇復之撰，皆著名曲
家。其鳳求凰譜司馬相如與卓文君事，署"澹慧居士"；喜逢春演
毛士龍忤魏忠賢黨被戍事，署"金陵桃葉渡清嘯生"，皆不知爲何
人。唯鳳求凰曲收場詩云："陽羨書生本幻仙，口中瓣瓣出金蓮。
問誰演出當壚案，罨畫溪頭陳玉蟾。"似作者姓陳，玉蟾乃其自號
也。四大癡四卷：第一卷言酒，劇名"酒懂"；演姜應召酗酒事，署
"武林李逢時九標父"；第二卷言色，標曰"色卷"，不著曲名及撰
人，其曲演搨墳事，當即蝴蝶夢；第三卷言財，劇名"一文錢"，不
署名，作者乃徐復祚；第四卷言氣，標曰"氣集"，亦不著曲名及撰
人，實即孟稱舜之殘唐再創。按斯編所收諸曲，泰半有別行刊
本，中唯喜逢春、望湖亭、長命縷、鳳求凰今傳本頗稀，此並存其
文，頗爲有功。至喜逢春曲，清乾隆間曾經查禁，蓋因其第十七

齣“封爵”一齣中，有“奴酋入寇”及“奴酋因敗憤恚，發疽而死”等
語，觸當時之忌也。

新編太平時賽賽駐雲飛一卷
四季五更駐雲飛一卷
題四厢記詠十二月賽駐雲飛一卷
寡婦烈女詩曲一卷

明成化刊本

不著編者名氏。其四季五更駐雲飛卷末題云：“成化七年金
臺魯氏新刊印行”，知憲宗時北京所刊。魯氏不知何人，或係當
時書肆主人也。諸卷所録皆駐雲飛小令重頭，唯寡婦烈女卷除
首載散套二章外，餘皆鷓鴣天詞爲異。然諸作詞意鄙俚，殊無文
采，蓋市井編造之本，用之於嘌唱者，非録舊，故曰新編。其稱
“太平時賽賽駐雲飛”、“十二月賽駐雲飛”，尤不知何意。或書會
編輯，各出新本，有競勝負之義歟？其題西厢記十詠云：“漢卿文
能，編作西厢曲調精。”又云：“王家增修，補足西厢音韻周，後把
詞章湊。”按西厢世稱王實甫作、關漢卿續，此則稱漢卿編作、王
家增修，成化去元未遠，此必有所本，非漫然立説者。又董秀英
花月東牆記南戲本已佚，此題西厢詠十二月卷中尚有詠東牆記
六首，其第一首稱書生文輔赴京過海棠亭，叙前情，其指腹姻緣
忽成虛諾；第二首稱秀英寓簡赴期，與生在花月東牆相會；第三
首稱梅香隨邪導引；第四首稱夫人差錯，致閨門出醜事；第五首
稱醫生誤用藥；第六首稱山壽俠兒_{按：俠兒，元人呼小兒之稱}。入學拜
師。雖其詞意不甚明顯，讀之於戲文始末猶未能了然，而其故事
情節於此猶可窺其梗概，亦不得目爲無用之書矣。

殘本盛世新聲五卷①

國立北平圖書館藏明正德刊本

按：是本爲明正德刊本。前載一序稱："予嘗留意詞曲，間有文鄙句俗，甚傷風雅，使人厭觀而惡聽。暇日逐一檢閱，刪繁去冗，存其膾炙人口者四百餘章，小令五百餘闋，題曰盛世新聲"云。爲編者自序。序後題正德十二年，不署名，亦不知爲何人所編。考錢曾也是園目卷十載盛世新聲十二卷，是本僅存卷一、卷五、卷六、卷八、卷十一，凡五卷。其卷一收正宫諸曲，卷五收中吕，卷六收南吕，卷八收越調，皆元明雜劇套數；卷十一無標目，則雜收北調散套及小令。其中如卷一標子集，卷八標未集等，知以十二支標目，他卷無標題者，當係後人削去之也。其書編印不甚精，前後二套或至連書，無所分别，目録次第與正文亦不盡合。又每卷所録各曲，例不注撰人姓名，唯卷八目録題下有注，細察之乃後來補刻，亦非原書之舊。蓋搜集時行曲子供吟歌之用，非有意於造作，故不免疏率。然明初總集存者無多，斯編爲正德原印本，猶在雍熙樂府之前，則其本可貴，正不以殘零爲嫌也。

---

①編按：此則底稿標目作"盛世新聲十二卷"，題解内自"是本僅存卷一"至"卷八標未集等"一段文字原作"是本分十二卷，與也是園目合。其卷一收正宫諸曲，卷二收黄鐘，卷三收大石，卷四收仙吕，卷五收中吕，卷六收南吕，卷七收雙調，卷八收越調，卷九收商調，皆元明雜劇套數；卷十標南曲，收戲文套數，卷十一、卷十二無標目，則雜收南北調小令。其中如卷一標子集，卷三標寅集等"，是知此則亦有改訂，惜不知何時所改。

詞林摘豔十卷

明嘉靖刊本

　　明張禄撰。是編前載嘉靖四年乙酉自序，稱"盛世新聲所收近廣，欲成太速，不暇考其訛舛，見者病焉。因正其魯魚，增以新調，不減於前謂之林，少加於後謂之豔，更名曰詞林摘豔"云。則爲增訂盛世新聲而作。其書凡十卷，以十干標目，其每卷題目：甲集曰南北小令；乙集曰南九宫，收南傳奇及南曲散套；丙集曰中吕附般涉調；丁集曰仙吕；戊集曰雙調；己集曰南吕；庚集曰商調及商角調；辛集曰正宫；壬集曰黃鐘附大石調；癸集曰越調。自丙集以下皆北曲雜劇散套，而明人散曲之南北合套者亦附焉。統觀全書，所摭不及雍熙樂府之繁而亦稱廣博。唯校刊不精，注釋亦不甚詳明，如元劇或注某折，或僅舉曲名而不記折數，或竟不注曲名，作者朝代元誤爲明亦間有之。蓋選輯詞曲供演唱之用，於著書之體初未講求，序所云定誤正訛者乃誇飾之語，非其實也。唯元人及明初舊曲今不存者，往往載其全套，自一折至數折不等，且悉依原文，不加改訂，實有裨於考校，於曲文保存不爲無功，固亦有足取焉。

月露音四卷

明末刊本

　　不著撰人名氏。前載自序署"丙辰花朝清餘居士醉題于酒香山中"，私印二，曰"長白"，曰"清餘居士"，亦不出名氏，終不能知爲何人。其書四卷，摘録明人傳奇不下百餘種，搜羅極爲廣博。然其標舉乃以莊、騷、憤、樂名集，往往同是一劇，分隸數卷。

如玉麟記以"課兒"、"度尼"二齣隸莊集,"覓豔"、"贈題"二齣隸樂集;椒觴記以"登第"一齣隸莊集,"謔雪"一齣隸樂集;雙烈記以"賀節"、"相勢"二齣隸莊集,"途遘"一齣隸憤集;蟠桃記以"點化"一齣隸莊集,"山行"一齣隸樂集;彩舟記以"親迎"一齣隸莊集,"目成"一齣隸騷集;龍膏記以"酬詠"、"傳情"二齣隸騷集,"閨病"、"巧遘"二齣隸憤集,"游仙"一齣隸樂集;四喜記以"呼名"一齣隸騷集,"閨悶"一齣隸憤集,"春宮"一齣隸樂集;驚紅記以"私盟"一齣隸騷集,"宮怨"一齣隸憤集,"霓裳"一齣隸樂集;分釵記以"追歡"一齣隸騷集,"春游"一齣隸樂集;百順記以"訪妓"一齣隸騷集,"憶夫"一齣隸憤集;投桃記以"投桃"一齣入騷集,"秋懷"一齣隸憤集,割裂牽強,殊屬乖謬。今錄存其目而附闕其失,以見選本末流之弊有如此者焉。

樂府遏雲編三卷
明刊本

題"古吳楚間生槐鼎、鍾譽生吳之俊選定","閶夫何光烈、濟之童所龍校訂"。選明人傳奇凡五十六種,與怡春錦集相出入。其中如李丹記、桃花記、鸚鵡洲、雙紅記、金丸記、錦箋記、金鎖記、鮫綃記,今皆有刊本或鈔本流傳,雖皆罕見之本,此編所錄皆摘其零齣,以視傳本可謂存什一於千百,已無足貴。唯如四節記錄"游春"齣"花將笑"一章,"曲江挾妓"齣錄"芳草香堤"一章,"東山挾妓"齣錄"高卧林丘"一章;南樓夢錄"病訣"齣"春來無事腸暗損"一章,"聞哭"齣錄"晚妝才罷試描鸞"一章;弄珠樓記錄"露盟"齣"南陌盈盈聊游"一章;羅囊記錄"游山"齣"春光如海"一章,皆存佚文,足資考證。雖其書只錄曲文,摒賓白不録,不如怡春錦之善,要亦有裨曲學,存之以備考核,固無不可也。

增訂樂府珊珊集四卷
明刊本

明周之標編。是編乃繼吳歈萃雅之後,續加選輯,所録除通行諸傳奇外,新出之本亦採録附入,故曰增訂。其稱珊珊集者,以前人詩有"清歌中夜發,明月自珊珊"之句也。書凡四卷,以文行忠信標目。文集、行集皆散曲,自沈青門至楊斗望等,凡録二十二人之作,而之標所撰亦附焉。忠信二集皆傳奇。忠集所録爲琵琶記等十九種,信集爲西樓記等二十二種,皆習見之曲。唯無名氏千古十快記録"渡江"齣一枝花"浩浩的黃河"一章;袁晉鶺鴒裘已佚,此本録"新寡"齣香羅帶"會聯百歲"一章,又"情動"齣三仙橋"自惜風流綺媚"一章,稍有裨考證。又其書循選家慣例,於諸傳奇不出賓白,而信集曇花記則有白,爲自亂其例,不知是何用意也。

新選南北樂府時調青崑四卷
明四知館刊本

題"江湖黃儒卿彙選","書林四知館繡梓"。其書分三欄,上下層爲傳奇,中層爲諺語謔詞,乃坊肆俗書。其分卷曰首卷,曰次卷,曰一卷,曰二卷,亦殊無倫理。然所選諸曲皆詞白兼録,凡舊曲之少見者,不獨可見其詞,其所演事實亦藉以窺知一二,殊便學者。如次卷同窗記録"我這裏稍問原因"及"風柔簾垂玉鈎"
二章,乃梁山伯、祝英臺事;纖絹記録"趨步往前行"一章,乃董永
遇仙事;一卷緑袍記録"香風陣陣襲人衣"一章,乃劉湛事;又長
生記録"自種桃在玄都觀裏"一章,乃王道士斬妖事,即後來青石
山所演。凡此諸曲,或標名生疏,或與他本同名,設非賴此編載
其實白,將無從知其所演之事。斯其書頗有可採,不得以坊間俗
本輕之也。

彩筆情詞十二卷

明天啟刊本

　　明張栩編。栩字叔周,號夢予,浙江仁和人。是編輯元以來
詞人涉妓女之作,所收套數二百餘章,小令二百餘首。卷首載詞
人姓字,各疏其名號里貫,凡元三十人,明五十人。其分類曰贈
美,曰合歡,曰調和,曰叙贈,曰題贈,曰耽戀,曰間阻,曰囑勸,曰
離別,曰送餞,曰賦物,曰感懷。據天啟甲子張栩自序,此書乃繼
六觀堂刻青樓韻語而作。韻語録妓女情詩,此廣其義,録文人題
贈妓女之小令套數。韻語所收不廣,且每卷綴附澀拙俚詞,言妓
女之事,名曰嫖經,命意尤屬纖佻。此編搜集元明人令章,較韻
語卷帙爲繁,且元明爲南北曲最盛時代,當時士夫任誕風流,其
嘌唱散曲半爲妓女而作,佳篇美什,往往而有,録之備文章之一
格,實無不可。唯分類瑣雜,殊無體例,既曰叙贈,又曰題贈;既
曰離別,又曰送餞,徒自紛擾,殊可不必耳。

殘本雜劇三集十四卷

清順治刊本

　　明鄒式金撰。式金字仲愔，號木石，無錫人，崇禎庚辰進士，崇禎間官福建泉州府知府。是編選明季所撰雜劇，凡吳偉業、尤侗、茅維、鄭瑜、孟稱舜、周如璧、查繼佐、張來宗，按：來宗字未詳。薛旦、張龍文、孫原文、黃家舒、陸世廉、堵庭芬、南山逸史、碧蕉主人、土室道民十七家三十二劇，又附式金及弟兌金所撰各一劇於後，共收十九家三十四劇。明清間著名諸作，大致採録無遺。唯此本已不全，缺原書卷五一卷，又缺原書卷十至卷二十九計二十卷。僅吳偉業通天臺、臨春閣二劇，尤侗讀離騷、弔琵琶二劇，黃家舒城南寺、西臺記二劇，堵庭芬衛花符一劇，土室道民鯉詩讖一劇，式金風流塚及弟兌金空堂話一劇，與目合，皆完全無缺。所録茅維劇，據目爲六種，僅存蘇園翁、秦廷筑、金門戟、鬧門神四種。計所存十四卷，不及全書二分之一。然其中除吳偉業、尤侗四劇今有別行之本外，餘皆無傳本。且所録吳偉業、尤侗之曲，勘以見行之本，文亦多不同，蓋是編刊於順治十八年，猶據其原稿。今存西堂全集諸本皆後來刊行，以有所避忌，往往刪改字句，則此本所録實覺可貴也。此本前載灌隱人一序，稱式金爲年兄，按即吳偉業。又有式金自序，稱“邇來世變滄桑，人多懷感，或抑鬱幽憂，或憤懣激烈，或月露風雲寫其飲醇近婦之情，或蛇神牛鬼發其問天游仙之夢。幽居無事，郵筒往來，得若干種，梓行之”云云。則式金是編不唯搜奇，實寓感慨，觀所録西臺記、秦廷筑等皆抒亡國之痛，非無意而作者。而書名雜劇三集，以繼沈泰盛明雜劇初二集之後，隱示不忘明朝，亦有微意。讀斯編者，殆不可以尋常選本視之也。

綴白裘合選四卷

清初翼聖堂刊本

題"鬱岡樵隱輯古"、"積金山人採新"。皆不知何人。所選元以來傳奇,凡四十種,其目爲琵琶、北西厢、荆釵、白兔、草廬、尋親、金釧、四德、五倫、幽閨、香囊、綵樓、金印、四喜、四節、浣紗、連環、千金、南西厢、玉簪、繡襦、玉玦、春蕪、玉環、金丸、紅蕖、紅拂、玉合、綠綺、紫釵、題紅、灌園、投筆、竊符、祝髮、青衫、還帶、彩毫、紅梨、明珠。除北西厢外,餘皆南曲。所摘多至五齣,少至一二齣,其中十之八九皆有傳本。蓋取流行之曲,供扮唱之用者,不專以保存舊本爲主。然如四節、綠綺、紅蕖、金釧諸記,今俱少傳本,此所摘雖一枝一葉,譬之嘗鼎一臠,猶勝於無。又綴白裘今通行乾隆間錢德蒼輯本,世人遂多以爲綴白裘之名乃德蒼所自立,今觀此本,乃知清初已有選本以綴白裘命名,德蒼實沿舊稱。且此本封面有題記云:"白裘一書,昉自醒齋。厥後至再至三,何啻汗牛充棟。"所言如此,則不唯清初,當自明時已有其本。此本前載康熙戊辰按:二十七年。華陽山人序,稱"山人選六十種之絕妙以成書",似所選本六十種,今僅得四十種,似尚非完本也。

葉兒樂府二卷

舊鈔本

題"元張久可小山氏著"。按元張可久號小山,則"久可"乃"可久"之誤。小山小令,明李開先有輯本一卷,以未見小山集,故所録不全。今存張小山北曲聯樂府四卷,較開先所輯得多百餘首,在傳本中最爲完備。此本題葉兒樂府,似所録爲可久小令,然細察之,實爲僞書。所録令章雖多,皆自選集中録出,如第一卷"花底黃鶯"章,乃玩江樓戲文;"心下疑猜"章,乃罟罟旦劇;"枯藤老樹"一首,乃馬致遠小令;"休說功名"章,乃詠瀟湘八景詞;"江雨絲絲"章,乃秋夜竹窗雨劇;"翠簾深護"章,乃月下老劇;"行李蕭蕭"章,乃倩女離魂劇;卷二"茜紅袍"章,乃樂巴噢酒劇;"隔窗紗日高花弄影"章,乃兩世姻緣劇;"家住在碧澄澄綠楊官渡"章,乃詩酒玩江樓劇。其中如罟罟旦、竹窗雨、月下老、樂巴噢酒、詩酒玩江樓,皆元人已佚之曲,以明正德間所刊盛世新聲、嘉靖間刊詞林摘豔考之,皆不出二書所録,知所據即此等選本,率意鈔録,積成卷帙,漫題曰葉兒樂府,以屬之小山。且有時劇名亦依選本注出,其術至拙,蓋書賈所爲,以圖朦溷於一時者。藏書者不察,因而收録之,亦失之眉睫耳。

別本録鬼簿二卷　　録鬼簿續編一卷　　附録一卷
范氏天一閣藏鈔本

按此鈔本録鬼簿二卷,以通行刊本校之,其上卷第一篇録董解元以下至元遺山凡四十五人,標題總目曰"前輩名公樂章傳於世者",刊本則自董解元至張洪範三十一人,目爲"前輩已死名公",自郝新庵至王繼學十人,目爲"方今名公",凡四十一人,分作二類,與此本異。又考其人名,此本較刊本多張雲莊、奧敦周、趙伯寧、王元鼎、劉士常、虞伯生、元遺山七人,而少陳國賓、王繼學二人。刊本所録,如劉時中、馬昂夫皆非元末之人,目爲"方今名公",亦不可曉,疑此本泛稱"前輩名公"者是矣。此本上卷第二篇,錄關漢卿至紅字李二凡五十六人,目曰"前輩才人",所錄與刊本皆同,唯前後次第間有出入。又此本下卷自宮大用至李邦傑五十一人爲總錄,其前有序云:"方今才人相知者,爲之作傳,以凌波曲弔之。"刊本則下卷分立四目,自宮大用至周文質十九人,目爲"方今已亡名公才人相知者";按:前序與鈔本同,唯"方今才人"作"方今已亡名公才人"。自胡正臣至張以仁十一人,目爲"已死才人不相知者";自黃子久至張鳴善二十一人,目爲"方今才人相知者";自高可通至高安道四人,目爲"方今才人聞名而不相知者"。凡四類。其人名較鈔本多胡正臣、李顯卿、孫子羽、張鳴善四人。又刊本分錄諸人尚有後序,如"方今已亡名公才人相知者"十九人及"已死才人不相知者"十一人後有序云:"右所錄,若讀書萬卷,作三場文,占奪魏科者,世不乏人,而以文章爲戲玩者,誠絶無而僅有,此哀誅之所以不得不作也。"云云。"方今才人相知者"二十一人後序云:"右當今名公才子才調製作不相上下,蓋繼乎前輩者,半爲地下修文郎矣。"云云。"方今才人聞名而不相知者"後序云:"已上有聞者止如此。"云云。凡後序三首。以本書體例推之,上卷所錄爲前輩,下卷所錄爲並時之人,然其中關係不同,故以四類別之。其後序第一首所贊爲已亡之人,包相知及不相知二類。其相知者有誅詞,不相知者無之。按:此所謂不相知,包不識其人與其後疏闊者言之,如李齊賢、劉宣子皆同窗,而在不相知類中是也。其後序第二首所讚,有存者,如傳秦簡夫云"近歲來杭",曹明善云"今在都下";有已亡者,如屈子敬云"以學官除路教卒"。緣或存或亡,故曰"繼乎前輩者,半爲地下修文郎"也。至同時聞名而不相知者,則別錄附於後。其體例可測者如此。今此鈔本下卷於諸人不加分別,但末有標注一行,曰:"已上諸公卿、大夫、高賢、逸士、鴻儒,總括一篇。"其刊本之後序三首,則僅存第一首在此標注之後，爲下卷諸人總贊，與刊本大異。豈刊本所録爲鍾嗣成稿本，而此鈔本所録乃後人改定之本，其時諸人皆已亡，故只存此一序，不加區別歟？至諸家小傳及所録曲目，互有詳略，大抵小傳文字，此本較刊本爲簡，而曲目入此出彼，其例甚多，以二本互補，於元曲目録之學極有裨益。其小傳文字之勝，如王實甫名德信，原文作“德名信”，疑“德”字誤置“名”字之上。汪澤民名德潤，李行甫名潛夫，以上上卷。曹明善名德，屈子敬名恭之，蕭德祥名天瑞，以上下卷。皆刊本所無。至續編七十一人，如羅貫中、谷子敬、邾仲誼、湯舜民、楊景賢、賈仲明等，皆名家巨手，世人於其始末不盡詳悉，其行跡及所撰戲曲全目亦賴此本知之。所附失姓名傳奇七十八本中，如勘頭巾，元曲選作孫仲章撰；冤家債主，按：作看財奴。元曲選作鄭廷玉撰；生金閣，元曲選作武漢臣撰；留鞋記，元曲選作曾瑞卿撰；相國寺，元曲選作張國賓撰。徵以諸本録鬼簿及太和正音譜諸人名下皆無其本，則元曲選所書未必可據。又如桃花女，刊本録鬼簿作王曄撰；盜骨殖，刊本録鬼簿作朱凱撰；殺狗勸夫，刊本録鬼簿作蕭德祥撰，此本下卷諸人名下皆不附所撰曲，而在續編者所附失姓名傳奇目中。蓋續編者本不知其撰人，亦未參考他本録鬼簿，因據此一本附書之，今刊本録王曄曲三本，朱凱曲二本，蕭德輝曲五本，甚爲詳贍，必非妄書也。録鬼簿今通行楝亭十種本，尚非善本。此本傳寫補綴，俱出明人之手，其所録本書足以校正異同，續編、附録皆他本所無，尤足以補舊目之缺。且書中每一曲多注其正名題目，凡不存之本，賴此注尚可稍知其故事。是此本之善，斷非諸本録鬼簿所及。近時人以此本卷首載永樂二十年賈仲明書録鬼簿後一文，遂謂續編即仲明所爲。然考其文，則仲明但於上卷關漢卿五十六人、下卷王思順等三十三人，鍾嗣成未作弔詞者，爲補其詞，無續編録鬼簿之言。且續編有賈仲明傳在陳子一等十一人之前，玩其詞意，亦不出仲明之手，疑作續編者另是一人，似不可遽以仲明當之也。

曲品二卷

貴池劉氏刊本

　　題“東海鬱藍生撰”，“瑯琊方諸生閱”。方諸生即王驥德別號。鬱藍生即呂天成，見王驥德所著曲律卷四。云：鬱藍生呂姓，諱天成，字勤之，別號棘津，餘姚人。又云：今南戲繁多，不可勝計，鬱藍生已作曲品，行之金陵。是其證也。曲品今行世者有二本：一石印曲苑本。其本以品題諸傳奇作者諸條爲一卷，目曰曲品卷上。次古人傳奇總目（疑當作“古今傳奇總目”）爲一卷，目曰曲品卷中。次爲舊傳奇評，自琵琶至五倫爲一卷，目曰曲品卷下。次錄高奕撰之新傳奇品並奕自序凡五頁。後有光緒四年戊申王國維跋二頁，又宣統元年己酉吳下三儂跋一頁。又次爲新傳奇評，自紅蕖至筌簇爲一卷，亦目曰新傳奇品。傳寫失次，所標亦混淆不清。王國維謂新傳奇品五葉爲高奕所續，誤編在中卷之下、下卷之上（余所見曲苑本高奕新傳奇品，誤訂在曲品卷下之後，評紅蕖等新傳奇品之前），其評紅蕖諸曲之新傳奇品，當入曲品下卷。所論甚是。唯據天成自序，謂其書上下二卷，上卷品作傳奇者，下卷品各傳奇。王驥德曲律卷四謂天成曲品所收傳奇過寬，俚腐諸本，宜竟黜不存；或盡搜人間之本，另列諸品之外，以備查考，未爲不可云。是曲品原書本二卷，中無“古人傳奇總目”。國維乃並“古人傳奇總目”計之，謂曲品三卷，實非事實。一即劉世珩宣統間刊本。末載世珩跋，謂曾從曾習經處借得鈔本錄之，王國維假去校補，定爲三卷。是曲苑所收與世珩此

本所據皆是一本。世珩此本剔出高奕新傳奇品與"古人傳奇總
目",復天成二卷之舊,用意甚善。然其中文字有可補而不補者,
如鈔本上卷之周螺冠,其人名履靖,秀水人。鈔本名里皆空白,
此本亦未補出。有改鈔本之誤而仍誤者,如鈔本上卷之邱瑞吾,
此本改爲吾國璋,側注云:邱瑞。不知吾邱是姓,瑞是名。國璋
乃瑞字,非名也。有沿鈔本之誤而不改者,如鈔本下卷朱春霖後
書香裘等九曲。按春霖曲有牡丹記一本。香裘等九本乃金懷玉
作。此殆鈔寫時挽牡丹記曲名、金懷玉人名,因誤合二條爲一。
此本竟仍之。又庚庚,字生子。鈔本下卷誤作庚生子,此本又仍
之。校勘不精,未爲善本也。其兩本相同而疑莫能定者,如上卷
載作者有楊家霖,字瑞甫,錢塘人;季陽春①,字蘭賓,永嘉人。
下卷解題無此二人,僅有湯賓陽一人。<small>曲品上卷新傳奇作者人名其下卷
釋題,皆具載其名。</small>疑上卷所書有誤字,今無他本可校,不能知其究
竟矣。天成嗜音律之學,與沈璟、王驥德友善,曲律稱其工古文
辭,爲諸生有名,撰神女、金合、戒珠、神鏡等記,以迨小劇,共二
三十種,又改定殺狗古曲,今俱不存。斯編列舉諸傳奇,述作者
之意,略具梗概,頗有裨於考據。唯所記徵之明人記載有不同
者,如於陸采衹著其明珠、西廂二記,不載懷香記,其青瑣記條則
云:古有懷香記,不存。不知何故。薛近兗撰繡襦,王世貞撰鳴
鳳,鄭若庸撰五福,明人多言之,此則録入作者無姓名可考類中。
又王九思、康海、馮惟敏、王世貞皆有雜劇傳奇行世,此書卷上乃
云不作傳奇而作散曲者,斯所記亦不免偶疏。王驥德曲律卷四
則譏其立品目太繁,其舊傳奇神、妙、能、具四品,新傳奇上、中、
下九品所隸諸曲,亦多可商略。又謂諸人題目概飾四六美詞,如

---

① 編按:此當爲李陽春。吳書蔭曲品校注(中華書局 1990 年版)卷上"李陽春"條校
　注曰:"'李'字清初鈔本同,他本均誤作'季'。"

鄉會舉主批舉子卷牘，人人珠玉，略無甄別。所摘頗中其失。然此書下卷記諸傳奇亦不肯輕所矜許，如王驥德乃天成之友，卷中即列驥德雙環記於"下上"，實有古人遺直。驥德所言略無甄別者，亦不盡然也。惟其文字蹇拙，幾不可讀，殊不稱其聲名。蓋填詞、爲文，塗徑自異，長於彼者或未必長乎此。如元鍾嗣成、明寧獻王權，俱深曉音律，詞曲名家，而所著錄鬼簿、太和正音譜，行文即不免俚淺。斯如冬裘夏葛，施用有宜，人各有能有不能，不得以一端論矣。

（一九三五年稿，一九六一年十二月改訂）

彙纂元譜南九宮正始十七卷
清初鈔本

明徐慶卿輯，鈕少雅訂譜。慶卿字子室，華亭人，明大學士徐階曾孫。少雅，常州人，名未詳。此本爲傳鈔舊本，其書但分別宮調，以類摘錄散曲戲文，而不著卷第，且前後錯出，不以次相從。蓋所據尚是未刻前稿本，因仍其舊，不及分卷，而裝訂時又有錯誤，故如是也。今即其標目考之，所載宮調爲黃鐘宮、正宮、大石調、仙呂、中呂、南呂、商調、越調、雙調、仙呂入雙調、羽調、道宮調、般涉調、小石調、商黃調、高平調，每調又分列引子、過曲、慢詞、近詞諸目，其不知宮調引子則別爲一卷，附於後。其仙呂入雙調引子、雙調慢調、高平調引子，以及商黃調，皆有目無文。是編後載少雅自序，稱：早嗜音律，致力於此者將三十年，唯仙呂宮之渡江雲、南呂宮之寄生子、中呂宮之滿庭芳，自來無人考訂，嗣得詞林說統一書，則文式俱在，前疑皆釋,思彙爲一集而未果。適慶卿得元人九宮十三調詞譜,依宮按調,規律嚴明,又得明初選詞樂府群珠,知少雅識音律,邀其相助,遂相與搜羅考訂,輯爲此集。未成書而慶卿死,少雅續加考訂,至清順治己丑始蕆事。蓋前後易稿九次,歷二十四年始成書。是時少雅年八十有八矣。元時南戲,原與雜劇並行,爲明人傳奇所託始。其據之爲譜者,嘉靖蔣孝有南九宮譜十卷,其書但以曲隸調,無所考核。迨沈璟研稽音律,重訂其譜,始尋文比句,開示義解,學者翕然宗之。當時言曲學者,必稱詞隱先生。然草創艱難,未能盡密,同時治曲者,如王驥德撰曲律,已間摘其疏。慶卿、少雅此編,後於沈璟南九宮譜者數十年,既多得秘本,依據廣博,故其書言南戲,純以元人舊本爲主,其辨析原委,取精用宏,實在沈璟本之上。每調曲引旁證,不厭其詳,體例亦較舊譜爲善。觀所引元傳奇名目多至數十種,其中什之七八皆蔣沈譜所未曾引,即永樂大典亦未嘗著錄,則所謂大元天歷九宮十三調譜,慶卿殆實得其書。至孤行別本,所據亦多原刻,非前人所及。少雅序稱蔣沈二公多從坊本創爲曲譜者,實非誇大之詞也。唯所稱詞林説統,上古名"骷髏格",漢名"蛤蟆貫",唐玄宗易爲"歌樓格",又曰"詞輿",又曰"詞林説統",其中多有式無文,式文俱備十之二三,以爲唐人樂譜,黃番綽後人所贈者。按:此本少雅序稱王姓,馮旭序稱黃番綽後裔。蓋純爲虛誕之詞,不可徵信。觀卷中諸調所引"歌樓格"之説,或遠稱殷紂,或近稱唐事,詞意俚淺不經,決非宋元人書,其出自晚近人杜撰無疑。殆教坊舊譜偶傳於外,好事者假託古本,從而附會其説,少雅不察,因誤信爲實耳。考乾隆間莊親王九宮大成南北九宮譜序按:此序署愛月主人,乃王自序也。稱"歌樓有格,圖其譜而不有其辭",疑當時曾見其本,果係唐譜,斷不應略而不書。是其書實有,而託唐譜者謬,雖與本書體例無關,亦不可不辨。是編成於順治辛卯,旋即刊行,計其成書,較沈自晉南曲新譜尚早四五年。唯傳本甚稀,王國維曲録亦未録其書,此猶舊時鈔本,固學者所宜珍視矣。

新傳奇品二卷

貴池劉氏刊本

按:是本亦清宣統間貴池劉世珩所刊,附彙刻傳奇以行者。其本上卷爲古人傳奇總目,下卷爲新傳奇品,並題"山陰高奕撰"。奕字晉音,一字太初。黄文暘曲海目及無名氏傳奇彙考並作會稽人。然此本載奕自序署"山陰高奕",則當爲山陰人矣。古人傳奇總目,在曲苑本爲曲品中卷,與品作者及品傳奇諸篇同屬之餘姚吕天成。而天成序曲品自云書二卷,不云有古人傳奇總目。惟王驥德曲律卷四論吕天成曲品,謂可盡搜人間所有之本,另列諸品之外,以備查考。蓋後人因驥德言爲此目附諸曲品後,本與吕天成曲品無涉。世珩刊吕天成曲品不取古人傳奇總目,甚爲有見。唯因高奕新傳奇品序有"但取現在所見聞者記之"一語,遂以爲古人傳奇總目即奕所作,殊嫌無據。觀奕序上文謂"笥中藏明以來傳奇數百種。因考其姓氏,細加評定,識以一二語,足以想見其人。至文理、宮調、格式、聲韻,以本傳奇具在,均不敢贅。"則奕所云"取現在所見聞者記之"者,謂取篋中所藏傳奇考其姓氏,細加評定,非謂於新傳奇品外更有古人傳奇總目之作也。且以新傳奇品所載勘古人傳奇總目,其一人互見者,如袁于令,總目載其傳奇有金鎖、西樓,新傳奇品則二本外尚有玉符記、珍珠衫、蕭霜裘;馮夢龍,總目載其傳奇止有雙雄記,新傳奇品則有萬事足、風流夢、新灌園,無雙雄記;單槎仙,總目載其傳奇止有露綬,新傳奇品則露綬外尚有蕉帕。新傳奇品與古人傳奇總目,如同爲一人作,不應在新傳奇品有者,在總目反略而不書。以此知非一人所撰矣。世珩跋是本,疑奕新傳奇品於吳梅村僅取秣陵春一種,而臨春閣、通天臺未載,爲補二種。不知奕所品以傳奇爲限,二本乃雜劇,故不收,非遺落也。謂沈寧庵著屬玉堂傳奇二十一本,目祇載翠屏山、望湖亭、一種情、耆英會,餘十七種未著其名,茲爲補之。不知此四種乃沈自晉所撰,寧庵屬玉堂傳奇本十七種,非二十一種也。至吳石渠名後迻書范文若花筵賺等五種,當屬鈔書者之誤,於石渠遺其曲,於文若遺其名,並非奕誤以范文若曲屬之吳石渠。世珩刊奕此書,於吳石渠後補西園記等五種,於花筵賺等五種前補范文若之名可也。今以西園記等五種代花筵賺等五種,於是奕書中無范文若傳奇矣。

（一九三五年稿,一九六一年十二月改訂）

劇說六卷

讀曲叢刊本

清焦循撰。循字里堂,江都人。其書六卷,第一卷述古今雜伎散樂之制,第二卷至第五卷雜記元以來曲家及撰曲名目,第六卷則記戲曲舊聞及俳優雜事。循記誦淵博,學有根柢,爲經學名師,雖不必以論曲見長,而是編考訂故實具有本原,述作者始末亦至詳贍,其有裨於曲學。雖其中偶有舛誤,如卷一疑楊文奎撰翠紅鄉兒女兩團圓劇,而錄鬼簿竟无此人,實則文奎明人,鍾嗣成不得預登於簿;又疑錄鬼簿有燕青撲魚,無燕青博魚,不知博、撲聲讀本同，撲魚即博魚；又如卷四誤以張大復之快活三、邱園之虎囊彈、黨人碑，朱雲從之龍燈賺、照膽鏡爲朱良卿劇；誤以沈自晉之翠屏山、望湖亭、耆英會爲沈璟劇，均失於考核。又云新齊諧"醫妬"一則，記軒轅孝廉事，本伏虎韜傳奇所載，文人詭筆，非有實事，簡齋得諸傳聞，未悉其所本，實則李漁無聲戲小説已載其事，尚在沈起鳳伏虎韜之前，此等皆不免稍疏。然所採既博，一時記憶之誤即前人亦難免，況循此編不過隨意記載，原非專著，不得以是病之也。李斗揚州畫舫録卷五載黃文暘曲海目，附記云："焦里堂曲考載此目，有所增益，次録雜劇四十二種、傳奇二十六種名目，皆出於黃目之外者。"勘其目，皆在此編中。唯今本劇説不載曲海目，書名與畫舫録所記亦不同，不知何故。考此本前載循小序云："乾隆壬子於書肆中得一帙，雜録前人論曲、論劇之語。嘉慶乙丑取前帙參以舊聞，凡論宮調音律者不録，名之以劇説云。"是其書本名劇説，畫舫録所引或另爲一書，斯亦未可知矣。

藤花亭曲話五卷
藤花亭十種本

　　清梁廷枏撰。廷枏有江梅夢、曇花夢、斷緣夢雜劇，已著録。是編凡五卷，卷一彙録古今人著作名目，卷二評論元曲，卷三評論明清人雜劇傳奇，卷四、卷五雜論聲律。然體亦不甚純，如卷二之著繡襦記、邯鄲記等，則不盡元曲；卷四之論西廂記曲文，則不盡關聲律，蓋隨筆記録，亦非有一定體例也。廷枏著作頗富，史稱其通音律，嘉應李黼平亟稱之，總督鄧廷楨與論南北曲，以爲粵人所未有。按：見清國史文苑傳。然觀是編所論樂曲聲調，大抵浮詞，未嘗有高深之見，與世所稱者不倫。又考據亦至疏淺，如卷一歷舉元以來曲家撰曲，每人自一種至數十種，咸舉其目，此直等於帳簿，已非曲話所宜有。且所據不過李斗揚州畫舫録所載黃文暘曲海目，凡黃目漏載及失考之處以及文字之誤，皆沿而未改，無所考核，知於録鬼簿、太和正音譜等書全未檢閲。其"曲本命名相同"一章云：破慳道人有一文錢，而國朝徐復祚亦有一文錢。不知破慳道人即徐復祚填詞名。云王翊傳奇有紅情言，而國朝王介人亦有紅情言。不知介人乃王翊字，非二人。云李漁傳奇有鳳求凰，而無名氏亦有鳳求凰。不知漁曲名凰求鳳。又云元曲風光好乃以曲牌名曲。不知原題實作陶秀實醉寫風光好，本非三字命題。又所舉元曲異名，如云救孝子即不認屍，楚昭公即疏者下船之類，乃後人取元曲題目摘其數字爲題，著録者或取句首，或取句尾，致相參差，非元曲自有別名。廷枏不知其故，乃謂元人本各異名，至臧晉叔刻元曲選始以其可合者合之，實爲本末倒置。又書中引用舊説亦不疏明出處，如卷四"吳門李元玉北詞廣正譜"一條，自注謂"玉書體例實以雍熙樂府爲本"。此四庫提要雍熙樂府釋題中之言，亦非廷枏之創見也。

詞餘叢話三卷　　續詞餘叢話三卷

坦園全集本

清楊恩壽撰。恩壽有蘭芷零香録，已著録。其詞餘叢話三卷，卷一爲原律，言聲律之事；卷二爲原文，摘録曲文而加以品藻；卷三爲原事，則記戲曲本事及遺聞掌故。其原律一卷僅十餘葉，於聲律無所發明，亦不免有誤，如以旦爲司樂之總名，云入聲派入三聲即中原音韻所謂務頭，皆屬臆説。原文、原事二卷評文記事稍有可採，然如卷二於"邱園譜蜀鵑啼"條云："園所作必不止此一種。"然上文已出虎囊彈,稱其"山門"一齣,而不知即出邱園之手。卷三長生殿引朱彝尊贈洪昇詩七律自注:"梧桐夜雨元人雜劇,詠明皇幸蜀事。"云徧查元人百種無是劇,僅於北九宮譜存其名。不知元曲選實收唐明皇秋夜梧桐雨一劇,徧查何以不見? 又記錢謙益與當軸張姓觀爛柯山傳奇,爲張姓所侮事,據焦循劇説引黃梨洲文集,乃吳偉業起用時與張南垣戲弄事,此所記實誤,則亦不免疏謬。至續書三卷,一如前書之例,但標原律續、原文續、原事續之目以別之,大致與前書相似。唯卷一"務頭"條引李漁閒情偶寄談曲之語,較前書爲有據。其他評論記載間有可採,所舉作者曲名亦有時可補曲録所未備,然考訂不詳,究非當行之書也。

曲録六卷

晨風閣叢書本　王忠愨公遺書本

　　清王國維撰。中國之有純正之劇曲,肇端於宋,而大盛於元明。顧自來文人輒鄙夷之不屑爲,故三朝史志無著其書於目者。此編力懲前人之失,雜採武林舊事、輟耕録、録鬼簿、太和正音譜、也是園書目、新傳奇品、曲海目、元曲選、六十種曲及所聞所見,無不備書,即作者仕履及前人評騭之語,亦必依類輯入,其體例與姚梅伯燮之輯今樂考證全同。姚書之成,前於此書八十年,然傳世則在此書印行之後,此書草創時固未知前有姚氏書也。全書爲部凡五:一曰宋金雜劇院本部,二曰雜劇部,三曰傳奇部,四曰雜劇傳奇總集部,五曰小令套數部。綱舉目張,有條不紊,足爲後學準繩。然時至今日,山林巖谷之藏,日出不窮,可據以補苴此書者,不勝枚舉,茲姑録此書舛誤之較著者:一曰重出,如珊瑚玦乃周稺廉撰，稺廉自號可笑人，同卷又別出可笑人撰珊瑚玦、元寶媒二本，可謂失之眉睫；又如環翠堂樂府乃汪廷訥所撰傳奇之總稱，而套數小令部又收之，蓋誤以爲散曲集矣。二曰失考，如香囊記乃邵燦作，錦箋記乃周履靖作，犢鼻褌乃李棟作，錄中失載其名氏，今據宜興志、夷門廣牘及李棟所著詩集始得知之；又如中山狼雜劇，一折者乃王九思作，而誤以爲康海作，不知康作實四折也；耆英會、翠屏山、望湖亭、一種情，乃沈璟姪伯明所作，錄中誤與沈璟他作同列；秦樓月乃朱素臣作，今有武進陶氏影印本可證，而誤以爲李玄玉作；王澹翁撰櫻桃園雜劇，澹翁名澹，著有牆東集，以字爲名亦誤。三曰失收，如黃方胤有倚門、再醮、淫僧、偸期、孌童、懼內等劇，而不數督妓一劇；茅維有蘇園翁、秦廷筑、金門戟、雙合歡、鬧門神等劇，而不數醉新豐；汪廷訥有高生、長生、天書、獅吼、投桃、二閣、同昇、三祝、種玉等記，而不數彩舟；史槃有合紗、夢磊，而不數櫻桃、鶺鴒、雙鴛、鸞鎞、瓊花、青蟬、雙梅、檀扇、梵書諸記；周憲王朱有燉著誠齋雜劇三十一種，而不數孟浩然踏雪尋梅，皆其例也。四曰誤載，如董解元之西廂，王伯成之天寶遺事，皆諸宮調，而誤入傳奇類；王實甫之西廂記、吳昌齡之西遊記、葉憲祖之四豔記、吳城之群仙祝壽、百靈效瑞皆雜劇，而誤入傳奇類；吳偉業之秣陵春、嵇永仁之揚州夢皆傳奇，而誤入雜劇類；燈花婆婆、種瓜張老、紫蘇蓋頭、女報冤、風吹轎兒、錯斬崔寧、山亭兒、西湖三塔、馮玉梅團圓、簡帖和尚、李煥生五陣雨、小金錢，見也是園書目，皆宋元人平話，與官本雜劇無涉，竟誤入卷一；又中州元氣乃元詩總集，永樂大典中有時引之，諸家宴喜詞即典雅詞，乃宋人所刊宋詞總集，雙溪醉隱樂府乃耶律鑄所撰古樂府，均非散曲，而誤入套數小令類；樂府混成集之名見於齊東野語，明是詞譜性質，王驥德曲律卷四引其旁譜與姜夔自度曲相似可證，而誤入曲譜类，此皆有待於後人

爲之校正者也。總之吾人現時所見此項文獻，實倍蓰於此書，如
徐渭之南詞叙録、永樂大典之戲字韻、蔣孝之南九宮譜出，得知
宋元戲文之名目可與元雜劇抗衡；鍾嗣成原本録鬼簿、賈仲明續
録鬼簿出，得知元及明初雜劇進展之程序，其名目可補此書者以
百計；無名氏之樂府考略、焦循之劇説、姚燮今樂考證出，明清二
代戲曲文獻，亦隨之加長；此外脉望館書目、奕慶樓書目、大梅山
館書目，及別本述古堂、傳是樓書目，清乾隆間箋注本牡丹亭傳
奇中所載明代書肆如富春堂、文林閣、繼志齋、廣慶堂、世德堂、
容與堂所版行，彙而録之，於讀此書者有莫大之裨益。此書可議
處雖多，然大輅椎輪，創始不易，其精神固甚可佩也。

殘本林石逸興七卷[①]
明萬曆刊本

　　明薛論道撰。論道字譚德，號蓮溪居士，北直隸定興人。
光緒定興縣志卷十一，載論道跛一足，八歲能屬文，以家貧輟
博士業，讀兵書，自負智囊，都下公卿呼爲刖先生。神堂谷有
警，論道倡議利用寡不用衆。制府用其策，卻敵十萬衆。捷
聞，授揮僉事。萬曆初戚繼光鎮薊，建議棄黑谷關。論道白
制府，力陳不可狀，事竟寢。以是失戚意，移疾罷。久之，守大
水谷，以功擢官三級，以神樞參將請老，加副將歸。是編爲論
道自集所撰小令，以百首爲一卷，凡千首，析爲十卷。唯此本
已不全，缺卷二、卷九、卷十，凡三卷。稽其所詠不過十調，尚

----

①編按：此下二則人民文學出版社版繫於卷五"紅梅記一卷"一則後，以其内容不
　類，兹移此卷存之。

未能極聲音之變。然所守既約，運用甚熟，其吐納宮商動合節奏，不蹈纖仄堆砌之習，頗爲可貴。蓋無意爲詞而自然諧美，可謂鳴其天籟者。明季武人工詞，唯陳鐸爲最著。然鐸本江南人，居文盛之邦，風氣相靡，易於染受。論道河朔壯士，馳驅戎馬之間，顧吟詠性情，得音律之微，有非文士所能及者，亦可以與鐸抗衡媲美而無所愧矣。

三徑閒題二卷

明萬曆刊本

　　題“勾吳坼山山人撰”。卷首載自序一首，所署亦同。然此編尚載王穉登序，稱“太醫杜子善能詩，有儁才。家饒園池之勝，香艸美箭，燦然成蹊，君對之翛然樂也，莫不倚而爲曲。梓爲二帙，命曰三徑閒題”云。是其人非姓杜名善，即穉登舉其姓字曰杜子善；曰太醫者，或以其知醫而稱之，亦未必給事禁掖爲太醫也。其書二卷，皆詠物之詞。如上卷標曰“詠花”，曰“雜詠”，曰“題雪”，曰“題月”，曰“虎丘”，皆餖飣爲文，詞章複重，絕無新意。蓋足跡不出一隅，所歷既狹，邊幅亦窘，雖長于此道者，亦難以篇篇詠物之詞見長，况于聲律本非有深究，雖勉爲一集，不足名家，亦固其所也。其書末尚附“名家新詞”及“前人名詞”二卷。“名家新詞”所錄爲張伯子三十五首，梁伯子二十首；“前人名詞”爲唐六如十六首，祝枝山十首，王尚書五首。然所謂首者，乃諸人套曲中之一解，如祝枝山十首，實聯十曲爲一套；王尚書五首，實聯五曲爲一套。析套言首，殊乖名義。又，附己作于選集，古人著書多有其例；以古今人作附己集，則事出創見，近于不遜，尤非著述之體也。

毛詩樂府一卷①

清初刊本

　　按：是編題目後題"無名氏編"，"劍叟譜正"，次題"門人梁繩武較訂"，"王紹鰲較刻"。其前載小引云："客有持毛詩樂府者，編次一目了然，但作者不知譜，遂覺格于喉而不可歌。因就其義，按譜而填以詞。意恐褻經，不敢録。繼而思之，詩原以聲教人，古聲今不可考，以今聲出之，似亦有意。及一按拍，而悠揚之外，美刺宛然，知聲者自有會心，或亦可以翼經耳。"末署"劍叟自識"。據此，知此編乃劍叟改定無名氏之作，唯劍叟亦不知何人。按此編與喬中和父子著書八種及雲石會傳奇彙刻而無總名，諸書板刻形式不能一律，其雕板不同時，且亦不同地。然所刻十一種中，八種皆爲喬氏父子所著，則此署劍叟者，縱非喬氏父子，當亦同時之人與有關聯者矣。其書以南北曲述詩經，凡七套：第一套所詠自邶風至王風，第二套自鄭風至唐風，第三套自秦風至豳風，第四套、第五套爲小雅，第六套爲大雅，第七套爲周、魯、商三頌，唯二南無曲，不知何故。按詩之爲用，興觀群怨，本以感動人心。古今之聲不同，而其歌詠性情則一，以詩經入曲，本不必目以褻瀆。唯所詠但聯貫篇名，於詩義無所發揮，且有二國之詩同在一調，一國之詩割隸二調者，限斷不分，自相混淆，論其製作不過詩經之歌訣而已，其序竟云可以翼詩，亦談何容易也。

---

①編按：此則人民文學出版社版原繫於卷五"雲石會傳奇二卷"一則後，以其內容不類，茲移此卷存之。

附録

校次綴言

孫子書先生有意將一九三四至一九三八年間所撰小説、戲曲類書録解題稿,輯爲專集以問世。唯緣高齡體衰,臥床時多,不耐煩劇,輾轉以稿本相委付,囑代整理編次。孫先生是我素所尊敬的前輩學者,辭不獲免,只得勉效綿薄。先生手稿今已不獲見,得見者爲打字複印本,整理工作主要是將原稿尖點斷句增改爲新式標點符號,校正打印本的訛字挩文和將雜散零篇分類編次成卷。進行中,每遇原稿有可斟酌之疑問處,即以鉛筆標識出,擬供先生審覽,自行裁處。不料先生於一九八六年溘然謝世,未及裁審。事不容已,只率不揣固陋,擅自有所主張,謹草此綴言以説明梗概。

一、全書釐爲六卷,前三卷爲小説類書籍,卷一文言,卷二、卷三白話;後三卷爲戲曲類書籍,卷四元,卷五、卷六明清。此爲先生生前手訂面授。具體編次時,注意到"諸書除講史外,皆以作者時代先後爲次",原是所撰中國通俗小説書目的成例(語見"凡例"),講史類書因以所演故事先後爲次,又以宋元講史置於明清講史之前,總列於卷二白話小説之始。其戲曲類書,大體上一以作者、作品先後爲次,唯總集、選本、類書及曲譜、曲目、曲評等著述,未便零散雜厠,則大別爲兩類,置於卷六之末。

二、孫先生此稿原爲應續修四庫全書總目徵求而撰,每於清修四庫全書總目已收之書,標稱"四庫前目已著録",而於"續修"前部各類當收之書,標稱"已著録"。續修四庫全書總目迄未成書,先生此稿今又輯爲專著,"已著録"云云,讀者莫測所以,檢而不獲，轉滋迷悶。今除將"四庫前目"改稱四庫全書總目外，凡此稿未作解題之書，即删去"××已著録"字樣，仍保留其已具解題者。其中間有情況稍複雜者，文字不得不略作調整，兹舉一例以説明之，如卷五化人游篇，稿本原作"（丁）耀亢有陸舫詩草、逍遥游等詩集，已著録。"經檢核，四庫全書總目收有丁野鶴詩鈔十卷，其卷二即陸舫詩草，而稿中已撰有續金瓶梅十二卷解題（見卷三），此反未及，因酌改爲"耀亢有續金瓶梅小説，已著録"。

　　三、孫先生學識深博，下筆矜審，唯半世紀以來，除金評水滸、警富新書、古本西厢記、柳枝集、曲品、新傳奇品等六篇曾經手訂外（各篇文末均有載記），他則不暇，難免遺落誤筆失檢處，偶有管窺所及，在無損於原作基本面貌的前提下，稍作訂正，如：卷一海漚小譜篇，云袁敦"稱其贈仙姬不忘絶句最佳"，"不忘"二字費解，袁枚隨園詩話引其贈仙姬二絶，"不忘"云云乃所引其一之第三句，因删二字；同卷燈窗叢録篇，引哀十三年公羊傳"晉魏多率師侵魏。此晉曼多謂之晉魏多，譏二名非禮也"，"侵魏"當是"侵衛"，"曼多"上挩一"魏"字；卷二國朝名公神斷詳刑公案篇，"當已在熙寧之後"，"熙寧"不可通，當爲"洪宣"（洪熙、宣德）之筆誤；卷三雲仙嘯篇，引第三册回目"都家郎女妝姦婦，耿氏女男扮尋夫"，"男扮"下有校語云："疑當爲扮男。""男扮"與上"女妝"偶，文無不合，因删校語；卷四魔合羅篇，"（高）山入城，適逢德昌，問路，且述其事。德昌故謬指之，迂折久之，始得劉氏之居，達德昌言"云云，"德昌"名凡三出，扞格不可了，前出之二"德昌"均"文道"之誤筆；同卷抱妝盒篇，"抱妝盒自當爲元末明初人作，何能預知化治之事"，"化治"指成化、弘治，唯年號例用上一字爲省稱，因改爲"成弘"以從同；卷五後一捧雪篇，"使昊以叔母禮事昊之妻"，"昊之妻"當爲"誠之妻"或"景之母"之誤；卷五烟花債篇，"（崔）應階以乾隆二十四年官山東布政使，尋遷山東巡撫，至二十三年調福建總督”，年序乖違，據清史稿·疆臣年表改“二十三”爲“三十三”，“福建總督”爲“閩浙總督”；卷六葉兒樂府篇，“按元張可久號小山，則可久乃久可之誤”，當云“久可乃可久之誤”，造語偶倒。

　　凡此所改，類皆措語小疏，文字瑣屑之末，如獲先生寓目，諒不以所改爲妄，今姑舉例自明，以昭徵信。其餘有涉資料發現之後先，立説裁斷之得失，以及爲文之因緣關係，一皆保持原貌，不輕更一字。如卷一七嬉篇，有云：“其文章境界與鏡花緣尤爲相近，疑爲汝珍並時同游之人，唯其真姓名尚有待于考證耳。”稿端復有先生手批：“七嬉，許桂林作。”許作已是定論，稿爲舊作，後人非可擅更。又如卷三賽花鈴篇，有云：“孫楷第大連圖書館所見中國小説書目提要，因之遂定爲徐氏所作，則未免過矣。”同卷梧桐影篇復引同一文，而判爲“孫氏之説，益可無疑矣。”同卷世無匹奇傳篇，有云：“按孫楷第大連滿鐵圖書館所見中國小説書目提要謂其是廣東人作，殆因其所紀爲南雄府事耶，然編首明題‘古吴娥川主人編次’，則作者之非粤人，不待辨而明矣。”或是或否，詞氣之間“提要”與“解題”幾如不出一人之手，此只須略知題解稿原爲集衆力而纂修之書所擬，疑自豁然，爲存歷史因由，文即不宜更張。

　　予生也晚，於先生無奉手執業之雅，不足以仰窺淵懿。讀此解題稿，每遇辨章清濁，扶正袪慝，情見乎詞處，（如卷二新列國志篇贊馮夢龍曰：“孤忠耿耿，不忘故國，不唯文學茂異，氣節亦有足稱，與袁韞玉輩異矣。”卷五龍舟會篇稱王夫之云：“是其哀故國，惡僉壬，感慨激楚，與屈子離騷同一用意，豈如山人墨客耽玩聲律，徒以詞曲爲娛樂者哉！”卷五笠翁傳奇五種考及龔鼎孳門客作滿床笏劇以貢媚事，致慨云：“鼎孳失節事異姓，其人無足取，徒以居顯要，揮霍好士，遂令門下詔附若斯，亦可見當時士風之壞,足以垂戒方來矣。"卷二續編三國志後傳以劉淵爲漢裔,稱快其滅晉,解題深斥其"認賊作子","無識之甚",復長言叮嚀道:"華夷内外之分,義至尊嚴,不得以野史而輕恕之,故於此書存其目而闢其謬如此,庶幾瞑瞑者知所警悟,不至淆亂聽聞焉。")未嘗不深維時世,三復涵泳,有以識先生身處强寇侵凌、邦國阽危際之耿耿熱血。清介絶俗人乃具薑桂之性,是則尤可師範焉。

戴鴻森

一九八七年十月十四日

書目筆畫索引

本索引所收爲本書四百四十五條所收全部書目共計五百一十六種，按筆畫排序。

四畫

七畫

八畫

十一畫

十二畫

十三畫

十七畫

二十九畫